王中江著作系列

第5卷

儒家精神之道和社会角色

王中江 著

商务印书馆
创于1897 The Commercial Press

图书在版编目(CIP)数据

儒家精神之道和社会角色 / 王中江著. — 北京：商务印书馆，2024 (2025.10 重印)
(王中江著作系列；第 5 卷)
ISBN 978-7-100-23030-8

Ⅰ. ①儒… Ⅱ. ①王… Ⅲ. ①儒家—研究 Ⅳ. ① B222.05

中国国家版本馆 CIP 数据核字 (2023) 第 183158 号

王中江著作系列(第5卷)
儒家精神之道和社会角色
王中江 著

商 务 印 书 馆 出 版
(北京王府井大街 36 号 邮政编码 100710)
商 务 印 书 馆 发 行
北京虎彩文化传播有限公司印刷
ISBN 978 - 7 - 100 - 23030 - 8

2024 年 9 月第 1 版　　开本 710 × 1000 1/16
2025 年 10 月北京第 3 次印刷　　印张 31

定价：180.00 元

总 序

想在这个世界上留下一点什么的人们，会将他们所认定的事情作为重要之事来对待。以学术为志业的人们，想在不同领域中成为一位真正的学者，同样也会将自己所从事的学术之业视为重要之事，这也意味着他喜欢这种事务，乐在其中。这没有设定他应该和必须达到何种程度。不管我们的愿望和期望是高是低，我们获得的结果都是一个自然的过程，时间和积累是这一个过程的主要见证者。瞬间超越很动听，但只有在一个临界点的意义上这句话才是一个真理。怀特海说的“瞬间没有超越”，关注的是过程，这很符合他过程哲学的特性。中国哲人在这方面的智慧是“大器晚成”和“美成在久”，晚和久的时间性都是自我实现的关键要素。

世界上确实有一些天才，在同样的环境和同样的心力之下，他们也许容易早成。历史上中国魏晋时代的王弼早逝，但此时他已成为两部伟大经典——《周易》和《老子》——著名的注释家，由此他也成就了自己的哲学家身份。世界上可能没有比他更早成的哲学家了。晚清带着圣人情结的康有为，属于天才式人物，他对自己的学问、学说有一种唯我独尊的自负，称“吾学三十岁已成，此后不复有进，亦不必求进”。他的弟子梁启超以对比的方式说他的老师太有成见，他自己则是太无成见。他不断变化，总是“不惜以今日之我，难昔日之我”。他所说的“难”，如果不是否定式的今是昨非，而是不断扩大自己的学术天地和升华自己的学术境界，那么每个人的学术就只有延长线，没有终止符，这正合乎俗语学无止境一词的意义。

没有人会否定世界广大无限，学问广大无限，新知广大无限；没有人会不赞成庄子说的“计人之所知，不若其所不知”。这也是为什么苏格拉底将追求智慧看成是“认识自己的无知”，为什么老子说“知不知，尚矣”，为什么学问家们、思想家们和科学家们，总是对知识、学问和思想保持着开放性，为什么波普尔为自己的自传加了一个“无尽的探索”（*Unended Quest: An Intellectual Autobiography*）的主标题，为什么一般情况下越有学问的人越谦虚，越有自信的人越会不自伐、不自是和不自彰。学术和科学的精神就是人类要在一切事物面前保持谦卑。大器早成或晚成没有固定的时间点，甚至就像庄子说的成与不成都不好确定。只是在一个十分相对的意义上，我们才可以说，有的人早成，有的人晚成。大多数人不太早，也不太晚。我的偏见是，人学到什么时候，他就老到什么时候。相比于学问的无限性，我们在知识和学问世界中的所得十分有限。人的自信也就来源于这十分有限的东西。

对于做任何值得自己做的事的人来说，他躲进的不是什么象牙塔，他坐的也不是什么冷板凳。动辄指责别人不到什么地方去的人肯定会批评老子说的“不出户，知天下；不窥牖，见天道。其出弥远，其知弥少”，但《老子》第四十一章就同时也对这种人做了回应：“下士闻道，大笑之。不笑不足以为道。”在学术探索过程中，人们何时留出点时间，想想自己都做了什么、留下了什么，若不是一个严肃的安排，往往带有随机性。有的人很年轻时，就开始为自己写自述。如流亡日本时的康有为四十岁就为自己写了《我史》，后来的胡适也有《四十自述》。如果有人能计算出准确时间，为自己写“我的前半生”，他写得越晚，就越需要拉长他生命的长度。说到这里，我想谈一点有关自己的小故事。虽已年过数十载，我仍不想用什么篇幅为自己写一个自述。为这一著作系列的出版写一个总序，也不是一个合适的地方。直到出版社催促我时，我才意识到总要说点什么，但说什么令我犹豫。

我们这一代人很可能就像殷海光说的那样先天不良、后天不足。我和 20 世纪 50 年代来到这个世上的人们一样，出生于“跃进”时期，生活在大锅饭、人不容易活下来的灾害严重的时期，成长在动乱无法在学校安静学习的时期。幸运的是，因改革开放新时期的到来，我们这一代人也终于有了通过考试进入大学之门的机会，这是改变我们这一代人生不逢时命运的最大契机，我也有机会从村里到了城里。我曾自号汝州山人、山顶洞人，准确说是山下洞人。经历了高中毕业担任公办代课老师后，我于 1979 年考上了郑州大学。入学时我进入的是政治系，一年后哲学系成立，又到了哲学系。学士学位论文写的是有关王阳明哲学的评价问题，指导老师是冯憬远先生。我于 1983 年入北大哲学系读中国哲学的硕士研究生，导师是楼宇烈先生，硕士论文的主题是考察金岳霖知识论中的“意念论”（ideational theory）。1986 年，我开始在北大哲学系攻读博士学位，也算是当时较早的博士研究生，导师为张岱年先生。中间有幸到东京大学游学一年多，指导老师是户川芳郎先生。在日本的这一经历，也为我留下了师生之谊和同窗之谊，每当想起沟口雄三、池田知久、土田健次郎、菅野博史、坂元弘子、小岛毅、村田雄二郎、马渊昌也、中条道昭、久保田、高柳信夫、李良、陈力卫等先生和同仁时，总会在脑海里浮现一些难忘的故事。特别是和马渊昌也同仁同甘共苦，忧乐共鸣。

从 1989 年在北大博士毕业到现在，我从事中国哲学这一领域的研究工作已有三十多年了。三十多年对我们有限的生命来说算是很长了，但面对学术的无限性来说又太短，我所做的工作还太少。我也有了不知老之将至的感觉，不时说现在的自己是忘年忘月忘日。晚年的孔子对他的一生有一个在世界上可称得上是最小的自传：“十有五志于学，三十而立，四十而不惑，五十而知天命，六十而耳顺，七十而从心所欲，不逾矩。”从孔子的自传来看，他对自己的人生很满足啊。他没有为他仕途上的挫折而郁郁寡欢。如果他看到了司马迁对他的赞美，他也会深感欣慰吧！（“天下君王至于贤人众矣，当时则荣，没则已焉。孔子布衣，传十余世，学者宗之。自天子王侯，中国言‘六艺’者折中于夫子，可谓至圣矣！”）

现在不时有人评论说，孔子很不幸，他是一位失败者。我很不赞成这种评论。如若孔子在仕途上很得志，那么我们今天面对的孔子就有可能完全是另一番景象了。同样，当时庄子如果接受楚国的盛情去楚国担任令尹，那他能不能留下《庄子》这部不朽的伟大著作就会成为一个疑问。老子的一个智慧之言说：“物或损之而益，或益之而损。”失之东隅、收之桑榆的形象化说法，可以抽象表达为“得到的是失去的补偿”。什么都想要的人，是要把整个世界都变成他自己的，这是权力垄断者的绝对特权。这种人不喜欢开放和价值多元的社会。但具有包容心的人，都希望生活在一个开放和价值多元化的社会中。在这种社会中，人能够自由、自主地去选择某种东西，去做自己想要做的事情，他也乐意接受他选择的结果。套用孔子的人生自传，我调侃自己说，截止到目前，我的人生历程是：十五未志于学，三十未立，四十而惑，五十不知天命，六十耳不顺。由此类推，七十很可能是从心所欲就逾矩，但我乐意接受一个这样的自己。把我没有进入仕途视为最大遗憾，决非仅是家乡人才有的看法，但我从来不这样想，也从来没有这种奢侈的愿望。我没有问过父母的想法，我只知道，他们从来没有给我说我应该走另外的路。我的爱人苑淑娅一直默肯我的选择，一直帮助我，这是我人生快慰的主要来源之一。

对于中国哲学这一领域的探索，我主要在两个方向上展开。一个是早期中国哲学，更具体说是作为中国哲学源头的东周子学，这又多集中于儒家、道家和出土文献的哲学思想上；一个是作为中国哲学新近流变的近代哲学。在这两条战线上，我主要围绕很远的中国过去和很近的中国近代展开讨论，尝试追问和探寻近代中国的困境所在和突围之道，尝试解释和揭示早期中国哲学的突破、内在精神和气质。不管这种求解和给出的答案是否或多大程度上接近于我的期望。

历史有重要转变的时刻。在这种时刻，社会有巨大的变迁，伴随着混乱和失序，新的各种可能性和新颖性不断展开。人们常说殷周之变和唐宋之变。但两周（从西周到东周）之变、成周秦汉之变（从东周到秦汉）、清季民国之变（从清末到民国）等，也都是中国历史上的特殊时刻。清季民国之变是从旧文明帝国向新文明民族国家转变的时期，是引入世界新文明和建立充满活力的新秩序的时期。但在最实质的转变上，这一过程困难重重。

近代中国哲学同近代中国社会政治革新有着强烈的互动关系。新的学术体制建立，按照学术自身的要求而走向思想的学院化、体系化，在一些人物上表现出来，就有了清末知识人和行动者严复、康有为、章太炎、孙中山等，有了新文化运动知识人胡适、陈独秀、梁漱溟、李大钊等，后来又有了学院派哲学家张东荪、熊十力、冯友兰、金岳霖、唐君毅和张岱年等。对严复、金岳霖两位哲学家的专门考察，我先后著有《严复与福泽谕吉——中日启蒙思想比较》（河南大学出版社1991年修订版，中国人民大学出版社2020年版）、《理性与浪漫》（河南人民出版社1993年版）、《金岳霖学术思想评传》（合著。北京图书馆出版社1998年版）、《严复》（东大图书股份有限公司1997年版）等。此外，我还专门考察了自称为“五四之子”的殷海光，著有《万山不许一溪奔——殷海光评传》（水牛图书出版事业有限公司1997年版；大陆版题名为《炼狱——殷海光评传》，群言出版社2003年版），收入这一著作系列中的有《世界巨变：严复的角色》（题名略改）、《严复与福泽谕吉启蒙思想比较》（题名略改）和《理性与浪漫——金岳霖的生活和哲学》。另收入的还有《从古典到现代：观念和人物》，这是过去和新近一些论题和人物思想的讨论。

近代中国巨变在一些观念上表现出来，就是古典的人文和文化普遍主义思维方式在很大程度上被引向了力量上的自强主义思维方式。

新的进化主义世界观扮演了既解释中国近代危机又提供变革动力和方向的双重角色。在学院派和体系化的思想中，中国主要是从英美的经验主义、新实在论和逻辑分析主义，还有英美法的生命主义中发展出近代中国思想，而不像日本那样主要是摄取德国哲学并发展出近代日本哲学，这形成了一种对照；中国近代之后难以建立新的政治权威而产生许多混乱，日本近代重建了政治权威而又走向绝对主义，这又适成一种对照。近代中国思想中对民主、自由、平等、公理等观念的热衷，同近代中国政治权威的建立难以融合。30 年代民主与独裁的争论，就反映了这种冲突。

近代中国思想整体上是在固有思想和西方思想及日本媒介等关系中展开的，它把处理过去与现在关系的古今模式转变为中西模式、新旧模式或传统与现代模式，把处理内部自我与外部他者关系的夷夏模式转变为中国与世界模式，或者通过展现自身固有思想和智慧的独特性，或者通过使西方思想和智慧融会到自身之中，以使自己获得思想上的新生。由此来看，所谓现代中国意识危机、所谓西化主义对文化保守主义、所谓启蒙与救亡的双重变奏等概括，所看到的不过是近代中国思想中的表象而不是实质。对近代中国转变的研究，我以主题和专题先后展开著有《进化主义在中国》（首都师范大学出版社 2002 年版；增订版题为《进化主义在中国的兴起——一个新的全能式世界观》，中国人民大学出版社 2010 年版）、《近代中国思维方式演变的趋势》（四川人民出版社 2008 年版；中国人民大学出版社 2018 年增订版）、《自然和人：近代中国两个观念的谱系探微》（商务印书馆 2018 年版）等。在这几部著作中，我致力于探讨近代中国建立的新的进化主义世界观、新的自强主义思维方式，致力于揭示近代中国思想如何既内在于古代思想而又有超越古代思想的一些新的特性。

殷周之变是政治反抗和文武革命的结果。两周之变虽非易朝换代，虽因周名，但其实则为日新。这是西周天子体系动摇和瓦解的过程，是诸侯列国力政兴起和强大的过程；是西周封建制、采邑制、世袭制、身份等级制衰落的过程，是郡县制、官僚制和身份平等制萌生和强化的过程；是井田制、公田制萎缩的过程，是授田制和私田制扩大的过程；是士者失官、官学式微、礼崩乐坏的过程，是士人大流动、私学子学隆盛和文化繁荣的过程。东周子学革命，是“三代”文明、文化和思想长期积累的结果。东周是中国历史上最有创造性的时代，它造就了各种哲学，造就了中国哲学之后的源头活水。真正认识东周哲学和思想的内在性，比我们想象的要困难得多，这也是产生不准确判断和误读的原因之一。

澄清早期中国哲学文本、准确揭示其内在性意蕴的渴求，因新出土简帛的大量发现和新方法、新视角的引入而被增强。在东周子学的探索方向上，我对贯通性的论题有所考察，重点是道家、黄老学及其相关的出土文献研究，是儒家及其相关的出土文献的研究。有关这方面的著作有《道家形而上学》（上海文艺出版社 2001 年版）、《简帛文明与古代思想世界》（北京大学出版社 2011 年版。2015 年中华书局出版的《出土文献与道家新知》和 2020 年孔学堂书局出版的《出土文献与早期儒家的美德伦理学》则是其分编本）、《儒家的精神之道和社会角色》（中华书局 2015 年版）、《道家学说的观念史研究》（中华书局 2015 年版；其中收入《道家形而上学》列为“上编”）、《根源、制度和秩序》（中国人民大学出版社 2018 年版）、《宇宙、天下和自我：早期中国的世界观》（中国人民大学出版社 2023 年版）等。收入这一著作系列的有《简帛时代与早期中国思想世界》（分上下两卷；题名略变）、《根源、制度和秩序：从老子到黄老学》、《道家形而上学及其展开》（题名略变）和《儒家的精神之道和社会角色》。

单就出土简帛而言，我展开了四个方面的研究，一是根据郭店楚简《太一生水》、上博简《恒先》和《凡物流形》等文献，认识和把握周秦宇宙生成模式的丰富性以及所构想的宇宙生成各层次的内涵；二是从上博简《鲁邦大旱》《鬼神之明》和《三德》等资料出发，揭示随着周秦时代人文意识、人事作用的扩大，此前的宗教信仰和祭祀礼仪如何在被弱化的同时又以不同面貌表现出来的复杂情形；三是从马王堆帛书《黄帝四经》、睡虎地秦简《为吏之道》、郭店楚简《唐虞之道》、上博简《从政》等文献出发，探讨在周秦时代和社会历史条件下思想家提出的治理国家和天下的公共理性、规范的多种形态；四是从郭店简《性自命出》《五行》《穷达以时》等资料出发，考察周秦时代的思想家通过“内外”“身心”“天人”等关系建立德性伦理的过程和方式。在这四个方面的研究中，我主要运用把新出土资料与传世文献结合起来的方法，以确定这些文献在周秦思想史中的恰当位置并克服以往根据通行本进行研究存在的局限，努力究明出土资料为中国古代思想世界带来的变化，关注这些新的思想资源对当代中国和世界的意义。

战国竹简文献除了像《周易》《老子》等有传世本外，大多数是千古未知的佚文。像《黄帝四经》《五行》，即使有相应的记载，但它们的真面目过去一直是个谜。它们的重见天日，完全称得上是奇迹。子学传世文献与佚文之间的关系，也许可用早期中国哲学、思想的干流和支流关系来解释。流传下来的一般来说是重要的，没有被流传下来的也许不都那么重要。《论语》《墨子》《孟子》《老子》《庄子》《荀子》等代表的是早期中国哲学和思想的主流，而战国简多为佚文，不管多么重要，相对来说它代表的或许是早期中国哲学和思想的支流。从战国简帛中，我发现中国思想在源头上就与西洋思想形成了鲜明的对比。如战国简进一步证明中国形而上学和宇宙观既是存在论又是生成论，而不同于西洋的构成论和本质主义。战国出土资料中没有明显的逻辑方面的思想史资料，与此也是一致的。中国的生育式宇宙观，能够促使东方建立一种新的生态形而上学。把战国出土资料中的身心、性情、天人、禅让、穷达等一系列论题同古希腊思想关注的数、灵魂、理念、第一因等论题相比，都能看出两者的差异，这就要求研究者更加注意中国思想与西洋思想之间的差异性。

对于截止到目前我所做的工作，如果问自己是否满意，那很难简单用是或否来回答。坦率地说，自己也不是评定自己的合适人选。如果允许我说一句，那可以这样说：既满意，又不满意。在学术上，我还算专心和专一；所做的一些研究，可能也有学术上的贡献和意义；但我的生活习惯有些从心所欲，工作时间也不好用严格的时段来计算，这可能是所做工作没有达到我所期望的程度的主要原因。现在的时间被分割得更厉害，不时繁忙得真可以说是无所事事。历史上确实有一些全身心投入、专注于哲学志业的人。康德的生活和工作方式大家知道。现代中国的一些哲学家们，都有自己比较严格的生活方式和工作方式，比如冯友兰先生、金岳霖先生和张岱年先生。他们能够排除外部的干扰，又能够严格约束自己。想想自己还期望对中国哲学做出某种整体性的刻画，还期望在哲学上提出自己的某种见解，而目前所做的工作还不到一半，真是任重而道远，虽然这只是对自己设定的目标。为此，特别需要凝神做减法，但在目前的情况下，做减法越来越难，这竟成了考验我们的意志是否坚定的试金石。

在学术追求和探讨的历程中，我要特别感谢张岱年先生，在我开始从事哲学事务的工作之后，他也一直关心和帮助我。我要特别感谢陈鼓应先生，在我的学术之路上，他一直厚爱我。一些师长如冯友兰、朱伯崑、汤一介、许抗生、杜维明、安乐哲、许全兴、余敦康、蒙培元、李学勤、卢中锋、耿云志、姜广辉、孙长江、刘鹗培等先生，也使我多受教益。从事学术活动，我从不感到孤独和寂寞。回想一件事，在没有来北京工作之前，我不时从郑州到北京参加学术活动，多承友人王博同仁的盛情款待，我们一起讨论学术，有时是同陈鼓应先生一起。至今还记得很清楚，有一天下午，我和同仁王博坐在北大图书馆南门外的长椅上。当时那里是绿茵茵的草地，夕阳之下，我们谈论哲学，谈论我在《道家文化研究》上刊出的《存在自然论》，他给予鼓励并说我适合谈谈哲学。这是我引以为珍贵的一个鼓励。遗憾的是，在这个路线上，我步履缓慢，也因此让厚爱我的余敦康先生不满。最近几年，围绕“关系”“关联”和“普遍相关性”等关键词我开始了建立“关系世界观”的尝试，陆续发表了部分论文，也受到同仁王博、郑开的关心。但进展依然有些缓慢。原因之一是在中国，立一家之言意义上的“做哲学”只是一个业余，我的哲学专门和方向是“中国”哲学，是中国固有用语中的诸子学、玄学、义理学，现在完全可以叫作道术学、明道学或明哲学。不管有没有翻译和借用源于西方的“哲学”一词对研究中国诸子学无关紧要，因为多少世纪以来中国古典学术中一直有这方面的“实有”和“实在”（人物、文本、经典和学说）。

列入这一著作系列之中的著作，此前曾在不同出版社出版，大都有后记。这些后记记载了这些著作的一些相关事项。现在将这些著作汇合起来作为系列出版，我不再为每部著作新写后记，而是保留原版的后记并略作改动。

我希望这一著作系列的出版，能够成为中国学术从革命年代的荒芜到新时期恢复和重建的一个小小的印证。破坏一个世界非常容易，建设一个世界十分艰难，如果是对人类文明的真正建设。四十年来中国学术的重建来之不易，中国学术的自立、独立和创发来之不易。我们必须珍惜和捍卫学术这项志业的纯朴性、纯洁性和纯真性。

人们从事的各项事务伴随着人与人之间情感的音符，也因这种情感而变得愉悦和美妙。这一著作系列的出版，留下了一些重要的记忆和情谊，令人感怀和感铭。我要感谢商务印书馆执行董事顾青和总编辑陈小文，感谢他们将这一著作系列列入出版计划，我要感谢友人黄藤先生、朱陈松先生和苟君厉先生的帮助，感谢李婷婷、冷雪涵、董学美、李南男、赵星宇和于娜等各位同仁为这一著作系列的编辑和出版付出的辛劳，感谢叶树勋、吕存凯、常达、李秋红、高源、冯莉、张翊轩、孙雨东、汪柔竹、张可佳、马克和程鹏源等后学助力这一著作系列的校对。

最后，庄子的智慧“来世不可待，往世不可追”，令人闲适有所损，孔子的智慧“往者不可谏，来者犹可追”，令人精进有所益。

儒学的生命（代自序）

每一个产生过重大影响的文化传统都有可能对人类未来的整体命运以及它所在的那个变化着的社会环境做出负责任的回应。这样的立场建立在两个前提之上，一是文化传统并不是只具有历史的意义，不是过去发生也随之成为过去或者最多是保留在“博物馆”中不能触摸的昔日遗物。反传统论者往往不仅这样认识，而且也这样期待。“五四”新文化运动中的某些人士似乎很公允地认为，孔子和他创立的儒家适合了当时或过去的需要，在历史上扮演了应有的角色，但在现时代，孔子之道已经变得过时而无用，这就把儒家封存在过去的时间堡垒中，使之与现代更与未来断绝了关系。这种幼稚和草率的反传统逻辑，常常又是在动听而又美妙的进步和解放的旗帜下展开的。这里批评的当然是整体性的反传统立场和文化上的激进主义，而不是拒绝对传统进行深度的反思和积极的转化。二是由文化传统所构成的各个地域的文明并不内在地意味着彼此互不相容，甚至是互相冲突，就像所说的“文明的冲突”那样。各个地域的传统文化和文明，存在着差异和不同的色彩是不言而喻的，但它意味着文明的多样性和丰富性，意味着我们有机会欣赏到不同文明的独特风景。借用怀特海阐述“人的差异”的话来说：“人类需要邻人们具有足够的相似处以便互相理解，具有足够的相异处以便引起注意，具有足够的伟大处以便引起羡慕。我们不能希望人们具有一切的美德。甚至当人们有奇特到令人纳罕的地方，我们也应当感到满意。”① 不同地域文化传统的缔造者和传承者，悲天悯人，动心忍性，以不同的途径共同追求人类的完善和福祉，使文明具有了“心同理同”的“相通性”和“普世性”。我们需要记住“理一分殊”，记住多样性中的普遍和贯穿着普遍性的多样，不再为各个文明传统彼此之间的关系而纠缠不休；我们需要以心灵的开放和宽容，通过文明对话促成彼此的互相认识和充分理解。

儒学作为中国悠久的文化传统（甚至是东亚文化传统），曾经是带有垄断性的正统世界观和价值观的承担者与保证者，但它在从体制中走出来的过程中，它的历史命运具有了扑朔迷离的不确定性，有人称之为“游魂”，以至于在当今世界儒学仍漂泊不定。与完全怀疑和否定儒学的激进立场相对立的毫无保留地信奉儒学的保守立场，同样不可接受。因为它在貌似维护儒学的宣称之下，使儒学失去了自我转化和适应的活力。儒学一旦被孤立和封闭起来，它的生命就将终结，就像被密封的木乃伊一旦遇到空气就要解体一样。这就要求我们拒绝出于任何动机和愿望的儒学原教旨主义。儒学需要一种高度的开放精神，甚至是一如既往的同化精神。在人类被日益联系起来的条件下，儒学更需要兼容差异性和多样性，文明的“和谐”恰恰要以差异性和多样的并存为前提，这是儒学“和而不同”智慧的精髓，也是儒学“万物并育而不相害，道并行而不相悖”信念的精义。儒学需要向所有重大的文化传统敞开，儒学必须参与到整个人类文明的对话和互相渗透之中，这不仅使儒学有机会从其他文明传统中获得教益来丰富和充实自己，而且也使其他文明传统因能够欣赏和分享到儒学的魅力与价值而得到完善。它基于这样一种原则，即我们在分享不同文明的美妙之处时，我们同时也获得了攻玉的他山之石。

儒学相信普遍的理性和价值，“天下同归而殊途，一致而百虑”揭

① 怀特海：《科学与近代世界》，何钦译，商务印书馆1959年版，第198页。

示的就是，人类能够拥有共同的理性和理想，这就是为什么儒学一般被称为文化主义或人文教化主义。我们不必再用传统的“华夷之辨”模式来作为衡量人类“文野之别”的标准，不过它的一个基本意义仍然值得注意，即它主要不是政治上的，更不是种族上的，而是“文化”上的。儒家坚持认为文化和文明是普遍适用与有效的，人类应该朝着文明化和人文化的方向坚定地迈进。

儒学的传统和智慧不需要也不能在狭隘的意义上被界定，不需要也不能被固定在某一方面，“君子不器”可以用来说明儒学体系本身的广泛性，我们应当在各个方面充分地展现儒学。正如人们已经能够坦然面对一个多元的上帝那样，我们为何要为“多元性的儒学”或“多元性的孔子”而感到不安？一个时期内，人们为了维护孔子的形象或者是纯化孔子，提出“真孔”与“假孔”之分，但这种区分只是在极其有限的意义上才是必要的，我们最好还是不要采取这种区分。这里没有任何公然鼓励人们随意塑造孔子和儒学的意图，实际上我们坚持的是严肃地面对孔子及其儒学。廉价式的表白和宣称，除了形成一时的“市场假象”外，对儒学的创造性转化没有任何意义。多元儒学和多元孔子的出现，只能是创造性的产物，如果我们不能以耐心和顽强的意志持久地凝视和思考儒家，我们就不能有这种奢侈的期望。

在为人类将来命运的考虑上，儒学究竟能够给予何种有力的回应和贡献，取决于我们是否能够对儒学做出原创性的构思。哈贝马斯有一个说法可以帮助理解这里的问题：“哲学应当促成一种‘有意识’的生活，它在反思的自我理解中得以澄明，并在一种非严格意义上得以‘把握’。就此而言，哲学思想的使命始终都在于对传统做出回应，也就是说，要通过对尚能使现代性的子女们深信不疑的东西的不断深入细致的观察来掌握高级文化中发展起来的宗教学的神圣知识和宇宙学的世俗知识。在康德之后‘形而上学’是否还有可能的争论背后，隐藏着的实际上是围绕通过批判能够领会的那些古老真理的存在时间和有效范围所展开的争论，以及有关古老真理在被批判领会过程中发生意义转化的方式方法的争论。”[①] 用儒家的话来说，就是“极高明而道中庸”和“尊德性而道问学”。在告别分裂传统与现代性的幼稚性做法之后，问题的关键就转到了如何转化和活用儒学的资源。如把儒学与现代性对立起来的方式之一，是认为儒学的道德政治信念与现代性法治不相容。因为人们相信现代性的法治假定了人性恶，至少就像当代学者张灏所说的那样，是承认人的“幽暗性”（“幽暗意识”），这是法治秩序得以成立的前提。儒学根本上相信人性善，相信人的良知和良能。基于对人性的这种乐观立场，儒家提倡道德治理，竭力追求建立一个依靠圣人、贤人和君子等道德榜样统治的道德理想国。然而，除非假定法治是现代政治的唯一可能，不需要政治伦理和道德的力量，否则儒学的性善信念就不是现代政治的天然障碍物。法治既是一种客观化的秩序，同样也是一种人为的秩序。法是人制定的，是社会和人的创造物，法治更需要通过人来实施。如果完全从人性恶出发设想法治，那就等于说人性恶的人或心存不良的人，能够制造出一个良好的和正义的法治秩序。从理论上说，建立和维护公正和正义的法治秩序，恰恰也需要假定人性善，并由此可以期待公正的执法者和大多数守法的公民。儒家主张道德治理，把人性设定为善，同样可以为法治秩序的有效性提供根据。儒学的道德治理的基本意义之一，是要求当政者具有优良的道德品性并以身作则，这一点原则上并没有错。在现代社会中，法治秩序无疑非常重要，但对当政者的道德要求实际上也非常高。一个合格的当政者，不仅应是守法的人，而且也应该是有德的人。要认识和理解儒学的道德政治，我们就需要把握儒学有关这方面的一系列彼此联系的复杂论题。从整体上说，儒学是一种“贯通性”的世界观和价值观体系，它不预设“天人”森严的二元论，更不从原

① 哈贝马斯：《康德之后的形而上学》，曹卫东译，载《哲学译丛》1998 年第 2 期。

子论和机械论去想象宇宙和世界的秩序，世界在它那里从来不是分裂的，更不是冲突的。儒学中的个人，只是在道德意义上被无限制地扩大，儒家式的个人超越和自我实现，恰恰是在家庭、族群、社会共同体和宇宙万物等一系列现实层面上连续展开的，它不是遁世的洁身自好，也不是入世的随波逐流，更不是来世的异想天开。按照儒家的贯通性理路，神圣即在凡俗，天道自在人心，实然亦是应然，生生即是和谐。为了回应人类面临的自然世界和精神世界的失衡，我们需要把儒学“天人合一”和“万物一体”的信念理论化与体系化。

作为历史的儒学，它是一个巨大的学问世界；作为世界观和意义的儒学，它又是一个复杂的理性、价值和信仰体系。我们不假定历史与意义、学问与价值之间的天然分界线。儒学研究的全方位开放，同时就意味着多元性的儒学。

（原为《中国儒学》发刊辞）

目 录

上 编

下 编

上编

孔子思想新诠

在有关孔子思想的研究历史中，只需考察一下 20 世纪以来的研究文献，就能看到，问题范围之广，诠释角度之多，评估态度之奇，似已到了无以复加的程度。因而，今后如欲在孔子那里发掘出新的问题，并相应做出新的阐释，恐怕不是一件轻而易举的事。但是，对以往文献的考察显示，还存在着尚未引起足够注意的问题，已有的某些论述仍需进一步推敲，诠释角度亦待拓宽。基于这一考虑，笔者从孔子思想中提取出若干问题，试图给予新的诠释。虽名之曰新，但不敢说就是质上的全新。

一　道德位置

在孔子思想中，仁、礼、中庸、天、命、鬼神等范畴，尤其是仁和礼，是研究者们一直注目的焦点。学界围绕着仁与礼的意义及何者为孔子思想体系的核心，展开了充分的讨论。似乎是这种“中心化倾向”，使我们对孔子思想中的其他个别范畴注意不够，“道”与“德”就是其中的两个。仅从二者在《论语》中出现的频率（前者 60 次，后者 38 次）来看，它们就不是无关紧要的范畴。那么，如何理解和把握“道”与“德”的意义以及二者在孔子思想体系或范畴结构中的位置呢？

在孔子那里，“道”与“德”都是分开使用的，还没有“道德”合成的说法。就“道”而言，孔子并没有给予明确的界定。统观他使用“道”的所有场合，其意义似可归约为三层：第一，指社会政治理想和目标。具体言之，是指社会政治生活的合理化、有序化、规范化和普遍价值的优位。孔子说的“齐一变，至于鲁，鲁一变，至于道”(《雍也》)，所表明的就是鲁国通过社会政治改革达到了理想的标准。但在春秋时代，孔子深感社会政治生活的混乱、无序和普遍价值的泯灭，他常用“无道”一词来描述这一状况。孔子所向往和追求的是“有道”的社会，他以“周”为这一理想的原型，并加以复兴(《尧曰》“兴灭国，继绝世，举逸民”)。在实现或复兴这一“有道”的过程中，“礼”(“复礼”)、“乐”(“成于乐”)、“仁”(“节用而爱人”)、“义”(“务民之义，敬鬼神而远之”)、“德”(“为政以德”)、“信”(“敬事而信”)等，都是重要的环节。第二，指真理。“道”所指称的真理之义，在孔子思想中，也是很明显的。他所说的“朝闻道，夕死可矣”(《里仁》)、“士志于道”(同上)、“人能弘道，非道弘人”(《卫灵公》)、“信道不笃”(《子张》)、“君子学以致其道”(同上)，其中的“道”，都可诠释为真理。第三，指原则或方法。这一意义上的“道”，与“道”的本义比较接近。孔子说：“谁能出不由户，何莫由斯道也！”(《雍也》)“三年无改于父之道，可谓孝矣。”(《里仁》)“富与贵，是人之所欲也；不以其道得之，不处也。”(同上)这几句中的“道”，即是方法原则之义。孔子之道的这三层意义，在思想史上发生影响的，主要是前两层。由于孔子希言天道，因而他的“道”基本上不具有形上学或本体论意义，主要是一个涵盖社会政治、人生伦理、知识和审美方面的范畴。

与“道”一样，孔子也没有给“德”做出规定。从他使用“德”的情况来看，“德”明显是一个伦理范畴。作为伦理范畴的“德”，它的具体意义为品质、品德、德行和恩德。孔子说的“君子之德风，小人之德草”(《颜渊》)、“骥不称其力，称其德也”(《宪问》)、“何以报德？以直报怨，以德报德”（《宪问》）和“德不孤，必有邻”（《里仁》）等，其“德”都为具体义。“德”除了这一具体意义外，还有一个比较重要的意义——总体义，它是一切道德原则和道德行为的总名。孔子明确地把“中庸”“忠信”和“义”等概念，归属到“德”的名下。他说道：“中庸之为德也，其至矣乎！”（《雍也》）“主忠信，徙义，崇德也。”（《颜渊》）关于“仁”，孔子说过“巧言令色，鲜矣仁”（《阳货》），又说过“巧言乱德”（《卫灵公》），由此可知，“仁”应是“德”的条目。只是孔子“贵仁”，“仁”不是“德”的一般条目，而是最重要的条目或核心。在中国思想的发展中，孔子所奠定的“德”的伦理意义，得到了普遍的运用。

从“道”与“德”的意义分析，我们似能看出二者在孔子范畴结构中的位置。“道”应该是最高的范畴，是统摄社会政治、人生伦理、知识真理和审美等概念的总名，是真善美三大价值的统一体。如果我们欲理出孔子概念范畴体系的层次，“道”大概要居其首层。至于“德”，它既是从属于“道”的次范畴中的范畴，又是统属伦理范畴的主干，而“仁”则是它的核心。孔子说的“志于道，据于德，依于仁，游于艺”（《述而》），可以说就是他自己对其范畴结构层次的一个概括。

二　仁智关系

何谓“仁”，何谓“智”，孔子有明确的界说：“樊迟问仁。子曰：‘爱人。’问知。子曰：‘知人。’”（《颜渊》）其界定最为简明扼要。复杂的情形，大家多有考察，此不赘述。

概括来说，孔子的“仁”是伦理学范畴，其中心旨趣为“推己爱人”，“知”则是知识或认识范畴，它既有对事物的认识，又有对伦理道德的体认。而“仁”与“智”的关系也就是知识与美德的关系。孔子是如何看待这二者的关系呢？

在《论语》中，孔子多把“仁”“智”并列而举。较为典型的是下面两段话，即“仁者安仁，智者利仁”(《里仁》);“智者乐水，仁者乐山。智者动，仁者静。智者乐，仁者寿”(《雍也》)。从这两段话里，我们所看到的主要是具有“仁”“智”这种品性的人的各自特点，还看不出“仁”“智”是究竟怎样的关系。孔子说君子所行者有三:“仁者不忧，智者不惑，勇者不惧。”(《宪问》)对于“仁”“勇”的关系，孔子说过:“仁者必有勇，勇者不必有仁。”(同上)而对于“仁”“智”的关系，则没有这种直接的说法。那么，在孔子那里，是否有“仁者必有智，智者不必有仁”的思想呢？也许有。但孔子所强调的是“仁”与“智”的联系和统一。孔子说:“择不处仁，焉得知?”(《里仁》)这句话表明，不选择“仁”或处于“仁”，就不能说是有智慧和明智的表现。反过来看，也就是择“仁”处“仁”，即为有智慧和明智。它一方面说“智”不能脱离“仁”，另一方面则暗示“仁”体现了“智”。这就是“仁”“智”统一和联系的思想。

“仁”和“智”的这种关系，通过孔子的“学”这一中介概念，能更清楚地看出来。在孔子思想中，“学”具有特别重要的地位，他提倡“好学”，赞美“好学”，并身体力行，“吾十有五而志于学”(《为政》)。孔子所说的“学”具有认识论的意义，“学”就是为了获得知识，增加智慧。它不仅是达成仁和德的途径与方法，而且它本身就体现出仁德。孔子说:“加我数年，五十以学《易》，可以无大过矣。”(《述而》)又说:“君子学以致其道。”(《子张》)“君子学道则爱人。”(《阳货》)很明显，具体的学(“下学”)，追求真理(“致其道”“学道”)，是实现仁义(“上达”)、做到“爱人”的必要条件。孔子认为，喜欢仁德而不喜欢学习，就有愚蠢的弊病。他说:“好仁而不好学，其弊也愚。”(同上)孔子弟子中最有仁德的是颜渊，而颜渊的最大特点就是“好学”。孔子的另一位弟子子夏直接肯定“学”中就有仁德。他说:“博学而笃志，切问而近思，仁在其中矣。”(《子张》)

孔子的“仁”“智”统一思想，与古希腊苏格拉底的观念相似。苏格拉底认为，追求知识有着极为重要的意义，没有一个人是明知而又故意犯罪的，因此，使一切人德行完美所必需的就只是知识。如果说注重知识与美德、认识与境界的统一是中国思想一个整体的特征，那么，可以肯定，它是由孔子奠定的。

三　行动主义

孔子绝不是学院式哲学家或书斋中不问世事的学者，他一生的一个突出特点是行动。实践、活动、奋发，在他那里获得了鲜明的意义。我们用“行动主义”一词来概括他的这一特点。

孔子总结他一生的历程有一段非常著名的话，即“吾十有五而志于学，三十而立，四十而不惑，五十而知天命，六十而耳顺，七十而从心所欲不逾矩”(《为政》)。这段话不可只理解为孔子的认识道路，还必须把它与孔子的行动历程联系起来。它集中反映了孔子一生认识、实践、行动逐渐走向统一、深化、成熟和以后者为归宿的连续过程。

对于言行关系的识见和态度，首先显示出孔子是一位“行动第一论者”。宰予白天睡大觉的事实，使他对人的态度，从“听其言而信其行”转变为“听其言而观其行”，开始注意言行的统一和一致，并发展到在总体上强调行的优先位置，行动在先，他的四教之一就是“行”。他说:“先行其言而后从之。”(同上)孔子主张多做少说，敏行慎言。他说:“君子欲讷于言而敏于行。”(《里仁》)“古者言之不出，耻躬之不逮也。”(同上)“敏于事而慎于言。”(《学而》)孔子反对言过其实，他说:“君子耻其言而过其行。”(《宪问》)孔子认为，对于一个人来说，根本的忧虑不在于自己在社会上有没有地位，有没有名声，而在于自己能做什么和实际上做了什么，是否有立德立功的表现。他说:“不患无位，患所以立。不患莫己知，求为可知也。”(《里仁》)“不患

人之不己知，患其不能也。”(《宪问》)

而且，孔子本人就是一个永远在行动的人。尽管他说过“天下有道则见，无道则隐”(《泰伯》)，并对那些脱离黑暗社会、不愿与世俗同流、洁身自好者表现以尊敬，但他却没有逃避现实，而是强烈地关心现实，深深地投入其中，为改变“无道”的社会政治奋发行动。可是社会政治的弊端实在太多了，要加以改变并不容易。耕者桀溺道出了这一点：“滔滔者天下皆是也，而谁以易之？”但孔子则答道：“天下有道，丘不与易也。”(《微子》)正是由于天下“无道”，他才出来改革。在这一过程中，困难和挫折，失败和冷遇，不断地向孔子袭来。对此，他有时也难免发出“乘桴浮于海”的叹惜。但孔子没有抛弃拯救社会政治的责任和使命，他要尽自己的最大努力去做，至于最终的结果则付诸天命。由于这种执着不懈的精神，他被人称为“是知其不可而为之者”。

孔子的敏行多能是从小练出来的。太宰问子贡：孔子是不是圣人？何以多能？子贡回答说：“固天纵之将圣，又多能也。”孔子闻之则纠正道：“吾少也贱，故多能鄙事。”(《子罕》)孔子一生都保持着活动的能量和行动的精神，饱食终日，无所用心，对他来说是难以想象的，故言“难矣哉”。总之，孔子的道路是与行动联系在一起的，他之所以能获得“素王”的称号，恐怕也要由此来解释。

四 乐感表现

在孔子思想中，“乐”也是不可忽视的一个方面。它的其中一个意义是指音乐。孔子懂得音乐，对音乐有很高的审美感受能力，不然何以会“在齐闻韶，三月不知肉味”，并发出“不图为乐之至于斯也”的感叹呢？孔子特别重视音乐在维持社会秩序、陶冶人的情操等施治教化方面的功能。但孔子的“乐”除了音乐这一意义外，还有其他方面的意义值得注意，这就是“精神快乐之乐”“乐观主义之乐”和“审美感受之乐”。

“精神快乐之乐”，就是一般所说的“孔颜乐处”。这种“乐处”不是乐在物质生活上的丰富享受，而是乐在对伟大事物、普遍价值和自我完善的追求。孔子和他的弟子颜渊，过的是清贫简单、粗茶淡饭的物质生活，但不为这种生活所限制，而去追求精神上的乐趣。孔子说颜渊的生活是：“一箪食，一瓢饮，在陋巷，人不堪其忧，回也不改其乐。”（《雍也》）他自己的生活是：“饭疏食饮水，曲肱而枕之，乐亦在其中矣。”（《述而》）“发愤忘食，乐以忘忧，不知老之将至云尔。”（同上）显然，他们的这种“乐”不是常人之“乐”的乐，不是“乐骄乐，乐佚游，乐晏乐”的“乐”，而是“乐道”“乐德”“乐仁”“乐学”之乐，是“乐节礼乐，乐道人之善，乐多贤友”之“乐”。这种“乐”也可以说是“无忧”“不忧”的精神境界，是“仰不愧于天，俯不怍于人”的内在充实。孔子说：“仁者安仁。”（《里仁》）“仁者不忧。”（《宪问》）君子“内省不疚，夫何忧何惧”（《颜渊》）。当然，不能说在孔子那里只有“乐”，而无“忧”。他也有忧。不过他的“忧”不是“忧贫”，不是忧个人的利害得失，而是“忧道”，“忧”“德之不修，学之不讲，闻义不能徙，不善不能改”。如果说孔子的“乐”，是“后天下之乐而乐”，那么他的“忧”，就可以说是“先天下之忧而忧”。孔颜的精神快乐境界，得到了宋代周敦颐和明代王艮、王襞父子的承继与发挥。

同时，孔子之“乐”又表现为乐观主义。他对事物及其内在本性有深刻的认识，“四十而不惑，五十而知天命”。对自己的理想目标和追求有充分的自信，“天生德于予，桓魋其如予何？”（《述而》）他虽然相信天命的力量，但并不放弃人为的努力；虽然遇到逆境，但并不悲观消极。孔子说：“不怨天，不尤人，下学而上达。知我者其天乎！”（《宪问》）这是一种积极的乐天知命的乐观主义态度。

而且，孔子的“乐”还有对事物进行纯粹审美体验的意义。他认为，把事物作为认识对象来把握，从功利和实用的角度来考虑，都不如把它作为一个审美对象来欣赏。他说：“知之者不如好之者，好之者不如乐之者。”（《雍也》）在此，孔子突出了审美价值的地位，虽然在整体上他是主张真善美三大价值的统一。

五 以义统利

孔子所说的“义”，是指道德原则，所说的“利”，是指物质利益。所谓义利关系也就是道德原则和物质利益的关系。孔子如何处理这二者的关系，对此，有两种代表性的观点：一是认为孔子重义轻利，二是认为孔子要求义利统一。这两种观点，各有其一定的道理，但都不够准确。我们认为，孔子对待“义”“利”关系的态度，其中心旨趣为“以义统利”。

孔子并不一般地反对追求物质利益和富裕。他在政治上主张“因民之所利而利之”（《尧曰》）。他和冉有在卫国的一段对话，清楚地表明，他要推行的是富民政策。“子适卫，冉有仆。子曰：‘庶矣哉！’冉有曰：‘既庶矣，又何加焉？’曰：‘富之。’”（《子路》）孔子自己也希望富裕。他说：“富而可求也，虽执鞭之士，吾亦为之。”（《述而》）并说：“邦有道，贫且贱焉，耻也。”（《泰伯》）孔子所坚持的，是物质利益和富贵的获得，必须符合“义”，必须以“义”为原则，用“义”作为统率。他说：“富与贵，是人之所欲也，不以其道得之，不处也。”（《里仁》）“见得思义。”（《子张》）“见利思义。”（《宪问》）“放于利而行，多怨。”（《里仁》）而且，在仁义与个人利益不可兼得的情况下，孔子认为应该选择的是前者而不是后者，“无求生以害仁，有杀身以成仁”（《卫灵公》）。君子与小人的区别即在于此，“君子喻于义，小人喻于利”（《宪问》），“君子上达，小人下达”（同上）。

由此，可以说，孔子关于“义”“利”关系的态度，既不是义利统一，也不是重义轻利，而是以义统利。儒学思想在后来的发展中，在很大程度上表现为重义轻利的特质（“正其谊不谋其利，明其道不计其功”），这与孔子的观点是有差别的。

六 述作态度

论者一般认为，孔子是一位因循守旧主义者或文化保守主义者，因为他自称“述而不作，信而好古”。的确，孔子对古文化特别是周文化有明显的认同倾向，“周监于二代，郁郁乎文哉！吾从周”（《八佾》）。他主张回复周礼，要求以周代的社会政治模式与价值观念为坐标和尺度来统合现实，也反映出他守旧的立场，有着文化关切方面的积极意义，而且他也不是一味地守旧、反对创作。

孔子“从周”“好古”，包含有承继古文化、保持文化连续性的价值。他不愿看到社会无序、礼崩乐坏、意识危机而导致古文化的丧失。他把弘扬古文化、延续古文化作为自己的使命。他说：“文王既没，文不在兹乎？天之将丧斯文也，后死者不得与斯文也；天之未丧斯文也，匡人其如予何？”（《子罕》）我们知道，孔子特别重视“文”（文化），他“默而识之，学而不厌，诲人不倦”的就是这个“文”。正是对“文”的关心和热切，孔子才能做到“夏礼，吾能言之……殷礼，吾能言之”，才能在整理古文化上做出永久性的贡献。

并且，孔子认为古文化不是原封不动地保持下去，它是通过“损益”的方式在新的时代获得其意义和价值。对子张“十世可知也”的发问，孔子回答说：“殷因于夏礼，所损益可知也；周因于殷礼，所损益可知也。其或继周者，虽百世可知也。”（《为政》）这明显是认为古文化是在批判和继承的二重节奏中演进的。

孔子要求自己“述而不作”，不能表明他就是反对创作或建构。他反对的是“不知而作”:“有不知而作之者，我无是也。”(《述而》)与其“不知而作”，还不如“述而不作”，不如“多闻，择其善者而从之，多见而识之”(同上)。既然“不知而作”是孔子所反对的，那么“有知而作”就是孔子所肯定的。

(原载深圳大学中国文化与传播系主编：
《文化与传播》第二辑，上海文化出版社1994年版)

孟子的“天赋权利”思想

——以“天爵”“良贵”和“民意”为中心的考察

儒家同“人权”的关系这一话题引起的讨论表明，儒家并非先天同“人权”格格不入。[①] 正像儒家是一个变化着的思想学说和体系那样，“人权”也是一个变化着的概念，试图“完全”用现代“人权”标准去衡量儒家，既不合理，也不切实际。但在儒家的思想和学说中，确实能够发现我们称之为“人权”的某种东西，更准确地说是有关“自然权利”或“天赋权利”的思想。[②] 早期儒家已经不同程度地为我

---

① 有关儒家与人权这一问题的讨论，参阅唐纳德·J. 蒙罗（即孟旦，Donald J. Munro）的《早期中国“人”的观念》（庄国雄、陶黎铭译，上海古籍出版社 1994 年版）；狄百瑞（Wm. T. de Bary）编辑的《亚洲价值与人权：儒家社群主义的视角》（*Asian Values and Human Rights: A Confucian Communitarian Perspective*，Havard University Press，1998）；国际儒学联合会编的《国际儒学研究（第六辑）：儒家人论国际学术研讨会论文专集》（中国社会科学出版社 1999 年版）；陈明、朱汉民主编的《原道（第 7 辑）》“思想篇”（贵州人民出版社 2002 年版）；陈启智、张树骅主编的《儒家传统与人权·民主思想》（齐鲁书社 2004 年版）等。

② 有关世界人权“宣言”和“公约”，请参阅王德禄、蒋世和编的《人权宣言》（求实出版社 1989 年版）。有关“人权”“自然权利”和“天赋权利”的一般讨论，请参阅列奥·施特劳斯（Leo Strauss）的《自然权利与历史》（彭刚译，生活·读书·新知三联书店 2003 年版）；大沼保昭的《人权、国家与文明：从普遍主义的人权观到文明相容的人权观》（王志安译，生活·读书·新知三联书店 2003 年版）；约翰·菲尼斯（John Finnis）的《自然法与自然权利》（董娇娇、杨奕、梁晓晖译，中国政法大学出版社 2005 年版）。“天赋权利”或“自然权利”，一般是作为英文 natural rights 的译语来使用的，而它的意义和内容在西方世界中无疑是一个不断展开与扩展的过程。从最抽象的意义上说，它是指人生而具有的权利。至于它的具体内容，因不同历史时期的不同解释和说明也不同。有关孟子的“天赋权利”思想，如果把它放在欧洲早期的人权思想中来看，也许有更多的可比性。

们提供了重要的思想资源和视域，在这一方面，孟子是颇有代表性的。下面我们就以孟子的“天爵”“良贵”和“民意”等观念为中心，具体考察一下他所展现的“自然权利”或“天赋权利”的思想及其特征。

一 “秉彝”和“天爵”:“人性”平等论

1. 儒家与“等级”和“差别”意识

儒家有一些东西容易被看成是主张等级、不平等和差别待遇的。例如，儒家有明显的精英主义色彩，这主要表现在它围绕“士”和“贤人”而展开的精英文化与政治理性中。儒家从不忌讳人在智力和智慧上的差别，一般将之简化为“智”-“愚”“贤”-“不肖”之二分，孔子有“惟上智与下愚不移”和“生而知之”“学而知之”的说法；儒家认为人有不同的社会分工，《左传·襄公九年》记载的“君子劳心，小人劳力，先王之制也”，这种“劳心”“劳力”之二分，[①]又被孟子以“治人”与“治于人”、“食人”和“食于人”的两种职能划分并作为“天下之通义”加以强调。儒家承认人享有不同的社会地位，也有贵贱和贫富之别；儒家常以“孝”和“亲”来界定“仁”，使其仁爱思想表现出远近、亲疏甚至是等差之别；儒家在人格上区分君子与小人或大人与小人；儒家还有所谓“男尊女卑”“刑不上大夫，礼不下庶人”的性别歧视和等级意识，这又是在儒家的“礼”和“名分”观念中被合理化的。

以上这些，乍看起来，容易让人产生这样一种看法，即儒家同人的“平等”观念和价值是不兼容的。我们没有必要在所有的方面都为儒家辩护，如儒家“男尊女卑”的性别歧视。事实上，男女性别歧视程度不同地存在于不同地域的传统社会中。除此之外，在看似是儒家

---

① 《国语·鲁语下》亦记载说:“君子劳心，小人劳力，先王之训也。”

不平等的主张中，有的是人类社会所不可避免的，如人在智力和能力上的差别，并由于这种差别，人在社会中获得的社会地位、待遇和利益自然也不相同。儒家的智-愚、贤-不肖、尊贵-卑贱意识，主要也是与此联系在一起的。一般来说，儒家没有人天生就有尊贵或卑贱的身份观念，也不认为人天生就有“君子”和“小人”之别。在儒家看来，人的“后天”的实际德行和道德境界是不相同的，有的人有德行，有的人缺乏德行。正是基于此，儒家区分君子与小人。人的德行不同，他的社会地位也相应地不同，就像他的能力不同而有不同的职位那样。在这方面，孟子和荀子都有清楚的说法。如孟子说的“贤者在位，能者在职”(《孟子·公孙丑上》)、“尊贤使能，俊杰在位，则天下之士皆悦，而愿立于其朝矣”(同上)和“惟仁者宜在高位”(《孟子·离娄上》)等是如此；荀子说的“我欲贱而贵，愚而智，贫而富，可乎？曰：其唯学乎”(《荀子·儒效》)、“论德而定次，量能而授官，皆使人载其事而各得其所宜”(《荀子·君道》)和“无德不贵，无能不官，无功不赏”(《荀子·王制》)等也是如此。儒家合情合理地设想了愚者事奉智者、不肖者事奉贤者、卑者事奉尊者、小人事奉君子的逻辑，而不是相反，用孟子的话说是：“天下有道，小德役大德，小贤役大贤。”(《孟子·离娄上》)用荀子的话说是：“贱事贵，不肖事贤。”(《荀子·仲尼》)整体上，儒家没有因“出身”不同而划分尊卑、贵贱的等级意识和身份意识。儒家的华夷之辨，主要是用文明与野蛮的标准来划分和处理中心国家与边缘国家的关系。因此，看上去似乎是一些儒家不平等的观念，严格来说，它们同现代社会所说的人的“平等”并没有根本上的矛盾。现代社会的平等观，也不认为人的智力和能力都是一样的，或者试图使之都一样，它只是主张所有的人都有享受平等教育的权利；现代的平等观也不要求所有人的社会地位和待遇都是一样的，它只是主张人要有公平的机会，人人都有自由选择职业和从事工作的权利，并从中获得报酬。至于一个人实际上能够获得什么机会、能够从事什么职业和获得多少，这又是很不相同的。即使是高调的平等观，也无法使人都获得完全一样的机会和待遇。当代正义论者罗尔斯（Rawls）提出的“没有人应得他在自然天赋的分配中所占有的优势”这一主张，是相当激进的平等观。这种把人的先天智力及由此而来的收入差别纳入分配领域中重新分配，真正实践起来几乎是不可能的，最多只能像他所说的那样，对处于不利社会地位的人给予一定补偿，以构成社会的整体合作。① 儒家给人留下的“不平等”印象，主要是有关人在社会中获得的实际“结果”上的“差异”。现代的“平等观”，哪怕是平均主义的平等观，都不能完全消除这种差异。只是，儒家使用的“智－愚”“贤－不肖”“君子－小人”“贵－贱”和“劳心－劳力”等二分法，对世俗化的现代人来说是太刺眼了。

2.“人性”和“人格”平等

真正讲来，儒家是主张“平等”的，它拥有一种“人生而平等”的观念和价值。这是基于“人”具有共同的先天“本性”的“平等论”，孟旦称之为“人格平等”，并认为它不同于西方的“价值平等”。② 但如果说“人格”是一种价值理想，那么人格平等同时也是价值平等。在孟子那里，我们一再被告知，“人”先天具有“仁义礼智”等四种善良的道德本性，对于圣人和普通人来说，这都是完全一样的。孟子引用《诗》和孔子的话，并论述说这四种善良的德性是“天”赋予人的“德常”（“秉彝”）。告子坚持认为，人的自然欲望（“食色”）是人的本性，这种本性没有善不善。对此，孟子辩驳说：“乃若其情，则可以为善矣，乃所谓善也。若夫为不善，非才之罪也。恻隐之心，人皆有之；羞恶之

---

① 参阅罗尔斯：《正义论》，何怀宏、何包钢等译，中国社会科学出版社 1988 年版。可以操作的是对因先天或后天因素造成的“残疾人”给予社会救济。

② 在这一点上，孟旦（Donald J. Munro）有较多的讨论。参阅唐纳德·J. 蒙罗：《早期中国“人”的观念》，庄国雄、陶黎铭译，上海古籍出版社 1994 年版。

心，人皆有之；恭敬之心，人皆有之；是非之心，人皆有之。恻隐之心，仁也；羞恶之心，义也；恭敬之心，礼也；是非之心，智也。仁义礼智，非由外铄我也，我固有之也，弗思耳矣。故曰：‘求则得之，舍则失之。’或相倍蓰而无算者，不能尽其才者也。《诗》曰：‘天生蒸民，有物有则。民之秉彝，好是懿德。’孔子曰：‘为此诗者，其知道乎！故有物必有则；民之秉彝也，故好是懿德。’”（《孟子·告子上》）

在这里，孟子告诉我们的意思主要有：一、人可以为“善”的“才”是从人的真实情况而论的，这种“才”（能力）不是少数人的特权，而是所有人都拥有的特质（“人皆有之”）。二、“人”的为善能力具体表现为人的四种“善良之心”（“四端”），这是没有差别地分配给“人”的本性和相同的“心”，孟子也称之为“理”和“义”。他说：“至于心，独无所同然乎？心之所同然者何也？谓理也，义也。圣人先得我心之所同然耳。故理义之悦我心，犹刍豢之悦我口。”（同上）三、人的先天善良本性和能力来源于“天”，是“天”不偏不倚地赋予所有人的，是人所禀的“常”。孟子称这是“天”赐予人的最高的“爵位”，它相对于人在人间社会中获得的无常的官职：“有天爵者，有人爵者。仁义忠信，乐善不倦，此天爵也；公卿大夫，此人爵也。”（同上）四、来源于“天”的人的善性一旦获得，对于人来说它就是“固有”的东西，不是“人为地”从外面渗透到我身上的。五、人的先天道德本性，要通过后天的道德自觉和操守来保持，否则就会失去。

从彼此相联的这些方面看，孟子完全肯定人在先天道德能力上的平等，肯定人的善良本性没有高低之分。这样的人性“平等论”称得上是人的天赋和“本质上”的平等。前面我们谈到，儒家的“君子”（或“大人”）与“小人”，或者“圣人”与“众人”之别，都不是“天生的”结果。儒家没有柏拉图那种“人”天生由金、银、铜、铁等不同材料造成的等级观念，也没有亚里士多德那种人天生被分为“自由人”和“奴隶”的做法，更没有印度“四种姓”的思想。《左传》有

"非我族类，其心必异"这种以"种族"论"人心差异"的意识，是罕见的。在世界不同的文明中，以"人种"做高低之分和尽量抬高自己种族的说法五花八门，如印第安人想象上帝烧制的白人与黑人分别欠火和过火，只有他们被烧制得恰到好处；以色列的犹太教相信只有以色列人才是上帝的"选民"。近代民族主义之下而生成的"种族主义"（如所谓"高贵的亚里安人种"）和种族歧视，更是令人惊讶。但在儒家的人性论中，[①]"人类"天生有高下之分的观念是不存在的，或者说是非常稀薄的，受儒家"人性善"影响而被中国化的佛教，其特性之一是普遍坚持"人人都有佛性"这一前提。

3. 人格"自我实现"的平等

潜在不等于显在，可能不等于现实，本质不等于表现。按照孟子的天赋人性"平等论"，先天的善良本性并不必然就"现实化"为后天的道德人格实践，人要在现实社会中实现和保持"人格平等"，就依赖于人后天的"自我成就"和"自我证成"上，而这对所有的人也是开放和平等的。一般来说，在神圣与世俗、道德与功利、理想与现实之间，难免存在着紧张甚至是冲突。但儒家被认为是最能调和神圣与凡俗、理想与现实关系的学派，它相信凡俗即可达到神圣，立足于现实即可实现超越。孟子承认在实际生活中不同的价值是有冲突的，如义与利、天爵与人爵等，人们在不同的价值之间有不同的选择方式。但他坚持认为道德价值是人的最高价值，成就自己的人格是人生的最佳选择。《孟子·尽心上》说："广土众民，君子欲之，所乐不存焉；中天下而立，定四海之民，君子乐之，所性不存焉。君子所性，虽大行不加焉，虽穷居不损焉，分定故也。君子所性，仁义礼智根于心，其生

---

① 后汉以后儒家中也有"性三品"等不同的人性论，这也许包括了"人"先天不平等的意识。有关这一点，参阅池田知久：《性三品说的形成与发展》，王中江主编：《新哲学》第六辑，大象出版社 2006 年版。

色也睟然，见于面，盎于背，施于四体，四体不言而喻。”上面谈到，人格的自我实现，对于每个人来说都是“可能的”。现实化的尧、舜、禹等“圣人”人格，作为“人伦之至者”即完善的人，都是后天实践的结果。从先天能够成圣的能力即“才”来说，普通的大众同他们没有任何不同（“圣人，与我同类者”）。这体现了儒家理想人格和自我实现的“世俗化”和“大众化”特点。“圣人”既理想又神圣，但并不神秘。为了让人们相信人人都能够“成圣”，孟子用一个形象的例子说明“能不能”与“为不为”的不同，这是一个有名的模拟。一个人要他折枝而他不折，这是他愿意做不做的问题；但如果让他把泰山背到北海，这是他有没有能力做的问题。在儒家那里，不管“圣人”多么伟大和神圣，对于大众来说，他们都不是可望不可即的。

问题是，天生都有“平等”道德禀赋和道德能力的“人”，为什么会有“大人”与“小人”之分呢？孟子的弟子公都子请教孟子说：“钧是人也，或为大人，或为小人，何也？”孟子回答说：“从其大体为大人，从其小体为小人。”公都子又进一步问：“钧是人也，或从其大体，或从其小体，何也？”孟子进一步回答说：“耳目之官不思，而蔽于物。物交物，则引之而已矣。心之官则思，思则得之，不思则不得也。此天之所与我者。先立乎其大者，则其小者弗能夺也。此为大人而已。”人能不能在现实中实现人格平等，最终取决于他是否充分发挥了“心”的反思作用，而不是他的社会地位。孟子的“思”当然不是知识性的“思考”和“思虑”，它是指人的“道德自觉”“道德意志”和“道德操守”。“先立乎其大”，就是说一个人要先确立作为人的根本的“道德意志”。孟子一直坚持说，人只要充分发挥他自己的“道德之心”（“尽心”），他就能够成就同他人平等的道德人格：“尽其心者，知其性也。知其性，则知天矣。存其心，养其性，所以事天也。夭寿不贰，修身以俟之，所以立命也。”（《孟子·尽心上》）

不管孟子的“平等”是人先天善良本性上的平等，还是人后天在道德上“自我实现”的平等，它们都是人在“道德主体”和“道德人格”上的平等，这可以称为人的“天赋权利”。它与近代欧洲像洛克的“人天生都是自由、平等和独立的”、卢梭的“人生而自由”和美国《独立宣言》的“人生而平等”等说法表达的“天赋权利”思想，并不是不相容的。儒家的这种思想，与人的“机会平等”和法律面前“人人平等”不仅不矛盾，而且还能够为它们提供“人道”的基础，怎么可以为同是“一类”的“道德人”在法律和社会上设置差别和不平等的待遇呢？

二 “良贵”和“几希”：人类的“尊严”

1. 人的“类”意识和人的“尊严”

与儒家“天人合一”相对应的是儒家的“天人相分”。“天人相分”所意味的不仅是“荀子式”的人对他的“自然性”的加工和改造，而且还意味着“人物之辨”和“人禽之别”，这是儒家将人同物、人同动物区分开的“人类意识”，是以“人为万物之灵”和“人为天下贵”表现出来的“人类高贵”和“优越”的意识。[①] 如果说这是“人类中心主义”的话，那它不是人类征服万物及自然的中心主义，而是人类在万物中能以“道德”彰显自己的道德中心主义。郭店竹简《五行》说：“循草木之性，则有生焉，而无好恶。循禽兽之性，则有好恶焉，而无礼义焉。循人之性，则巍然知其好仁义也。”这样的说法表明，“人类”作为“类”的共同特质是他的道德理性——“仁义”，这迥然有别于只有生命而无好恶的草木和只有好恶而没有仁义的禽兽。荀子的“人类”概念，综合地拥有了其他物的性质而又能与其他物区分开的本质也是在于他的道德性（“义”）：“水火有气而无生，草木有生而无知，禽兽有知而无义，人有气、有生、有知，亦且有义，故最为天下贵也。”（《荀

① 郭店简中的《语丛一》说：“夫天生百物，人为贵。”

子·王制》)

儒家将人与万物区别开以突出“人”的“类”本性的“人类意识”，既是对“人”之所以为“人类”的一种自我确认，也是为“人类”赋予的一种使命。楚国的隐士嘲讽孔子自找苦吃，从事一种在他们看来是徒劳的行为，孔子的回答同时就包含了这两个层面，一是人作为人不能混同于鸟兽；二是人有自己必须担当的“天职”和“使命”：“鸟兽不可与同群，吾非斯人之徒与而谁与？”(《论语·微子》)在儒家那里，人的类本质和崇高使命这两个方面共同构成了作为“人的尊严”的儒家第二种意义上的“人权”观念，它也是孟子“天赋人权”思想的基本内涵之一。孟子谈到事物的多样性所说的“物之不齐，物之情也”(《孟子·滕文公上》)，我们首先需要从事物不同的“类”上去理解。每一种或每一类事物都有它之所以为这一种或这一类事物的本性，这就使事物具有了各不相同的多种多样性(“不齐”)。但同一种类的事物则是相同的，孟子称之为“类似性”。

孟子关心的是人类的“类本性”。他反问说，既然同类事物是“类似的”，为什么要怀疑“人类”的“类似性”？既然承认人具有相同的感性，为什么不承认人还具有共同的理性和德性？他推论说：“故凡同类者，举相似也，何独至于人而疑之？圣人，与我同类者。故龙子曰：‘不知足而为屦，我知其不为蒉也。’屦之相似，天下之足同也。口之于味，有同耆也；易牙先得我口之所耆者也。如使口之于味也，其性与人殊，若犬马之与我不同类也，则天下何耆皆从易牙之于味也？至于味，天下期于易牙，是天下之口相似也。惟耳亦然。至于声，天下期于师旷，是天下之耳相似也。惟目亦然。至于子都，天下莫不知其姣也。不知子都之姣者，无目者也。故曰，口之于味也，有同耆焉；耳之于声也，有同听焉；目之于色也，有同美焉。……心之所同然者何也？谓理也，义也。”(《孟子·告子上》)

也许是为了告诫人们不要麻痹大意，孟子提醒说人与禽兽的区别就那么一点点，用他的说法就是“几希”。[①] 虽然是“几希”，但非常实质，它是人之所以为人的本质，也是人之所以“尊贵”和具有“尊严”的根据，一般称之为“人禽之辨”。如果说人人都具有善良的本性和具有完成自我人格的“道德能力”使人成为“平等”的话，那么人有别于其他事物和禽兽的“德性”这种“类本质”，又使人成为万物之中的尊贵者和崇高者，孟子说这是人的“良贵”。“良贵”可以解释为“尊贵”和“高贵”：“欲贵者，人之同心也。人人有贵于己者，弗思耳矣。人之所贵者，非良贵也。赵孟之所贵，赵孟能贱之。《诗》云：‘既醉以酒，既饱以德。’言饱乎仁义也，所以不愿人之膏粱之味也；令闻广誉施于身，所以不愿人之文绣也。”（《孟子·告子上》）“人”的尊严和道德价值上的尊贵，不同于随着时空变化而变化的世俗生活标准中的“良贵”，它是恒常性的“尊贵”。

2. 人的“羞耻感”和“自尊”

将天赋的“仁义”之德性确定为人人都具有的最可贵的东西，这不仅意味着人天生都是最高价值的拥有者，人天生都是尊贵的和有尊严的，而且也意味着人应该保持他的尊严和体面，应该以他的“高贵性”来生活。孟子说，人天生都有羞耻之心，这使他都有受到他人尊重的强烈愿望：“一箪食，一豆羹，得之则生，弗得则死，呼尔而与之，行道之人弗受；蹴尔而与之，乞人不屑也。”（同上）从孟子的“士”的人格来说，“士”参与政治事务（“仕”）是合乎“义”的，他参与政治事务的目的也是追求“道”和“义”，因此“士”理应受到君王的尊重。如果他得不到君王的尊重，他就要拒绝“仕”。孟子理直气壮地声

① 如孟子说：“人之所以异于禽兽者几希；庶民去之，君子存之。舜明于庶物，察于人伦，由仁义行，非行仁义也。”（《孟子·离娄下》）孟子还说到人与野蛮人的差别也是很小的：“舜之居深山之中，与木石居，与鹿豕游，其所以异于深山之野人者几希。”（《孟子·尽心上》）

明，“士”不能屈从于君王的权势，他的“道义性”要求他维护他的尊严。从权利和义务的关系说，如果人受到他人的尊重是他的权利，那么反过来说尊重他人就是他的义务，譬如尊重他人的名誉。不尊重他人或有意损害他人的名誉，就要受到道德上的谴责。相对于希望受到他人尊重的意识来说，孟子的人的尊严思想更注重的是人的“自重”和“自尊”，这同儒家强调“自我修身”和“自我完善”是一致的。孟子告诉我们说，没有人不是因为“自侮”而受到他人侮辱的，放大到家庭和国家都是如此：“有孺子歌曰：‘沧浪之水清兮，可以濯我缨；沧浪之水浊兮，可以濯我足。’孔子曰：‘小子听之：清斯濯缨；浊斯濯足矣。自取之也。’夫人必自侮，然后人侮之；家必自毁，而后人毁之；国必自伐，而后人伐之。《太甲》曰：‘天作孽，犹可违；自作孽，不可活。’此之谓也。”（《孟子·离娄上》）反过来说，人要有“耻辱”的意识，如果没有耻辱感，他就没有尊严可言：“耻之于人大矣，为机变之巧者，无所用耻焉。不耻不若人，何若人有？”（《孟子·尽心上》）

孟子区别“义与利”“大体与小体”“生与义”很严格，但他并非不近人情地要求人们始终只能必选其一。道理非常简单，如果两者能够并行和同时兼顾，何乐而不为呢？就像鱼和熊掌那样。他说：“人之于身也，兼所爱。兼所爱，则兼所养也。无尺寸之肤不爱焉，则无尺寸之肤不养也。”（《孟子·告子上》）又说：“生亦我所欲也，义亦我所欲也。”（同上）但问题是，在两者不能兼顾的情况下，一个人如何做出合理的选择。孟子给出的答案是，要毫不犹豫地选择“道义”，因为只有这样他才能保持人的尊严和高贵性：“二者不可得兼，舍生而取义者也。生亦我所欲，所欲有甚于生者，故不为苟得也；死亦我所恶，所恶有甚于死者，故患有所不辟也。如使人之所欲莫甚于生，则凡可以得生者，何不用也？使人之所恶莫甚于死者，则凡可以辟患者，何不为也？由是则生而有不用也，由是则可以辟患而有不为也，是故所欲有甚于生者，所恶有甚于死者。非独贤者有是心也，人皆有之，贤者能勿丧耳。”(《孟子·告子上》) 但在实际生活中，人们也许放弃了道义而选择利益，孟子说这是“因小失大”，是“不知类”。他的以下辨析清晰而有力，有令人不能不接受他的道理之感：

> 体有贵贱，有小大。无以小害大，无以贱害贵。养其小者为小人，养其大者为大人。今有场师，舍其梧槚，养其樲棘，则为贱场师焉。养其一指而失其肩背，而不知也，则为狼疾人也。饮食之人，则人贱之矣，为养其小以失大也。
>
> 今有无名之指屈而不信，非疾痛害事也，如有能信之者，则不远秦楚之路，为指之不若人也。指不若人，则知恶之；心不若人，则不知恶，此之谓不知类也。
>
> 拱把之桐梓，人苟欲生之，皆知所以养之者。至于身，而不知所以养之者，岂爱身不若桐梓哉？弗思甚也。(同上)

孟子所说的“失大”“不知类”和“弗思”，都是指人丧失了人之所以为人的本质，丧失人的尊严和高贵性。孔子昭示的“三军可夺帅也，匹夫不可夺志也”(《论语·子罕》)、“志士仁人，无求生以害仁，有杀身以成仁”(《论语·卫灵公》) 的人格尊严之所以受到人们的推崇，孟子塑造的“富贵不能淫，贫贱不能移，威武不能屈”(《孟子·滕文公下》) 的“大丈夫”人格和“浩然之气”精神境界之所以被人们传颂，皆是因为人类在心灵深处都有保持尊严和高贵的强烈意识。在孟子看来，这种意识和自觉，不仅促使人在人间要做一个堂堂正正的人，而且还促使他面对苍天也是无愧的：“仰不愧于天，俯不怍于人。”(《孟子·尽心上》)

三 “民贵”及“天意”:“民权”和“反抗权”

作为儒家德治论一个基本论题的“民本论”，以《尚书·五子之歌》所说的“民惟邦本，本固邦宁”为典型。《夏书》佚文“后非众无与守邦”和《礼记·大学》所说的“得众则得国，失众则失国”，共同表达了君王赢得了“民众”就可以得到国家的紧密对应关系。[①] 在民与邦的这种关系中，让人有“民”是工具、政治和国家是目标的感觉。这也是“民本”与“民主”容易产生冲突的地方。[②] 但在儒家的政治理性中，还存在着以“民”为目的、以政治和国家为手段的“民意论”和“民贵论”，它同“民本论”有所区别。按照“民贵论”，政治和国家本身都不是目的，它们是为了“人民”而被建立起来的；政治和国家是否正当、合法，也取决于它们是否能够合乎“民心”和“民意”。这样的政治理性恰恰合乎儒家的“天下为公”和“天下者天下之天下”的“公天下”思想，而同“溥天之下，莫非王土；率土之滨，莫非王臣”和“富有天下，贵为天子”的“私天下”意识有紧张关系。

1.“民”是目的和“天民一意”

就孟子的政治理性而言，作为政治和国家根本的“民”与作为政治和国家目的的“民”这两个方面是同时并存的，也许在他看来这两者不是对立的。《孟子·离娄上》载：“桀、纣之失天下也，失其民也。失其民者，失其心也。得天下有道：得其民，斯得天下矣。得其

---

① “民”对于统治的重要性，既有“得民心者得天下，失民心者失天下”的说法，还有借助于水与舟的关系来说明“民”与“君主”的关系。《荀子·王制》引用说：“传曰：‘君者，舟也，庶人者，水也；水则载舟，水则覆舟。’”

② 李明辉先生立足于“民本”，认为儒家确实有“人民是政治主体”“人君之位要得到人民之同意”等思想。这是将“民本”与“民贵”和“民意”合在一起说的。参阅李明辉：《儒家传统与人权》，陈明、朱汉民主编：《原道（第7辑）》，贵州人民出版社2002年版。

民有道：得其心，斯得民矣。得其心有道：所欲与之聚之，所恶勿施尔也。”孟子劝说齐宣王与庶民共同享受愉快的乐趣，共同追求勇敢、美色和货财，是从“国家”和“天下”出发去设想对待“民”的方式，而不是从“民”出发去设想国家和天下。但在“民”“社稷”和“君”等三者的关系中，孟子以“人民”为“尊贵者”或最高的价值，将国家和君王放在从属的位置上。以“民”为立邦的根本与相对于“邦”和“君”来说，“民”是首要的，这两者确实是有差别的。结合孟子的“民意论”，“民”的崇高性和目的性更容易看出来。问题的关键在于，孟子的“民意”不只是“民”的意愿，它同时也是“天”的意愿。这不是说“民意”来源于“天意”，而是说“天意”来源于“民意”。这种思想首先出现在《尚书》中，以“惟天地万物父母，惟人万物之灵。……民之所欲，天必从之”(《尚书·周书·泰誓上》)和“天视自我民视，天听自我民听”(《尚书·周书·泰誓下》)的说法为典型。[①]在这种“民意论”中，“民意”被赋予了一种神圣性。既然“天意”来自“民意”，或者“天”的意志来自民的意志，那么作为“天之子”的“天子”，在获得“天”的任命的时候，同时就要接受来自“民意”的“天意”。孟子接受并扩大了这种意义上的“民意论”。人们习惯说天子把天下转移给别人，或者贤明的天子将天下禅让给新的贤明者，但在孟子看来，天子是“无权”转移天下的，哪怕是“禅让”权力。不管是授与贤人还是授与子孙，授与天下的只能是“天”本身：“天与贤，则与贤；天与子，则与子。”(《孟子·万章上》)“天”授与天下，当然不是“谆谆然命之”，而是“以行与事示之”。[②]照孟子的“天民一意”逻辑，“天”授与“天子”以天下，实际上是“民”授与天下给天子。换言之，天子的权力来源于天和民。既然如此，天子就义不容辞地要

---

① 《尚书·皋陶谟》亦说：“天聪明自我民聪明，天明威自我民明威。”即使这是一篇伪古文《尚书》，但它的思想与《泰誓》的思想是一致的。

② 参阅《孟子·万章上》。

按照天意和民意来行事，[1] 使权力服务于天和民。这种意义上的“民意论”，也可以说是“民权论”。

2. 人的“生命权”

在人民的权利构成中，“生命权”是最基本的权利。如果人的生命都得不到保护，遑论其他。人权论者将人权划分为立足于人自身的“人身权”与基于法律之上的政治、经济和社会等“公民权”，孟子也许没有这样的明确划分，但他关注人的生命权和生存权是无疑的。如果说生存权同人的经济和社会权利是不可分开的，那么孟子同时也要求拥有人的经济和社会权利，如生活保障和教育权。从人是目的出发，孟子认为统治者为了获得天下，即便杀害一位无辜者也是不能允许的：“行一不义，杀一不辜，而得天下，皆不为也。”（《孟子·公孙丑上》）在这一点上，荀子显然是接受了他的论敌孟子的看法：“行一不义，杀一无罪，而得天下，仁者不为也。”（《荀子·王霸》）立足于“兼爱”和“互利”，墨子以“非攻”为旗帜的“反战”言行引人注目。孟子激烈抨击墨子没有在父母之爱与他人之爱两者之间加以分别，但孟子没有批评墨子的“非攻论”，事实上，孟子也是一位非常具有道德勇气的“反战论者”。孟子不仅批评说春秋时期的战争都是非正义的（“春秋无义战”），而且更严厉地谴责他的时代各国为了扩张版图而发动的征服和掠夺战争。他描述了这样一幅残酷的战争场面：“争地以战，杀人盈野；争城以战，杀人盈城。”（《孟子·离娄上》）在孟子看来，为了土地和城郭而杀害不计其数的生命，这就等于是饮食人民的血肉，无疑是犯下了不可饶恕的死罪。征服者总是鼓励和奖赏那些英勇善战者，然而孟子则认为要用“上刑”严厉地惩罚他们。

---

① 如在选择贤人和惩治问题上，孟子主张广泛听取国人的呼声，再进一步考虑后做出决定。参阅《孟子·梁惠王下》。

《孟子》中记载了一位和平主义者宋牼（即宋荣子）的反战事迹。宋听说秦国和楚国都正在策划一场针对另一方的战争，他要先到楚国试图说服楚王停下来，显然这是一项非常困难的任务。他和孟子相遇于途中，当孟子得知他要以“不利”这一道理来说服楚王时，孟子指出楚秦两国恰恰都是出于“利”而备战的，用“不利”是说服不了他们的，[①] 他立即建议宋要用仁义来说服他们。“仁义”是孟子一贯奉持的最高价值，他用“王道”反对霸道也是基于这种价值。对孟子来说，争夺“利”是一切祸害之源，更是战争的根源，而战争使人的生命遭受涂炭。为了增加土地，梁惠王不顾他的人民的安全和生命，甚至还驱使他所心爱的子弟奔赴战场，孟子评论说：“‘不仁哉梁惠王也！仁者以其所爱及其所不爱，不仁者以其所不爱及其所爱。’公孙丑曰：‘何谓也？’‘梁惠王以土地之故，糜烂其民而战之，大败，将复之，恐不能胜，故驱其所爱子弟以殉之，是之谓以其所不爱及其所爱也。’”（《孟子・尽心下》）

战争从来就是以巨大的破坏和对生命的残杀为特征的，孟子之所以不遗余力地谴责战争，也主要基于战争对人民生命的大量剥夺。武王征服邪恶的纣王是受到儒家称赏的，孟子也主张奉行王道的人有权利讨伐残暴的统治者，以便将受苦的人民解放出来，人民都会唯恐不及地欢迎“王者之师”的到来。让孟子感到困惑的是，既然“仁者无敌”，何以武王讨伐纣王还要付出那么大的生命代价（血流成河）？这引起了他对《尚书》记载真实性的怀疑：“尽信《书》，则不如无《书》。吾于《武成》，取二三策而已矣。仁人无敌于天下，以至仁伐至不仁，而何其血之流杵也？”（同上）孟子的想法是，奉行王道的仁者，具有春风化雨般的无限感化力，他不仅在治理国家和天下时不需要诉诸暴力，就是在讨伐邪恶的暴君时，也会因暴君失道得不到（“得道者多

---

① 有关他们相遇和交流的具体情况，参阅《孟子・告子下》。

助，失道者寡助"）支持而会迅速瓦解。孟子的反战思想反映的是他对人的生命的尊重。

3. 人的"经济权"

在"生命权"同人的具体生存和生命延续相联系时，它体现为人的生存权和繁衍权，更具体地说体现为人的经济权和社会权。为了生存和繁衍，人们需要基本的物质生活条件，特别是食物和居所。儒家将血缘性的亲情关系延伸到非血缘的君与民之间而提出的君为"民之父母"的说法，主要不是要君王获得对人民的支配权（如果有权利的话，那也是扮演作为监护人的"保民""爱民"角色），而是要君王充分承担起对人民的义务和责任，保证人民能够过上稳定的生活。孟子提出的"仁政"构想，就是为了让人民过上一种有保障的生活而做的一种制度上的安排，在这一方面还有他理想化的"井田制"。人们可能会马上想到孟子的"义利之辨"和"生死之辨"。孟子不以利益作为个人的最高价值取向，在义和利不可兼顾的情况下，他坚持说只能选择"正义"；为了崇高的"正义"，为了人的道德和人格尊严，孟子还教导人们说要放弃生命，不能苟且偷生。[①] 但这与孟子主张保证人们的基本生活条件、保证人民的生存权不是一个层面上的问题，就像孟子批评任人问难他的弟子屋庐子提出的问题不在一个层面上那样。[②]

孟子要求统治者保证人民有"恒产"，就是要保证人民的"生存"和"生命"。君王不能保证人民的基本生存条件，就会造成人民的越轨和违法，如果反过来又对其实施惩罚，在孟子看来，这都是"欺骗人民"的行为："若民，则无恒产，因无恒心。苟无恒心，放辟邪侈，无不为

① 《孟子·告子上》说："生亦我所欲也，义亦我所欲也；二者不可得兼，舍生而取义者也。生亦我所欲，所欲有甚于生者，故不为苟得也；死亦我所恶，所恶有甚于死者，故患有所不辟也。"

② 参阅《孟子·告子下》。

已。及陷于罪，然后从而刑之，是罔民也。焉有仁人在位，罔民而可为也！是故，明君制民之产，必使仰足以事父母，俯足以畜妻子；乐岁终身饱，凶年免于死亡。”（《孟子·梁惠王上》）依照孟子的逻辑，君王作为人民的监护人而不能保证人民获得基本的生活条件，使人民贫困饥饿甚至失去了生命，他无异于是杀害人民的凶手：“狗彘食人食而不知检，涂有饿莩而不知发；人死，则曰：‘非我也，岁也。’是何异于刺人而杀之，曰：‘非我也，兵也！’王无罪岁，斯天下之民至焉。”（同上）这肯定是让所有君都深感不安的一个推论，如果君王缺乏承担政治责任的勇气，[①]他也许会为自己辩护说他并不希望他的人民遭殃。但是孟子坚持认为，那只不过是说明杀人的方式不一样罢了，君主难辞其咎。[②]

4.“恶政”与“反抗权”

在儒家看来，君王作为政治责任的主体要敢于承担政治责任，这样的思想和意识在《尚书》中就看得很清楚。儒家的“德治”所要求的道德行为的主体，主要是相对统治者而言的。如果君王不能承担起对人民的责任和义务，人民就有权抛弃他：“孟子谓齐宣王曰：‘王之臣，有托其妻子于其友，而之楚游者；比其反也，则冻馁其妻子。则如之何？’王曰：‘弃之。’曰：‘士师不能治士，则如之何？’王曰：‘已之。’曰：‘四境之内不治，则如之何？’王顾左右而言他。”（《孟子·梁惠王下》）岂止是抛弃，如果君王虐待和残暴他的人民，丧失了民心和民意，人民还有权利“反抗”他。这应该是朱元璋推行《孟子节本》的主要原因。政治哲学对已有的政治秩序一般持有两种相反的立场：一是以保持和延续既存秩序为目标；一是以改变和颠覆既存秩序为目标。后者往往

---

① 君王勇于承担政治责任的自信在《尚书》中可以看到的说法是：“万方有罪，在予一人；予一人有罪，无以万方。”（《尚书·汤诰》）“百姓有过，在予一人。”（《尚书·泰誓下》）

② 参见《孟子·梁惠王上》。

将“反抗权”和“革命”行为合理化。儒家的君臣名分论或者大义名分论，主张的是第一种立场，但儒家同时还包含着激进革命的立场。西汉时期，辕固生与黄生在文帝面前围绕“放伐”和“弑杀”有一个争论，这一争论就反映了儒家对既存秩序的两种不同立场。最后，文帝从既存秩序考虑，大概要求回避“放伐论”。[①]然而，在孟子看来，对于邪恶的君王，人民有权“放伐”，这不是“弑杀”，而是合乎正义的“诛讨”：“齐宣王问曰：‘汤放桀，武王伐纣，有诸？’孟子对曰：‘于传有之。’曰：‘臣弑其君可乎？’曰：‘贼仁者谓之贼，贼义者谓之残；残贼之人，谓之一夫。闻诛一夫纣矣，未闻弑君也。’”（《孟子·梁惠王下》）在孟子看来，一国人民不仅可以“讨伐”他本国的君王，其他国家如果有邪恶的君主，另一国的人民也有权利去讨伐他，这也许是在国际社会中公然主张“干涉主义”的先声。[②]可以说，在孟子的革命思想甚至是“干涉主义”中，包含着人民有“反抗权”和人民有权自主做出政治选择的前提。

（原载台湾《哲学与文化》2007 年第 7 期）

---

① 《史记·儒林列传》记载说：“清河王太傅辕固生者，齐人也。以治《诗》，孝景时为博士。与黄生争论景帝前。黄生曰：‘汤武非受命，乃弑也。’辕固生曰：‘不然。夫桀纣虐乱，天下之心皆归汤武，汤武与天下之心而诛桀纣，桀纣之民不为之使而归汤武，汤武不得已而立，非受命为何？’黄生曰：‘冠虽敝，必加于首；履虽新，必关于足。何者？上下之分也。今桀纣虽失道，然君上也；汤武虽圣，臣下也。夫主有失行，臣下不能正言匡过以尊天子，反因过而诛之，代立践南面，非弑而何也？’辕固生曰：‘必若所云，是高帝代秦即天子之位，非邪？’于是景帝曰：‘食肉不食马肝，不为不知味；言学者无言汤武受命，不为愚。’遂罢。是后学者莫敢明受命放杀者。”

② 当然，孟子为这种“干涉”加了限制。参见《孟子·公孙丑下》：“沈同以其私问曰：‘燕可伐与？’孟子曰：‘可。子哙不得与人燕，子之不得受燕于子哙。有仕于此，而子悦之，不告于王，而私与之吾子之禄爵；夫士也，亦无王命而私受之于子，则可乎？何以异于是！’齐人伐燕。或问曰：‘劝齐伐燕，有诸？’曰：‘未也。沈同问：“燕可伐与？”吾应之曰：“可。”彼然而伐之也。彼如曰：“孰可以伐之？”则将应之曰：“为天吏则可以伐之。”今有杀人者，或问之曰：“人可杀与？”则将应之曰：“可。”彼如曰：“孰可以杀之？”则将应之曰：“为士师则可以杀之。”今以燕伐燕，何为劝之哉！’”

“心”的自我转化和精神修炼

——荀子的“心术观”

由于荀子是处在东周子学从春秋到战国这一演变过程的晚期，这使得他有条件不仅对所属的儒家学派而且对其他学派进行“整体性”的反省和总结，并在一个新的高度做出独特性的回应。[①]从早期儒家学风的演变脉络来看，荀子之学同孔子之学有许多内在的联系，如他注重“学问”“礼乐”和“权威”，他也称赞孔子的学问是最全面的。在孔子之后，他扩展和转化孔子之学，形成了同“孟学”相对峙的独特的“荀学”。荀子有意识地以儒家内部的孟子思想为论敌，毫不客气地批评孟子之学，这说明孔子之后儒家发生了明显的分化。

但正如我们所看到的那样，儒家在思想上有一些共同的特点。同样，荀子批评孟子，但在某些方面，他同孟子又有一致性，如他同样坚持认为人人都可以成为圣人。对其他诸子学派，荀子展开的全面性检讨和批判，展现出了他高度的反思精神和批判能力。因此，他的思想虽然融入了许多子学的因素和成分，但他又以极强的消化力将之统合到自身的观念中，使之适合于自己思想主题的需要。[②]荀子无法实现政治上的雄心，但通过学术而为自己赢得了重要地位。我们已经强调

---

① 事实上，这样的做法也体现在道家（如《庄子·天下》）、道法家（如《韩非子·显学》），还有后期墨家（如《墨经》）上。

② 从思想的营养和成分说，荀子的哲学称得上是“综合哲学”，但又是主题高度明确和集中的儒家性的“综合哲学”，而不同于《吕氏春秋》和《淮南子》那种“发散式”的综合。

指出过，荀子既不是从儒家向法家思想过渡的桥梁（这是被个别表象所迷惑），① 也不像有的研究者认为的那样，他已经失去了儒家的身份而变质为“黄老学”人物。② 他虽然容摄黄老学和法家“富国强兵”的论题，但他解决这一论题的方法根本上是“儒家式”的。③

提出荀子学说的高度批判性反思和立足于儒家建立独特的统一“道术”的经验，是为了让我们注意到荀子的“心术论”也是在总结和综合先行思想与学说的基础上而自立的。如荀子对人的“认知”能力的看法，同后期墨家之间存在着类似性。“心”不是孔子思想的主题，同样也不是老子和墨子关心的主要问题，但它在《管子》（“四篇”）、《庄子》和《孟子》中则成为核心的问题。从战国中期开始，“精神修炼之道”即“心术”受到了哲学家们的普遍关注。荀子的“心术”是《管子》（“四篇”）、《庄子》和《孟子》共同精神遗产在战国晚期的延伸与扩大，他有关“心”的“虚一而静”的说法，同《管子》（“四篇”）有着直接的渊源关系。这也是为什么将荀子的“心术”同孟子、庄子或《管子》（“四篇”）的“心术”比较成了研究荀子“心术”的一种方式。④ 在对荀子“心术”的研究中，如果不能统观其综合性和整体性，就容易将其引向一偏的界定中，如将他的“心”概括为“认知心”。⑤ 李耶里（Lee H. Yearley）先生认为荀子以“主导之心”（mind as director）响应孟子，以“观照之心”（mind as spectator）响应庄子，

---

① 参见王中江：《荀学与儒家的学统与道统》，载《南昌大学学报》2002 年第 1 期。

② 如赵吉惠教授这样看待荀学。参阅赵吉惠：《论荀学是稷下黄老之学》，《道家文化研究》第 4 辑，上海古籍出版社 1994 年版。

③ 有关荀子研究的一些回顾，请参阅《“国立”政治大学哲学学报》2003 年总第 11 期。此辑是有关荀子的专辑。

④ 有关这方面研究，参阅林启屏：《孟荀“心性论”与儒学意识》，载《文史哲》2006 年第 5 期。

⑤ 如牟宗三认为，荀子的心是“认知心”，仿佛荀子关心的真的就是“知识论”问题。参阅牟宗三：《名家与荀子》，台湾学生书局 1994 年版。又参见牟宗三：《中国哲学十九讲》，上海古籍出版社 1997 年版，第 206—207 页。

因而分别同孟子和庄子的“心术”形成了对照。[①]说荀子的“心”具有“主导性”是可以的，但比较起来，孟子的“心”也许更具有“主导性”。荀子的“观照之心”不是旁观性的。在古代中国的心术论谱系中，荀子的“心术”又是非常独特的，它同其他的“心术论”形成了鲜明的对比。而这又是同荀子的整个思想的构造联系在一起的，因此，我们必须将之放在荀子的整个思想结构中来理解。在荀子思想的结构中，“心”和“精神”是一个重要的“中介”，它架起了从“现实”到“理想”的桥梁。但要履行这样一种角色，“心”自身首先必须加以塑造，这就是我们所说的“心灵”的自我转化，它是“心”对“客观之道”“圣王之礼”的认知和接受的过程，是将心灵“理性化”和“精神化”的过程。这一过程反过来说就是“心灵”对人的自然“性情”和“欲求”不断进行调节与升华的过程，即荀子一再强调的“化性起伪”的过程，我们称之为心对性情的转化。这两个过程在荀子那里既是统一的，又是相对区别的，下面我们就来具体探讨一下。

一 “心”的“机能”和“性质”

要完整地理解包含了“心质”“心智”和“心灵”等多重意义层面的荀子的“心术论”，我们首先要在荀子的整个思想结构中给它一个定位。在早期儒家思想中，荀子以主张自然与人的二分（“天人相分”）而著名，他批评庄子受到“天”的蒙蔽而忘记了人的作用（“蔽于天而不知人”），批评孟子以先天自然的人性为善，这都说明荀子不接受庄子和孟子所坚持的“天人合一”主张。庄子和孟子均有以人的“自然性”的“天”为出发点而建立理想和实现理想的逻辑，但荀子则反其

---

① Lee H. Yearley, Hsün Tzu on the Mind: His Attempted Synthesis on Confucianism and Taoism, *Journal of Asian Studies*, vol. 39, 1980, pp.465–480.

道而行之，他是通过改变自然人性（“天性”）而建立理想的。在人的生活领域中，荀子相信人必须行动以从自然中获得他需要的东西，这是他的“天论”的主题。这一主题一方面强调“天”与“人”各有其职，人不要去干预天，人要遵循天之“常道”；另一方面强调“人的行动性”，劝告人不要放弃他的行动而将自己的命运委之于“天”。这是以主体的“人”为一方、以客观外界的自然为另一方的“天人相分”逻辑。但在荀子的思想中，还有一种“天人相分”的逻辑，这是在人自身中以“人”的先天自然性“天”为一方、以人的后天非自然性“人为”为另一方的“天人相分观”。这种非自然的“人为”，从人的内心来说，它是人的“理性”和“精神化”的东西；就其外在表现而言，它是人的社会化的行为。荀子哲学要解决的核心问题，是如何将人的“自然性”的东西转化为“人为性”的东西。这种“人为性”的最高表现，就构成了荀子的“理想主义”。说荀子是“理想主义者”可能会受到质疑，因为他曾被认为是一位“现实主义者”，言外之意是说他缺乏高远的“理想”。一般而论，儒家程度不同地都是“道德理想主义者”，而且都是立足于“现实”去追求和实现他们的理想，没有人离开现实去想象理想，也没有人没有理想而去看待现实。荀子作为不折不扣的儒家人物，成了一位现实主义者，是因为他没有预设一个“形而上”的“终极性”根源（从这一点上说，他确实同孔子和孟子不一样，因为他们都相信“天”的根源性和超越性），还是因为他培养了两个务实的法家弟子韩非和李斯，或者是因为他讲“性恶”？不管什么理由，我们不必在这里讨论。我们只需肯定和说明荀子思想中存在着“儒家式的超越理想”就足够了。客观而言，在荀子那里确实存在着“圣人人格理想”“王道政治理想”和“普遍真理理想”等联系在一起的强烈“理想主义”，问题只是如何去实现这些理想。正是由此我们才能理解荀子为什么会有一个复杂的“心术论”。事实上，荀子的“心术”就是指向这些目标的。这首先涉及的是荀子对“心”的性质和机能的看法。

荀子说“心”位于人体中的“中虚”，大概类似于孟子所说的那样，心是人的一种能思的器官。但具体来说，他们所理解的“心”的性质和机能差别很大。如孟子不仅断定“心”是能够思考的，而且还断定“心”是一种“良知”和“良能”，“心”具有“理”和“义”，具有善良的“四端之心”。这样，在孟子那里，“心”和“性”在“善”这个根本性质上是共同的。但在荀子那里，“心”同“性”具有严格的界限。荀子所说的“心”，既不是孟子的那种道德性的“良知”和“良能”，更不是“心学”的那种最高的“本体”和终极的理想。在荀子那里，相互联系的“性”“情”和“欲”，都是容易产生问题（尤其是“恶”）的存在。先天的“心”虽然不是“恶”的来源，但它也不是“善”本身，它是一个有待“治理”“培养”和“塑造”的存在，荀子称之为“治心”和“养心”。对孟子来说，“心”的本性也就是“人的本性”，是有别于其他事物特别是禽兽的人之所以为人的本质；但对于荀子来说，“心”的本性不能简单说成“人之所以为人的本质”。荀子关注人的“类本质”，但他所说的“类本质”不是“先天性的”禀赋。大家耳熟能详的荀子的一段话说：

> 水火有气而无生，草木有生而无知，禽兽有知而无义，人有气、有生、有知，亦且有义，故最为天下贵也。力不若牛，走不若马，而牛马为用。何也？曰：人能群，彼不能群也。人何以能群？曰：分。分何以能行？曰：义。（《荀子·王制》）

在这一不同“类”的比较中，荀子以道德性的“义”和人“能群”作为人有别于“万物”的“类本质”。有关人的“类本质”，荀子还有一个比较典型的说法，这就是将人之所以为人界定为“以其有辨”。荀子说：

人之所以为人者，何已也？曰：以其有辨也。饥而欲食，寒而欲暖，劳而欲息，好利而恶害，是人之所生而有也，是无待而然者也，是禹、桀之所同也。然则人之所以为人者，非特以二足而无毛也，以其有辨也。今夫狌狌形笑，亦二足而无毛也，然而君子啜其羹，食其胾。故人之所以为人者，非特以其二足而无毛也，以其有辨也。夫禽兽有父子而无父子之亲，有牝牡而无男女之别，故人道莫不有辨。(《荀子·非相》)

这两处说到的人的“类本质”，不管是“义”，还是“有辨”，荀子没有明说它们是人先天的禀赋还是后天的“习得”。但根据荀子思想的基本构成和倾向，人之所以为人的道德性的“义”“能群”和“有辨”等“类本质”，都不是人“先天”就有的禀赋，而是人后天的“习得”。如果说荀子原则上坚持人的道德性的东西“礼义”等都是人“变化先天之性”(“化性起伪”)的结果，是后天教化和学习的结果，那么荀子所说的“人之所以为人的类本质”就应当是人后天造就出来的。人如何造就出人的“类本质”，这是荀子哲学特别是“心术”所要解决的问题。《荀子·非相》反对世俗社会根据人天生的外在“形貌”去推测和判断人的“吉凶妖祥”，认为古代社会中没有这样的做法，学者也不去讨论，关键是要去“论心”和“择术”。他说：

相人，古之人无有也，学者不道也。古者有姑布子卿，今之世，梁有唐举，相人之形状颜色，而知其吉凶妖祥，世俗称之。古之人无有也，学者不道也。故相形不如论心，论心不如择术。形不胜心，心不胜术。术正而心顺之，则形相虽恶而心术善，无害为君子也；形相虽善而心术恶，无害为小人也。君子之谓吉，小人之谓凶。故长短小大，善恶形相，非吉凶也。古之人无有也，学者不道也。

按照这里的说法，君子和小人之分不是取决于人的先天“形貌”，而是取决于人的“心”和“术”。如果“术”可以从标准、尺度和方法上来理解，那么“道术”和“心术”则意味着求道和治道、养心和治心的方法或途径。

在荀子那里，“心”是“天君”，它是人的其他感觉器官（“天官”）的“主导者”。《荀子·天论》载：“耳、目、鼻、口、形，能各有接而不相能也，夫是之谓天官。心居中虚，以治五官，夫是之谓天君。”与此类似，荀子又称“心”是“形之君”，它只是发布命令而不接受命令，它是自律、自主和自足的。他说：

> 心者，形之君也，而神明之主也，出令而无所受令。自禁也，自使也，自夺也，自取也，自行也，自止也。故口可劫而使墨（默）云，形可劫而使诎申，心不可劫而使易意，是之则受，非之则辞。(《荀子·解蔽》)

在这段话中，荀子更突出了“心”的主动性和能动性的特点，也许正是基于此，李耶里认为荀子的“心”是“主导之心”。从更基本的特质上说，荀子所说的“心”还有理性思考（“虑”）、理性求证（“征知”）、理性选择（“择”）等机能，如荀子有以下的说法：“礼之中焉，能思索，谓之能虑。”(《荀子·礼论》)“情然而心为之择，谓之虑。”(《荀子·正名》) 但心的这些机能同荀子主张的“心”生而有“知”的机能不在一个层次上。

在这里，我们需要对荀子所说的“心”的性质和机能进行划分。[①] 荀子所说的“心”，一种是后天“习得”的“心”，这是一种“精神性”

---

① 有关荀子的“心”的不同层面，陈大齐先生有较为详细的讨论。参阅陈大齐：《荀子学说》，台北中国文化大学出版部 1989 年版。

的创造，它是通过“治心”和“养心”而达到的。上面谈到的人之所以为人的“心”“形之君”“思虑”和“征知”之“心”，均属于这种意义上的“心”，也是下面我们进行讨论的如何修炼出这种“心”的“心”；与此不同，荀子所说的另一种“心”，是人先天自然赋予的“血气”之“心”，是人生而具有的“认知”能力的“心”。荀子说：“凡以知，人之性也；可以知，物之理也。”① 在荀子那里，“人性”一般是指人先天禀赋的不学而能、自然而然的“能力”，如先天的“五官”，是人先天具有的感觉的能力；“知”是人的心灵先天具有的“能知”的能力。《荀子·解蔽》载：“人生而有知，知而有志。……心生而有知，知而有异。”人心具有“认知”的能力，而客观的事物又是“可知”的，这就使认知成为可能。

在不同“天”争夺“职分”(“天职”)、争夺“功劳”(“天功”)、要求人立足于自身的职分和职能而行动的意义上，荀子主张“圣人不求知天”，这自然缩小了人类“认知”的范围。庄子为“六合之外，存而不论”提出的理由，同荀子为“不求知天”给出的理由是不一样的。这个问题又牵涉到庄子与荀子对待“天”的不同立场和不同理由。主张“天人合一”的庄子，是在模范和价值的意义上，要求人保持和复归“天性”的淳朴与真实；主张“天人相分”的荀子，其中一个愿望是要求“人”利用和运用“天”为人类提供的资源。这一点曾被放大为荀子拥有了西方近代意义上的控制自然和征服自然的意识。“圣人”不求认知相对于“地”和“人”的“天”，那么除了“上天”之外的“事物”，就应该是圣人“认知”的范围。人心有认知能力、“物可以知”的说法，使荀子的“心知”和“知论”看上去很像一般的“认知论”。关注荀子“心知”的研究者，如牟宗三、徐复观等先生，不仅

① 《荀子·解蔽》。《荀子·正名》亦说：“所以知之在人者，谓之知；知有所合，谓之智。”

将荀子的“心”归结为纯粹的“认知心”，而且化约为“非道德性”的认知之“心”。我们一再强调，从先天的“心”的性质和机能上说，孟子的“心”同荀子的“心”显然是不同的，但不能由此就得出结论说荀子的“心”只是“认知之心”，而且是同“道德无关”的自然万物的“认知之心”。许宗兴先生已经看到了牟宗三和徐复观先生将荀子的“心”归结为“认知心”存在的问题，但他不太留意荀子“心知”的“道德性”这一重要面向。①

有关荀子的“心”不是纯粹“认知心”，后面还将涉及，这里要说明的是，荀子“认知”之“心”的主要对象和内容并非“自然之物”。荀子没有“不可知论”的思想，荀子限制对“天”的认知，不是基于“天”是“不可知的”，而是认为没有必要去认知“自然之天”，这成了荀子“心知”的一个特点。荀子“心知”的另一个特点，是以“道德认知”为核心。柯雄文（A. S. Cua）将荀子的“论辨”限定为“伦理论辨”，并提出荀子“道德认识论”的说法，这是对荀子“心知论”核心内容合乎实际的概括。②从“道德发展心理学”来说，荀子的“心知论”，也可以称之为“道德发展心理学”。③不能否认，荀子的“心知”，说起来也是面向万物的，《荀子·解蔽》看到的人心受到的蒙蔽是广泛的：“欲为蔽，恶为蔽，始为蔽，终为蔽，远为蔽，近为蔽，博为蔽，浅为蔽，古为蔽，今为蔽。凡万物异则莫不相为蔽，此心术之公患也。”万物是不同的，心灵容易只看到事物的一面而忽略掉另一面。荀子还注意到，如果人的心志不清，就不能正确地认识外

---

① 参阅许宗兴：《荀子“心”析论》，载《台北大学中文学报》2007年第2卷。

② 参阅柯雄文：《伦理论辨：荀子道德认识论研究》(*Ethical Argument:A Study in Hsun Tzu's Moral Epistemology*)，赖显邦译，黎明文化事业股份有限公司（台北）1990年版。

③ 有关这一方面，参阅马克林（G. F. Mclean）、诺尔士（R. T. Knowles）编：《道德发展心理学》(*Psychological Foundation of Moral Education and Character Development: An Integrated Theory of Moral Development*)，方能御译，台湾商务印书馆1993年版。

物：“凡观物有疑，中心不定，则外物不清。吾虑不清，则未可定然否也。”[①]按照荀子描述的“大清明”的“心灵境界”，那是能对“万物”达到最高程度把握的境界，是能对宇宙真理完整体现的境界：“万物莫形而不见，莫见而不论，莫论而失位。坐于室而见四海，处于今而论久远，疏观万物而知其情，参稽治乱而通其度，经纬天地而材官万物，制割大理而宇宙里矣。恢恢广广，孰知其极？睪睪广广，孰知其德？涫涫纷纷，孰知其形？明参日月，大满八极，夫是之谓大人。夫恶有蔽矣哉！”（《荀子·解蔽》）但荀子的“心知论”，重点在于对“理”和“道”的认知，对万物数量的认知是从属性的。《荀子·解蔽》说：“以可以知人之性，求可以知物之理，而无所疑止之，则没世穷年不能遍也。其所以贯理焉虽亿万，已不足以浃万物之变，与愚者若一。学，老身长子，而与愚者若一，犹不知错，夫是之谓妄人。故学也者，固学止之也。恶乎止之？曰：止诸至足。曷谓至足？曰：圣[王]也。”知识和学习的目的不是普遍地对万物进行全部考察与把握，而是首先要知道认知、学习的范围和限制。如果不知道认知的范围和限制，即使是掌握了无数贯通事物道理的方法，仍然不能通晓万物的千变万化。譬如许多精于不同部门和行业的技能之人，他们之所以不能管理各个部门和行业，是因为他们没有掌握事物的普遍之道：“农精于田而不可以为田师，贾精于市而不可以为市师，工精于器而不可以为器师。有人也，不能此三技而可使治三官。曰：精于道

---

① 《荀子·解蔽》。同样，如果耳目受到迷惑而不能如实地观察外物，就会产生对外物的假象：“冥冥而行者，见寝石以为伏虎也，见植林以为后人也：冥冥蔽其明也。醉者越百步之沟，以为蹞步之浍也；俯而出城门，以为小之闺也：酒乱其神也。厌目而视者，视一为两；掩耳而听者，听漠漠而以为哅哅：势乱其官也。故从山上望牛者若羊，而求羊者不下牵也：远蔽其大也。从山下望木者，十仞之木若箸，而求箸者不上折也：高蔽其长也。水动而景摇，人不以定美恶：水势玄也。瞽者仰视而不见星，人不以定有无：用精惑也。有人焉以此时定物，则世之愚者也。彼愚者之定物，以疑决疑，决必不当。夫苟不当，安能无过乎？”（《荀子·解蔽》）

者也，精于物者也。精于物者以物物，精于道者兼物物。故君子壹于道，而以赞稽物。壹于道则正，以赞稽物则察；以正志行察论，则万物官矣。”（《荀子·解蔽》）荀子的说法，使我们联想到亚里士多德的说法。在亚里士多德看来，一般人只知道每个事物是什么，如工匠，但哲学追求的知识是智能，是普遍的道理。同样，荀子追求的是普遍的道和真理：“夫道者，体常而尽变，一隅不足以举之。”（同上）“若夫总方略，齐言行，壹统类，而群天下之英杰而告之以大古，教之以至顺，奥窔之间，簟席之上，（敛）[歙]然圣王之文章具焉。”（《荀子·非十二子》）荀子的普遍真理理想，一方面反映了他要以此来纠正诸子之学的一偏性，另一方面也反映了在战国晚期他要用儒家普遍之道来统一天下的愿望。

荀子的“心知”是追求“道”的“知”，而“道”在荀子那里，又不是形而上学的“天道”，而是“人道”，更具体地说是“礼乐之道”。“礼乐之道”是圣王创造的，圣王又是“人伦之至”，因此，荀子的“心知”，说到底又是认知和学习“礼乐”，认知和学习“圣王”，使自己成为“礼乐”的体现者，使自己成为“君子”和“圣人”。他说：“圣也者，尽伦者也；王也者，尽制者也。两尽者，足以为天下极矣。故学者以圣王为师，案以圣王之制为法，法其法以求其统类，以务象效其人。向是而务，士也；类是而几，君子也；知之，圣人也。”（《荀子·解蔽》）这就是我们前面指出的荀子的“道德理想主义”特征。这一特征是通过“心知”来达到和实现的。儒家是平民主义的，因为他相信人人都能够成就自我；但儒家又是精英主义的，因为实际上并非人人都是“君子”和“圣人”，大量的“小人”的存在，需要君子引导，更需要“圣人”引导，从这种意义上说，就像柏拉图那样，儒家也要培养出自己的“哲学王”。荀子的君子和圣人，在管理国家和众人的意义上，更是“精英性”的，而这都是通过“治心”和“养心”即通过一套好的“心术”来实现的。

二 “心”的“修炼”：化“客观之道”为“道德自我”

不管儒家的道德理想主义多么高远和超越，它为通向理想而找到的途径都是以个人的“修身”为出发点。说起来非常强调客观规范的荀子，实际上也是如此。荀子强化了“礼”的规范意义，突出了“师法”和“人道”的“客观性”作用，从这种意义上说，他的伦理学称得上是一种“规范伦理学”或“模范伦理学”。但荀子不是“礼制决定论者”，更不是“制度决定论者”，这是他同道法家的显著不同之处，仅是据此就不能将荀子看成是从儒家到法家的桥梁，他的一个说法使他同样作为儒家的“人治论者”而著名：“有乱君，无乱国；有治人，无治法。羿之法非亡也，而羿不世中；禹之法犹存，而夏不世王。故法不能独立，类不能自行；得其人则存，失其人则亡。法者，治之端也；君子者，法之原也。故有君子，则法虽省，足以遍矣；无君子，则法虽具，失先后之施，不能应事之变，足以乱矣。”(《荀子·君道》)“人”自身是自己行为的决定者，这个决定者是人的“心灵”和“意志”。只是这个“心灵”和“意志”不像孟子所说的那样是通过扩展自己的“良知良能”或固有的“善良道德本性”来完成，它是通过将“客观化”的圣王创造的“礼乐”和“人道”化解到自我的“内心”之中、使“自我之心”成为“道德之心”来实现。换言之，在荀子那里，“心”的道德主导性和自主性，不是天生的，而是后天认知和学习的结果，是后天发展和建立起来的。现在我们就来看看荀子是如何进行精神修炼和建立“道德自我”的。按照荀子的说法，就是如何去“治心”和“养心”。

荀子修炼“心”的方法，是将“客观化”的“道”化为自我的“精神”。在荀子那里，衡量万物的标准、判断是非的尺度是普遍的“道”，它被称为“衡”。人只有掌握“道”，才能做出合乎“道”的理性选择，才能判断是非曲直，是是而非非。对此，荀子有一个清楚的说明：“圣人知心术之患，见蔽塞之祸，故无欲无恶，无始无终，无近无远，无博无浅，无古无今，兼陈万物而中县衡焉。是故众异不得相蔽以乱其伦也。何谓衡？曰：道。故心不可以不知道；心不知道，则不可道而可非道。人孰欲得恣而守其所不可，以禁其所可？以其不可道之心取人，则必合于不道人，而不知合于道人。以其不可道之心与不道人论道人，乱之本也。夫何以知？曰：心知道，然后可道。可道，然后能守道以禁非道。以其可道之心取人，则合于道人，而不合于不道之人矣。以其可道之心与道人论非道，治之要也。何患不知？故治之要在于知道。”（《荀子·解蔽》）“知道”是让“心”能够区分道与非道的界限，区分人道与非人道的界限。“知道”是“心”的修炼，亦是治理社会和国家的关键。

前面已经指出，“道”在荀子那里没有形而上学的意义，它被限制在“人道”上，限制在“仁义”道德和“礼乐”规范上。《荀子·儒效》载：“先王之道，仁之隆也，比中而行之。曷谓中？曰：礼义是也。道者，非天之道，非地之道，人之所以道也。”《荀子·修身》亦载：“凡用血气、志意、知虑，由礼则治通，不由礼则勃乱提僈；食饮、衣服、居处、动静，由礼则和节，不由礼则触陷生疾；容貌、态度、进退、趋行，由礼则雅，不由礼则夷固、僻违、庸众而野。故人无礼则不生，事无礼则不成，国家无礼则不宁。《诗》曰：‘礼仪卒度，笑语卒获。’此之谓也。”据此来说，心的精神修炼，同时也就是学习仁义道德和礼乐规范。《荀子》的开篇是《劝学》，它劝导人们努力学习，而学习的核心课程和内容就是仁义礼乐；从经典来说就是《诗》《书》《礼》《乐》和《春秋》。荀子说：“学恶乎始？恶乎终？曰：其数则始乎诵经，终乎读礼。其义则始乎为士，终乎为圣人。真积力久则入，学至乎没而后止也。故学数有终，若其义则不可须臾舍也。为之，人也；舍之，禽兽也。故《书》者，政事之纪也。《诗》者，中声之所止也。《礼》者，法之大分，群类之纲纪也。故学至乎《礼》而止矣。夫是之谓道德之极。《礼》之敬文也，《乐》之中和也，《诗》《书》之博也，《春秋》之微也，在天地之间者毕矣。”(《荀子·劝学》) 在孔子和孟子那里，“人道”根源于超越性的“天道”和“天”，这样的思考在荀子那里基本上是没有的。荀子剥去了“道”和“人道”的超验性根据，而将之限制为“社会”的产物。但这不妨碍它是客观的普遍之道。因为，社会需要道和人道，这是由人类社会的本质决定的。圣王正是根据社会的需要创造了道和礼乐。圣王为什么能够创造道和礼乐，是因为圣王善于学习（在此，荀子也许是循环论证）。这样，学习普遍之道和人道，就是学习圣王？荀子说：“圣也者，尽伦者也；王也者，尽制者也；两尽者，足以为天下极矣。故学者以圣王为师，案以圣王之制为法，法其法以求其统类，以务象效其人。向是而务，士也；类是而几，君子也；知之，圣人也。”(《荀子·解蔽》) 但历史上的圣王有许多，我们应该学习什么时代的圣王。荀子的回答是，学习“后王”，他称之为“法后王”。“先王”离我们久远，我们所知甚少，后王距离我们非常近，我们所知较多。儒家孟子“言必称尧舜”，道家庄子更是将远古理想化，法家则将古今对立起来，但荀子认为“先王”与“后王”是统一的，“古”与“今”也是统一的，荀子这样说，其中包含着一种“历史普遍主义理性”：“故千人万人之情，一人之情是也。天地始者，今日是也。百王之道，后王是也。君子审后王之道，而论于百王之前，若端拜而议。推礼义之统，分是非之分，总天下之要，治海内之众，若使一人。故操弥约，而事弥大。五寸之矩，尽天下之方也。故君子不下室堂，而海内之情举积此者，则操术然也。”[①]

---

① 《荀子·不苟》。《荀子·非相》亦载：“故曰：欲观圣王之迹，则于其粲然者矣，后王是也。彼后王者，天下之君也；舍后王而道上古，譬之是犹舍己之君，而事人之君也。故曰：欲观千岁，则数今日；欲知亿万，则审一二；欲知上世，则审周道；欲审周道，则审其人所贵君子。故曰：以近知远，以一知万，以微知明，此之谓也。”（转下页）

荀子认为“善言古者必有征于今”“古今一度”，坚持“道”和“人道”超越古今时空，对过去和现在都是有效的，因此“法后王”也就是“法先王”。圣王是道和人道的创造者，老师则是道和人道的传授和教育者，人要学习道和人道，一个重要的途径就是要有“师法”。荀子说：“礼者，所以正身也；师者，所以正礼也。无礼何以正身？无师吾安知礼之为是也？礼然而然，则是情安礼也；师云而云，则是知若师也。情安礼，知若师，则是圣人也。故非礼，是无法也；非师，是无师也。不是师法而好自用，譬之是犹以盲辨色，以聋辨声也，舍乱妄无为也。故学也者，礼法也。夫师，以身为正仪，而贵自安者也。《诗》云：‘不识不知，顺帝之则。’此之谓也。”（《荀子·修身》）孔子重视“学”和“学问”，主张“博学于文”，不耻下问；荀子也重视学和学问，但强调师法，强调学习从具体的课程（“数”）开始最终达到对“真理”即“义”的把握。荀子反对陷于烦琐性的知识学习中，[①] 反对博杂的学习而无一贯之道。荀子主张学习和精神修炼，根本的目的是要求掌握普遍之道和大义。

“心灵”有掌握“道”和“人道”的能力，并不意味着它自然而

（接上页）荀子还专门批评他称之为“妄人”的“古今异情”说：“夫妄人曰：‘古今异情，其所以治乱者异道。’而众人惑焉。彼众人者，愚而无说，陋而无度者也。其所见焉，犹可欺也，而况于千世之传也？妄人者，门庭之间，犹可诬欺也，而况于千世之上乎？圣人何以不可欺？曰：圣人者，以己度者也。故以人度人，以情度情，以类度类，以说度功，以道观尽，古今一度也。类不悖，虽久同理，故乡乎邪曲而不迷，观乎杂物而不惑，以此度之。五帝之外无传人，非无贤人也，久故也。五帝之中无传政，非无善政也，久故也。禹、汤有传政而不若周之察也，非无善政也，久故也。传者久则论略，近则论详，略则举大，详则举小。”

① 《荀子·儒效》载：“君子之所谓贤者，非能遍能人之所能之谓也；君子之所谓知者，非能遍知人之所知之谓也；君子之所谓辨者，非能遍辨人之所辨之谓也；君子之所谓察者，非能遍察人之所察之谓也，有所正矣。相高下，视硗肥，序五种，君子不如农人；通财货，相美恶，辩贵贱，君子不如贾人；设规矩，陈绳墨，便备用，君子不如工人。不恤是非、然不然之情，以相荐撙，以相耻怍，君子不若惠施、邓析也。若夫谪德而定次，量能而授官，使贤不肖皆得其位，能不能皆得其官，万物得其宜，事变得其应，慎、墨不得进其谈，惠施、邓析不敢窜其察，言必当理，事必当务，是然后君子之所长也。”

然就能掌握道。要掌握道和人道，在荀子看来，需要人保持一种独特的“心灵状态”，这个状态他称之为“虚壹而静”。荀子没有假定“心灵是一块白板”，也没有设想清除“心灵”中所已经存在的各种东西。他所说的“心灵”的“虚”“静”和“壹”的状态，是相对于心灵的“藏”“动”和“两”的状态的。“心灵”有知的能力就会有倾向和记忆，这是心灵的“藏”；心灵是不断活动的，而且在不同状态下心理的活动又非常不一样，如睡梦中的梦想和闲暇时的胡思乱想，这是心灵的“动”；心灵有认知不同事物的能力，它能够“兼知”各种事物，这是心灵的“两”。对于“心灵”的这种“藏”“动”和“两”的状态，荀子不要求排除它们，他只是要求心灵还要有向“道”开放的可能和状态，这就是“虚心”“静心”和“壹心”。“虚心”强调的是心灵不为已有的东西所限制，而能够向新的东西敞开；“静心”强调的是心灵不受各种杂念的纷扰，保持宁静和平静；“壹心”强调的是心灵的专一和专注，不被众多和杂多的事物所诱使。心灵达到了“虚”“静”和“壹”的状态，它就像透亮的明镜或清澈的水一样能够清晰地显现出事物，荀子称之为“大清明”：“未得道而求道者，谓之虚壹而静。作之，则将须道者之虚则人（入），将事道者之壹则尽，将思道者静则察。知道察，知道行，体道者也。虚壹而静，谓之大清明。”（《荀子·解蔽》）

荀子设想的心灵的“虚”“静”和“壹”状态，总体上又可以统一到“专壹”上来。这是因为心灵达到了“专壹”和“专心”，就能够不受各种杂念的干扰而保持宁静，也能够不受其他东西的妨碍而接受和认同“道”。事实上，在荀子的精神修炼中，心灵的“专壹”是关键性的，也是荀子所注重的。“心灵”的自主和独立，心灵的坚定意志，心灵能够成为“主导之心”，这都来自心灵的专一性修炼。荀子说：“心容其择也，无禁，必自见；其物也杂博，其情之至也不贰。《诗》云：‘采采卷耳，不盈顷筐。嗟我怀人，寘彼周行。’顷筐易满也，卷耳易得也，然而不可以贰周行。故曰：心枝则无知，倾则不精，贰则疑惑。以赞稽之，万物可兼知也。身尽其故则美。类不可两也，故知者择一而壹焉。”(《荀子·解蔽》)这里，荀子强调的“壹”，同上面“虚”“静”和“壹”的“壹”是一致的。从可能性上说，“心灵”能够认知和接受各种事物，况且事物本身也是“杂多”，但在认知和接受事物时，心灵要根据自己的见解进行取舍；事物虽然杂多，但有了精诚（“精”）之心，它面对众多的事物时就不会左右摇摆（“不贰”）。荀子引用《诗经》中的“采采卷耳”的例子，强调即使是做最简单的事情，如果不专心，也不会有效果。荀子说的“心枝则无知，倾则不精，贰则疑惑”，揭示了心灵不“专壹”和“专注”的问题。

事物以类相区别，人们不可能同时从事两种不同的事物而均能有所成就，明智的做法是选择其一而“专壹”为之。荀子劝勉人们努力和勤奋学习，但学习不是漫无边际地到处花费自己的精力，学习的根本方法是将自己的“心志”和“精力”始终坚守在一个方向上。我们可以再看看《劝学》中这一通俗的道理：“积土成山，风雨兴焉；积水成渊，蛟龙生焉；积善成德，而神明自得，圣心备焉。……是故无冥冥之志者，无昭昭之明；无惛惛之事者，无赫赫之功。行衢道者不至，事两君者不容。目不能两视而明，耳不能两听而聪。螣蛇无足而飞，梧鼠五技而穷。《诗》曰：‘尸鸠在桑，其子七兮。淑人君子，其仪一兮。其仪一兮，心如结兮。’故君子结于一也。”这些例子表明，不管什么事物，只要进行不间断的连续性积累，都会产生出惊人的结果。“不断的积累”所需要的就是“专心”和“专壹”。各种不同事物的特性，往往也是专一积累的结果。

人的心灵能够广泛地认知万物，同时又容易受到万物的诱惑而被左右，只有“心灵”保持“专壹”，才能超越事物的制约。儒家的“贤人”统治理念，是一种表率和“父母”政治，也是一种“日理万机”的能力政治；墨家坚持以自苦为极的自我劳动精神，大禹为他们树立一个极好的榜样。但道家和道法家则坚持不干涉的“无为”政治，认为君主是可以安逸的。荀子引入了"垂拱无为"的统治术，按照这种统治术，君王不要过问各种具体的事务，而只需掌握相应于君王统治的根本之道。"君王"的职分就是他自己的"一"。这个"一"同样容易受到其他事物的干扰，但明智的君王懂得这个"一"的不稳定（"危"）和"微妙"，因此他能谨慎地对待这个"一"，坚守微妙的"一"，以成就他的伟大政治志向。《荀子·解蔽》论述说："昔者舜之治天下也，不以事诏而万物成。处一危之，其荣满侧。养一之微，荣矣而未知。故《道经》曰：'人心之危，道心之微。'危微之几，惟明君子而后能知之。故人心譬如盘水，正错而勿动，则湛浊在下，而清明在上，则足以见须眉而察理矣。微风过之，湛浊动乎下，清明乱于上，则不可以得大形之正也。心亦如是矣。故导之以理，养之以清，物莫之倾，则足以定是非决嫌疑矣。小物引之，则其正外易，其心内倾，则不足以决庶理矣。故好书者众矣，而仓颉独传者，壹也；好稼者众矣，而后稷独传者，壹也。好乐者众矣，而夔独传者，壹也；好义者众矣，而舜独传者，壹也。倕作弓，浮游作矢，而羿精于射；奚仲作车，乘杜作乘马，而造父精于御。自古及今，未尝有两而能精者也。曾子曰：'是其庭可以搏鼠，恶能与我歌矣！'"为了帮助理解这段话，我们还可以看一下《荀子·尧问》开头的记载："尧问于舜曰：'我欲致天下，为之奈何？'对曰：'执一无失，行微无怠，忠信无倦，而天下自来。执一如天地，行微如日月，忠诚盛于内，贲于外，形于四海，天下其在一隅邪！夫有何足致也！'"[①]

在这里，我们又看到荀子对"壹"的关注。"专壹"之"壹"同

① 也正是在这种意义上，荀子认为君王又是非常清闲和安逸的："故治国有道，人主有职。若夫贯日而治详，一日而曲列之，是所使夫百吏官人为也，不足以是伤游玩安燕之乐。若夫论一相以兼率之，使臣下百吏莫不宿道乡方而务，是夫人主之职也。若是则一天下，名配尧、禹。之主者，守至约而详，事至佚而功，垂衣裳，不下簟席之上，而海内之人莫不愿得以为帝王。夫是之谓至约，乐莫大焉。"（《荀子·王霸》）

“多”“贰”和“两”是相对的，我们应该再适当注意一下。在万物之中，每一物都是“一”，人们专注从事一种事物就能精通那一种事物并达到出神入化的境界，这就是“专壹”的效果。在荀子看来，别说是分心于“多”，就是分心于“两”（或“贰”）也难以“精通”。要成就自我人格，要治理国家天下，同样要坚守于“一”，要“专壹”于“一”，要使自己的“心灵”像一个结一样牢牢地缠绕。在押韵的《成相》篇中，荀子告诉我们说：“凡成相，辨法方，至治之极复后王。……治复一，修之吉，君子执之心如结，众人贰之，谗夫弃之，形是诘。水至平，端不倾，心术如此象圣人。……处之敦固，有深藏之，能远思。思乃精，志之荣，好而壹之神以成。精神相及，一而不贰为圣人。”作为“大人”“君子”坚持修炼的“一”和“专壹”的“一”，在荀子那里是“道”。但“道”不是普通的“一”，“专壹”于“道”也不是一般的“专心”，因为“道”能兼通万物、兼治万物，正如荀子所说的“故君子壹于道而以赞稽物。壹于道则正，以赞稽物则察，以正志行察论，则万物官矣”那样，“专壹”于“道”而获得的精神修炼和自我心灵，则是最高的“神通”和“神明”。从时间上说，“专壹”的修炼和学习是一个过程，这个过程不管多么漫长也不能间断，在荀子看来，这不仅是一个成功与否的问题，而且还是一个做人还是沦为禽兽的问题：“学恶乎始？恶乎终？曰：其数则始乎诵经，终乎读礼；其义则始乎为士，终乎为圣人。真积力久则入，学至乎没而后止也。故学数有终，若其义则不可须臾舍也。为之，人也；舍之，禽兽也。”（《荀子·劝学》）在时间过程中的“真积力”，就是在心灵中不断积累和奠定“善”和“仁义”，这仍然是义无反顾地坚持“一”：“伦类不通，仁义不一，不足谓善学。学也者，固学一之也。一出焉，一入焉，涂巷之人也；其善者少，不善者多，桀、纣、盗跖也；全之尽之，然后学者也。”（同上）

孟子告诉我们说，修炼心灵没有比减少自己的欲望更好的方法了，但荀子则告诉我们，修炼心灵没有比“真诚”更好的途径。《荀子·不苟》载：“君子养心莫善于诚，致诚则无它事矣，惟仁之为守，惟义之为行。诚心守仁则形，形则神，神则能化矣。诚心行义则理，理则明，明则能变矣。变化代兴，谓之天德。”“诚”是被《中庸》高度哲学化和道德化的观念，孟子也重视“诚”。荀子说培养心灵的最好方法是“诚”，是说要用一颗“真诚”“诚实”的“心”去“守仁”“行义”。“真诚”和“诚实”不是孤立的心灵状态，它要在人的言行、对待事物的方式和态度中具体体现出来。当我们说一个人真诚和诚实的时候，这就意味着他的言行赢得了人们的信任。在荀子那里，“诚”既体现为真心实意地奉行“仁义”道德，也体现为在不同的关系中以自己的真诚赢得信赖：“天地为大矣，不诚则不能化万物；圣人为知矣，不诚则不能化万民；父子为亲矣，不诚则疏；君上为尊矣，不诚则卑。夫诚者，君子之所守也，而政事之本也，唯所居以其类至。”（《荀子·不苟》）荀子以“诚”养心，同“慎独”和“独”有密切关系。荀子说：“天不言而人推高焉，地不言而人推厚焉，四时不言而百姓期焉。夫此有常，以至其诚者也。君子至德，嘿然而喻，未施而亲，不怒而威，夫此顺命，以慎其独者也。善之为道者，不诚则不独，不独则不形，不形则虽作于心，见于色，出于言，民犹若未从也；虽从必疑。”（同上）“慎其独”的说法，首先出现在《礼记》（《大学》《中庸》和《礼器》）中，又出现在简帛《五行篇》中。郑玄解释《礼记》的“慎独”为谨慎自己的独居。[①]沿袭这种思路，杨倞解释说：“慎其独，谓戒慎乎其所不睹，恐惧乎其所不闻。”但正如清人恰当指出的那样，荀子的“慎其独”当是“诚其身”，亦可说是“诚其己”，即使自己达到真诚。[②]问题是荀子所说的“善之为道者，不诚则不独，不独则不形”应

① 但这种解释是有问题的。参阅王中江：《儒家的“慎独论”与“为己之学”及其“公关关怀”》，庞朴主编：《儒林》总第3辑，山东大学出版社2006年版。

② 参阅王先谦：《荀子集解》上册，中华书局1997年版，第46—47页。

如何理解。注解者一般将之同“慎其独”联系起来，将这里的“诚”与“独”的关系看成“诚”与“慎独”的关系，但实际上恐非如此。“不诚不独”的“独”，当是“独一”，亦即“专壹”。俞樾说：“上文云：‘致诚则无它事矣，唯仁之为守，唯义之为行。’所谓独者，即无它事之谓。唯仁、唯义，故无它事，无它事是谓独。故曰：‘不诚则不独，不独则不形。’言不能诚实则不能专一于内，不能专一则不能形见于外。”[①] 由此，我们才容易理解荀子下文所说：“唯所居以其类至。操之则得之，舍之则失之。操而得之则轻，轻则独行，独行而不舍，则济矣。济而材尽，长迁而不反其初则化矣。”这里的“所居”“操”“不舍”和“长迁”，都可以从坚持不懈的“专壹”上来理解。坚持不放弃就会有所得，有所得就变得“轻便”“轻松”；“轻便”“轻松”就能“独行”（“一行”），独行不断就会成功。这是从“真诚”又回到了“专壹”和“独行”上。

在荀子那里，“心灵”确实容易产生不同的不良倾向和状态，这些不良倾向和状态要通过修炼加以调节和完善。分开来看，荀子说：“治气养心之术：血气刚强，则柔之以调和；知虑渐深，则一之以易良；勇胆猛戾，则辅之以道顺；齐给便利，则节之以动止；狭隘褊小，则廓之以广大；卑湿、重迟、贪利，则抗之以高志；庸众驽散，则劫之以师友；怠慢僄弃，则照之以祸灾；愚款端悫，则合之以礼乐，通之以思索。”（《荀子·修身》）但统一起来看，精神修炼仍然是通过礼、通过老师、坚持“一好”来建立自己的道德自我：“凡治气养心之术，莫径由礼，莫要得师，莫神一好。夫是之谓治气养心之术也。”（同上）总而言之，荀子的“养心术”，根本上是一种“道德专心术”，即坚持不懈地化客观之道和礼以成为自己心灵的主导。荀子希望通过“专心”使自己的意志坚定不移，建立起自己的道德理性。这种化客观之

---

① 王先谦：《荀子集解》上册，中华书局 1997 年版，第 47 页。

道为"道德自我"超越性境界，在荀子那里也非常理想："君子知夫不全不粹之不足以为美也，故诵数以贯之，思索以通之，为其人以处之，除其害者以持养之。使目非是无欲见也，使口非是无欲言也，使心非是无欲虑也。及至其致好之也，目好之五色，耳好之五声，口好之五味，心利之有天下。是故权利不能倾也，群众不能移也，天下不能荡也。生乎由是，死乎由是，夫是之谓德操。德操然后能定，能定然后能应。能定能应，夫是之谓成人。天见其明，地见其光，君子贵其全也。"(《荀子·劝学》)

三 "心灵"对"性情"的转化：化"自然"为"人为"

一些道德论者，喜欢假定人先天的"道德感"和"同情心"，他的典型形态是大家熟知的孟子很早就提出的"人性善"，说人天生具有向善的倾向，后天要做的是如何保持和扩充它，孟子称之为"尽心"。但荀子提出了相反的假定，说"人性"任其天然倾向就会产生恶，解决的办法是将自然之性化为社会存在。在这一点上，黑格尔的说法支持了荀子的立场："就人作为精神来说，他不是一个自然存在。但当他作出自然的行为，顺从其私欲的要求时，他便志愿作一个自然存在。所以，人的自然的恶与动物的自然存在并不相同。因此自然性可以更确切地说是具有这样的规定，即自然人本身即是个别人，因为一般说来，自然即是个别化的纽带。所以说人志在作一自然人，实无异于说他志在作一个个别的人。和这种出于冲动和嗜欲、属于自然的个别性的行为相反对的，便是规律或普遍的原则。这规律也许是一外在的暴力，或具有神圣权威的形式。只要人老是停留在自然状态的阶段，他就会成为这种规律的奴隶。在自然的本能和情感里，人诚然也有超出自己的个别性的善意的、社会的倾向，同情心，爱情，等等。但只要这些倾向仍然是出于素朴的本能，则这些本来具有普遍内容的情欲，仍不能摆脱其主观性，因而总仍不免受自私自利和偶然任性的支配。”[①]在荀子那里，“心灵”对自我的转化扮演着重要的角色。但荀子的“心灵”也是后天修炼的结果，这是我们上面集中讨论的问题，现在我们要集中讨论的是，荀子所说的“心灵”如何指导和转化人的自然“性情”。这是一种简化的说法，因为荀子建立“道德自我”的精神修炼，同时也离不开心灵对自然人性的调节。只是，我们现在侧重于道德自我和精神理性对人的自然性情的积极主动的引导与转化。

显然，“心灵”同人的感觉系统是密切相联的，心灵时时刻刻都会感受到“感觉”的要求，即荀子所说的“情”的要求，它处在“情”的包围之中而又要不断地安抚和引导“性情”的各种冲动。弗洛伊德将人格分为本能性的“本我”（id）、知觉性的“自我”（ego）和精神性的“超我”（superego）。[②]自我代表了心理和常识性的我，它借助于知觉的作用引导“本能”的实现：“自我是通过知觉意识中的中介而为外部世界的直接影响所改变的本我的一个部分；在某种意义上它是表面分化的扩展。而且，自我企图用外部世界的影响对本我和它的趋向施加压力，努力用现实原则代替在本我中自由地占支配地位的快乐原则。知觉在自我中所起的作用，在本我中由本能来承担。自我代表可以称作理性和常识的东西，它们与含有感情的本我形成对比。”[③]超我代表着人的道德化和理想性的东西，它是通过将道德规范和社会价值观念内化为自己的一部分而形成的。讨论道德发展心理学的学者们也注意到了弗洛伊德的说法，将之作为有关道德发展和成长的学说之一。克拉夫特（William F. Kraft）介绍说：“用精神分析的语言来说，当无自我或超我的控制时，

---

① 黑格尔：《小逻辑》，贺麟译，商务印书馆 1981 年版，第 92—93 页。

② 人们指责弗洛伊德的“精神分析”哲学，说他遗忘了人类的道德和伦理意识。晚年的弗洛伊德也许意识到他应该对人的道德和伦理有所论及，而不让人始终觉得他除了用力比多（libido）之外没有别的解释方法。

③ 弗洛伊德：《自我与本我》，《弗洛伊德后期著作选》，林尘、张唤民等译，上海译文出版社 2005 年版。

人们可能盲目地驱动自己去得到满足。当没有自我的思考、超我的引导及自身（self）自尊时，躯体便变得冲动和自私。人可能急迫地寻求立即的缓解，也可能盲目地利用任何东西或任何人来达到愉快。极而言之，这种躯体存在是排斥他人的，因为一个人的行为只是为了自己的满足。尽管躯体是人在世界上的停泊处、动机处和表现之地，但躯体要有自我和超我才能成为全人。"[①] 在弗洛伊德那里，本我始终是强烈的冲动，它总是吵着要"得到能得到的东西"，但它如果毫无顾忌，势必与其他个体之间的同样举动形成冲突，"自我"特别是"超我"就是用来驯服和驾驭倔强的本能的。荀子的"性情"和"欲求"的"我"，类似于弗洛伊德所说的"本我"，其"心灵自我"则包括了弗洛伊德所说的"自我"和"超我"两方面。但荀子的道德和理性的"我"，并不是感觉和"人情"的粗暴压制者，它只是将之纳入心灵的管辖范围内，使之得到合理的表现。荀子之所以重视精神修炼（"心术"），就是因为我们需要一个能够驾驭我们性情本我的道德意志，使之处在它的轨道之内。

心灵是性情的引导者而不是压制者，这涉及荀子对"性情"独特的看法和态度。在荀子那里，性、情和欲是人先天禀赋的不同侧面："性者，天之就也；情者，性之质也；欲者，情之应也。以所欲为可得而求之，情之所必不免也。"（《荀子・正名》）荀子所说的人性、人情和人欲，就是我们已经说到的人的"本能"，它是人性中最基本的冲动。整体上看，荀子并不主张减少人的欲望。在这一点上，他同主张"无欲"的老子或广义的禁欲主义者分道扬镳，[②] 也同主张"寡欲"的孟子和宋荣子分庭抗礼，又同墨子的"节用"和"非乐"不相容。《荀子・正论》载："子宋子曰：'人之情欲寡，而皆以己之情为欲多，是

---

① 马克林、诺尔士编：《道德发展心理学》，方能御译，台湾商务印书馆1993年版，第26页。

② 《荀子・非十二子》批评陈仲、史䲡是"忍情性，綦溪利跂，苟以分异人为高，不足以合大众，明大分"。按照这个批评，陈仲、史䲡类似于禁欲主义者。

过也。’故率其群徒，辨其谈说，明其譬称，将使人知情之欲寡也。应之曰：然则亦以人之情为目不欲綦色，耳不欲綦声，口不欲綦味，鼻不欲綦臭，形不欲綦佚。此五綦者，亦以人之情为不欲乎？曰：‘人之情，欲是已。’曰：若是，则说必不行矣。以人之情为欲，此五綦者而不欲多，譬之，是犹以人之情为欲富贵而不欲货也，好美而恶西施也。古之人为之不然。以人之情为欲多而不欲寡，故赏以富厚而罚以杀损也。是百王之所同也。故上贤禄天下，次贤禄一国，下贤禄田邑，愿悫之民完衣食。今子宋子以是之情为欲寡而不欲多也，然则先王以人之所不欲者赏，而以人之欲者罚邪？乱莫大焉。今子宋子严然而好说，聚人徒，立师学，成文典，然而说不免于以至治为至乱也，岂不过甚矣哉！”荀子告诉我们说，有欲与无欲就像生死一样是不同的，它和国家的治与乱没有关系；欲望的多与少也是不同的，它是人性的自然表现，也同国家的治乱无关。荀子说，这种学说无法引导人们合理地去满足欲望，反而会被“有欲”和“多欲”所困扰。[①] 墨子以自苦为极而利天下的精神令人尊敬，荀子大概也承认墨子及其子弟吃苦精神的感人性，但他坚持认为墨子的“节用”和“非乐”主张是不可取的，这不仅是因为这种主张不合人情，而且是因为这种主张忽视了天下之物的丰富性和广泛利用的可能性。《荀子·富国》载：“墨子之言昭昭然为天下忧不足，夫不足，非天下之公患也，特墨子之私忧过计也。今是土之生五谷也，人善治之，则亩数盆，一岁而再获之，然后瓜桃枣李一本数以盆鼓，然后荤菜百疏以泽量，然后六畜禽兽一而剸车，鼋鼍、鱼鳖、鳅鳣以时别，一而成群，然后飞鸟、凫雁若烟海，然后昆虫万物主其间，可以相食养者，不可胜数也。夫天地之生万物也，固有余足以食人矣。麻葛、茧丝、鸟兽之羽毛齿革也，固有余足以衣人

---

① 《荀子·正名》载：“凡语治而待无欲者，无以道欲而困于有欲者也；凡语治而待寡欲者，无以节欲而困于多欲者也。有欲无欲，异类也，生死也，非治乱也。欲之多寡，异类也，情之数也，非治乱也。”

矣。夫有余不足，非天下之公患也，特墨子之私忧过计也。”

荀子批评“无欲”和“寡欲”，并不意味着他就主张“纵欲”，我们知道他在《荀子·非十二子》中也批评过纵欲主义者它嚣、魏牟的“纵情性，安恣睢”的片面学说。与庄子和孟子赞赏人的“自然性”不同，荀子没有美化人的“自然性”的倾向，在他看来，“人情”也不美。荀子接近于欧洲基督教的传统，按照这个传统，人是有原罪的，这个“原罪”成了人自我救赎的前提。在荀子那里，人的自然情性原是带着走向恶的趋势的，这个“性情”是人要成为“社会人”的前提。黑格尔批评美化自然人性的观点，认为精神起于对于恶的反思和超越。他说：“教会上有一熟知的信条，认为人的本性是恶的，并称本性之恶为原始的罪恶。依这个说法，我们必须放弃一种肤浅的观念，即认原始罪恶只是基于最初的人的一种偶然行为。其实由精神的概念即可表明本性是恶的，我们无法想象除认人性为恶之外尚有别种看法。只要就人作为自然的人，就人的行为作为自然的人的行为来说，他所有的一切活动，都是他所不应有的。精神却正与自然相反，精神应是自由的，它是通过自己本身而成为它自己所应该那样。自然对人来说只是人应当加以改造的出发点。”① 同样，荀子也认为自然性情是必须加以改造的对象，而“心灵”就是性情的改造者。但它不是禁止欲望，而是让其合理表现，即通过“道德自我”（即“道德心”）和“礼”来调节人的欲望。

相对于人的欲望的无穷性来说，物质与生活资料总是匮乏和不足的。墨子试图通过“节用”来解决物质的不足，荀子则是希望通过广泛的开发来增加物质生活的数量；墨子关心的是“节流”，荀子关注的是“开源”；墨子关注的是人人都享受一样的最低限度的消费，荀子关注的是欲望的尽量满足。荀子说：“天下之公患，乱伤之也，胡不尝试相与求乱之者谁也？我以墨子之‘非乐’也，则使天下乱，墨子之

① 黑格尔：《小逻辑》，贺麟译，商务印书馆1981年版，第91—92页。

‘节用’也，则使天下贫，非将堕之也，说不免焉。墨子大有天下，小有一国，将蹙然衣粗食恶，忧戚而非乐，若是则瘠，瘠则不足欲，不足欲则赏不行。墨子大有天下，小有一国，将少人徒，省官职，上功劳苦，与百姓均事业，齐功劳，若是则不威，不威则罚不行，赏不行则贤者不可得而进也，罚不行则不肖者不可得而退也。贤者不可得而进也，不肖不可得而退也，则能不能不可得而官也。若是，则万物失宜，事变失应，上失天时，下失地利，中失人和，天下敖然，若烧若焦，墨子虽为之衣褐带索，啜菽饮水，恶能足之乎，既以伐其本，竭其原，而焦天下矣。……故墨术诚行，则天下尚俭而弥贫，非斗而日争，劳苦顿萃而愈无功，愀然忧戚非乐而日不和。”(《荀子·富国》)荀子也很明白，不管如何创造物质生活条件，都不可能让人人都完全满足需求。因此，为了保证社会秩序，保证人的欲望都能够得到一定程度的满足，避免社会陷于生存竞争和弱肉强食的自然状态中，就需要用“道”和“礼”去转化人的“自然性”。

通过精神修炼而建立起来的道德自我和道德理性（“心灵”），是人的自然欲望满足的合理尺度和准绳。按照这个尺度，人自动地调节他的欲望，使他的欲望的满足程度既不过分亦无所不及。荀子的说法非常理性：“欲不待可得，而求者从所可。欲不待可得，所受乎天也；求者从所可，[所]受乎心也。所受乎天之一欲，制于所受乎心之多，固难类所受乎天也。人之所欲，生甚矣；人之所恶，死甚矣；然而人有从生成死者，非不欲生而欲死也，不可以生而可以死也。故欲过之而动不及，心止之也。心之所可中理，则欲虽多，奚伤于治！欲不及而动过之，心使之也。心之所可失理，则欲虽寡，奚止于乱！故治乱在于心之所可，亡于情之所欲。不求之其所在，而求之其所亡，虽曰我得之，失之矣。”(《荀子·正名》)据此，“欲望”的过和不及，都能够通过“心”得到合理的调节；欲望的可与不可，也能够通过“心”来合理地定夺。

“心”是用客观化的“道”和“礼”武装起来的，以“心”作为衡量“性情”的标准，也是用“道”去指导人的“性情”。《荀子·正名》载：“凡人莫不从其所可，而去其所不可。知道之莫之若也，而不从道者，无之有也。假之有人而欲南，无多；而恶北，无寡；岂为夫南者之不可尽也，离南行而北走也哉！今人所欲，无多；所恶，无寡；岂为夫所欲之不可尽也，离得欲之道而取所恶也哉！故可道而从之，奚以损之而乱！不可道而离之，奚以益之而治！故知者论道而已矣，小家珍说之所愿者皆衰矣。”对荀子来说，“性情”的满足主要不是程度上的多少问题，而是表现得合理与否的问题。对于天子来说，他的“性情”表现同样不可穷尽，但由于他是国家的最高统治者，他能够享受很多的物质条件和生活资料，他几乎可以穷尽他的愿望：“虽为天子，欲不可尽。欲虽不可尽，可以近尽也。”（《荀子·正名》）荀子为天子高度的生活享受找到了很好的根据，如果天子也过一种艰苦的生活，那不仅失去了天子的尊严，也失去了天子的情趣。荀子说：“故先王圣人为之不然。知夫为人主上者，不美不饰之不足以一民也，不富不厚之不足以管下也，不威不强之不足以禁暴胜悍也。故必将撞大钟、击鸣鼓、吹竽笙、弹琴瑟以塞其耳；必将雕琢、刻镂、黼黻、文章以塞其目；必将刍豢稻粱、五味芬芳以塞其口。然后众人徒，备官职，渐庆赏，严刑罚以戒其心。使天下生民之属皆知己之所愿欲之举在于是也，故其赏行；皆知己之所畏恐之举在于是也，故其罚威。”[①] 在荀

① 《荀子·富国》。其又载：“若夫重色而衣之，重味而食之，重财物而制之，合天下而君之，非特以为淫泰也，固以为王（一）天下，治万变，材万物，养万民，兼制天下者。为莫若仁人之善也夫。故其知虑足以治之，其仁厚足以安之，其德音足以化之。得之则治，失之则乱。百姓诚赖其知也；故相率而为之劳苦以务佚之，以养其知也，诚美其厚也，故为之出死断亡以覆救之，以养其厚也；诚美其德也，故为之雕琢、刻镂、黼黻、文章以藩饰之，以养其德也。故仁人在上，百姓贵之如帝，亲之如父母，为之出死断亡而［不］愉者，无它故焉。其所是焉诚美，其所得焉诚大，其所利焉诚多。《诗》曰：‘我任我辇，我车我牛，我行既集，盖云归哉。’此之谓也。”

子看来，天子充分的“性情”满足，是合乎道的。同样，百官和庶人的性情满足也要以道为标准。只是，这个标准按照级别越来越低，人们的性情满足自然也越来越少。荀子说：“欲虽不可去，求可节也。所欲虽不可尽，求者犹近尽；欲虽不可去，所求不得，虑者欲节求也。道者，进则近尽，退则节求，天下莫之若也。……凡人之取也，所欲未尝粹而来也；其去也，所恶未尝粹而往也。故人无（按：此字衍）动而不可以不与权俱。……易者，以一易一，人曰无得亦无丧也。以一易两，人曰无丧而有得也。以两易一，人曰无得而有丧也。计者取所多，谋者从所可。以两易一，人莫之为，明其数也。从道而出，犹以一易两也，奚丧！离道而内自择，是犹以两易一也，奚得！其累百年之欲，易一时之嫌，然且为之，不明其数也。”（《荀子·正名》）

客观性的“道”，在荀子那里又主要是通过“礼”的规范来体现的，因此，用道去衡量人的性情满足是否合理和正当，具体来说就是按照“礼”的标准去衡量其合理性。儒家的“礼”容易给人一种压抑“人性”的印象。有趣的是，荀子声称“礼”是用来让人得到各自相应的“生养”的，这是“礼”被创造出来的动机。在荀子看来，每个人如果都无所限制地去追求自己的性情满足，就会产生争夺和混乱。以区分上下、尊卑、贵贱等为主要特质的“礼”，就是让人根据各自的社会地位和身份，分别获得不同的生活资料和物质条件。《荀子·礼论》载：“礼起于何也？曰：人生而有欲，欲而不得，则不能无求。求而无度量分界，则不能不争。争则乱，乱则穷。先王恶其乱也，故制礼义以分之，以养人之欲，给人之求。使欲必不穷于物，物必不屈于欲。两者相持而长，是礼之所起也。故礼者养也。刍豢稻粱，五味调香，所以养口也；椒兰芬苾，所以养鼻也；雕琢刻镂，黼黻文章，所以养目也；钟鼓管磬，琴瑟竽笙，所以养耳也；疏房檖貌，越席床笫几筵，所以养体也。故礼者养也。君子既得其养，又好其别。曷谓别？曰：贵贱有等，长幼有差，贫富轻重皆有称者也。……孰知夫出死要节之所以养生也！孰知夫出费用之所以养财也！孰知夫恭敬辞让之所以养安也！孰知夫礼义文理之所以养情也！故人苟生之为见，若者必死；苟利之为见，若者必害；苟怠惰偷懦之为安，若者必危；苟情说之为乐，若者必灭。故人一之于礼义，则两得之矣；一之于情性，则两丧之矣。故儒者将使人两得之者也，墨者将使人两丧之者也，是儒墨之分也。”[①] 从制度上说，“礼”是按照“区分”的规范来分配物质条件和生活资料，这是一种对不同阶层有不同待遇的分配规范；从目标上说，礼是为了避免社会纷争和混乱，为了形成秩序和“合群”。《荀子·富国》载：“人之生，不能无群，群而无分则争，争则乱，乱则穷矣，故无分者，人之大害也，有分者，天下之本利也，而人君者，所以管分之枢要也。故美之者，是美天下之本也；安之者，是安天下之本也；贵之者，是贵天下之本也。古者先王分割而等异之也，故使或美或恶，或厚或薄，或佚或乐，或劬或劳，非特以为淫泰夸丽之声，将以明仁之文、通仁之顺也，故为之雕琢、刻镂、黼黻、文章，使足以辨贵贱而已，不求其观，为之钟鼓、管磬、琴瑟、竽笙，使足以辨吉凶，合欢定和而已，不求其余，为之宫室台榭，使足以避燥湿，养德，辨轻重而已，不求其外。”按照荀子的“礼”的“生养”模式，不同阶层的人都可以满足自己的性情。由于“道”和“礼”是被内化到“自我”心灵之中的，它是人的道德理性，也是人的道德意志，它对于

---

① 《荀子·富国》亦说：“万物同宇而异体，无宜而有用为人，数也。人伦并处，同求而异道，同欲而异知，生也。皆有可也，知愚同，所可异也，知愚分。势同而知异，行私而无祸，纵欲而不穷，则民心奋而不可说也。如是，则知者未得治也，知者未得治，则功名未成也，功名未成，则群众未县也，群众未县，则君臣未立也。无君以制臣，无上以制下，天下害生纵欲。欲恶同物，欲多而物寡，寡则必争矣。故百技所成，所以养一人也，而能不能兼技，人不能兼官。离居不相待则穷，群而无分则争。穷者，患也，争者，祸也，救患除祸，则莫若明分使群矣。强胁弱也，知惧愚也，民下违上，少陵长，不以德为政。如是，则老弱有失养之忧，而壮者有分争之祸矣。事业所恶也，功利所好也，职业无分，如是，则人有树事之患，而有争功之祸矣。男女之合，夫妇之分，婚姻娉内送逆无礼，如是，则人有失合之忧，而有争色之祸矣。故知者为之分也。”

人的性情完全是自主的，这种自主性具有不被“物”所左右和控制的力量。荀子说：“有尝试深观其隐而难其察者。志轻理而不重物者，无之有也。外重物而不内忧者，无之有也。行离理而不外危者，无之有也。外危而不内恐者，无之有也。心忧恐则口衔刍豢而不知其味，耳听钟鼓而不知其声，目视黼黻而不知其状，轻暖平簟而体不知其安。故向万物之美而不能嗛也，假而得问而嗛之，则不能离也。故向万物之美而盛忧，兼万物之利而盛害，如此者，其求物也？养生也？粥寿也？故欲养其欲而纵其情，欲养其性而危其形，欲养其乐而攻其心，欲养其名而乱其行。如此者，虽封侯称君，其与夫盗无以异；乘轩戴冕，其与无足无以异。夫是之谓以己为物役矣！”（《荀子·正名》）达到和实现了“心”的主导性，他对外在之物就具有了超然和坦然的境界，不管外在的条件如何，他都能够感到满足和自适：“心平愉则色不及佣而可以养目，声不及佣而可以养耳，蔬食菜羹而可以养口，粗布之衣、粗紃之履而可以养体，局室、庐帘、葭稿蓐、尚机筵而可以养形。故无万物之美而可以养乐，无势列之位而可以养名。如是而加天下焉，其为天下多，其和乐少矣，夫是之谓重己役物。”更进一步的结果是，在理性的选择之下，欲望的适当满足变成了如何控制自己的欲望。《荀子·荣辱》载：“人之情，食欲有刍豢，衣欲有文绣，行欲有舆马，又欲夫余财蓄积之富也；然而穷年累世不知［不］足，是人之情也。今人之生也，方知蓄鸡狗猪彘，又蓄牛羊，然而食不敢有酒肉；余刀布，有囷窌，然而衣不敢有丝帛；约者有筐箧之藏，然而行不敢有舆马。是何也？非不欲也，几不长虑顾后，而恐无以继之故也。于是又节用御欲，收敛蓄藏以继之也。是于己长虑顾后，几不甚善矣哉！”

荀子特别强调的是，“心”对“性情”的调节、引导和主导要成为稳定的社会生活习惯，靠一些偶然性的行为是无法实现的，人们需要通过反复和积累以使行为定型，就像我们掌握一种技艺要通过反复练习以使动作定型一样。荀子的哲学，整体上可以看成一种社会哲学，它的核心是如何使人的“自然性”成为“社会性”，用荀子的说法就是“化性起伪”。对荀子来说，自然的人性是有待加工的材料，通过人为的加工它才能成为一个好的器具。对于后天道德发生论者来说，道德是社会“习得”的，[①]它是经过不断的社会学习获得的素质。荀子的“道德自我”无疑也是“习得”的，一方面，它是模仿、效法道德的楷模——圣王和老师。《荀子·儒效》载：“人无师法，则隆性矣；有师法，则隆积矣。而师法者，所得乎情，非所受乎性。性不足以独立而治。性也者，吾所不能为也，然而可化也。情也者，非吾所有也，然而可为也。注错习俗，所以化性也；并一而不二，所以成积也。习俗移志，安久移质。并一而不二，则通于神明，参于天地矣。”另一方面，它学习道和礼，使之化为内心的精神理性。这都需要坚持不懈。《尚书·太甲上》载：“兹乃不义，习与性成。”按照孔子的说法是“习相远”。如果说后天不好的言行可以成为习惯或人的第二天性，那么好的言行自然也能够成为人的习惯和第二天性。[②]荀子也是这样说的：“故积土而为山，积水而为海，旦暮积谓之岁，至高谓之天，至下谓之地，宇中六指谓之极，涂之人百姓，积善而全尽，谓之圣人。彼求之而后得，为之而后成，积之而后高，尽之而后圣，故圣人也者，人之所积也。人积耨耕而为农夫，积斫削而为工匠，积反货而为商贾，积礼义而为君子。工匠之子，莫不继事，而都国之民安习其服，居楚而楚，居越而越，居夏而夏，是非天性也，积靡使然也。故人知谨注错，慎习俗，大积靡，则为君子矣；纵性情而不足问学，则为小人矣。为君子则常安荣矣，为小人则常危辱矣。凡人莫不欲安荣而恶危辱，故

---

① 有关道德习得问题，参阅马克林、诺尔士编：《道德发展心理学》，方能御译，台湾商务印书馆 1993 年版，第 190—217 页。

② 有关道德习惯，参阅潘小慧：《德行与伦理——多玛斯的德行伦理学》，载《哲学与文化》2004 年总第 358 期。

唯君子为能得其所好，小人则日徼其所恶。”(《荀子·儒效》）荀子需要的是人的道德习惯和社会性，他相信这都可以通过“学习”和修炼来获得。《荀子·正名》载:“生之所以然者谓之性。性之和所生，精合感应，不事而自然谓之性。性之好、恶、喜、怒、哀、乐谓之情。情然而心为之择谓之虑。心虑而能为之动谓之伪。虑积焉、能习焉而后成谓之伪。”理性选择即“心虑”，也可以成为习惯并定型下来。始于人的精神修炼，终于人的精神修炼，根本问题是化“客观之道”为“道德自我”，并通过道德自我来调节人的性情，以建立起社会秩序和道德价值理想。

（原载万俊人主编:《清华哲学年鉴2007》，
当代中国出版社2009年版）

学术知识的统一理想及人格和王道理想
——荀子儒学的重新定位

引言：回顾与问题

如果以大历史的视野简要回顾一下荀子和以他为中心的荀学在儒学史中的地位，就会发现，甚至在那些最核心的问题上人们都没有形成基本的共识。这绝非夸大其词，只需跳跃式地查证一下便可清楚。

汉初《孟子》受到重视，赵岐《孟子题辞》称："孝文帝欲广游学之路，《论语》《孝经》《孟子》《尔雅》皆置博士。"荀子也受到了司马迁和刘向的肯定性评价。司马迁把荀子和孟子一同看成是孔子之学在战国逆境中的复兴者和光大者，"天下并争于战国，儒术既绌焉，然齐鲁之间，学者独不废也。于威、宣之际，孟子、荀卿之列，咸遵夫子之业而润色之，以学显于当世"。[①] 刘向把荀子看成是儒家经传的主要传人。但遗憾的是，唐之前没有人为《荀子》作注，以至于"荀氏之书千载而未光焉"。[②] 唐杨倞整理《荀子》并为之作注，可谓传荀学之功臣。杨倞把孔子、孟子和荀子视为儒家一脉相承的传人，认为"孟轲阐其前，荀卿振其后"，"其书亦所以羽翼'六经'，增光孔氏"。[③] 论

---

① 《史记·儒林列传》。

② 杨倞:《荀子注序》，王先谦:《荀子集解》上册，中华书局1988年版。

③ 同上。

者认为韩愈对荀子（包括扬雄）的评价虽有微词（“小疵”），但整体上仍加肯定（“大醇”），称“吐辞为经”“优入圣域”。[①]但是，韩愈在他影响很大的《原道》中，把荀子与扬雄并论，一同排除在儒家道统之外，则是对荀子之学的致命伤害。[②]在大讲道统之传和心性之学的宋明道学中，这种伤害被加剧。不管是在程朱理学的道统论中，还是在陆王心学的道统论中，荀子都被排除在外。由于荀子主张性恶、批评思孟或他的法家弟子等原因，在宋明儒学中，荀子受到了普遍的轻视。朱熹甚至以一种轻蔑的态度评论荀子，[③]以至于把荀子逐出儒门，归入法家。[④]与此形成强烈反差的是，一直在子部的《孟子》一书，从唐代开始被请求“入经”的“升格”趋势在宋代已成定局，位列儒家经典“十三经”之中，并被朱熹推崇为“四书”之一，从而确立了在儒家中的正统和尊崇地位。

清中叶以后，对抗宋学和重视经典考证之学的考据学兴盛，荀学得到了振兴，这同时也意味着为受到宋学贬损和压抑的荀子正名。一批学者开始关注与研究荀子和《荀子》一书，其著者如谢墉的《荀子笺释》、汪中的《荀卿子通论》，至王先谦的《荀子集解》出，荀学已蔚为大观。在清中至清末的荀学复兴中，人们肯定了荀子在儒学史上的地位，认为荀子道性恶与孟子道性善，虽出发点不同，然旨趣则归于一，孟子“欲人之尽性而乐于善”，荀子“欲人化性而勉于善”。[⑤]谢

① 参见钱大昕：《荀子跋》，王先谦：《荀子集解》上册，中华书局 1988 年版。

② 韩愈说：“吾所谓道也，非向所谓老与佛之道也。尧以是传之舜，舜以是传之禹，禹以是传之汤，汤以是传之文、武、周公，文、武、周公传之孔子，孔子传之孟轲。轲之死，不得其传焉。荀与扬也，择焉而不精，语焉而不详。”

③ 如他说：“不须理会荀卿，且理会孟子性善。渠分明不识道理。……韩退之谓荀扬‘大醇而小疵’，伊川曰：‘韩子责人甚恕。’自今观之，他不是责人恕，又是看人不破。”[（《朱子语类》（八）卷一三七，中华书局 1986 年版，第 3254 页]

④ 如他说：“荀卿则全是申韩，观《成相》一篇可见。……然其要，卒归于明法制，执赏罚而已。”（同上书，第 3255 页）

⑤ 钱大昕：《荀子跋》，王先谦：《荀子集解》上册，中华书局 1988 年版。

墉披览全书，深有感触地说：“愚窃尝读其全书，而知荀子之学之醇正，文之博达，自四子而下，洵足冠冕群儒，非一切名、法诸家所可同类共观也。”① 郝懿行也语重心长地表达了他为《荀子》所吸引的情形：“近读《孙卿书》而乐之，其学醇乎醇，其文如《孟子》，明白宣畅，微为繁富，益令人入而不能出。”② 汪中经过考证，断定和坚信“荀卿之学，出于孔氏，而尤有功于诸经”。③ 但清末与王先谦、叶德辉的“尊荀”相对立，则有维新派的“扬孟抑荀”的“排荀运动”。④ 在热心“大同”的康有为的眼中，孟子是传“大同”，而荀子则是传“小康”。谭嗣同把荀学目为与秦政大盗转相利用的乡愿之学的总代表：“二千年来之政，秦政也，皆大盗也；二千年来之学，荀学也，皆乡愿也。唯大盗利用乡愿；惟乡愿媚大盗。”⑤ 梁启超把荀学概括为“尊君权”（秦政、秦制及二千年专制政治之源）、“排异说”“谨礼仪”（不讲大义）和“重考据”，虽亦有肯定之处，⑥ 然主要是贬抑，这也正合他要颠覆荀子的目的。⑦

撇开“五四”时期从反传统主义对儒家进行的全面批判不论，从《古史辨》（第四和第六册）中所收的有关荀子的讨论就有孙世恩的《荀卿考》、钱穆的《荀卿考》、罗根泽的《荀卿游历考》、李凤鼎的

---

① 谢墉：《荀子笺释序》，王先谦：《荀子集解》上册，中华书局 1988 年版。

② 郝懿行：《荀子补注·与主引之伯申侍郎论荀卿书》，王先谦：《荀子集解》上册，中华书局 1988 年版。

③ 参见汪中：《荀卿子通论》，王先谦：《荀子集解》上册，中华书局 1988 年版。

④ 有关清末围绕荀子评价而出现的冲突和对立，参阅朱维铮的《晚清汉学：“排荀”与“尊荀”》（《求索真文明——晚清思想史论》，上海古籍出版社 1996 年版）和罗检秋的《近代诸子学与文化思潮》（中国社会科学出版社 1998 年版，第 215—217 页）。

⑤ 谭嗣同：《仁学》，《谭嗣同全集》下册，中华书局 1990 年版，第 337 页。

⑥ 参见梁启超：《论支那宗教改革》，《梁启超全集》，北京出版社 1999 年版，第 264 页。

⑦ 如说：“清儒所做的汉学，自命为‘荀学’。我们要把当时垄断学界的汉学打倒，使用‘擒贼擒王’的手段去打倒他们的老祖宗——荀子。”［梁启超：《亡友夏穗卿先生》，《饮冰室合集·文集四十四（上）》，中华书局 1936 年版，第 21 页］

《荀子传经辨》（节录《荀子非儒家说》）、冯友兰的《〈大学〉为荀学说》、杨筠如的《关于〈荀子〉本书的考证》、张西堂的《〈荀子·劝学篇〉冤词》等，这些研究或者是出于疑古思潮的辨伪，或者是坚持传统的旧说和提出新说，虽然可以说是比较严格的学术讨论，但立场和观点相差很大，如李凤鼎认为荀子不是儒家，杨筠如论定《荀子》一书是杂凑。郭沫若认为荀子的思想相当驳杂，甚至于认为他是杂家的祖宗。他直言不讳，说他比较推崇孔孟，不大喜欢荀子，因为孔孟思想中有人民本位的色彩，而荀子则脱离了这种思想。[①] 今仍有人认为荀子思想杂驳。[②] 蒙文通谓荀学出于道、法二家，以法家乱孔孟之道。[③] 但在傅斯年看来，荀子虽有援法家精义以入儒术的事实，但其本体仍是儒术而非杂学，并强调“荀子之论学，虽与孟子相违，然并非超脱于儒家之外，而实为孔子之正传，盖孟子别走新路，荀子又返其本源也”。[④] 冯友兰把荀子看成是“现实主义派”，后又以“唯物主义”来肯定荀子之学在儒家中的独特地位。[⑤] 侯外庐主编的《中国思想通史》认为，荀子是后期儒家的伟大代表，他始终没有离开儒家的立场。[⑥] 李泽厚坚持认为荀子的更准确定位仍是儒家，而不是法家或儒法过渡人物。他指出：“从宋明理学到‘现代新儒家’，都一贯抨击荀子，表彰孟子，并以朱熹、王阳明直接孟子，认为这才是值得继承发扬的中国思想史的主流正宗。而三十年来国内的研究则又大都只赞扬表彰荀的唯物论，或则抨击他的尊君尚礼的法家倾向。这些似乎都没有抓住荀的要

---

① 参见郭沫若：《十批判书》，东方出版社 1996 年版，第 218—259、505—506 页。

② 参见葛志毅：《荀子学辨》，载《历史研究》1996 年第 3 期。

③ 参见蒙文通：《古学甄微》，巴蜀书社 1987 年版。

④ 傅斯年：《性命古训辨证·中卷释义》，商务印书馆 1940 年版，第 61 页。

⑤ 参见《中国哲学简史》（北京大学出版社 1985 年版）和《中国哲学史新编》第二册（人民出版社 1984 年版）。

⑥ 侯外庐主编：《中国思想通史》第一卷，人民出版社 1992 年版，第 530 页。

害。”[①] 李从“与天地参”世界观之下的乐观奋斗、重人为、重社会等角度，肯定了荀学相对于孟学的不同特质。其他的观点和说法，我们不再列举。

在学术史上，对于历史人物的评价，常常会得出不公正的结论，这是有待进一步研究来甄别和澄清的。儒学的道统果真如宋儒所说的那样在孟子之后不得其传，而没有产生像荀子这样的大儒为传经和弘道做出过不懈的努力，我们就难以想象儒家从先秦到汉代的连续性过程。本文由此认为，我们有必要对荀学与儒家学统和道统的关系加以考察。以下讨论，将力求论证，无论是在儒家学统上还是在道统上，荀子都称得上是一个儒家卓越的传人和创新者，是处在战国诸子纷乱、诸侯纷争大背景之下，能够立场明确地对抗法家和批评秦政、毫不动摇地维护和弘扬儒家学术思想与社会政治理想的重镇。

一　学术知识的统一目标和儒家经典的传授

在孔子那里，复兴传统的理想，即是复兴三代圣王理想特别是周代理想。严格来说，复兴既不是“复归”，虽然孔子以“复周”为己任；复兴也不是简单地“复述”，虽然孔子自称“述而不作”。真正意义上的复兴，都是一种振兴或者说重建。从连续性来说，复兴是“传承”和“发扬”；从转化来说，复兴则是“再造”和“重塑”。孔子所谓“居今之世，志古之道”仍然可以说包括了传承和转化两个方面。任何一个时代的思想家，都是既述又作，而所谓“述”亦非机械式地“重述”或“复述”，因为只要是解释，就伴随着解释者的不同境况和立场等，即使是编辑前人的著作而不做任何解释，如何去编和选，也带着编者的视角和兴趣。因此，从孔子开始的所谓复兴三代圣王的理

① 李泽厚:《中国古代思想史论》，人民出版社 1986 年版，第 120 页。

想，实际上也就是重建儒家理想的系谱，绝不能把“托古”都归结为“假传圣旨”，“托古”实际上也是一种“释古”，是在新时代之下的“修古”，是通过“筹划”古代的意义从而“筹划”自身时代的意义。

大别而言，我们可以把从孔子开始追求的儒家理想分为由学术和知识构成的学统（主要体现为“六经”及其传述）及其由理想人格和圣王之道构成的道统这两个紧密相联的方面。[①]

在春秋时代，孔子所要复兴的三代特别是周代理想的这种历史使命，显然是沉重的。因为作为被复兴的“周礼”和“圣王”，在春秋之后恰恰是沿着周末的“礼崩乐坏”之势每况愈下。“知其不可而为之”的孔子，实际上是在从事着一种完全“逆反现实”的工作，他没有受到他所到之处的当政者的欢迎并不奇怪。孔子所复兴的理想，是周代的理想。而春秋时代恰恰又是在西周衰败之后形成的“分裂时代”，社会政治的重心和时代课题，不仅发生了重大变化，而且回答课题的方式也从官府之学转到了各是其是而非其非的民间私学。因此，复兴“统一的”周礼理想已经成为乌托邦空想。孔子不懈地坚持着他的信念，但他的弟子们即使是七十二贤者也并非都毫不动摇，如《史记·礼书》载:“周衰，礼废乐坏，大小相逾，管仲之家，兼备三归。循法守正者见侮于世，奢溢僭差者谓之显荣。自子夏，门人之高弟也，犹云‘出见纷华盛丽而说，入闻夫子之道而乐，二者心战，未能自决’，而况中庸以下，渐渍于失教，被服于成俗乎？孔子曰‘必也正名’，于卫所居不合。仲尼没后，受业之徒沉湮而不举，或适齐、楚，或入河海，岂不痛哉！”在春秋之后的战国，社会政治情势变得对孔子儒家更为不利，只有最具儒家传统的齐鲁之地还能维持儒家学术:“后陵迟以至于始皇，天下并争于战国，儒术既绌焉，然齐鲁之间，学者

① “统”可以理解为“传统”“正统”和“一统”三义之合。

独不废也。”[①] 首先是孟子坚持和弘扬孔子理想并与时代对抗，成为儒家的主要传承者和大儒。之后晚于孟子主要处于战国晚期的荀子，则是孔子儒家的又一传人和大儒。荀子所处的历史条件，与孟子无大别，基本上仍然是“诸侯异政”“诸家异说”，但距离秦的统一更为靠近，面对强秦的压力更大，因而其复兴儒家理想的现实也变得更加严峻，但荀子却不为时代所动，坚持捍卫和弘扬孔子儒家理想，此非弘毅、智勇之士决难为之。

始于春秋而在战国达到高潮的“诸家异说”和诸子纷争，与政治上分久即合这种趋势相适应，战国末期又相应产生了要求学术和知识统一的趋势。在诸子纷争中，儒家同道家、墨家、法家之争最为激烈，它们实际上也是百家争鸣时期最主要的四个学派。当然，此外的名家、阴阳家和纵横家也具有一定的市场。只要政治上继续处于分裂状态而没有走向统一，自然也不可能形成统一的意识形态，学术和知识的统一说到底也只能是诸子各家所要求的统一。

战国末期人们强烈要求学术和知识统一的呼声，主要发自道家、法家和儒家三家。[②]《庄子·天下》所做出的“天下大乱，贤圣不明，道德不一。天下多得一察焉以自好。……虽然，不该不遍，一曲之士也。……悲夫！百家往而不反，必不合矣！……道术将为天下裂”这种判断，与此篇作者所希望的“内圣外王之道”和“天地之纯，古人之大体”这种“道术”统一的理想相对立。《庄子·天下》对诸子各家的评论还算客观！但最终仍然以道家自身为本位。韩非从法家立场要求学术和知识的统一，最后通过李斯向秦王建议“禁《诗》《书》”而完成了。韩非把“学者”“言谈者”“带剑者”“患御者”和“商工之

---

① 《史记·儒林列传》。

② 有关这一点，请参阅冯友兰:《中国哲学史新编》第二册，人民出版社 1984 年版，第 458—473 页。“杂家”本身就是试图统一的表现，只是因为它要容摄的东西太多而使自己的“中心旨趣”不够“鲜明”。

民”等五种类型的人，视为危害国家和破坏刑法的五种“蠹虫”。其中的“学者”和“言谈者”，分别指儒家和纵横家。韩非严厉批评并要求严加禁止的学派是被他视为“显学”的儒、墨两家，特别是儒家。在他看来，儒、墨皆是“愚诬之学，杂反之辞”，如果人君兼养之、俱听之，就会导致“海内之士，言无定术，行无常议”。[①] 韩非排斥与“竞于力”之时代不合的“无实”“无用”的礼文和仁义道德，要求把学术与知识统一为“法”和“以吏为师”的“法术”。韩非所要求的这种统一，结果只能是不宽容的专制主义。战国时期儒家对学术和知识统一的要求，在孟子那里已经凸显出来。孟子作为孔子儒家的一位主要传道士，自视甚高，直谓“如欲平治天下，当今之世，舍我其谁哉”。[②] 他“后车数十乘，从者数百人”，“上说下教”，“正人心，息邪说，距诐行，放淫辞”，以传播和弘扬孔子之学。法家同儒家的对立是很明显的，但孟子对法家却没有直接的严厉批评，按照冯友兰的解释是因为法家的错误太明显了，不需辩驳，人们自然容易识别并弃之。而墨学和杨朱之学似是而非，对儒家的威胁很大。根据孟子所论，第一，墨子和杨朱在当时影响太大，“圣王不作，诸侯放恣，处士横议，杨朱、墨翟之言盈天下。天下之言不归杨，则归墨”；第二，杨朱“为我”、墨翟“兼爱”，即是“无父无君”，这对儒家来说是不能容忍的。孟子视杨、墨为异端邪说和“禽兽”，拒斥杨、墨，自然是要求把学术和知识统一于儒家。

以上叙述是为荀子要求学术和知识的统一提供一个社会与知识界的背景。比较起来，在战国末期，荀子对“诸子异说”提出的批评，涵盖了当时主要的子学，旨在维护孔子儒家的正统。他的《非十二子》，从篇名就显示了直接挑战诸子的立场。他说：“假今之世，饰邪

① 《韩非子・显学》。
② 《孟子・公孙丑下》。

说，交奸言，以枭乱天下，矞宇嵬琐，使天下混然不知是非治乱之所存者有人矣。”①用“饰邪说，交奸言”这种激烈的言辞攻诘他学，与孟子攻诘杨朱的方式没有多大的差别。荀子批评的“十二子”有它嚣、魏牟（似为道家）；陈仲、史鳍（可谓是洁身自好派，又见《不苟》）；墨翟、宋钘（墨家）；慎到、田骈（法家）；惠施、邓析（名家）；子思、孟子（儒家）等。他们两人一组分别代表了六种学说（“六说”）。荀子虽然也说十二子之说“持之有故，言之成理”，但对他来说这不过是增加了“欺惑愚众”的欺骗性。荀子指名道姓批评的诸子，并不限于这十二人。他点名批评的还有宋荣子（见《正论》）、老子（见《天论》）和庄子（见《解蔽》）等子学重要人物。观察《荀子》一书可以看出，它具有很强的“批判性”特点，除了《非十二子》和《解蔽》外，还有《非相》《正论》《正名》《性恶》等，都是在对一些学说和流行观点的批评中展开的。总之，站在孔子儒家的立场，荀子统一学术和知识要求的强烈性和鲜明性，从下面这段话中可以一目了然：“若夫总方略，齐言行，壹统类，而群天下之英杰而告之以大吉，教之以至顺……六说者立息，十二子者迁化，则圣人之得势者，舜、禹是也。今夫仁人也，将何务哉？上则法舜、禹之制，下则法仲尼、子弓之义，以务息十二子之说，如是则天下之害除，仁人之事毕，圣王之迹著矣。”②

但问题在于，如果仅仅从“儒家”这种门户立场来进行学术和知识的统一就容易陷入“彼亦一是非，此亦一是非”这种相对主义的统一之中。荀子当然不愿意接受这样的结果，他一开始就把自己置于“普遍性”的立场上，他设立了普遍的“道”和“大理”，作为衡量言论、知识客观性和真理性的标准，并以此来建立学术和知识的统一体

① 《荀子·非十二子》。
② 同上。

系。我们有必要关注一下荀子思想中的“道”。荀子所说的“道”，当然具有形而上的天道方面的意义，但主要则是指“人道”。这里仅举荀子的一句话为证：“道者，非天之道，非地之道，人之所以道也。”[①]在荀子那里，“天道”为“人道”赋予神圣性和崇高性，或者人道根源于天道的自然与人为的“连续性思维方式”是非常微弱的，不像后来的朱子学。[②]如《荀子·臣道》所谓“天地者，生之本也；先祖者，类之本也；君师者，治之本也”，这是肯定不同的世界和领域各有其不同的根源。正是设定了代表普遍知识和真理的“道”，或者说设定了我们能够认识的普遍之道，荀子既为他的“解蔽”和“认知”提供了衡量的标准，也为他批评诸子找到了理论武器。在荀子那里，“蔽曲”之所以是“蔽曲”，是因为它“暗于大理”，不合“大道”；诸子之所以是“歪理邪说”，是因为他们的言论皆是“道之一隅”而非道之全，荀子论述说：

凡人之患，蔽于一曲而暗于大理。治则复经，两疑则惑矣。天下无二道，圣人无两心。今诸侯异政，百家异说，则必或是或非，或治或乱。乱国之君，乱家之人，此其诚心莫不求正而以自为也，妒缪于道而人诱其所迨也。私其所积，唯恐闻其恶也；倚其所私，以观异术，唯恐闻其美也。是以与治虽走而是己不辍也，岂不蔽于一曲而失正求也哉！……墨子蔽于用而不知文，宋子蔽于欲而不知得，慎子蔽于法而不知贤，申子蔽于势而不知知，惠子蔽于辞而不知实，庄子蔽于天而不知人。故由用谓之道，尽利矣；由俗（按：逼欲）谓之道，尽嗛也；由法谓之道，尽数也；由势谓之道，尽便矣；由辞谓之道，尽论矣；由天谓之道，

① 《荀子·儒效》。

② 有关朱子学的思维方式，请参阅丸山真男：《日本政治思想史研究》，王中江译，生活·读书·新知三联书店2000年版。

> 尽因矣。此数具者，皆道之一隅也。夫道者，体常而尽变，一隅不足以举之。曲知之人，观于道之一隅而未之能识也，故以为足而饰之，内以自乱，外以惑人，上以蔽下，下以蔽上，此蔽塞之祸也。[①]

荀子所设置的普遍之“道”和以此为标准所“暴露”出的子学的一偏性，不管是从逻辑上还是从实际上都颇有说服力，特别是他能用一句极其简明的话概括出一个复杂学说的问题性。不过，容易产生的疑问是，荀子所要求的作为普遍性学术和知识的“道”或“道之全”，我们能够达到吗？严格来说，对于人类这是一个难以超越的极限。但是，具有认知乐观主义的荀子，则坚信我们完全能够“知道”。荀子承继《管子·心术》的“静因之道”思想，不仅相信人能够“知道”，而且提出了“知道”的具体方法：“人何以知道？曰：心。心何以知？曰：虚壹而静。……虚壹而静，谓之大清明。”[②]荀子的“虚一而静”及其“大清明”观点非常深刻。他不把心中已经存在的“先见”或“前理解”完全看成是认知和理解所必须克服的对象，因为在他看来，心灵中已有的“臧”“满”和“动”，并不必然成为心灵“虚”“壹”和“静”的障碍。根据康德的先验认知论和哲学解释学的观点，“先知”与“先见”恰恰是认知和理解得以可能的条件，如果心灵一无所有，人们接触对象时就茫然一无所知。根据荀子的观点，只要心灵“虚壹而静”，处在“大清明”的境界，那么，“万物莫形而不见，莫见而不论，莫论而失位。坐于室而见四海，处于今而论久远，疏观万物

---

① 《荀子·解蔽》。在《荀子·天论》中，荀子也用普遍的道对诸子做了类似的批评：“万物为道一偏，一物为万物一偏，愚者为一物一偏，而自以为知道，无知也。慎子有见于后，无见于先；老子有见于诎，无见于信；墨子有见于齐，无见于畸；宋子有见于少，无见于多。有后而无先，则群众无门；有诎而无信，则贵贱不分；有齐而无畸，则政令不施；有少而无多，则群众不化。”

② 《荀子·解蔽》。

而知其情，参稽治乱而通其度，经纬天地而材官万物，制割大理，而宇宙里矣”。[①] 对荀子来说，人能够“知道”绝不只是一种理论上的可能性，它是已被特殊人格所证实的现实存在。荀子所说的特殊人格，就是“圣人”和“先王”，即舜、禹、汤、文王、武王、周公和孔子等。是由于他们是一种特殊的人格而认知了道，还是因为他们认知了道而成了特殊的人格，在儒家那里，这是不容易截然分清的。但荀子似乎更侧重后者，因为他不认为有生而知之的“圣人”和“先王”，圣人和先王是通过后天学习而成。在现实中达到求道的圣人和先王，克服了一切蔽曲，完全把握住了道：“孔子仁知且不蔽，故学乱术，足以为先王者也。一家得周道，举而用之，不蔽于成积也。故德与周公齐，名与三王并，此不蔽之福也。圣人知心术之患，见蔽塞之祸，故无欲无恶，无始无终，无近无远，无博无浅，无古无今，兼陈万物而中悬衡焉。是故众异不得相蔽以乱其伦也。”[②] 这样，普遍的道与圣人和先王就统一了起来（“圣人也者，道之管也”，“天下无二道，圣人无两心”）。以普遍的道为标准，也就是以超凡的圣人和先王为标准；学术和知识统一到道之中，也就是统一到圣人和先王那里，荀子说：“《书》曰：‘无有作好，遵王之道；无有作恶，遵王之路。’此之谓也。”[③] 又说：“凡言不合先王，不顺礼义，谓之奸言，虽辩，君子不听。”[④] 这都是把“先王”作为言行的标准。

顺便提一下，说荀子思想驳杂，完全是一种表面之论。荀子思想从诸子中所吸收到的东西非常有限，有道家的因素，也有极其有限的法家因素。但这些因素，都被他统摄到他的儒家本位或他的圣道之中，绝非庞杂地堆集在那里。荀子批评的“十二子”或“六说”，基本上涵

① 《荀子·解蔽》。
② 同上。
③ 《荀子·天论》。
④ 《荀子·非相》。

盖了先秦诸子，甚至包括他的本家思孟学派，因此，他的思想并不驳杂，亦非无系统地把非儒家思想纳入了他的体系中。

至此，我们可以谈论荀子有关“经典”的思想及其与此相关联的“学”的问题了。由于荀子所说的圣人和先王就是儒家的圣人和先王，所言的圣人之道就是儒家之道，其经典就是儒家之经典，因而他所说的在道、圣人和先王之中达到的学术与知识统一，也就是在儒家“经典”之中达到的统一。让我们先看一段荀子的说法：

> 圣人也者，道之管也。天下之道管是矣，百王之道一是矣。故《诗》《书》《礼》《乐》之归是矣。[1]《诗》言是，其志也；《书》言是，其事也；《礼》言是，其行也；《乐》言是，其和也；《春秋》言是，其微也。故《风》之所以为不逐者，取是以节之也；《小雅》之所以为小者，取是而文之也；《大雅》之所以为大者，取是而光之也；《颂》之所以为至者，取是而通之也。天下之道毕是矣。[2]

这段话中反复出现的“是”字，杨倞注为“儒学”，王先谦、梁启雄因之。准确地说，《诗》《书》《礼》《乐》所归结的“是”，所言的“是”，应该是指“圣人”或“圣人之道”，但它们各有所重。在此，我们明显看到了儒家经典《诗》《书》《礼》《乐》同圣人或圣人之道的关系，也看到了荀子对每部经典旨趣和中心内容的理解与概括。在《荀子》一书中与此类似的理解和概括还有：

> 《书》者，政事之纪也；《诗》者，中声之所止也；《礼》者，法之大分，类之纲纪也。故学至乎《礼》而止矣。夫是之谓道德

① 《乐》后应有《春秋》，疑脱漏。

② 《荀子·儒效》。

之极。《礼》之敬文也，《乐》之中和也，《诗》《书》之博也，《春秋》之微也。在天地之间者毕矣。①

《礼》《乐》法而不说，《诗》《书》故而不切，《春秋》约而不速。②

况夫先王之道，仁义之统，《诗》《书》《礼》《乐》之分乎。彼固天下之大虑也，将为天下生民之属长虑顾后而保万世也，其汸长矣，其温厚矣，其功盛姚远矣，非孰修为之君子莫之能知也。故曰：短绠不可以汲深井之泉，知不几者不可与及圣人之言。夫《诗》《书》《礼》《乐》之分，固非庸人之所知也。③

不足于行者，说过；不足于信者，诚言。故《春秋》善胥命，而《诗》非屡盟，其心一也。善为《诗》者不说，善为《易》者不占，善为《礼》者不相，其心同也。④

以上几段话对儒家经典的理解和概括，其侧重点和角度各不相同。这里要强调的是，荀子实际上是把儒家经典看成是学术和知识既完整又统一的体系，相信天地之间的真理都包含在其中（“在天地之间者毕矣”），相信依据和推行经典的真理与原则，天下之事则无不臻于完善。这显然就是“经典权威主义”。

正如章学诚所说，儒家的书籍本不称经，它原来都只是记载先王政教典章的政典，都只是历史和政事。⑤在《国语》和《左传》中，在主

---

① 《荀子·劝学》。
② 同上。
③ 《荀子·荣辱》。
④ 《荀子·大略》。
⑤ 参阅章学诚：《文史通义》上册，中华书局 1985 年版。

要记载孔子与孟子言行的《论语》和《孟子》中，虽然屡屡称引《诗》《书》《易》等，但既没有指称它们为“经”，也没有“六经”的说法。《孟子·告子章句下》使用了“典籍”（“不足以守宗庙之典籍”）一词，意为“文册”或“典册”，所指也不是指儒家典籍。这表明与“经”相对的“传”还没有被突出出来。称儒家典籍为“经”并且出现了“六经”之名，主要是战国中晚期之事，这也符合子学变化的一般趋势。如墨子后学，把墨家的典籍称为“经”，《庄子·天下》称墨子后学“俱诵墨经”。这种演变的原因，按照章学诚的解释，一是官师分化，私学大兴，因传述而有经典；二是各尊其学，以求显于世。[①]《礼记》中有《经解》，表明“经”名已经定型。称儒家《诗》《书》《礼》《乐》《易》《春秋》六部书为“六经”的名称，首见于《庄子·天运》。[②]称六书为六经，是儒家所为而庄子引用之，还是出自非议儒家典籍的庄子，已难弄清，合理的解释应该是出自儒家。在至少是属于庄子后学作品的《庄子·天下》中，还有对儒家六部典籍义旨的分别概括，而且颇合儒家之意；其所说的这六部典籍的久远和流长，也颇合实情。[③]在《荀子》一

---

① 王葆玹提出了先秦从“典”到“经”的演变线索。参阅王葆玹：《今古文经学新论》，中国社会科学出版社 1997 年版，第 31—34 页。

② 其言曰：“孔子谓老聃曰：‘丘治《诗》《书》《礼》《乐》《易》《春秋》六经，自以为久矣，孰知其故矣。以奸者七十二君，论先王之道而明周、召之迹，一君无所钩用。甚矣！夫人之难说也？道之难明邪？’老子曰：‘幸矣，子之不遇治世之君！夫六经，先王之陈迹也，岂其所以迹哉！今子之所言，犹迹也。夫迹，履之所出，而迹岂履哉！’”《庄子·天道》记载孔子希望藏书于周室而往见老子的事颇为有趣，今亦录之：“孔子西藏书于周室，子路谋曰：‘由闻周之征藏史有老聃者，免而归居，夫子欲藏书，则试往因焉。’孔子曰：‘善。’往见老聃，而老聃不许，于是翻十二经以说。老聃中其说，曰：‘大谩，愿闻其要。’孔子曰：‘要在仁义。’”

③ 其言曰：“古之人其备乎！配神明，醇天地，育万物，和天下，泽及百姓，明于本数，系于末度，六通四辟，小大精粗，其运无乎不在。其明而在数度者，旧法、世传之史尚多有之；其在于《诗》《书》《礼》《乐》者，邹鲁之士、缙绅先生多能明之。《诗》以道志，《书》以道事，《礼》以道行，《乐》以道和，《易》以道阴阳，《春秋》以道名分。其数散于天下而设于中国者，百家之学时或称而道之。”

书中，没有“六经”之名，称引儒家典籍为“经”的地方有两处，一是《劝学》所说的“其数则始乎诵经”，其“经”很清楚即指儒家经典；二是《解蔽》所说的“故《道经》曰：‘人心之危，道心之微’”，其《道经》之名也许是荀子引用已有的定名。

我们还需要说明一下荀子称引和推重的经典数目及对经典的排列顺序，根据上文所引及《荀子》全书，荀子称引的儒家经典共有六种，除了《诗》《书》《礼》《乐》和《春秋》外，还有《易》。但称引《易》的地方只有三次，除了一次是与《春秋》《诗》《礼》一起称引外，其他两次都是单独称引，在《非相》和《大略》。《诗》《书》《礼》《乐》《春秋》合称的有三次，《诗》《书》《礼》《乐》合称的有一次，并且都出现在《荀子》一书的重要篇章中，而且引用较多，特别是《诗》。《荀子》一书中没有一处把《诗》《书》《礼》《乐》《易》和《春秋》放在一起称引。根据这种情况可以推知，荀子乐道的是儒家的《诗》《书》《礼》《乐》和《春秋》这五部经典，而不重视《易》。今仍有人不注意这种情况，在引用荀子称引经典的话时，对荀子明明所称引的只是五种经典，却以“六经”论之。[①] 这绝不只是一个口头上的形式问题，实际上荀子对《易》几乎没有什么引申和发挥，虽然他有“善为易者不占”之语。这就需要重新审查刘向和应邵的说法。他们都肯定荀子擅长儒家四部经典，其中有《易》（其他为《诗》《礼》和《春秋》）。荀子重《礼》和《乐》，专门著有《礼论》和《乐论》；荀子亦重《诗》《书》，往往《诗》《书》并提，称引《诗》最多，也多称引《书》。虽未引《春秋》，但对《春秋》之“微”旨，也三致意焉。从孔子到孟子，都非常重视《诗》，但从引用来说，《论语》引用《诗》句只有几次，《孟子》较多，达到了四十多次，但也远不如《荀子》，《荀子》引用多达八十

---

① 如葛志毅所论。参见葛志毅：《荀子学辨》，载《历史研究》1996 年第 3 期，第 23 页。

次。根据这一现象，可以看出荀子熟谙和推重《诗》的程度。

荀子对经典的排列顺序，有两种方式，一种是先《诗》《书》，次《礼》《乐》，后《春秋》；另一种是先《礼》《乐》，次《诗》《书》，后《春秋》。郭店楚简《性自命出》两次称《诗》《书》《礼》《乐》，排序都是先《诗》《书》，次《礼》《乐》；《六德》称引的顺序是先《诗》《书》，次《礼》《乐》，后《易》《春秋》；《礼记·王制》的排列顺序是先《诗》《书》，后《礼》《乐》；还有《商君书·农战》中的《诗》《书》《礼》《乐》《春秋》之序，《庄子·徐无鬼》中的《诗》《书》《礼》《乐》之序和《天下》中的《诗》《书》《礼》《乐》《易》《春秋》之序等，除了《易》《春秋》或有或无外，其顺序基本一致。由此可知，荀子的第一种排序方式是一般所采用的方式；第二种方式可以说是荀子根据自己的理解而使用的一种排列方式。

总之，荀子推重和称引儒家经典，把经典看成是知识和真理的源泉，通过经典为自己的观念和价值寻求合理性与正当性根据，这无疑是一种“经典权威主义”。如上所述，在先秦，这种经典权威主义为孔子所开创，中经孔门后学和孟子，到荀子被大大扩展。汉以后随着体制性经学的建立，儒家经典成了中国学术和知识统一体系的大本营，也成了保证意识形态、教学、教化和价值统一的基础。

与“经”相联系的是“传”。从时间先后来说，“经”作为“书籍”，当然早于作为书籍的“传”；但从逻辑上说，作为“名”的“经”和“传”，则是彼此“相对”而有。根据孔子所说的“述而不作”，“述”主要是阐述“六经”，可以说在孔子那里，实际上可以算是已经有了“经传”相对之实。孔子是儒家经典传统的奠基者，他在许多方面都具有创制的意义，因此，从他的弟子们开始，作为儒家的祖师，他的言行和学术本身也成为“传述”的对象。孟子以传述孔子为己任，这说明在孟子那里孔子已经获得了崇高的权威地位。从孔门后学到孟子，“传述”儒家六部经典及孔子言论，已经成为学术和知识发展的一种基本方式。在《孟子》一书中“传曰”只出现一次，但在《荀子》一书中以“传曰”引用“言论”的方式，凡二十处，引用之多，只次于《诗》。我们需要高度重视《荀子》一书的这一现象。按照杨倞的解释（见《修身》),《荀子》一书中的“凡言‘传曰’”，“皆旧所传闻之言也”。此解勉强。葛志毅的说法有可取之处，他把《荀子》一书中的“传曰”分为三类，第一类本为经书；第二类是解经之作；第三类大都难明出处，很可能也是解经之作或儒家类著作。① 根据荀子引用《诗》、《书》(有例外)、《易》时，使用的主要是经书本身之名，因此《荀子》一书中的“传曰”，基本上可以归结为代表孔子及其后学的儒家传述类著作。荀子引用“传”也是为他的立论提供根据，而且在一些场合，是与《诗》《书》并列引用。这说明在荀子那里，“传”也具有了权威意义。这里作为结论（后待述），我认为，作为孔荀之间的著作——从《大学》《中庸》《礼记》，到新出土的郭店楚简儒家简，可以说都是传述和发挥儒家经典的著述——“传”，这可以称为“经典传述主义”。荀子正是沿着这个方向前进，不仅据“经传”引“经传”，而且传述“经传”。这种经典“传述主义”，汉以后成为中国传统学术和知识发展的一种基本途径，后儒不断通过诠释儒家经典的方式来表达自己的思想，即使是创见性的思想，他们也不打出自作的款式，而是安放在经文之下，自认是“阐述”经的微言大义，学术和知识就在这种经典注释中获得进展与积累。

可以把荀子对儒家经传的传述分为三个层面，第一是解释传述“经典”之义旨（“传义”）；第二是教授儒家经典，即“授徒传经”；第三是传“传”，即对传述之传述。有关第一点，上面已经有所论及，后面讨论荀子复兴儒家道统理想时再进一步考察。在此，我们只讨论后两点。

---

① 参阅葛志毅：《荀子学辨》，载《历史研究》1996 年第 3 期，第 27 页。

在考察荀子传经之前，有必要先讨论一下荀子有关“学”和“师”的观念以及与此相关的他的主要经历。

对于很早就具有注重人文教化、注重历史和学术传承的中国传统来说，同教师授业、弟子从学紧密联系在一起的“师”和“学”的问题，自然成为教化和学承的一般观念。从三代之前的“官学”到春秋之后兴盛的“私学”，随着教育体制的变化，“师”与“学”的方式也就有所不同，但“师”与“学”的问题则一直贯穿着。孔子作为一个私人办学的教育家和私学大师，对“师”和“学”具有深刻的体会与理解。如《论语·为政》所载的“温故而知新，可以为师矣”、《论语·述而》所载的“三人行，必有我师焉”、《论语·卫灵公》所载的“当仁，不让于师”以及《论语·子张》所载的子弓所说的“夫子焉不学，而亦何常师之有”等，“师”的意义非常广泛，并不局限在亲为授业的意义上，这就使“学习”的途径具有了完全开放性的意义（即“学无常师”）。正如大家所知，孔子具有丰富和深刻的“学”的思想。学习基本的知识和技能，博学于文，这种一般层次上的“学”当然是重要的，也是孔子所主张的。但孔子所说的“学”绝不止于此，《论语·学而》所载的“敏于事而慎于言，就有道而正焉，可谓好学也”、《论语·宪问》所载的“下学而上达”、《论语·子张》所载子夏所说的“博学而笃志”“君子学以致其道”，表明孔子及其门人，要求具有超越性的“学习”境界。孔子对“学与思”“学与行”“学与仕”“学”与“为己为人”等关系的思考，都成为儒家重要的思想资源。荀子的“师”“学”思想，无疑受到了孔子思想的影响（如强调“学问不厌”“积文学”，并称引“古之学者为己，今之学者为人”等）。如果把《礼记·学记》的思想放在荀子之前，那么《学记》对“师”“教”和“学”等具有的新见解（如“教学相长”“学然后知不足，教然后知困”“师尊道严”等）自然也影响了荀子。在先秦，荀子是继孔子之后最为“重学”“重师”的大儒。在这一方面，《荀子·劝学》具有典型的意义。就像《论语·学而》开头就讲“学而时习之”那样，《荀子·劝学》开头即言：“君子曰：学不可以已。”据此，人从生下来一直到老，就是为了学而来，为了学而去。荀子从不同角度对“学”提出的各种说法，无须一一列举。归纳起来，一是论“学”的对象和内容，一是论“学”的方法。根据上述荀子所要建立的儒家学术和知识统一体，“学”的内容当然就是儒家的人文知识体系，这是一个广大的、取之不尽的学问世界，“君子博学而日参省乎己，则知明而行无过矣。……不闻先王之遗言，不知学问之大也。……吾尝终日而思矣，不如须臾之所学也”。[①] 具体来说，“学”首先就是学习儒家“经典”，即《诗》《书》《礼》《乐》和《春秋》等。如《荀子·劝学》载：“学恶乎始？恶乎终？曰：其数则始乎诵经，终乎读《礼》。”这里有一个关键词“数”，杨倞解为“术”，梁启雄解为经典课程。依据荀子对“数”“义”的区分及其运用，“数”具有课程、途径、言论、形式、低级的意义，它相对于作为内容、目标、意义、实质和高级的“义”。因此，这里的“始终”也只是“数”的始终，而不是“义”的始终。“义”的“始终”，是指学习高级阶段的始终。在荀子看来，学习不仅要专心致志，而且要坚持不懈，即使学习的课程结束了，学习的目标也不能停止，即所谓“无冥冥之志者无昭昭之明，无惛惛之事者无赫赫之功。目不能两视而明，耳不能两听而聪。……真积力久则入，学至乎没而后止也。故学数有终，若其义则不可须臾舍也”。[②] 荀子特别重视学习中的“师”和“师法”，如《荀子·儒效》载：“有师法者，人之大宝也；无师法者，人之大殃也。”对荀子来说，师和师法是达到学习目标和理想的非常有效的方式和途径，《荀子·劝学》说：“学莫便乎近其人。……方其人之习君子之说，则尊以遍矣，周于世矣。

① 《荀子·劝学》。

② 同上。

故曰：学莫便乎近其人。”这里的“人”当然不是指普通的“人”，而是指“师”和“君子”。所谓“师”和“君子”，也不单单是“博习”和“诵数”之人，《荀子·劝学》载：“学之经莫速乎好其人，隆礼次之。上不能好其人，下不能隆礼，安特将学杂识志，顺《诗》《书》而已耳，则末世穷年，不免为陋儒而已。”荀子所说的“师”和“君”主要是指人格境界上的“榜样”和“典范”，荀子相信，直接受到榜样和典范的教化与感化，可以迅速升华自我。这种观念与荀子环境影响人的意识相联，所谓“择邻就士”“善假于物”，就是这种意识的表现。

作为一位大儒，荀子求学和为学的主要经历与主要活动如何呢？荀子出生在并不具有儒家传统的赵国，生卒年大约在公元前 330 年至公元前 227 年之间。[①] 荀子的长寿，增加了他从事学术活动的时期。荀子的师承，汪中谈到子夏。从荀子批评子夏为“贱儒”这一点来看，这种可能性不大。荀子推崇孔子和子弓，其学承关系应该与子弓比较密切。有关子弓其人，亦有两说。一说认为是“馯臂子弓”（《史记·仲尼弟子列传》作“馯臂子弘”，“弘”即“弓”。《汉书·儒林传》作“馯臂子弓”），一说认为即仲弓。杨倞持此说。元人吴莱指出子弓之为仲弓，犹子路之为季路。汪中因之。杨倞注《荀子·非相》强调：“馯臂子弓，受《易》者也，传《易》之外别无闻，非馯臂也。”此说颇可靠。根据荀子的志向和抱负，根据他非“十二子”的气魄，很难想象他会推崇一位不知名的馯臂子弓。仲弓则大不一样。《论语》多载仲弓之事，其名前后出现凡七次之多。《史记·仲尼弟子列传》载：“冉雍字仲弓。仲弓问政，孔子曰：‘出门如见大宾，使民如承大祭。在邦

① 有关荀子的生卒年，有不同的说法。钱穆的说法是约公元前 312—前 213 年（见《先秦诸子系年》）；冯友兰定为约公元前 298—前 238 年；游国恩定为公元前 314—前 217 年（见《荀卿考》）；张岱年定为公元前 330—前 227 年（见《中国哲学史大纲》）。此取张说。

无怨，在家无怨。’孔子以仲弓为有德行，曰：‘雍也可使南面。’仲弓父，贱人。孔子曰：‘犁牛之子骍且角，虽欲勿用，山川其舍诸？’”据《孔子家语》所载，仲弓比孔子小二十九岁。在孔门弟子中，仲弓是与颜渊等人并列而以“德行”闻名之人，区别于以言语、文学和政事而见长的孔子的其他弟子。荀子博学多知，但他更注重道德境界和人格修养，不喜欢单纯的诵数之儒和学究，与他所推崇的仲弓的人格正好一致。另外，荀子不重“易学”，他不推崇传《易》之馯臂子弓也颇合情理。《史记》载荀子“年五十始来游学于齐”，刘向说同。《颜氏家训·劝学》的记载也是“五十始来游学”。但是，应劭《风俗通义·穷通》的记载是：“孙卿有秀才，年十五始来游学。”晁公武《郡斋读书志》认为《史记》所载的“年五十”为“十五”之误。这就引起了究竟是“五十”还是“十五”游学于齐的争论。[①]时间早晚不同，所引起的问题主要是荀子到齐国之时，是为门弟子还是为门师；还有就是影响到荀子之后学术活动时间的长短。根据司马迁和刘向的记载，以及荀子在齐稷下学宫中的地位，我们倾向于“年五十”说。总之，依据早期文献记载和后人的研究，大体上可以肯定的事实是，荀子生于赵并在赵也有活动，曾游学于齐，在此闻名于世（“最为老师”和“三为祭酒”）；曾任楚兰陵令，曾入秦地，李斯曾师从过他。在以武力和强权为后盾的争霸时代，荀子在政治上不可能有所作为，他提供的建议也不可能被接受，最终他只能选择著书立说的道路，就像《史记》所说的那样。有关他的弟子及他的学术影响，胡元仪指出：“韩非、李斯、陈嚣、毛亨、浮丘伯、张苍而已。当时其盛也。至汉时，兰陵人多善为学，皆卿之门人也。汉人称之曰：‘兰陵人喜字为卿，法郇卿也。’教泽所及，盖亦远矣。”[②]

---

① 汪中、胡适相信“五十”说；梁启超、钱穆、游国恩等主“十五”说。

② 胡元仪：《郇卿别传》，王先谦：《荀子集解》上册，中华书局1997年版。

荀子传授儒家经典的具体情形，由于史书的记载非常有限，已难究完整的情实。汉至清，论之较详者当为汪中。汪中根据已有的记载，做了比较具体的讨论，认为《毛诗》《鲁诗》《左氏春秋》《穀梁春秋》皆荀子所传，荀子亦传《礼》和《易》，《韩诗外传》为荀学别传。汪中强调，荀子之学出于孔子，尤有功于诸经："盖自七十子之徒既殁，汉诸儒未兴，中更战国、暴秦之乱，六艺之传赖以不绝者，荀卿也。周公作之，孔子述之，荀卿子传之，其揆一也。……盖荀卿于诸经无不通，而古籍阙亡，其授受不可尽知也。"①汪中的荀子传经论，受到了胡元仪的支持。②梁启超特别强调大、小戴两部《礼记》多有与《荀子》相同处，他举出的篇名有：

小戴《三年问》和大戴《礼三本》——《荀子·礼论》

小戴《乐记》和《乡饮酒义》——《荀子·乐论》

小戴《聘义》——《荀子·法行》

大戴《劝学》——《荀子·劝学》

大戴《曾子立事》——《荀子·大略》

对于这种相同现象，梁启超解释说："凡此皆当认为《礼记》采《荀子》，不能谓《荀子》袭《礼记》。盖《礼记》本汉儒所裒集之丛编，杂采诸各家著述耳。"③杨筠如列出的《荀子》与大、小戴《礼记》有相同内容的篇目，除梁启超列出的外，还有大戴《劝学》与《荀子·宥坐》、大戴《曾子立事》与《荀子·修身》、大戴《哀公问五义》与《荀子·哀公》等。但杨筠如的中心观点，是要论证《荀子》一书

---

① 汪中：《荀卿子通论》，王先谦：《荀子集解》上册，中华书局1997年版。

② 参见胡元仪：《郇卿别传》，王先谦：《荀子集解》上册，中华书局1997年版。

③ 梁启超：《荀卿及〈荀子〉》，罗根泽：《古史辨》第四册，朴社1935年版，第115页。

是刘向的杂凑。有关《韩诗外传》与《荀子》的相同问题，也是人们所关注的。对照两书，相同之文达几十处之多。杨筠如具体统计出了所在的篇目及次数：

《劝学》——《外传》四、八（共二次）;《修身》——《外传》一、二、四、五（共四次）;《不苟》——《外传》一、二、三、四、六（共五次）;《非相》——《外传》三、五（共二次）;《非十二子》——《传外》四、六（共二次）;《儒效》——《外传》三、五、五、七（共四次）;《王制》——《外传》三、三、三、五（共四次）;《富国》——《外传》六（共一次）;《君道》——《外传》四、五、五、六（共四次）;《臣道》——《外传》四、五、六（共三次）;《议兵》——《外传》三、四（共二次）;《强国》——《外传》六（共一次）;《天论》——《外传》一、二、五（共三次）;《大略》——《外传》四（共一次）;《宥坐》——《外传》三、三、八、十（共四次）;《子道》——《外传》三、九（共二次）;《法行》——《外传》二、四（共二次）;《哀公》——《外传》二、四、四（共三次）;《尧问》——《外传》三、六、七、七（共四次）。[①]

同样，杨筠如反对《礼记》《韩诗外传》,《史记》的《礼书》和《乐书》等都取自《荀子》的旧说，以此继续坚持认为《荀子》一书是刘向杂凑而成,《礼记》《韩诗外传》与《荀子》的相同，是前者混入了后者之中。[②] 在冯友兰看来，大、小戴《礼记》是根据战国末及汉初儒者的著作编选而成，由此出发他认为,《礼记》中《三年问》与《荀

---

① 《外传》后面的数字是所在卷数。

② 参阅杨筠如:《关于〈荀子〉本书的考证》，罗根泽:《古史辨》第六册，开明书店 1938 年版，第 139 页。

子·礼论》一段完全相同的文字，可能是前者抄自《荀子》；认为《大学》的思想是属于荀学："如果把《大学》和《荀子》比较，就看出其间不仅有些意思基本上相同，而且有些字句也是相同的。我认为照这个方向解释《大学》，可能得到它的本来意义。"① 冯还指出，《大戴礼记》中的《劝学》与《荀子》中的《劝学》相同，《礼记》中的《学记》也采用了《荀子》的观点。按照冯的说法，是《荀子》影响了《礼记》而不是相反。周予同认为汪中《荀卿子通论》所论荀子传经"近于事实"，并据之列出一表，今亦录之如下：

《诗》:《鲁诗》：荀子→浮丘伯（包邱子）→申公（《鲁诗》开创者）；

《韩诗》：引荀子以说《诗》者凡四十四；

《毛诗》：子夏→曾申→李申→孟仲子→根牟子→孙卿→大毛公；

《春秋》:《穀梁》：荀子→浮丘伯→申公→瑕丘江公；

《左传》：左丘明→曾申→吴起→吴期→铎椒→虞卿→荀卿→张苍→贾谊；

《礼》:《荀子》中的《礼论》《乐论》，见今本《礼记》的《乐记》《三年问》《乡饮酒》三篇中；

《荀子》中的《修身》《大略》，见今《大戴礼记·曾子立事》篇；

《易》：刘向又称"荀卿善为《易》，其义亦见《非相》《大略》二篇"。②

---

① 冯友兰:《中国哲学史新编》第三册，人民出版社 1985 年版，第 126 页。

② 朱维铮编:《周予同经学史论著选集》（增订本），上海人民出版社 1996 年版，第 823 页。

根据以上主要不同观点，我倾向于接受汪中等人的说法，坚持认为荀子不仅传授了儒家“经典”，而且也传授了儒家“传述”。但在传经上，荀子传《易》之说，令人怀疑，理由前已述。另外，先秦“六经”中有《礼》《乐》两经，《荀子》一书重《礼》《乐》，往往以二者并论。如果把“三礼”中的《周礼》和《仪礼》视为古《礼经》，把《礼记》视为“礼传”；如果承认《乐经》存在，而《乐记》只是“乐传”，那么荀子作为“经”而重视的《礼》和《乐》，就应该是《礼经》和《乐经》，而不是《礼记》和《乐记》。由此来说，他也完全有可能传授了《礼经》和《乐经》，而不只是传授《礼记》和《乐记》。《书经》也为荀子所重，他往往以《诗》《书》并称，《荀子》一书引《书》中之语，前后凡十余次，由此可以推测，他也可能传授了《书经》。

关于荀子传“传”的问题，郭店竹简的出土可以提供更进一步的证明。荀子所传之“传”，主要集中在《礼记》和《韩诗外传》上。反对荀子传授儒家任何经传的独断观点，认为《荀子》非先秦子书，完全是刘向杂凑而成；认为《礼记》和《韩诗外传》与《荀子》相同、接近的文句和内容，都是前者混入了后者之中，这种解释实在离谱，故弃而不取。认为荀子传授了儒家传述的观点，分为两种情况，一是把《礼记》一书的主要内容置于《荀子》一书之后，结果自然是后者传承了前者（如冯友兰持此说）；另一种情况是，把《礼记》的主要篇目放在《荀子》一书之前，结果当然是前者被后者所传承（汪中、周予同持此说）。根据郭店竹简所处的时限和其儒家简的内容，可以说《礼记》的年代应在《荀子》之前，这也证明了《汉书·艺文志》所说的《记》是“七十子后学者所记”之可靠性，[①] 并可以说《荀子》与《礼记》之相同和相近的地方，是前者传承和受到了后者的影响，而不

---

① 参阅李学勤：《郭店楚简与儒家经籍》，《中国哲学》第二十辑，辽宁教育出版社1999年版。

是相反。《韩诗外传》与荀学的关系，不能说前者完全是传承后者，但主要是传承后者，此不多述。

二 人格和王道理想

围绕荀子发生争论的更突出问题，是承认不承认他是纯正的儒家，承认不承认他是儒家道统的传人和复兴者。把荀子排除在儒家道统系谱之外，甚至于不承认荀子是儒家，使之与法家或杂家为伍，在很大程度上是严重误解或曲解荀学的产物。此外，在如何界定荀子儒家思想的特质时，也存在着歧异。如把孟、荀放在一起进行比较，认为孟子属于儒家的“左翼”，荀子属于儒家的“右翼”。这种说法受到了冯友兰的质疑。在冯看来，这个说法过分简单化，因为孟子和荀子都有左有右。[①] 冯友兰则把孟子和荀子分别概括为儒家的理想主义派与儒家的现实主义派。这种概括如何呢？实际上也有问题。因为荀子根本上也是理想主义者。他与孟子的不同，主要在于所设定的不同人性论基础以及与此联系在一起的实现理想的方式和途径。以下的正面立论，与澄清误解结合在一起进行。我们认定荀子是纯正的儒家，是儒家道统（即人格和社会政治理想）坚定不二的传承者和复兴者。

与孟子不同的是，荀子强化了儒家的礼乐规范主义和实践主义，强化了不同于心性主义和动机主义的行为与效果立场。从理想主义来看，如果说孟子是一个理想主义者，那么可以说荀子也是一个理想主义者。作为理想主义者，他们当然有差别。差别之一是，孟子的理想基本上是在两极对立之中作为一极而存在的理想，如王与霸、义与利、善与恶，但荀子的理想往往是在梯级中作为顶端而存在的理想，中间具有过渡性的状态，如王－霸－危－亡（就像《天论》所说的“隆礼

---

① 参阅冯友兰：《中国哲学简史》，北京大学出版社 1985 年版，第 171—172 页。

尊贤而王，重法爱民而霸，好利多诈而危，权谋倾覆幽险而尽亡”那样）、圣人－君子－士、大儒－雅儒－俗儒－俗人等。这种以梯级方式显示最高理想的做法，在荀子那里可以找到许多例证。对荀子来说，最高的理想达不到，达到次级的理想仍然可取。荀子并不是要对最高理想打折扣，最高的理想始终是最高理想，没有讨价还价的余地，但他又不想以此而完全否定次级的理想。

荀子的理想主义整体上是一种道德理想主义，具体到人，是以圣人为最高目标的人格理想主义；具体到社会政治，则是以合群明分、仁义、礼乐和王道为核心的理想盛世。大致而言，儒、墨、道三家俱道三代或远古圣人，具体所指虽有差异，但都是一种圣人崇拜。儒、墨、道三家所说的圣人，既是人类中最高智慧的化身，也是最高道德境界的体现者。就儒家来说，从孔子到孟子，都崇拜和敬畏圣人，视圣人为理想的人格和权威。孔子称圣人“吾不得而见之”，并谦虚地自谓他不能成圣（“圣则吾不能”），但他的弟子相信他已至圣境。孟子明确地界定“圣人”是“人伦之至”。[①]在孟子那里，超凡的圣人与一般人之间并不像西方的上帝与人之间具有不可逾越的距离，圣人也是人，圣人与人同类，与我同类，只不过他是人群之中的出类拔萃者，是用义理武装起来的榜样。在孟子看来，孔子无疑是圣人，而且是圣人的典型代表。《孟子・公孙丑上》载：“圣人之于民，亦类也。出于其类，拔乎其萃。自生民以来，未有盛于孔子也。”《孟子・告子上》亦载：“圣人，与我同类者。……心之所同然者何也？谓理也，义也。圣人先得我心之所同然耳。”当然，孟子所说的圣人也有一点神秘的色彩，如说“大而化之之谓圣，圣而不可知之之谓神”。[②]在郭店竹简中，也可以看出“圣”的观念的重要性。如《六德》视“圣”为“六德”之首，

---

① 《孟子・离娄上》。

② 《孟子・尽心上》。

内涵是“智”。在《五行》中，它又是“五行”之一，虽排在“五行”之末，但最重要。

与此类似，在荀子那里，圣人也是圆满地实现了“人伦”的人，或者说是人伦的完美无缺的体现者，如《荀子·解蔽》载：“圣也者，尽伦者也。”这也就是孟子所说的“人伦之至”。“圣人”又是“人道之极”，《荀子·礼论》载：“能虑、能固，加好之者焉，斯圣人矣。故天者，高之极也；地者，下之极也；无穷者，广之极也；圣人者，道之极也。”荀子所说的“人道”和“人伦”，统而言之，是指人类理想的道德价值和理想的社会规范，圣人则是二者的最高体现。在荀子那里，道德价值和规范一般而言不是来源于天道与自然，而是圣人制作的。这样，圣人创制和圣人示范就成了统一体。如果把圣人看成是理想的境界，那么他的理想性就只能靠他所体现的人道和人伦的理想性来保证。由于荀子的“天”主要是指自然之天，人道通过天道获得合理性和合法性的思维方式被淡化了，因此，在荀子那里，理想的人道和人伦最终就只能来源于圣人并通过圣人来保证。结果就产生了一种逻辑循环，即圣人的理想境界来源于圣人制作的理想人道，而圣人制作的理想人道又必须假定理想的圣人。[①] 制作与智慧相关，理想的制作，自然需要理想性的智慧。在荀子眼里，圣人也是智慧的化身。如《荀子·哀公》载：“大圣者，知通乎大道，应变而不穷，辨乎万物之性情者也。”按照记载，这句话是孔子回答鲁哀公的询问而说出的，荀子当然是赞同的。正如前述，圣人之“智”是把握大道的“智”，而不是穷尽所有各种具体知识的“智”。在掌握具体知识方面，圣人也许无法同

---

① 荻生徂徕否认朱子学的自然秩序逻辑，把制度和人间秩序看成是“圣人”的制作，通过圣人来保证制度和秩序的合理性和理想性，这与荀子的思想类似。但荻生徂徕所说的“圣人”已被“神化”，圣人不可学不可致，成了彼岸性的存在，这同荀子和儒家的圣人观截然不同。参见丸山真男：《日本政治思想史研究》，王中江译，生活·读书·新知三联书店 2000 年版。

各行各业的专门人士相比。荀子区分了“圣人之知”“士君子之知”和“小人之知”。圣人之知的特点在于“多言则文而类，终日议其所以，言之千举万变，其统类一也，是圣人之知也”。[①]圣人大智大德，是人类中最理想的人格，就像《正论》所说的那样：“天下者，至重也，非至强莫之能任；至大也，非至辨莫之能分；至众也，非至明莫之能和。此三至者，非圣人莫之能尽。故非圣人莫之能王。圣人备道全美者也，是县天下之权称也。”[②]但圣人仍然是从一般人升华出来的，而不是天命的产物或天生而圣。从实际的结果说，圣人同一般人是不同的，但从可能性上讲，一般人都可以成圣。《性恶》载：“‘涂之人可以为禹。’曷谓也？曰：凡禹之所以为禹者，以其为仁义法正也。然则仁义法正有可知可能之理，然而涂之人也，皆有可以知仁义法正之质，皆有可以能仁义法正之具，然则其可以为禹明矣。”

从圣凡之间没有森严的鸿沟和从成圣的可能性说，荀子同孟子基本一致。但作为他们出发点的人性论却完全相反（即“性善”与“性恶”之对立）。荀子的“性恶论”是直接对着孟子的“性善论”而发，其立论过程也是批评孟子“性善论”的过程，这无须多说。他们的出发点不同，构成成圣的可能性基础也就不同。按照孟子的逻辑，先天之“性善”或潜在的善和良知良能，是成圣的基础；但荀子则把成圣建立在先天之性恶能够被改变的基础之上，也就是他所说的“化性起

---

① 《荀子·性恶》。

② 在荀子那里，“君子”“上勇者”也是比较理想的人格，比起孟子所说的“大丈夫”人格来，毫不逊色。《荀子·儒效》描述君子说：“君子无爵而贵，无禄而富，不言而信，不怒而威，穷处而荣，独居而乐，岂不至尊、至富、至重、至严之情举积此哉！……故君子务修其内而让之于外，务积德于身而处之以遵道，如是，则贵名起如日月，天下应之如雷霆。故曰，君子隐而显，微而明，辞让而胜。”《荀子·性恶》所说的“上勇者”是：“天下有中，敢直其身；先王有道，敢行其意。上不循于乱世之君，下不俗于乱世之民；仁之所在无贫穷，仁之所亡无富贵。天下知之，则欲与天下同苦乐之；天下不知之，则傀然独立天地之间而不畏，是上勇也。”只要看看这两段气壮山河的话，就会相信荀子人格中的理想主义品格。

伪”。孟子断定先天“性善”，当然并不意味着后天就一定能为善，不意味着在现实中自然就表现为善。后天之善是对先天之善不断彰显和扩充的过程，也是对后天不良影响克服的过程。荀子断定先天“性恶”，并认为任其自然发展也是恶，而“善”完全是后天人为的结果。总之，在孟子那里，人为善的过程，是从先天的自然性到后天自然性的保持过程；在荀子那里，人为善的过程，则是从自然性到社会性的过程；对孟子来说，现实之善是克服后天之恶而保持和恢复先天性善的过程；但对荀子来说，现实之“善”则是通过人为的方式克服先天之性恶而新生的过程。《荀子·性恶》批评说：“孟子曰：‘今之学者，其性善。’曰：是不然，是不及知人之性，而不察乎人之性伪之分者也。凡性者，天之就也，不可学，不可事。礼义者，圣人之所生也，人之所学而能、所事而成者也。不可学，不可事，而在人者，谓之性；可学而能，可事而成，之在人者，谓之伪。是性伪之分也。今人之性，目可以见，耳可以听。夫可以见之明不离目，可以听之聪不离耳，目明而耳聪，不可学明矣。孟子曰：‘今人之性善，将皆失丧其性故也。’曰：若是，则过矣。今人之性，生而离其朴，离其资，必失而丧之。用此观之，然则人之性恶明矣。”荀子的礼乐论、规范论、教化论和实践论都建立在先天性恶、后天为善这一前提之上。

现在再回到圣人问题上。从先天人性本身来说，圣人与众人没有什么不同，圣人与众人的不同只在于后天是否能够变化性情而产生符合礼义的行为：“圣人之所以同于众，其不异于众者，性也；所以异而过众者，伪也。”[①] 在荀子那里，圣人完全是日积月累“人为”的结果，是不懈追求和行动的结果。《荀子·性恶》强调：“今使涂之人伏术为学，专心一致，思索孰察，加日县久，积善而不息，则通于神明，参于天地矣。故圣人者，人之所积而致矣。”《荀子·儒效》亦论述说：

---

① 《荀子·性恶》。

“性也者，吾所不能为也，然而可化也；情也者，非吾所有也，然而可为也。注错习俗，所以化性也；并一而不二，所以成积也。习俗移志，安久移质，并一而不二，则通于神明、参于天地矣。故积土而为山，积水而为海，旦暮积谓之岁，至高谓之天，至下谓之地，宇中六指谓之极，涂之人百姓，积善而全尽谓之圣人。彼求之而后得，为之而后成，积之而后高，尽之而后圣。故圣人也者，人之所积也。”圣人是通过不断积累“善”逐渐达到的，任何人只要渴望和努力不断地去积累善，他就可以成为理想的圣人。但是，客观上的可能性不是实际上的一定性。人人不断可以成为圣人，人人可以成为禹，并不等于人人就一定能够做到。因为现实无法保证这一点，没有人（包括已经成为圣人的人）能够保证别人一定能达到圣境，假如一个人不愿自觉追求圣人的话。所以，当有人提出为什么圣人客观上可以为而人实际上又不为这一疑问时，荀子所做的回答是：

> 可以而不可使也。故小人可以为君子而不肯为君子，君子可以为小人而不肯为小人。小人、君子者，未尝不可以相为也，然而不相为者，可以而不可使也。故涂之人可以为禹，则然；涂之人能为禹，未必然也。虽不能为禹，无害可以为禹。足可以遍行天下，然而未尝有能遍行天下者也。夫工匠农贾，未尝不可以相为事也，然则未尝能相为事也。用此观之，然则可以为，未必能也。虽不能，无害可以为。然则能不能之与可不可，其不同远矣，其不可以相为明矣。①

这也正可以解释何以实际上圣人少而普通人多的事实。从人性恶看，荀子对人具有悲观和阴暗意识，但从人人皆可以成圣、人人

① 《荀子·性恶》。

皆可以为禹来说，荀子同孟子一样又是极其乐观的；从实际上无法保证人人成为圣人而言，荀子似乎又是消极的。但从荀子强烈提倡“学”“行”、提倡“师法”、强调“天人之分”、强调人的主观行动和实践来说，荀子又是极其积极的。因此，怨天尤人，无所作为，是得不到荀子一点同情的。上面我们谈到，荀子所说的学习在程序上是从阅读儒家经典到继而学礼，但在实质上则是从士做起直到最高的目标——圣人，这一目标是时刻不能放弃的。荀子说：“其义则始乎为士，终乎为圣人。真积力久则入，学至乎没而后止也。故学数有终，若其义则不可须臾舍也。为之，人也；舍之，禽兽也。”[①] 放弃为士成圣的目标，就被看成是禽兽，由此也可以看出荀子强烈要求人提升自我、避免沉沦的炽热心肠。在荀子那里，学习和行动的最高目标是圣人，《荀子·礼论》所说的“故学者，固学为圣人也”，《荀子·解蔽》所说的“故学也者，固学止之也。恶乎止之？曰：止诸至足。曷谓至足？曰：圣［王］也。圣也者，尽伦者也；王也者，尽制者也。两尽者，足以为天下极矣。故学者以圣王为师，案以圣王之制为法，法其法以求其统类，以务象效其人”，《荀子·儒效》所说的“不闻不若闻之，闻之不若见之，见之不若知之，知之不若行之，学至于行之而止矣。行之，明也。明之为圣人。圣人也者，本仁义，当是非，齐言行，不失毫厘，无他道焉，已乎行之矣”等，都是把通过学习和行动达到圣人的境界看成是人的最高使命。学习和行动既根本又便捷的途径，是遵循“师”和“师法”，即接近榜样和典范，喜爱之和效法之。《荀子·修身》载：“礼者，所以正身也。师者，所以正礼也。无礼何以正身？无师，吾安知礼之为是也？礼然而然，则是情安礼也；师云而云，则是知若师也。情安礼，知若师，则是圣人也。故非礼，是无法也；非师，是无师也。不是师法而好自用，譬之是犹以盲辨色，以聋辨声

① 《荀子·劝学》。

也，舍乱妄无为也。故学也者，礼法也。夫师，以身为正仪而贵自安者也。《诗》云：'不识不知，顺帝之则。'此之谓也。"

不管实际上有多少人会去真正不懈地追求成为圣人，也不管最终结果有多少人能够成为圣人，荀子的观念不折不扣是一种理想主义，是一种对人高度期望的乐观主义。主张人性恶的荀子，恰恰低估了人的本性难移的难题，"化性起伪"成为士和君子已经不易，达到圣人之境几乎是空想。说起来，人类神圣的、崇高的理想和信仰，主要是一种召唤或感召力，是一种精神上的支柱和力量，由此使人得到觉醒和提升，而不是一种通过具体行动可以直达的理想港湾，就像基督教作为终极理想的上帝与普通人的关系那样。基督教的理想主义可以说是一种带有强烈悲观性的理想主义，与此不同，儒家的理想主义则是一种乐观性的理想主义。在这一方面，荀子也是很典型的。《荀子·儒效》的一段话就是进一步的印证："我欲贱而贵，愚而知，贫而富，可乎？曰：其唯学乎！彼学者，行之，曰士也；敦慕焉，君子也；知之，圣人也。上为圣人，下为士君子，孰禁我哉？乡也，混然涂之人也，俄而并乎尧、禹，岂不贱而贵矣哉？乡也，效门室之辨，混然曾不能决也，俄而原仁义，分是非，图回天下于掌上而辨白黑，岂不愚而知矣哉？乡也，胥靡之人，俄而治天下之大器举在此，岂不贫而富矣哉？"[①] 说起荀子这段悦耳动听的话，即使是容易激动、急于升华自己的热心肠人，恐怕也很难欢欣鼓舞吧！但谁会说这不是理想主义和乐观主义呢？

同荀子的这种圣人理想主义紧密联系在一起的他的社会政治理想

---

① 另《荀子·劝学》亦说："君子知夫不全不粹之不足以为美也，故诵数以贯之，思索以通之，为其人以处之，除其害者以持养之。使目非是无欲见也，使耳非是无欲闻也，使口非是无欲言也，使心非是无欲虑也。及至其致好之也，目好之五色，耳好之五声，口好之五味，心利之有天下。是故权利不能倾也，群众不能移也，天下不能荡也。生乎由是，死乎由是，夫是之谓德操。德操然后能定。能定然后能应。能定能应，夫是谓之成人。天见其明，地见其光，君子贵其全也。"这是一种多么美妙的设想啊！

主义，整体上也是沿着孔子儒家道统的方向前进。在作为儒家黄金时代的三代理想盛世观念中，圣人理想与盛世理想是统一的，有圣人也就有盛世，有盛世也就意味着有圣人。但在春秋之后，由于社会政治的极度混乱，人格理想与盛世理想的统一性意识稍有分离。按照“穷则独善其身，达则兼善天下”所说，在个人对改善社会政治无能为力的情况下，就只好选择自我完善人格的理想了。但一般来说，儒家的圣人理想同盛世理想始终是一种密切联系在一起的统一结构（即一般所说的“内圣外王”）。我们知道，儒家的德治主义和礼治主义，也就是依靠君子、贤人和圣人等这种道德榜样的治道。在这一方面，荀子也是很典型的。我们从澄清的角度入手来考察一下荀子的社会政治理想。

如前所指出的那样，对荀子治道的严重误解之一，是把他看成是法家的同道，或者至少是把他视为从儒家到韩非法家过渡的桥梁。如童书业这样说：“荀子的思想通过韩非、李斯，颇有影响于秦朝的政治，而汉朝的制度有许多是继承秦朝的。汉朝所谓‘王、霸杂用’的政策，实际上就是阳儒阴法，而荀子便是一个儒家大师中‘阳儒阴法’的人；必须明白这点，才能抓住荀子思想的本质。”① 在荀子法先王和法后王的关系问题上，童书业强调，称道“先王”是儒家的传统，“法后王”则是荀子的创见。荀子所说的“后王”实在就是“当世之王”，② 而不是指周代的文、武。把荀子排除在儒家道统之外的主要论据，主要在于认为荀子重“法”、重“霸”、重“世主”和重“君权”，而且培养出了作为儒家异己分子的韩非和李斯，并直接和间接地影响了秦政。这些论据实际上大都靠不住。先说荀子与法家人物的关系。在荀子批判的“十二子”中，其中就有指名道姓批评的慎到和申子。司马迁记载的韩非“事荀卿”一语，也许是韩非较早被看成是荀子弟子的“唯一”依据，《荀子》

① 童书业:《先秦七子思想研究》，齐鲁书社 1982 年版，第 173 页。

② 参阅同上书，第 193—196 页。

和《韩非子》一书，都没有提到他们之间的任何关系。《韩非子·难三》只是提到“燕子哙贤子之而非孙卿，故身死为僇”。且韩非之学与荀子之学之间的关系，也完全不像人们所说的那样荀子是从儒家到韩非法家过渡的桥梁。荀子的“性恶论”也许影响了韩非，但荀子自始至终都是一个道德主义者，而韩非却主要是一个非道德主义者。司马迁所说的韩非“喜刑名法术之学，而其本归于黄老”，已经表明他与荀子儒家没有什么特别的联系。因此，韩非究竟在什么意义上曾师从过荀子至为可疑。与之不同，李斯师从荀子事，则比较清楚。除了《史记·老子韩非列传》中提到李斯和韩非“俱事荀卿，斯自以为不如非”之外，在《孟子荀卿列传》和《李斯列传》中，司马迁两次指出李斯事荀卿之事，并记载了李斯从荀子学“帝王之术”、辞别荀子西之秦的缘由，记载了李斯势盛之时感叹而说出的“嗟乎！吾闻之荀卿曰：‘物禁大盛’”等。《盐铁论·毁学》载：“方李斯之相秦也，始皇任之，人臣无二。然而荀卿为之不食，睹其罹不测之祸也。”李斯上书始皇要求禁止《诗》《书》是他对儒家犯下的严重罪过。但《史记·乐书》又载：《雅》《颂》废，郑音兴，“二世尤以为娱。丞相李斯进谏曰：‘放弃《诗》《书》，极意声色，祖伊所以慎也’”。对受到赵高操纵的二世的暴政，李斯曾多次进谏，但都遭到了二世的拒绝。二世要求李斯为他提供君主享乐主义的根据，李斯迫于压力和利益的考虑而屈服了。[①] 但这种个人性的选择，不能归罪于荀子。弟子辱师门或背叛师门，师者除了痛心亦无良法。

在儒家的圣王意识中，君主作为典范一般来说都带有一点苦行主义的味道，虽然不像墨家所要求的那样苦。但在荀子那里，情况有所变化。在他看来，“先王”或理想的君主，并不是通过事无巨细的“苦行”来进行统治的，明君圣王的根本治道是选用贤能的大臣，使之各负其责，各尽其职，而他自己由于不介入和干预各种事务而能够高度

---

① 参见《史记·李斯列传》。

安逸和娱乐。对荀子来说，这种“垂拱无为”之治，是早已为圣王所实践过的理想治道。从老学早于荀学这一点来说，荀子的这一思想与老子道家的治道可能具有一定的关联，但由于老子无为之治也有历史的渊源，而荀子也采取了历史叙事的方式，所以他们所讲述的垂拱和无为之治，又可能具有共同的历史根据。从君主掌握着大臣的任免这种人事权来说，“君主”也许有很大的权力，但不能由此就认为荀子“尊君抑臣”“尊君轻民”。首先，荀子所说的对大臣的任用方法，完全是采用儒家所主张的任人唯贤的原则。其次，在荀子那里，“君臣”各有其“道”，这里的“道”，都与儒家的道德原则相符，[①]而且比起孔子的主张来更具有普遍主义的立场，如强调与传统重视身份和血缘不合拍的所谓“从道不从君，从义不从父”的“道义”原则。[②]最后，在韩非法家那里，君主被绝对化和目的化了，与之相应，臣民则被相对化和手段化了，但在荀子那里，君主与庶民的关系仍然是儒家所要求的那种关系。从德治和贤人政治来说，君主首先要以身作则，成为道德的榜样，以此来感化和动员臣民，使之从善如流，达到家治国安，如《荀子·君道》载：“上好礼义，尚贤使能，无贪利之心，则下亦将綦辞让、致忠信而谨于臣子矣。如是则虽在小民，不待合符节、别契券而信，不待探筹、投钩而公，不待衡石、称县而平，不待斗、斛、敦、概而啧。”又载：“请问为国？曰：闻修身，未尝闻为国也。君者仪也，民者景也，仪正而景正。君者盘也，民者水也，盘圆而水圆……楚庄王好细腰，故朝有饿人。……君者，民之原也。原清则流清，原浊则流浊。故有社

① 参见《荀子》中的《君道》和《臣道》。

② 《荀子》一书中，两处引用出自《传》的话。除《荀子·子道》外，《荀子·臣道》载：“故谏争辅拂之人，社稷之臣也，国君之宝也，明君之所尊厚也，而暗主惑君以为己贼也。故明君之所赏，暗君之所罚也；暗君之所赏，明君之所杀也。伊尹、箕子可谓谏矣，比干、子胥可谓争矣，平原君之于赵可谓辅矣，信陵君之于魏可谓拂矣。传曰：‘从道不从君。’此之谓也。”这与郭店楚简儒家简中所说的“为父绝君”这种重血缘轻君臣身份的话反差很大。

稷者而不能爱民，不能利民，而求民之亲爱己，不可得也。民不亲不爱，而求其为己用，为己死，不可得也。”对儒家来说，君主作为道德的榜样，作为公共领域的人物，他从事政治的方式必须开诚布公、光明正大，而不能采用权术甚至是阴谋诡计等手段以维护其权力，荀子批评带有法家权术性质的所谓“主道利周”，强调“主道利明不利幽，利宣不利周”，[①]说明他拒绝法家的“权术”政治。正如以上所引，荀子希望君主与庶民能够通过道德和礼义的纽带成为相互恩爱的统一体，尽管这带有很大的空想性。荀子也很欣赏“君民”的“舟水”之喻，并以“骇舆”“骇政”进行了引申：“马骇舆，则君子不安舆；庶人骇政，则君子不安位。马骇舆，则莫若静之；庶人骇政，则莫若惠之。选贤良，举笃敬，兴孝悌，收孤寡，补贫穷，如是，则庶人安政矣。庶人安政，然后君子安位矣。传曰：‘君者，舟也；庶人者，水也。水则载舟，水则覆舟。’此之谓也。”[②]据此，君主想要获得庶民的信赖，首先要奉行道德。从结果而论，这里所说也许带有把“庶民”工具化的意味，但《荀子·大略》所说的“天之生民，非为君也。天之立君，以为民也。故古者立地建国，非以贵诸侯而已；列官职，差爵禄，非以尊大夫而已”，则明显是把庶民目的化、本位化，把君主工具化、相对化，它与孟子所说的“民贵君轻”一样，也是典型的“民本主义”，而非“君本主义”。

有关荀子所说的“法先王”和“法后王”的关系，引起的问题之一是，“先王”和“后王”所指为何？问题之二是，“法先王”和“法后王”孰重？“后王”，杨倞注为“近世之王”或“后世之王”。刘台拱、王念孙断定为文、武，并认为杨注不正确。[③]按照童书业的观点，

---

① 《荀子·正论》。

② 《荀子·王制》。另在《荀子·哀公》中，孔子回答鲁哀公之问时，也以“丘闻之”的口气引用了这句话：“且丘闻之：君者，舟也；庶人者，水也。水则载舟，水则覆舟。君以此思危，则危将焉而不至矣？”

③ 参阅王先谦：《荀子集解》上册，中华书局1997年版，第80页。

荀子所说的“后王”，实际上就是“当世之王”，而非指周代的文、武。冯友兰认为，“后王”指的是三代之王中最后之王，即周文王和周武王。荀子有时所称的“先王”，也是指他们，因为他们距离战国时代已有七八百年之久。[①] 根据我们的考察，荀子所说的“后王”，应该是指文王和武王。杨注为“近世之王”或“后世之王”，亦不误。相对于殷以上的“近世”或“后世”应是指周世，其王当然即是文、武。童书业所说非是。因为“后王”也是荀子的理想，战国“诸侯异政”，何“王”之有？“先王”应该是指殷汤、夏禹以及更远的舜、尧等远古圣王。冯友兰所说亦非是。根据《荀子·儒效》批评俗儒所说的“略法先王而足乱世术，缪学杂举，不知法后王而一制度，不知隆礼、义而杀《诗》《书》”，相对意义上用的“法先王”和“法后王”，所指绝不相同。问题的关键是，荀子为什么要提出“先王”和“后王”、“法先王”和“法后王”之二分呢？从“先王”和“后王”皆是“圣王”来说，荀子当然既要“法先王”，[②] 又要“法后王”，以此来保持“圣道”传统的统一性和连续性。但是，由于“先王”之道追溯得越远就越不清晰，可信度就越低，难求情实。《荀子·儒效》强调：“言道德之求，不二后王。道过三代谓之荡，法二后王谓之不雅。”类似的说法也出现在《荀子·王制》中，即：“王者之制，道不过三代，法不二后王。道过三代谓之荡，法贰后王谓之不雅。”但“后王”则不然，其政其道，距离今世则近，详备而易知，因此，可以通过后王逆知先王，不需要言必称尧、舜，事必求上古。《荀子·非相》载：“礼莫大于圣王。圣王有百，吾孰法焉？故曰，文久而息，节族久而绝，守法数之有司极礼而褫。故曰：欲观圣王之迹，则于其粲然者

① 参阅冯友兰：《中国哲学史新编》第二册，人民出版社1984年版，第364—366页。

② 如《荀子·非相》载：“凡言不合先王，不顺礼义，谓之奸言，虽辨，君子不听。法先王，顺礼义，党学者，然而不好言，不乐言，则必非诚士也。”

矣，后王是也。彼后王者，天下之君也。舍后王而道上古，譬之是犹舍己之君而事人之君也。故曰：欲观千岁，则数今日；欲知亿万，则审一二；欲知上世，则审周道；欲知周道，则审其人所贵君子。故曰：以近知远，以一知万，以微知明。此之谓也。”由于先王与后王所处的历史时空、社会政治和经济状况都发生了变化，所以治道自然也有异，通过后王之道逆测先王之道（“以近知远”）的根据是什么呢？荀子回答了当时所谓“妄人”（《韩诗外传》称为“诈人”）提出的实际上并不虚妄的复杂问题：

> 夫妄人曰：“古今异情，其以治乱者异道。”而众人惑焉。彼众人者，愚而无说、陋而无度者也。其所见焉，犹可欺也，而况于千世之传也！妄人者，门庭之间，犹可诬欺也，而况于千世之上乎？圣人何以不欺？曰：圣人者，以己度者也。故以人度人，以情度情，以类度类，以说度功，以道观尽，古今一度也。类不悖，虽久同理，故乡乎邪曲而不迷，观乎杂物而不惑。以此度之，五帝之外无传人，非无贤人也，久故也；五帝之中无传政，非无善政也，久故也。禹、汤有传政而不若周之察也，非无善政也，久故也。传者久则论略，近则论详，略则举大，详则举小。愚者闻其略而不知其详，闻其详而不知其大也，是以文久而灭，节族久而绝。①

---

① 《荀子·非相》。受荀子影响的《韩诗外传》卷三所载与此大同小异：“夫诈人者曰：‘古今异情，其所以治乱异道。’而众人皆愚而无知、陋而无度者也，于其所见，犹可欺也，况乎千岁之后乎！彼诈人者，门庭之间犹挟欺，而况乎千岁之上乎！然则圣人何以不可欺也？曰：圣人以己度人者也。以心度心，以情度情，以类度类，古今一也。类不悖，虽久同理，故性缘理而不迷也。夫五帝之前无传人，非无贤人，久故也；五帝之中无传政，非无善政，久故也；虞夏有传政，不如殷周之察也，非无善政，久故也。夫传者久则愈略，近则愈详。略则举大，详则举细。故愚者闻其大不知其细，闻其细不知其大，是以久而差。三王五帝，政之至也。《诗》曰：‘帝命不违，至于汤齐。’言古今一也。”

根据荀子这里所说，他是从“人”“情”“类”“道”等普遍性角度来论证先王之道与后王之道的共同性的。一般来说，普遍性的东西，不受“特殊”时空的限制，它对所有的时空都有效。普遍的王道也不受一时一地历史时空的限制，而适用于所有的历史时空。但历史时间的久远，则影响了先王之道的传承，使后人难窥其全。因此通过距离我们较近的“后王”而把握的普遍之道，实际上也就是“先王”的普遍之道。[①] 从以上所说来看，“法先王”与“法后王”，原则上（“王道”和“一制度”）是统一的，而无孰轻孰重的问题，但由于“后王”易知、易明、易法，从现实实践来考虑，“法后王”则优先于“法先王”，这也是荀子提出二分的主要意图。

说荀子重法或向法家靠拢，也是不正确的。荀子强化了周代和孔子重礼乐的传统，注重规范和制度，这是需要指出的。荀子喜欢用“法”字，其中所说的“法”确有“惩诛”之“法”的意义，这也是可以肯定的。但是，荀子使用的大量“法”字，更多的不是法家之“法”，而是指法则、法度、标准和效法等义。而且，在同德、礼和仁相对意义上的“刑法”之“法”，在荀子那里仍然是处于从属性的地位。也就是说，荀子根本上仍然是把德、礼乐和仁义放在首要的地位上，或者说至少是德礼与法并用。这同法家“一断于法”和“严而少恩”的“刑法主义”根本不同。特别是，荀子坚持以儒家理想人格为中心的“人治主义”以及对“人”“法”关系所做的安排，再清楚不过地表明了他的圣王和贤人政治理想。在此最有必要引用一段人们常引用的作为儒家重“人治”典型根据的荀子的名言：“有乱君，无乱国；有治人，无治法。羿之法非亡也，而羿不世中；禹之法犹存，而夏不世王。故法不能独立，类不能自行；得其人则存，失其人则亡。

---

① 因此，司马迁所说的“法后王者，以其近己而俗变相类，议卑而易行”（王先谦:《荀子集解》上册，中华书局 1997 年版，第 80 页），看来也不准确。

法者，治之端也；君子者，法之原也。故有君子，则法虽省，足以遍矣；无君子，则法虽具，失先后之施，不能应事之变，足以乱矣。不知法之义而正法之数者，虽博，临事必乱。故明主急得其人，而暗主急得其势。急得其人，则身佚而国治，功大而名美，上可以王，下可以霸；不急得其人，而急得其势，功废而名辱，社稷必危。故君人者，劳于索之，而休于使之。《书》曰：'惟文王敬忌，一人以择。'此之谓也。"① 这并不是孤证，旨趣完全一致的说法，重见于《致士》："故土之与人也，道之与法也者，国家之本作也。君子也者，道法之总要也，不可少顷旷也。得之则治，失之则乱；得之则安，失之则危；得之则存，失之则亡。故有良法而乱者有之矣，有君子而乱者，自古及今，未尝闻也。传曰：'治生乎君子，乱生于小人。'此之谓也。"既然如此，如果还有人认为荀子重"法"，或认为他与法家合流，我们就感到莫名其妙了。

从现象上看，在《荀子》一书中，单是篇目就有《富国》《王霸》《强国》《议兵》和《法行》，这些篇目中的"富国""强国""霸""兵"和"法"等主题，说起来都是与法家密切联系在一起的，是法家所热切解决的问题。荀子关注这些主要属于法家的问题，表明处在战国后期的他，不能回避日益突出的大国争霸的现实课题。他对"霸道"采取了一种不同于孟子（完全拒绝）的、在一定意义上的可接受性态度，也说明他对时代强势的有限让步。但是，荀子始终把"王道"秩序和价值放在第一位，把"霸道"放在第二位，最高的和最理想的目标是"王道"，"霸道"是次一级的不太理想的目标，如果"王道"达不到，达到"霸道"也是可取的，因为达到"霸道"主要靠"信"，由信而霸也不容易。正是从这种意义上，荀子对所见所闻的强大之秦做出了一定性的肯定，但从儒家的仁义和王道来衡量，他认为秦的社会政治

① 《荀子·君道》。

并不理想，如《荀子·强国》载："力术止，义术行，曷谓也？秦之谓也。威强乎汤武，广大乎舜禹，然而忧患不可胜校也。諰諰然常恐天下之一合而轧己也。……佚而治，约而详，不烦而功，治之至也，秦类之矣。虽然，则有其諰矣。兼是数具者而尽有之，然而县之以王者之功名，则倜倜然其不及远矣！是何也？则其殆无儒邪！故曰：粹而王，驳而霸，无一焉而亡。此亦秦之所短也。"从社会政治和经济目标说，荀子提升了"富国""强国""强兵"等问题的重要性，但是，他解决这些问题的方式，不是凭借法家的"法术势"，而是根据儒家的"王道""仁德""礼义"等立场。如《荀子·议兵》载："李斯问孙卿子曰：'秦四世有胜，兵强海内，威行诸侯，非以仁义为之也，以便从事而已。'孙卿子曰：'非女所知也。女所谓便者，不便之便也。吾所谓仁义者，大便之便也。彼仁义者，所以修政者也；政修则民亲其上，乐其君，而轻为之死。故曰：凡在于军，将率，末事也。秦四世有胜，諰諰然常恐天下之一合而轧己也，此所谓末世之兵，未有本统也。故汤之放桀也，非其逐之鸣条之时也；武王之诛纣也，非以甲子之朝而后胜之也，皆前行素修也，此所谓仁义之兵也。今女不求之于本，而索之于末，此世之所以乱也。'"靠"德"还是靠"力"来进行统治是儒法之论辩的中心问题，孟子所持立场大家已知，荀子提出"兼人"有"以德""以力"和"以富"三种方式，但他认为最理想的方式仍然是"以德"和"王道"。他到秦国最终受不到昭王和应侯的聘任是职由此故。刘向《校孙卿书录》载："孙卿之应聘于诸侯，见秦昭王，昭王方喜战伐，而孙卿以三王之法说之，及秦相应侯皆不能用也。"[1]后荀子游赵时受不到聘任，也是这个原因。刘向《校孙卿书录》又载："至赵，与孙膑议兵赵孝成王前，孙膑为变诈之兵，孙卿以王兵难之，不

① 见严可均辑：《全汉文》卷三十七，商务印书馆1999年版，第383页。

能对也。卒不能用。孙卿道守礼义，行应绳墨，安贫贱。”[①] 统观起来，在当时难以抵挡的秦的强势之下，荀子完全采用儒家的政治资源和智慧来解决法家所关注的富国强兵主题，即使不被认为是迂腐，至少也被认为是不现实。顺便强调一下，荀子作为儒家的忠实捍卫者，在《荀子·儒效》中对“儒”的价值和地位做了直接的辩护和肯定。这是他在回答秦昭王提出的“儒无益于人之国”这一尖锐批评时做出的。秦昭王的批评绝不是孤立性的，韩非法家激烈批评儒家无用、有害并打击儒家，其影响远远超出了秦地。在以力量决高下的战国末期，在秦以法术而强盛的背景之下，对儒家威胁最大的自然是法家和秦国，荀子坚持儒家道德理想主义，坚定不移地捍卫儒家，比起孟子拒斥墨子和杨朱来，任务更加艰巨，需要更充分的道德勇气。

上面以澄清的方式所展示的荀子的社会政治理想，很明显，核心就是推广仁义、德礼和王道，荀子像孔子一样，也是强烈希望建立一个道德理想国和王道国。这种理想国，在儒家那里，是“平天下”而不是“治一国”。“国家”和“天下”是不同的。荀子更突出了这种区分，“天子”“圣王”相应于“天下”，“诸侯”相应于“国家”。《荀子·荣辱》论述二者的不同说：“夫天生蒸民，有所以取之。志意致修，德行致厚，智虑致明，是天子之所以取天下也；政令法，举措时，听断公，上则能顺天子之命，下则能保百姓，是诸侯之所以取国家也。”荀子强调，只有圣王和天子才能担当起平天下和治天下的大任，才能为天下确立效法的普遍之道，如他说：“天下者，至重也，非至强莫之能任；至大也，非至辨莫之能分；至众也，非至明莫之能和。此三至者，非圣人莫之能尽。故非圣人莫之能王。圣人备道全美者也，是县天下之权称也。”[②] 又说：“天下者，大具也，不可以小人有也，不可以

① 见严可均辑：《全汉文》卷三十七，商务印书馆 1999 年版，第 383 页。
② 《荀子·正论》。

小道得也，不可以小力持也。”[①] 但拥有一国则不然，国家是小人、小道、小力即可得之：“国，小具也，可以小人有也，可以小道得也，可以小力持也。”因此，国家是可以用武力夺得的，但天下是不可以夺得的：“可以有夺人国，不可以有夺人天下；可以有窃国，不可以有窃天下也。可以夺之者可以有国，而不可以有天下；窃可以得国，而不可以得天下。”[②] 荀子批评所谓汤、武篡夺桀、纣所拥有的天下，批评所谓“尧舜擅让”，都是依据于此。在荀子看来，国可以篡夺而天下不可以篡夺，国可以擅让而天下不可以擅让。天下只能通过王道来取得，虽然它可以从治一国入手，如《荀子·王制》载：“故古之人有以一国取天下者，非往行之也，修政其所莫不愿，如是而可以诛暴禁悍矣。故周公南征而北国怨，曰：‘何独不来也？’东征而西国怨，曰：‘何独后我也？’”荀子这种以王道“平天下”的社会政治理想，整体上无疑是乌托邦空想。当然，荀子并不这样认为。荀子相信他所说的天下王道理想，并试图通过礼乐教化、建立礼义秩序去实现这种理想。荀子设定了人性恶，因此在他那里，社会化和制度性的规范与实践，比起孟子强调主观性内省而言，具有十分重要的意义。对荀子来说，“化性起伪”“合群明分”，作为人的优越性，完全不是朝着“自然性”返璞归真的过程，而是脱离自然性而走向社会化的过程。在这一过程中，起关键作用的就是“礼乐”。“礼乐”既是价值理性，也是工具理性。作为工具理性，礼乐的主要功能之一，是控制人的自然性情的自然发展和过度膨胀，把它们引导到一个正当和合理的限度内，使之适度和有节制。但这绝不是宋子所要求的清心寡欲。[③] 礼乐是规范，也是教

① 《荀子·正论》。

② 同上。

③ 荀子多次批评宋子，主要内容之一就是他的清心寡欲主张，如《荀子·正名》诘难说：“凡语治而待去欲者，无以道欲而困于有欲者也。凡语治而待寡欲者，无以节欲而困于多欲者也。有欲无欲，异类也，生死也（王念孙疑‘生死’为‘性之具也’），非治乱也。欲之多寡，异类也，情之数也，非治乱也。欲不待可得，而求者（转下页）

化，作为教化，它与仁义道德等价值共同构成了圣人之教和师教的核心，其目标就是为了建立起君子国和道德理想国。我们可以说荀子的道德理想国是空想，但我们不能说他是一个缺少社会政治理想的现实主义者。康有为认为荀子的理想是小康理想亦不正确，荀子的理想也是大同理想。

总之，哲学家受到批评和受到称赞同样正常，哲学家受到一部分人的偏爱和受到另一部分人的反感也不奇怪，但如果我们是从理性出发加以批评和称赞，是依据有效的价值标准去偏爱和反感，我们就需要深入我们的对象之中而不能依据表面现象判断问题。对于荀子的一些严重批评和反感，在很大程度上就是依据表象判断问题。在我们看来，荀子是儒家学统和道统中的重要一环。荀子本人不仅是一位传经的大儒，也是一位卫道捍义的斗士。儒学本是一种开放的、发展的思想体系，在荀子学说中，吸收了其他流派的思想，或者与孟子等其他儒者有不同之处，都是很自然、无可厚非的。此外，不管是从儒家的标准还是从中国思想史的标准来衡量，荀子都是一位具有“原创性”的人物，这从本文没有作为重点去考察的他的“天人相分”“化性起伪”“合群明分”等观念与他在逻辑学、知识论和政治学上的贡献，都可以看出。

（曾收入王中江：《视域变化中的中国人文与思想世界》，
中州古籍出版社 2005 年版）

（接上页）从所可。欲不待可得，所受乎天也；求者从所可，受乎心也。所受乎天之一欲，制于所受乎心之多，固难类所受乎天也。……欲过之而动不及，心止之也。心之所可中理，则欲虽多，奚伤于治！欲不及而动过之，心使之也。心之所可失理，则欲虽寡，奚止于乱！故治乱在于心之所可，亡于情之所欲。不求之其所在，而求之其所亡，虽曰我得之，失之矣。性者，天之就也；情者，性之质也；欲者，情之应也。以所欲为可得而求之，情之所必不免也。以为可而道之，知所必出也。故虽为守门，欲不可去，性之具也。虽为天子，欲不可尽。欲虽不可尽，可以近尽也；欲虽不可去，求可节也。……道者，进则近尽，退则节求，天下莫之若也。”

章学诚“六经皆史”的经典观

乾隆后期，正当经典考据学如日中天之时，忽然站出来一位颇不合时宜的史学家，提出“六经皆史”的理论，宣称六经原本不是“经”，而是“史”。这位史学家就是章学诚。章氏本人声称，他提出这个理论，用意在于告诫当时学者应该关注“政教典章”“人伦日用”的经世之学，不要沉迷于烦琐考据的“空言著述”。历史上讲过“六经皆史”一类话者，代有其人。前人这样讲，大多在强调：六经之“经”，并非凭空杜撰，而是有其历史的根据和悠久的传承。章学诚提出“六经皆史”的理论，是要重建一种对经典理解与实践的新的理论模式。但其“六经皆史”的命题，可能引申出一种颠覆性的理解：六经之所谓“经”，原本不过是“史”，人们把它当作“经”是一种误会，现在应该把它“还原”为一般的“史”。后来历史的发展表明，在清代后期经学发展走向衰落之时，章学诚此论，非但没有起到振衰起弊的作用，反而起了一种摧枯拉朽的作用。而这并非是章学诚的初衷。

章学诚（1738—1801），字实斋，号少岩，浙江会稽（今浙江绍兴）人，他自幼生活在书香世家，祖父章如璋“惇行隐德，望于乡党，尤嗜史学”，[①] 父章镳，乾隆七年（1742）中进士，后任湖北应城知县，为官清廉正直，辞官后一贫如洗，以至无资返乡，遂留在应城，以教书为生。章学诚少时体弱多病，思维亦显迟钝，读书不见长进，“二十

---

① 《章氏遗书》卷二十九《刻太上感应篇书后》。

岁以前，性绝呆滞，读书不过二三百言，犹不能久识”，[1]二十岁以后发生变化，披览群书，于史书往往能发慧解，“纵览群书，于经训未见领会，而史部之书，乍接于目，便似夙所攻习然者，其中利病得失，随口能举，举而辄当”，[2]此后，他独于史学钟爱有加。自二十三岁起，多次赴京应试不第。其人为学，好发议论，在经典考据学如日中天之时，此种风格颇违时好，故少有同调之鸣。唯当时大儒朱筠知其将来在学术上必有大成就，经常鼓励他。章学诚四十一岁时，考中进士，但他似乎有鉴于其父的经历，决心不再走选官的道路，而唯究心于学术。其于史学，穷年累月研求，多深造自得之论。晚年生活坎坷，于穷困潦倒中终其一生，卒年六十四岁，身后留给后人一份宝贵的精神文化遗产，那便是巨著《文史通义》。

乾嘉学术的主流是经史考证之学，在考据学家看来，圣人之“道”（即“真理”）即蕴藏在最具权威性的儒家经典文本之中，他们以一种近于痴迷的执着，试图通过文字学、音韵学、训诂学等手段所做的文献实证研究，来发现圣人之“道”（即“真理”）。章学诚似乎一开始就对这种学术风尚缺乏认同感，他自觉地疏离和批评这种风尚。[3]但以往的历史已经一再表明，风尚和权威往往会扼杀那些不合时尚或向权威挑战的人。章学诚便是乾嘉时期一位颇不合时宜的学者。

当章学诚后来成为一位出色的史学理论家后，他将其成功的原因归结为自己对史学的特别感悟：“吾于史学，盖有天授。”他自信自己将是别开学术“新生面”的人物，但对于当时的学术风尚仍不能不有所顾忌。他在给钱大昕的信中这样说：

---

① 《章氏遗书》卷九《文史通义》外篇三《家书六》。

② 同上。

③ 如他说：“今之学者则不然，不问天质之所近，不求心性之所安，惟逐风气所趋，而徇当世之所尚，勉强为之，固已不若人矣。”（章学诚：《答沈枫墀论学》，《章学诚遗书》卷九，文物出版社 1985 年版，第 85 页）方东树也是对时代学术风尚极不满的人，他著《汉学商兑》，对“汉学”进行了严厉的批评。

> 学诚从事于文史校雠，盖将有所发明。然辨论之间，颇乖时人好恶，故不欲多为人知，所上敝帚，乞勿为外人道也……惟世俗风尚，必有所偏。达人显贵之所主持，聪明才隽之所奔赴，其中流弊，必不在小。载笔之士，不思救挽，无为贵著述矣。苟欲有所救挽，则必逆于时趋。时趋可畏，甚于刑曹之法令也。①

但是，章学诚出于"成一家之言"的学术使命感，② 最终做出了与时代学术风尚相对抗的选择，即颠覆和解构流于烦琐考据的一代学术。他这样做，同时也意味着选择了不被时代学术风尚所认可的"孤独性"和"边缘性"的道路，他注定要成为一位"边缘性"的思想家。③ 当然，这不是说章学诚的学术工作，当时未赢得任何人的支持和理解。实际上，他的老师朱筠与友人邵晋涵、钱大昕等人，都对他的学术追求给予了鼓励和肯定。钱大昕恰恰又是清代考据学的大家之一。章学诚还同那个时代最著名的考据学家戴震有来往，并受到戴震的不少影响，④ 尽管他对戴震有所批评。

乾嘉考据学家把学术作为一种值得为之献身的事业，追求在学术事业中获得传之久远的成就，如同韦伯（Max Weber）所说，他们正是

---

① 章学诚:《上辛楣宫詹书》,《章学诚遗书》卷二九，文物出版社 1985 年版，第 332 页。

② 如他说:"固将纲纪天人，推明大道，所以通古今之变，而成一家之言者，必有详人之所略，异人之所同，重人之所轻，而忽人之所谨，绳墨之所不可得而拘，类例之所不可得而泥，而后微茫杪忽之际，有以独断于一心。"(《文史通义·答客问上》)

③ 对于章学诚学术的历史地位，日人内藤湖南比较准确地概括说:"清朝的乾隆、嘉庆时代是考证学达到全盛的时代，经学自不必说，史学也出现了考证大家钱大昕、王鸣盛等人，史学风尚完全倒向考据。然而，在那个时代，浙江绍兴府也出现了一个与众不同的学者。他在一代的风潮中独树一帜，不是运用考据的方法，而是完全运用理论思维研究历史，他就是章学诚。"(内藤湖南:《支那史学史》，引自刘俊文编:《日本学者研究中国史论著选译》第七卷，中华书局 1993 年版，第 185 页)

④ 参阅钱穆:《中国近三百年学术史》上册，商务印书馆 1997 年版，第 420—430 页。

"以学术为业"的那一类人，这些人不是更应该加以肯定吗？那么，是什么理由促使章学诚选择非主流的学术道路呢？或者说，他何以要同乾嘉考据之学相对峙呢？

实际上，章学诚并没有对考据学家献身学术的精神提出疑问，也没有在具体的文字学、音韵学、训诂学等问题上向考据学家们提出挑战。章学诚的问题是根本性的，他断定考据学家的学术前提完全错了，认为他们根本上误解了儒家"经典"的意义，弄错了学术所要致力的方向。从这样一种学术立场和见解出发，章学诚同其时代作为主流学术的考据之学对立起来，并由此提出了他的独特性的经学思想。

一 "六经皆史"："经"的"还原"

现代解释学对人类历史中的文本解释现象加以反思，认为有两种对立的解释前提和方向应该加以厘清：其一是设定了文本"本义"的存在，按照这种设定，解释者的任务，就是尽一切可能排除主观"先见"，发现作者的原意或本义；其二是并不设定文本的"本义"，或根本不承认有所谓离开解释者的"文本"原意，解释者的"先见"或"理解结构"不仅不是文本解释的障碍，恰恰是解释得以可能的条件。对于这两种对立的解释前提和方向，我们不拟在这里讨论孰是孰非，我们直接要询问的是章学诚的解释意识，是属于这两种的哪一种。我们得到的回答是：属于第一种，即肯定文本本义的存在，并要还原它的本真性。章学诚学术工作的中心任务，就是围绕着寻找或还原儒家经典的"本义"而展开的。实际上，作为儒家经典一直被不断地解释着，这在章学诚所处的那个时代也没有什么改变。但是，章学诚不满意甚至抱怨以往人们对"经义"所做出的解释，因为他认定已有的解释存在着严重的误解。现在我们就来看看他是如何解释儒家"六经"的意义的。

我们直接从章学诚的"六经皆史"这一基本命题说起。这一命题出现在他的《文史通义》开篇，以其对"经"所做出的理解和解释，极其简明地揭示了他的经学思想的核心部分。按照"六经皆史"的命题，儒家最基本的六种经典——《诗》《书》《礼》《乐》《易》《春秋》，实际上都是"历史"。把"经"还原为感性和具体性的"历史"，自然就意味着要剥掉在它上面所覆盖的其他任何"非历史性"的东西和"抽象性"的东西。这也意味着让失去"本来面目"的"经典"，恢复它的本然，把人们从习以为常的"经义"切换到他们未必很熟悉的"史实"中。

章学诚把"经"还原为"史"，首先考察"经"的发生、形成的历史，他指出，在儒家津津乐道的"三代"历史时期，并不存在所谓"经"。他说：

> 《易》曰："上古结绳而治，后世圣人易之以书契，百官以治，万民以察。"夫为治为察，所以宣幽隐而达形名，布政教而齐法度也，未有以文字为一家私言者也。《易》曰："云雷屯，君子以经纶。"经纶之言，纲纪世宙之谓也。郑氏注谓："论撰书礼乐，施政事。"经之命名，所由昉乎！然犹经纬、经纪云尔，未尝明指《诗》《书》六艺为经也。[①]

依这里所说，"经"是指"纲纪""经纶"，而不是指"经典"。如果说三代没有所谓以著作或典籍为"经"的"经"，那么后人所说的"经"，所传达的三代内容的"本来面目"是什么呢？正如以上所说，章学诚把它断定为"史"。他说："三代学术，知有史而不知有经。"[②]要

① 《文史通义·经解上》。

② 《文史通义·浙东学术》。

对“六经皆史”这一命题达到具体的理解，就需要来讨论一下章学诚所说的“史”的意义。

依我们现在对历史的一般理解，它有两种意义，一是意味着发生在特定时空中的“事件”，如“史实”“史事”；二是意味着人们对历史事件的记载或描述，如史书、史记等。[①]就中国传统的历史观念而言，它可能主要地包含了后者。

我们回到章学诚那里，看看他所说的“史”究竟是指什么。这是一个曾引起争议的问题，胡适等人把它解释为“史料”。但是周予同、汤志钧不同意这种解释，他们把它解释为“史意”。[②]有趣的是，仓修良又回到了胡适的解释中，否定周、汤的说法。[③]我们有必要先看一下章学诚是如何界定“史”的。他说：

> 或问《周官》府史之史，与内史、外史、太史、小史、御史之史，有异义乎？曰：无异义也。府史之史，庶人在官供书役者，今之所谓书吏是也。五史，则卿、大夫、士为之，所掌图书、纪载、命令、法式之事，今之所谓内阁六科、翰林中书之属是也。官役之分，高下之隔，流别之判，如霄壤矣。然而无异义者，则皆守掌故，而以法存先王之道也。[④]

按章学诚这里所说，尽管“史官”有不同的种类和分工，但他们所从事的工作有一个共同之处，就是“守掌故，而以法存先王之道”，

---

① 这种区分起源于欧洲历史哲学，受此影响的冯友兰把历史分为“本来的历史”与“写的历史”。参阅冯友兰：《中国哲学史新编》第一册，人民出版社1982年版，第1—2页。

② 参阅周予同等：《章学诚“六经皆史说”初探》，《中华文史论丛》第一辑，中华书局1962年版。

③ 参阅仓修良：《章学诚和〈文史通义〉》，中华书局1984年版。

④ 《文史通义·史释》。

他更明确地说“六经皆周官掌故”。[①] 从统一的方面来考虑，章学诚所说的“史”就是由“史官”所记载和掌管的与政教有关的事件、掌故、典章制度等。它包括了“史官”的工作性质和与其紧密相联的历史制度“遗留物”两个层面。[②]

但是，需要注意的是，章学诚还从其他不同侧面对“经”做了近似于“六经皆史”的论断，如他所说“古人不著书，古人未尝离事而言理，六经皆先王之政典也”、[③]“后世服夫子之教者自六经，以谓六经载道之书也，而不知六经皆器也”、[④]“若夫六经，皆先王得位行道、经纬世宙之迹”，[⑤] 等等，都可以看作近似“六经皆史”论断的表述。对此，我们应如何看待呢？道器、理事、迹所以迹等，都是中国思想的重要观念。就“理”“道”等同“六经”的关系来说，清代考据学一般都相信“道”和“义理”等都存于“六经”之中，[⑥] 并且相信通过训诂等方法能够把握“道”和“理”。章学诚并没有割断“六经”同“道”和“理”的联系，[⑦] 但是，在他看来，“六经”的首要东西或最根本的性质则是“器”和“事”，“道”和“理”恰恰就在“器”和

---

① 章学诚：《章氏遗书》外编，卷十七《和州志》二。

② 在这一点上，余英时比较准确地抓住了问题的关键。请参阅余英时：《清代学术思想史重要观念通释》，《中国思想传统的现代诠释》，江苏人民出版社1989年版，第298—299页。

③ 《文史通义·易教上》。

④ 《文史通义·原道中》。

⑤ 《文史通义·易教上》。

⑥ 如顾炎武所说的“经学即理学也”（全祖望：《亭林先生神道表》），戴震所说的“圣人之道在六经”（戴震：《与方希原书》，《戴东原集》卷九）、“经之至者，道也；所以明道者，其词也；所以成词者，未有能外小学文字者也。由文字以通乎语言，由语言以通乎古圣贤之心志”（戴震：《古经解钩沉序》，《戴东原集》卷十），钱大昕所说的“六经者，圣人之言。因其言以求其义，则必自训诂始。谓训诂之外别有义理，如桑门以不立文字为最上乘者，非吾儒之学也”（钱大昕：《臧玉琳经义杂识序》，《潜研堂文集》卷二四）等。

⑦ 如章学诚说：“夫道备于六经，义蕴之匿于前者，章句训诂足以发明之。”（《文史通义·原道下》）

"事"中，根本没有所谓离开"器"和"事"单纯的"道"和"理"。他说：

> 夫子述六经以训后世，亦谓先圣先王之道不可见，六经即其器之可见者也。后人不见先王，当据可守之器而思不可见之道。故表章先王政教，与夫官司典守以示人，而不自著为说，以致离器言道也。夫子自述《春秋》之所以作，则云："我欲托之空言，不如见诸行事之深切著明。"则政教典章、人伦日用之外，更无别出著述之道，亦已明矣。秦人禁偶语《诗》《书》，而云："欲学法令，以吏为师。"夫秦之悖于古者，禁《诗》《书》耳。至云学法令者，以吏为师，则亦道器合一，而官师治教，未尝分歧为二之至理也。……而儒家者流，守其六籍，以谓是特载道之书耳。夫天下岂有离器言道、离形存影者哉？彼舍天下事物、人伦日用，而守六籍以言道，则固不可与言夫道矣。[①]

从章学诚这段话看，所谓"道在器中"，具体言之，也就是"道"在"政教典章""事物"和"人伦日用"等实际之中，因此，"求道于器"也就是首先要关心社会政治和日常生活。按照章学诚的这种理解，他与考据学家的思想差别就十分明显了。清代考据学的"道在六经"观念，可以说是针对明末以来"束书不观"的"尊德性"之学而发的，目的是把人们引向对经典的研究上来。对于考据学家来说，回到"经典"并对经典进行实证性研究，就算是"实"了；但是，对于章学诚来说，考据学即"经"而求"道"，仍然是"空"，因为一则他们没有认识到"经"的本质是具体的"事"和"器"，二则他们没有把对"经"的研究同社会实践结合起来，完全脱离了现实。回到经典

① 《文史通义·原道中》。

之“实”，就是要回到六经最“本然”的东西——“器”“迹”和“事”等中。

在章学诚那里，不管是“事迹”“器物”，还是“典章”“政典”或“掌故”，它们都是三代帝王政治实践和教化的体现，都是“事”（“史”的一个意义），并且都是由“史官”记载和传承下来的。对“史”的注重，使章学诚走得很远，他不仅视“经”为“史”，而且把“子”“集”也归结为“史”：“愚之所见，以为盈天地间，凡涉著作之林，皆是史学，六经特圣人取此六种之史，以垂训者耳。子、集诸家，其源皆出于史。”[①] 至此，章学诚已经为自己打上了无限扩展历史使用范围的泛历史主义色彩。

为了历史性地来理解“经”本来只是三代政教文物总和的“史”，就需要回到“三代”更宽广的历史空间中。章学诚在申述“经”原本为“史”的时候，一直是把它同“三代”的“特定”历史条件联系在一起加以认识的。换句话说，他不仅是要寻找“经”原本为“史”的历史根据，而且也要寻找何以本来只有“史”而没有“经”的历史基础。在章学诚看来，“三代”是这样一个时代，文字只是用于王官的政教方面，没有私家之言，当然也没有著述之事；“官师”没有分化，“政教”是合一的。在这样的背景之下，“学”只能存在于“王官”之中，而不能存在于“王官”之外，而记载和掌管政教文物的“史官”，恰恰就具有“学”与“官”的双重身份；另外，“学”往往都直接与实际性的政治和教化相关，并没有离开政教、公共事务等“实事”与现实实践的所谓“学”“道”或“空理”“空论”“空言”。而“史官”之“学”，恰恰就是政教之实的具体体现。

把“经”还原为“史”，这是章学诚经学思想乃至他整个学术思想的核心，是章氏之学“略人之所详，详人之所略”的独特性所在。当

---

① 《文史通义·报孙渊如书》。

然，这并不排除章学诚从先前的思想家那里获得这一问题的启发和灵感，甚或是已经明确的说法。

我们看到，人们对章学诚“六经皆史”思想的寻根，已经有了一些探讨。钱锺书相信，在先秦道家那里，就已经有了这一思想的实质。他说：“《庄子·天运》篇记老子曰‘夫六经，先王之陈迹也，岂其所以迹哉’;《天道》篇记桓公读圣人之书，轮扁谓书乃古人糟粕，道之精微，不可得传。《三国志·荀彧传》注引何邵为《荀粲传》，记粲谓：孔子言性与天道，不可得闻，六籍虽存，固圣人之糠秕云云。是则以六经为存迹之书，乃道家之常言。六经皆史之旨，实肇端于此。”[①]

但是，钱锺书的这一断定，实在难以令人接受。究其实，他所引用的话，其义旨与章学诚所说恰恰是“貌合”（严格说貌也不合）而“神离”。很显然，章学诚把“六经”归结为“迹”，主观上并没有贬低“六经”的意图，他更不会说“六经”是“糟粕”。[②]相反，章学诚通过把“经”还原为“史”，恰恰是要寻找“经”的“本真性”和“始源性”。更重要的是，章学诚没有把“道”与“迹”对立起来，他认为，道不离器，道不离迹，必须即器而思道：“夫子述六经以训后世，亦谓先圣先王之道不可见，六经即其器之可见者也。后人不见先王，当据可守之器而思不可见之道。故表章先王政教，与夫官司典守以示人，而不自著为说，以致离器言道也。”[③]细读这段话，便不难厘清钱锺书先生对章学诚思想渊源的误解。

余英时先生认为“从字面上说，‘六经皆史’并不新颖，前人早已

---

① 钱锺书：《章实斋与随园》，《谈艺录》卷八六，中华书局1984年版，第265页。

② 在这一点上，仓修良对钱锺书的批评是正确的。参阅仓修良：《章学诚和〈文史通义〉》，中华书局1984年版，第110页。

③ 见《文史通义·原道中》。《文史通义·原道上》也说：“圣人求道，道无可见，即众人之不知其然而然，圣人所借以见道者也。故不知其然而然，一阴一阳之迹也。学于圣人，斯为贤人。学于贤人，斯为君子。学于众人，斯为圣人。非众可学也，求道必于一阴一阳之迹也。自有天地，而至唐、虞、夏、商，迹既多而穷变通久之理亦大备。”

说过‘经即史’或‘五经皆史’之类的话”。[1]这话基本上是对的，“六经皆史”的说法和思想因素在章学诚之前已经存在。但是，我们也必须承认，只是在章学诚这里，才第一次把它变成一种“学说”、一套“理论”，他为它赋予了丰富的内涵，并使它作为特定的“思想”具有了明确的针对性和强烈的实践愿望。

二 从“史”到“经”:“经”的演生

如果说章学诚对“经”所做的“史”（或“事”）的还原，是通过对六经的始源处即三代先王政教事迹的指认来实现的，那么，“史”又是怎样演生成为“经”的呢？或者说，本来只是作为“史”的形态而存在的东西何以又会以“经”的形式而存在呢？这是章学诚不能回避的问题。但是，对章学诚来说，这并不是一个理论结构中的问题，而仍然是一个历史性的问题，因此，他对这一问题的回答，是通过考察从“史”到“经”的演变来完成的。

在章学诚那里，“三代”之后“经”的产生根据，恰恰也就是“史”的根据的丧失过程。如前所说，“三代”是一个政教、官师、政学、道器“合一”的时代，学在官府，不存在私人著述，文字也没有成为一家私言的工具。为政者与典章制度，史官与守掌故，都是统一的，这就使能够体现多种统一性的“史”获得了充分的存在空间。但是，“三代”之后，作为“史”而存在的东西丧失了所赖以存在的基础。从春秋到战国，三代那种官师、政教等一系列的统一状态，就开始分化，为政、为官者与为师、为教者一分为二，学在官府的局面被打破，私人著述也应运而生。作为私人著述的集中表现形式，就是阐发三代之史的“传”的出现。在章学诚看来，“经”的名称，正是随着

① 余英时:《论戴震与章学诚》，生活·读书·新知三联书店2000年版，第50页。

"传"的产生而产生的，"经"首先是作为"传"的对应物而存在的，"因'传'而有'经'之名，犹之因'子'而立'父'之号"，他说：

> 六经不言"经"，三传不言"传"，犹人各有我而不容我其我也。依"经"而有"传"，对人而有我，是经传、人我之名，起于势之不得已，而非其质本尔也。……三代之衰，治教既分，夫子生于东周，有德无位，惧先圣王法积道备，至于成周，无以续且继者而至于沦失也，于是取周公之典章，所以体天人之撰而存治化之迹者，独与其徒相与申而明之。此六艺之所以虽失官守，而犹赖有师教也。然夫子之时，犹不名"经"也。逮夫子既殁，微言绝而大义将乖，于是弟子门人各以所见、所闻、所传闻者，或取简毕，或授口耳，录其文而起义。左氏《春秋》、子夏《丧服》诸篇，皆名为"传"。而前代逸文，不出于六艺者，称述皆谓之"传"，如孟子所对汤武及文王之囿是也。则因"传"而有"经"之名，犹之因子而立父之号矣。①

在章学诚看来，儒家之"经"并不单是因"传"而有，它还与当时人们对典章的"尊奉性"认同相关。在战国诸子争鸣中，儒家为了确立自己的正统地位并与诸子抗衡，把他们所依据的"文本"或典籍提升到"经"的地位上，于是就有了"六经"的说法。章学诚说：

> 官师既分，处士横议，诸子纷纷著书立说，而文字始有私家之言，不尽出于典章政教也。儒家者流，乃尊六艺而奉以为"经"，则又不独对"传"为名也。荀子曰："夫学始乎诵经，终于习礼。"庄子曰："孔子言治《诗》《书》《礼》《乐》《易》《春秋》

① 《文史通义·经解上》。

六经。”……荀、庄皆出子夏门人，而所言如是，“六经”之名，起于孔门弟子亦明矣。[1]

说庄子是子夏门人，并无确实根据，但把儒家“经典”形式的出现同当时儒者对“六艺”的信仰与认同联系起来，则是可信的。特别是到了汉代以后，这种对儒家早期基本典籍的信仰和认同被大大强化，“经”作为知识、真理和价值的源泉获得了“权威”与“神圣”的地位，并成为政治教化合法性的基础。而且，在历史的推演中，儒家“经典”的数量也增加了，那些被章学诚认为是阐发“经”的微言大义的“传”，也被升格为“经”。章学诚对这一过程解释说：

经同尊称，其义亦取综要，非如后世之严也。圣如夫子，而不必为“经”……后世著录之家，因文字之繁多，不尽关于纲纪，于是取先圣之微言，与群经之羽翼，皆称为“经”……乃有九经、十经、十三、十四诸经，以为专部，盖尊“经”而并及“经”之支裔也。而儒者著书，始严“经”名，不敢触犯，则尊圣教而慎避嫌名，盖犹三代以后，非人主不得称我为“朕”也。[2]

但是，在章学诚那里，儒家权威性“经典”形式的确立，不管是与“传”相关，还是与“尊奉”相关，它们都是历史变迁的结果，都是“起于势之不得已”。这就牵涉到一个问题，即本来只是作为“史”而存在的东西演变为“经”的形态，是否合理？从整体上看，章学诚确有把“三代”社会历史境况及其产物的“史”加以理想化的倾向，与此相应，“三代”之后社会境况的变化和“经”的出现，对他来说，

① 《文史通义·经解上》。
② 同上。

在一定程度上，也就意味是一种“衰变”。[①] 但是，章学诚与那些坚持“历史退化论”的儒者并不相同。对他来说，“三代”之后历史的变迁以及“经”的出现，是一种不得不然的历史必然性（“势”）。这不只是反映了章学诚主观愿望上的无奈，也反映了他要为其赋予一定的历史“正当性”。他说：

> 事有实据，而理无定形。故夫子之述六经，皆取先王典章，未尝离事而著理。后儒以圣师言行为世法，则亦命其书为经，此事理之当然也。[②]

章学诚最关心的是有关政教等方面的典章制度，在此意识支配下，他自然要肯定把作为典章制度大全的儒家“六艺”称为“经”的合理性。特别是，在同样意识的支配下，他甚至也赞成那些记载国家制度、法令而被名之为“经”的非儒家典籍。我们也看到，章学诚还肯定了其他诸子学派如墨家、法家等在其著述中“自分经传”的做法。他认为这都是“因时立义”，未可非议，“诸子有经，以贯其传，其义各有攸当也”。[③] 章学诚对历史“衰变”的不满，集中在私人著述这一点上。在他那里，这似乎成了不幸的根源，它导致了“立一家之私言”并“各道其道”的分裂性，导致了“实不足”而争于“文”的虚妄性。章学诚注重的似乎只是“统一”的“制度”（或“政典”），他轻视那些超出于此的多样性的思想和著述（他视之为“私言”）。这就促使他对后儒和儒家典籍之外的无关政教、纲纪的著述也以“经”的形式出现作了独断性的否定。如他说：“异学称经以抗六艺，愚也；儒者僭经以

---

① 如他说：“周衰文弊，六艺道息，而诸子争鸣。”（《文史通义·诗教上》）

② 《文史通义·经解中》。

③ 《文史通义·经解上》。

拟六艺，妄也。”[①]在章学诚的思想中，深藏着制度政教“正统性”和“垄断性”的观念。他把“制度”的制作之“权”，限定在“政治统治者”身上。周公之所以能够成为“制度”和“六艺”的“集大成者”，是因为他“有位有德”，他集中体现了“君师合一”的理想。孔子有德无位，故不能担当“制作”之任，只能成为“立教之师”。但章学诚最终又把这些都归结为“时会使然”，避免了以“主观”加以解释的可能性。但是，即便对周公的这种“客观性”解释能够成立，也不意味着“无位者”就没有“制作”之权。同样，也不能通过把周孔之“道”同普遍性联系起来，使“道”独为儒家所有，而把其他诸子所说的“道”作为“非本真之道”、作为“道之裂”加以否定。但是，对“道”的垄断意识（当然包括对“经”的垄断），使章学诚相信，唯有“周公”之道才是普遍之道，其他之道皆为“非道”：

> 自人有谓“道”者，而“道”始因人而异其名矣。仁见谓仁，智见谓智是也。人自率道而行，道非人之所能据而有也。自人各谓其道，而各行其所谓，而道始得为人所有矣。墨者之道，许子之道，其类皆是也。夫道自形于三人居室，而大备于周公、孔子，历圣未尝别以“道”名者，盖犹一门之内，不自标其姓氏也。至百家杂出而言“道”，而儒者不得不自尊其所出矣。[②]

章学诚没有意识到，“道”是不能被“垄断的”，“大道”恰恰就在众多的“道”之中。“经”也同样，它怎么就只能成为儒家典籍或用之于典章制度的专用符号呢？

---

① 《文史通义·经解下》。
② 《文史通义·原道中》。

三 实践意识:“经”与“经世”

从以上讨论来看，不管是把“经”还原为“史”，还是寻找从“史”到“经”的演变过程，都贯穿着章学诚对儒家“六经”的根本看法，即它是三代典章制度的载籍，是三代社会政治统治者实践的产物。正如“经”的古义（“经纶”“经纪”）本身所意味的那样，在章学诚那里，儒家“经典”之“经”恰恰就是“经世”的结果。如他说:“若夫六经，皆先王得位行道，经纬世宙之迹，而非托于空言。”① 又说:“观《易·大传》之所称述，则知圣人即身示法，因事立教，而未尝于敷政出治之外，别有所谓教法也。”② 这两段话，都强调了儒家“经典”之“经”是来源于“经世”。这既是章学诚对“经”所做的解释，又是他要求“经”同现实社会政治实践结合起来的根据。既然“经”就是“经世”的结果，那么，它也就只能在不断地“经世”中显示其生命力。但是，作为“三代”之“史”的“经”（在特定历史条件下形成），它对不同于三代以后的历史何以具有普遍有效性呢？如果说有效，它又如何才能发挥出它的实践（“经世”）功能呢？

从一般意义上说，儒家具有损益因革、适时而应变的观念，但这又恰与孔子所说的“信而好古”儒者的“厚古薄今”意识纠缠在一起，并导致了一种简单地以“古”律“今”的思维方式。从我们以上的考察来看，章学诚确有把“三代”及其“经典”理想化的倾向，但是，他却克服了一些儒者“厚古薄今”的意识，而接受了儒家适时应变的观念。他与那些食古不化者根本不同，他要立足于“今”而对“古”进行创造性的转化。他批评那些“好古者”说:

---

① 《文史通义·易教上》。

② 《文史通义·原道中》。

> 夫三王不袭礼，五帝不沿乐，不知礼时为大，而动言好古，必非真知古制者也。……故当代典章，官司掌故，未有不可通于《诗》《书》六艺之所垂，而学者昧于知时，动矜博古，譬如考西陵之蚕桑，讲神农之树艺，以谓可御饥寒而不须衣食也。[①]

按照他的说法，制度都因时而变，从来没有固定的适合于一切时代的制度，“三代”的制度也是相应于三代之时而形成的。通过把“制度”放在特定的时空中使之相对化，制度的效用和价值就会“因时”而不同，对制度的创新和转化也就成为可能。章学诚说：

> 所谓好古者，非谓古之必胜乎今也。正以今不殊古，而于因革异同求其折衷也。古之糟魄，可以为今之精华，非贵糟魄而直以为精华也，因糟魄之存，而可以想见精华之所出也；古之疵病，可以为后世之典型，非取疵病而直以之为典型也，因疵病之存，而可以想见典型之所在也。[②]

如果说制度都是因时而变，“三代”之“经”都是“时王”之制度，“经”就是“经世”，这都为我们提供了制度转化和创新的理论前提，那么，立足于“今”的制度创新和转化，立足于“今”的“经世”，又何以可能呢？答案就蕴含在章学诚对“六经皆史”的看法中。如上所说，章学诚把典章制度根本上看成是社会政治实践的产物，强调“经”绝不是空言和著述，绝不是离开“实事”“器”和“人伦日用”的“理”和“道”。这正是他在“三代”创制的经验中，在对“六经”本然的追问中寻找到的精神。对他来说，这种精神绝不像“三代”

---

① 《文史通义·史释》。
② 《文史通义·说林》。

或“经”中所载的具体制度那样，而是因时而变化的，它是适合于一切时代的普遍精神。章学诚始终都不关心“三代”的具体制度，也不探讨某种“制度”是否适合于他的时代的需要，他关注的是一种普遍的“经”之“经世”精神，关注的是“道”和“理”都离不开时代的“器”和“事”这种普遍的实践意识。这样，原本上是作为“三代”之“史”或“三代”之典章制度载籍的“经”，因其具有的普遍的“经世”或实践精神，它就同每一时代的“实践”理性结合了起来。章学诚说：

> 《传》曰：“礼，时为大。”又曰：“书同文。”盖言贵时王之制度也。学者但诵先圣遗言，而不达时王之制度，是以文为鞶帨絺绣之玩，而学为斗奇射覆之资，不复计其实用也。故道隐而难知，士大夫之学问文章，未必足备国家之用也。法显而易守，书吏所存之掌故，实国家之制度所存，亦即尧、舜以来因革损益之实迹也。故无志于学则已，君子苟有志于学，则必求当代典章，以切于人伦日用；必求官司掌故，而通于经术精微；则学为实事，而文非空言，所谓有体必有用也。不知当代而言好古，不通掌故而言经术，则鞶帨之文，射覆之学，虽极精能，其无当于实用也审矣。①

据此而论，立足于每一时代的“经世”，就是立足于每一时代的“器”“事”和“人伦日用”，从每一时代的实际境况和实践需要中，进行“制度”创新和制度重建。至此，我们还没有谈到“经世”的主体。在“三代”之时，“经世”的主体是一种统一的“人格”（即“王师”“圣教”“史”等统一的人格）。它们扮演着双重角色，既担任着行政职务，又是师教和典章制度的确立者。但是，三代之后，统一的“官师”人格开始分化，“学”和“著述”变得个人化。章学诚并不要

① 《文史通义·史释》。

求恢复“三代”那种“官师合一”的统一“经世”主体。对他来说，分化的单一角色的主体，仍然可以“经世”。只是主体不同，“经世”的方式当然也不同，“知史学之本于《春秋》，知《春秋》之将以经世，则知性命无可空言，而讲学者必有事事，不特无门户可持，亦且无以持门户矣。浙东之学，虽源流不异，而所遇不同。故其见于世者，阳明得之为事功，蕺山得之为节义，梨洲得之为隐逸，万氏兄弟得之为经术史裁。授受虽出于一，而面目迥殊，以其各有事事故也”。[①] 在此，章学诚明确提出了“学术”与“经世”的关系。这一点在他那里至关重要。如果说章学诚把“六经”还原为“史”以纠正考据学家对“经”的误解体现了一种理论的兴趣，那么，这一兴趣则与他要把“经世”贯彻到“治学”中去的实践动机密切相关，或者说最终是服务于这种实践动机的。可以说，章学诚的学术出发点是“六经皆史”，落脚点则是“六经”经世、“史学”经世。“六经”和“史学”经世的根本，就是把学术完全同现实实践结合起来，彻底克服考据学家那种脱离实践、不关人伦日用的“空言”和“著述”：

> 史学所以经世，固非空言著述也。且如六经，同出于孔子，先儒以为其功莫大于《春秋》，正以切合当时人事耳。后之言著述者，舍今而求古，舍人事而言性天，则吾不得而知之矣。学者不知斯义，不足以言史学也。[②]

在学术中贯穿实践意识与直接的实践显然不同。章学诚并不要求学人直接去“经世”，他强调的只是“治学”必须同社会政治实践结合起来，必须具有“学以致用”的客观效果。他反对空言和无关实践的

① 《文史通义·浙东学术》。
② 同上。

著述，就是因为在他看来这都脱离了“经世”的方向。章学诚意识不到，“学术”并非只有同现实之“用”或“经世”结合起来才有价值，“学术”所要从事的“事业”，要比直接的现实实践广泛得多。“经世”只是“学术”的一个方面，而不是全部。“六经”也不都是“经世”的内容。章学诚把“学术”完全限制到“经世”的方向上，把“六经”（特别是他专门讨论的《易》《诗》和《书》）完全看成是“经世”的产物，显然使学术陷入了狭隘的实践实用主义中。仅仅就此而论，章学诚经学思想的归宿可能使我们感到失望。况且，“经世”观念对我们来说也并不新鲜。单就明清之际的顾炎武、黄宗羲等人来说，就给我们提供了“经世致用”的重要思想资源。[①] 章学诚治“经”以“经世”的思想，必须放在他所处的时代学术风尚中，才能显示出其“独特”价值。明清之际那种通过回到“经”以达到“经世”目的的学风，到了乾嘉时代，已经被遗忘了。考据学家彻底回到了“经”，但从根本上离开了“经世”的方向。回到“经”，不仅不是为了“经世”，恰恰成了相反之物“离世”“忘世”，恰恰成了“逃世”的方式。这是非常吊诡的逻辑。章学诚的经学思想就是对此而发，他通过对考据学偏向的纠正，复兴了明清之际的“经世”学风。

四 “六经皆史”与“六史为经”

有关章学诚“六经皆史”思想的讨论，还有一个重要的侧面，那就是经与史的关系问题。章学诚“六经皆史”命题的提出，抛开他的主观见解不说，若从其身后的客观历史实际说，是起了“尊经”的作用呢，还是起了贬经的作用呢？

---

① 如顾炎武强调：“君子之为学，以明道也，以救世也。徒以诗文而已，所谓‘雕虫篆刻’，亦何益哉！”（顾炎武：《与人书》二五，《亭林诗文集》卷四）又说：“凡文之不关于六经之旨、当世之务者，一切不为。”（顾炎武：《与人书》二，《亭林诗文集》卷四）

首先，我们须了解“六经皆史”命题在何种意义上是正确的，在何种意义上是不正确的。《诗》《书》《礼》《乐》《易》《春秋》，至少在孔子之时，还只是“史”，而不是“经”，这是稍知古代儒学史的人都知道的，并且后来的儒者也始终没有忘记这一点。因此，历史上表述“六经皆史”观念的代有其人，吉林大学古籍研究所赵彦昌先生《“六经皆史”源流考论》一文指出，[①]如汉人刘向、刘歆，唐人王通、陆鲁望，宋人刘恕、王应麟，元人郝经、刘因，明人宋濂、王阳明、潘府、何良俊、王世贞、李贽、胡应麟，清人顾炎武、袁枚等皆有类似“六经皆史”的观念和言论。经过笔者筛选，至少其中十一人有较明确的“六经皆史”的思想，今从赵文中摘略引文如下：

（一）宋人刘恕（公元 1032 ～ 1078 年）说：“古有史而无经，《尚书》《春秋》皆史也；《诗》《易》者，先王所传之言；《礼》者，先王所立之法，皆史也。”[②]

（二）元人郝经（公元 1223 ～ 1275 年）在其专著《经史论》中提出：“古无经史之分。孔子定六经，而经之名始立，未始有史之分也。六经自有史耳……至于司马迁父子为《史记》，而经、史始分矣。其后遂有经学、有史学，学者始二矣。”[③]

（三）元人刘因（公元 1249 ～ 1293 年）说：“在吾目中，学史亦有次第，古无经史之分，《诗》《书》《春秋》皆史也。因圣人删定笔削，立大经大典，即为经也。史之兴自汉代始。”[④]

---

① 赵彦昌：《“六经皆史”源流考论》，载《社会科学战线》2004 年第 3 期。
② 刘恕：《资治通鉴外纪序》，《资治通鉴外纪》，文渊阁《四库全书》本。
③ 郝经：《陵川集》卷十九之《经史论》，文渊阁《四库全书》本。
④ 刘因：《静修续集》卷三《叙学》，文渊阁《四库全书》本。

（四）明人王阳明（公元 1472 ～ 1528 年）说："六经皆只是史，史所以明善恶、示训诫。善可以为训者，时存其真以示法；恶可以为诫者，存其诫而削其事以杜奸。"又说："以事言谓之史，以道言谓之经，事即道，道即事，《春秋》亦经，五经亦史，《易》是包羲氏之史；《书》是尧舜以下史；《礼》《乐》是三代史。"①

（五）明人潘府（公元 1454 ～ 1526 年）说："五经皆史也，《易》之史奥，《书》之史实，《诗》之史婉，《礼》之史详，《春秋》之史严，其义则一而已矣。"②

（六）明人何良俊（公元 1506 ～ 1573 年）说："史之与经，上古原无所分。……孔子修书，取之为经，则谓之经。即太史公作《史记》，取之以为五帝三王纪，则又谓之史，何尝有定名邪？"③

（七）明人王世贞（公元 1526 ～ 1590 年）说："盈天地间无非史而已。……六经，史之言理者也。"④

（八）明人李贽（公元 1527 ～ 1602 年）说："经史一也。史而不经，则为秽史矣，何以垂戒鉴乎？经而不史，则为说白话矣，何以彰事实乎？故《春秋》一经，春秋一时之史也。《诗经》《书经》，二帝三王以来之史也。……故谓六经皆史可也。"⑤

---

① 王阳明：《传习录注疏》，邓艾民注疏，台湾法严出版社 2000 年版。
② 潘府：《南山素言》，收入《说郛续》第四，清刻本。
③ 何良俊：《四友斋丛说》卷五《史一》，中华书局 1959 年版，第 41 页。
④ 王世贞：《艺苑卮言》卷一，上海书店 1925 年版。
⑤ 李贽：《焚书》卷五"经史相为表里"条，中华书局 1975 年版。

（九）明人胡应麟（公元1551～1602年）说：“夏商以前，经即史也，《尚书》《春秋》是已。”[①] 又说：“史出于《春秋》《礼》《乐》，史则经也。”[②]

（十）清人顾炎武（公元1613～1682年）道：“孟子曰：‘其文则史。’不独《春秋》也，是六经皆然。”[③]

（十一）清人袁枚（公元1716～1797年）说：“刘道原（笔者注：谓宋刘恕）曰：……阮孝绪《七录》，才将经、史分类，不知古有史无经。《尚书》《春秋》皆史也。《诗》《易》者，先王所传之言《礼》者，先王所立之法，皆史也。……‘六经’之名，始于庄子，‘经解’之名，始于戴圣。”[④]

儒者之所以尊称《诗》《书》《礼》《乐》《易》《春秋》六种文献为“经”，乃是由于尊奉孔子为圣人，并相信此六种文献曾经孔子亲手删述整理，这正如《孟子》所说：“王者之迹熄而《诗》亡，《诗》亡然后《春秋》作。晋之《乘》，楚之《梼杌》，鲁之《春秋》，一也。其事则齐桓、晋文，其文则‘史’，孔子曰：‘其义则丘窃取之矣。’”[⑤] 此处明确说《春秋》原本是“史”——“其文则史”，经过孔子删修，寄寓微言大义于其中，只是在这种意义上《春秋》才成为“经”，因之，顾炎武说：“孟子曰：‘其文则史。’不独《春秋》也，是六经皆然。”[⑥]

---

① 胡应麟：《少室山房笔丛》卷二《经籍会通二》。

② 胡应麟：《少室山房笔丛》卷三十八《华阳博议上》。

③ 引自黄汝成：《日知录集释》卷三，岳麓书社1996年版，第106页。

④ 袁枚：《随园随笔》卷二十四《诗文著述类》“古有史无经”条，清刻《随园三十种》丛书本。

⑤ 《孟子·离娄下》。

⑥ 黄汝成：《日知录集释》卷三，岳麓书社1996年版，第106页。

在最初的意义上，《诗》《书》《礼》《乐》《易》《春秋》六种文献只是“史”，不是“经”，我们完全可以称之为“六史”，而不称之为“六经”，“六经”是后世所称。因而对于孔子之前的历史而言，“六经皆史”是儒者皆知的事实陈述；但在孔子之后，特别是在汉武帝“罢黜百家，表章六经”以后的两千年中，“六经”绝不等同于一般之史，因而在此一时期，“六经皆史”并不是一个事实陈述。

这样看来，“六经皆史”最多只能说是一个片面的事实陈述。从这种意义上说，能说出“六经皆史”，并不是深刻的，而能说出“六史为经”，即《诗》《书》《礼》《乐》《易》《春秋》六种文献何以在后世两千年中被确立为“经”，其中有什么外在的社会原因和内在的学理根据，这才是深刻的。

我们可以做一个这样的譬喻，某家族，其先世开了一个手工作坊，辛苦经营了许多世代后，其子孙中出了一个有大思维大魄力的人，在前人手工作坊基础上组建了一个大公司，后代续有能人，使其事业发扬蹈厉，几度辉煌。而至其末世，其子孙不复有大思维大魄力，只知蛰居斗室纸上谈兵，以至祖业家声日见衰落。此时忽有一人站出来，批评不肖子孙只知纸上谈兵，不务实践，昌言我们的祖先是开“手工作坊”起家的。此种批评的意义在哪里呢？在于批评那些不肖子孙忽视了祖先艰苦创业的实践精神，而不在于真的要将此大公司再恢复到“手工作坊”的时代。当时有些人不愿意接受此种批评，以为说我们的大公司原本是个“手工作坊”，颇有“揭老底”的味道。其实，无论批评者和被批评者，皆不甚得要领，因为当时起衰振颓之方，应就其“大公司”的创立宗旨和现实发展出现的问题讨论，而不应讨论其原本是否“手工作坊”。这种讨论在当时于事无补，到后来却成为他人攻击的把柄：此家族之所谓“大公司”原本不过是一个“手工作坊”而已。

我们对儒家经学的发生、发展的历史，以及章学诚标榜“六经皆史”观念等，亦可作如是观。章学诚昌言“六经皆史”，其意义在于批评当时学者只知蛰居书斋对“六经”做纸上考订功夫，而不知“六经”所记录的原本是先王政治教化的历史实践。他所谓“六经皆史”，其“史”的意义是一种实践的过程。但长期以来，儒学关于经、史、子、集的四部分类，“经”书已经实际具有最受尊崇的地位，这种“尊崇”真的是毫无价值、毫无意义吗？如说“六经皆史”，便不合汉以后两千年的学术思想发展史，因为此时“六经”是被作为“经”看待的，而不是作为一般之“史”看待的。说“六经皆史”，便意味要将“经”贬抑为“史”。尽管这可能并非章学诚本人的初衷，但“六经皆史”不是一个周延的概括，至少是有语病的，好比人类是由类人猿演变来的、天文学是由古代占星术演变来的、化学是由古代炼丹术演变来的，但我们不会说“人类皆猿”“天文学皆是占星术”“化学皆是炼丹术”这样一类话。

如本文第二节所述，章学诚以为“六经”之所以由“史”而演变为“经”，乃是历史变迁的结果，是“起于势之不得已”。他并没有找到经典起源的真正的历史原因。

由经典和经典诠释所构成的经学现象，是世界上许多文明民族所共有的历史现象。它是文明社会发展到一定历史时期的产物。在这一历史时期中，为了维护国家和社会的统一性，避免社会生活混乱失序，需要某种具有宰制性的权威思想，由此而有经典的产生。经典的权威性并不像过去学者所通常理解的那样仅仅是统治阶级扶持和树立的结果，而是人类在进入文明社会的过程中必须接受社会教化、扬弃其自然性的需要。西方基督教文明有《圣经》，阿拉伯民族伊斯兰教文明有《古兰经》，中国儒家文明有“六经”，各文明体系以什么为经典，全由各民族自身文化的发展而定。

章学诚当时还没有条件理解世界文明史上所发生的经典文化现象，更不能从宗教比较学的意义来看待儒家经学。儒家经典与世界其他宗教经典相比，有一个很不相同的特点，那就是：宗教经典是一种神学体系，而儒家经典是依托于历史文献的人文体系。这些历史文献一旦被作为“经”，那便进入了一个特殊的领域，而不能以一般之“史”视之。经与史的重要区别在于：“史之贵实”，以保存历史真实为第一义；而“经之贵义”，即使是述史，其目的乃在“彰善瘅恶”。因而儒家经学的根本立场并不是传述历史，而是阐释价值理想与意义信仰。换言之，基于华夏民族的社会实践经验的核心价值，就是通过经典学习的方式一代一代真实地传承下去，因而经学的历史实际是价值理想与意义信仰阐释的历史。

从本质上说，经典体现一定民族、一定社会共同体的价值观和生活方式。经典之为经典，在于它能适应社会，规范指导社会。明代李贽提出：“经、史一也。史而不经，则为秽史矣，何以垂戒鉴乎？经而不史，则为说白话矣，何以彰事实乎？……故谓六经皆史可也。”[①] 李贽的话极有见地，所谓“史”，从来就不是纯客观的记述，那样便可能是一部彰显篡弑杀夺、淫乱污秽的历史，即“秽史”，而难以起到“垂戒鉴”的作用。但“经”若不以历史事件为载体，便成了“说白话”，发空议论，孔子深明此理，故他说：“我欲载之空言，不如见之于行事（往事）之深切著明也。”孔子作为儒家创始人创教立言，不是空讲伦理道德，而是借助先前的文献来阐发他的价值理念。因为在孔子看来，先圣先贤记载传承这些文献，并不是纯粹出于述史的目的，而是为了教育子孙后代。在孔子之前，《诗》《书》《礼》《乐》作为文化遗产流传，有述史的意义，同时更是教育世子的教材，而孔子更强化了其“教材”的意义，“因史制经”，托事明义，即将这些文献史料作为道德教化的“教材”，作为讨论价值和意义的母题，并依其价值取向对这些文献史料有所取舍修正，寓褒贬于其中。“史”因此而成为“经”。

---

① 李贽：《焚书》卷五“经史相为表里”条，中华书局 1975 年版。

综上所述，章学诚将“六经”还原于历史，自有其历史学的意义。但六经作为“经”传承两千余年，这也是历史。而在这两千余年的历史之中，经是作为“常道”、作为具有现实意义的价值准则世代传承的。如果六经只有其原初的历史意义，它是否会流传这样久远呢？另一方面，经学从本质上说是一种价值判断，一旦将它引入事实判断中，就可能带来负面的效应，即将经降而为史，将经混同于一般的“史”，就有解构经典价值信仰体系的危险。

章学诚之时，已进入经学的“末世”，所谓经学“末世”，不只有鉴于章学诚身后不过百年儒家经学便被永久废除，也在说明儒家经学在当时最多只是作为一种知识的对象，而不是作为信仰的对象。章学诚高唱“六经皆史”理论，其本意在于批评当时儒者缺乏先王政治教化的实践精神，但他的“六经皆史”命题，完全可以做另外的理解和解读，即将“经”降低为“史”，甚至将六经之所以由“史”入“经”当作一种历史的误会。事实上，后来许多学者正是在这种意义上来理解和解读的。因而从经学的角度而言，“六经皆史”命题便成为一种“末世之音”，成为两千余年经学大厦即将彻底倾覆的挽歌。

（曾收入姜广辉主编:《中国经学思想史》
第四卷上，中国社会科学出版社 2010 年版）

化解“义利”的紧张：严复的经济伦理

严复是中国近代最著名的知识人之一，在不少方面都具有自己的“鲜明个性”。但是，他与和他同时代的许多人一样，也把“富强”作为中国追求的根本目标。[①]“富强”的追求，是通过财富和经济的力量来达到国家的强大，这同中国传统所强调的以“德”和“义”实现治平的理想途径并不合拍，甚至是冲突的。因此，当严复强调发展经济利益的时候，就不得不面对这样的问题：注重经济利益具有充分正当的根据吗？它与儒家传统的伦理道德观念（如“仁义”）如何相容？

一 “富强”：国与民

中国近代的危机空前深重，它所面对的是西方工业化之后达到了高度发展的众多列强的侵略和威胁。为了把中国从困境和危机中拯救出来，仍有人主张把立足点放在“人心”的转移和道德理想的重建上。但是，包括一些洋务派人士在内，不少人对此的充分有效性，已经打上了折扣。他们的眼光开始转向非正统的路线上，即认为只有通过“富强”才能扭转中国所处的难局。这一点，在很大程度上，成为当时知识分子的基本共识。对严复来说，“富强”是首要的目标，没有

---

① 史华慈先生把严复思想和行动的方向，概括为“寻求富强”，可以说是抓住了问题的中心。不过，在严复那里，“富强”绝不是像史华慈所说的那样基本上只是指“国家”的“富强”。

“富强”，就不能在严峻的物竞天择中获得生存权，也不能“保国”“保种”和“保教”。通过出国留学的直接观察，严复对西方的“富强”惊叹不已。在《〈原强〉修订稿》一文中，他这样说：“东土之人，见西国今日之财利，其隐赈流溢如是，每疑之而不信。迨亲见而信矣。”[①]当他回观中国的时候，它的“贫弱”和“落后”，又使他痛心疾首。这带给他的最强烈冲动和愿望就是改变这种反差，使中国也像西方那样富强起来。何以才能达到富强呢？受过科学知识严格训练并深得科学精神之旨的严复，当他思考富强之道的时候，他首先想到的是科学。正如他把西方不同领域的发展都同科学联系在一起一样，[②]他也把西方的富强同经济学直接对应起来：“晚近欧洲富强之效，识者皆归功于计学。计学者，首于亚丹斯密氏者也。”[③]在严复的意识中，科学是普遍有效的，它适合于所有不同国家。既然西方的富强得益于科学的“经济学”，那么，同理，中国的富强也不得不依赖于科学的“经济学”，它不仅关系着中国的贫富，而且也关系着中国的盛衰：

> 夫计学者，切而言之，则关于中国之贫富；远而论之，则系乎黄种之盛衰。[④]

因此，严复花费大量精力翻译亚当·斯密的《原富》(*An Inquiry*

---

① 严复：《〈原强〉修订稿》，《严复集》第一册，中华书局1986年版，第29页。

② 严复对科学的功用强调说：“制器之备，可求其本于奈端；舟车之神，可推其原于瓦德；用电之利，则法拉第之功也；民生之寿，则哈尔斐之业也。而二百年学运昌明，则又不得不以柏庚氏之摧陷廓清之功为称首。学问之士，倡其新理，事功之士，窃之为术，而大有功焉。”(同上)

③ 赫胥黎：《天演论》，严复译，商务印书馆1981年版，第34页。

④ 严复：《译斯氏〈计学〉例言》，《严复集》第一册，中华书局1986年版，第101页。

into the Nature and Causes of the Wealth of Nations），并不奇怪。他认为，此书言之成理，持之有据，具有实证科学的严密性。严复从多方面说明了在西方众多的经济学著作中，他何以选中了《原富》：

> 计学以近代为精密。乃不佞独有取于是书，而以为先事者，盖温故知新之义，一也。其中所指斥当轴之迷谬，多吾国言财政之所同然，所谓从其后而鞭之，二也。其书于欧亚二洲始通之情势，英法诸国旧日所用之典章，多所纂引，足资考镜，三也。标一公理，则必有事实为证喻，不若他书勃窣理窟，洁净精微，不便浅学，四也。①

严复希望通过翻译此书，能把中国的经济发展带向科学的轨道上。但是，科学本身并不能自发地产生力量，对它的运用和实践，不仅要把抽象的理论和观念变成一套可操作的程序，而且需要适合的社会条件和土壤，这一点严复也意识到了。他强调提高"民智、民德和民力"，强调社会渐进式改革，都是要为科学发挥强大的实践功能提供基础。

由于自由民主在近代被提升为主要的政治意识，因而国家与个人往往也被加以明确的区分。与此相关，在国家利益同个人利益之间，何者应置于"优先"地位，引起了激烈的争论。就中国近代对"富强"的追求来看，一般来说，所谓"富强"就是指"国家"的富强。但是，在经受过英国自由主义洗礼的严复那里，问题并不如此简单。在这一点上，史华慈先生实际上是对严复有所误解，而不是他所说的严复根本上修改了亚当·斯密的概念。照史华慈的说法，亚当·斯密

---

① 严复：《译斯氏〈计学〉例言》，《严复集》第一册，中华书局1986年版，第98页。

的《原富》是把立足点放在最大多数人的最大幸福上，首先注重的是个人的利益，但严复真正关心的则是“国家”的富强，而不是个人的“利益”。这充分表明了严复对亚当·斯密核心观念的扭转。史华慈说：

> 我们在《原富》译著本中，不断地遇到国家富强这个熟习的紧迫问题。……虽然不必假定严复对于把绝大多数人的最大幸福作为最终目的完全不感兴趣，但是，群（“社会有机体”）和国（“民族－国家”）这些词已深深含有以国家政权本身为目的的含义。假如对于斯密来说，“国民财富”首先指的是构成民族——社会全体个人的财富，那么，对于严复来说，“国”的财富，则首先是指民族——国家的财富，从而也指其实力而言。……这样，我们从研究严复的《原富》中得出一个压倒一切的结论：在斯密著作中发展了的，并由维多利亚英国这个活生生的例子所证实了的经济自由主义体系，是一个为国家富强而非常巧妙地设计出来的体系。①

又说：

> 在此，我们又一次看到，亚当·斯密的目的是纯经济的，他的最终目的为了个人的幸福。而严复则认为，经济自由所以是正确的，显然是它会使国家“计划”的扩大成为可能。严复的这一点也许与斯密的学说极其出乎意料的相背。②

---

① 史华兹：《寻求富强：严复与西方》，叶凤美译，江苏人民出版社 1995 年版，第 107—109 页。

② 同上书，第 112—113 页。

但是，根据我们的研究，严复所说的“富强”，不只是指“国家”的富强，同时也指“个人”的富强。如果我们要明确地找出严复究竟是把“国家”富强还是把“个人”富强置于“优先”考虑的位置上，我们宁可说他往往选择的恰恰是后者。这取决于他对国家的理解。对他来说，国家是以个人为基础而建立起来的集合体：“今夫国家非他，合亿兆之民以为之也。”[①] 因而个人如何，国家也将如何。国家既然是由众多的个人组成，那么，国家的所有权就不再属于“帝王”，而是属于组成它的民众。严复说：“今日之国，固五族四万万民人之国也；今日之政府，固五族四万万民人之政府也。”[②] 但是，国家与个人并不因为具有整体与部分的关系而没有利益上的冲突。况且，国家也不是个人的一种简单累加，它们都分别具有不同的性质。在严复看来，国家是一种“有机体”，这种有机体取向如何，基本上取决于组成它的原子——个人生物有机体。基于对国家与个人关系的这种理解，个人的富强也就优先于国家的富强。没有个人的富强，也就没有国家的富强。对此，严复多次强调说：

> 国何以富？合亿兆之财以为之也。国何以强？合亿兆之力以为之也。[③]

> 处今而言救贫之事，其所忧者常在民，忧民实贫，而吾国乃以不救，此今昔大异之点也。[④]

> 天下之物，未有不本单之形法性情以为其聚之形法性者也。是故贫民无富国，弱民无强国，乱民无治国。[⑤]

---

① 严复：《〈原富〉按语》，《严复集》第四册，中华书局 1986 年版，第 917 页。
② 严复：《原贫》，《严复集》第二册，中华书局 1986 年版，第 293 页。
③ 严复：《〈原富〉按语》，《严复集》第四册，中华书局 1986 年版，第 917 页。
④ 严复：《原贫》，《严复集》第二册，中华书局 1986 年版，第 293 页。
⑤ 严复：《〈原强〉修订稿》，《严复集》第一册，中华书局 1986 年版，第 25 页。

夫所谓富强云者，质而言之，不外利民云尔。然政欲利民，必自民各能自利始；民各能自利，又必皆得自由始。[①]

从严复以上的这些言论来看，我们很难说他把亚当·斯密对民富的注重转到了对国富的强调上。实际上，他并未远离斯密的观念。

二　经济行为的动机

不管直接目标是国家的富强，还是个人的富强，人类对它的追求都是一种经济行为。现在的问题是经济行为的动机或根源究竟是什么？它是出于一种道德的愿望呢，还是来自纯粹的对个人利益的深切关怀？

按照亚当·斯密的理论，[②]人们的经济行为或对财富的谋求，说到底只是对个人利益的关心，或者是每一个人为了改变自身的处境而做的自发性努力。追求自身利益是人的本能，经济秩序就是在千百万个人的这种本能的强大冲动中形成的。对于人为什么要积累财富，亚当·斯密解释说："促使人们储蓄的原动力，是要改善自身处境的欲望，这种欲望，虽然一般是心平气和不动感情的，但却是从娘胎里带来的，在我们进入坟墓以前，决不会离开我们。……增加财产是大部分人要求和希望改善处境的手段。"[③]对亚当·斯密来说，经济行为的出发点绝不是为了实现道德价值或伦理目标。如果我们不是以互利的目的从事经济交易活动，而是希望别人从仁慈和善良出发使我们获利，

---

① 严复：《〈原强〉修订稿》，《严复集》第一册，中华书局1986年版，第27页。

② 亚当·斯密在《道德情操论》中认为，人们的行为大都是来自希望得到别人的赞同而发生的。追求财富主要不是为了自身生存的需要，而是为了满足虚荣心。在此，他是把道德愿望看成人类行为的动机。

③ 夏尔·季德等：《经济学说史》上册，徐卓英等译，商务印书馆1986年版，第90页。

那肯定是要落空的。亚当·斯密分析道：

> 人类几乎经常需要别人的帮助，但如果希望别人仅仅由于仁慈而给予帮助，那是办不到的。倘能利用他们的利己心理达到有利自己的目的，使他们相信，为他做他所要求于他们的事是符合于他们自己的利益的，则他更有可能获得成功。不论是谁，如果他要和别人作交易，他应该这样提议：请给我以我所要的东西吧，这样你也就可以得到你所要的东西。这句话是一切交易的通义；只有这样，我们才能相互得到自己所需要的绝大部分帮助。我们所以有饭吃，不是因为卖肉者、酿酒者或面包商的仁慈，而是因为他们要考虑自身的利益。我们不对他们的人性说话，只对他们的利己心说话，切不可对他们谈我们自己的需要，只可谈他们的利益。①

依此，人的经济行为纯粹是出于利己的计算，而不是出于善良的道德动机或道德价值。

严复对经济行为动机的看法，与上述亚当·斯密的观念基本是一致的。他反对亚当·斯密早年在《道德情操论》（*The Theory of Moral Sentiments*）中把人组成社会的期望说成是“人心之相感通”的论点，认为促使人“由散入群”的原初动机是“安利”。它与人的其他动机没有什么差别，并不是为了得到人的好评。同样，人对经济利益的追求，他的本初动机是自私自利，而不是为了别人。社会公共利益的达成，是人的经济行为的一种无意识的结果，并非人事先所抱的就是这种期望。严复引用亚当·斯密的理论说：

---

① 夏尔·季德等：《经济学说史》上册，徐卓英等译，商务印书馆1986年版，第88页。

吾闻斯密氏少日之言曰：“今夫群之所以成群，未必皆善者机也。饮食男女，凡斯人之大欲，即群道之四维，缺一不行，群道乃废。礼乐之所以兴，生养之所以遂，始于耕凿，终于懋迁；出于为人者寡，出于自为者多；积私以为公，世之所以盛也。”此其言籍令褒衣大袑者闻之，不尤掩耳而疾走乎？①

对严复来说，自得是人求生的一种基本的本能冲动，没有这种冲动，人就不能存在。人对自己利益的考虑，往往优先于他者，不管这个他者是其他人，还是团体或者国家：“人人之自为计，必重于其为一国计。”② 哪里有利益，人们自然就朝向哪里，这就如同水之就下一样。因为，政治行为如果要有利于公众，那么，就要从公众皆能追求自己的利益开始。在此，严复与亚当·斯密一样，没有把人的经济行为的动机归结为伦理道德价值，相反，他恰恰是从非伦理道德价值即自私心来看待人的牟利活动的。韦伯所说的出于“天职”“救赎”和“禁欲”的动机，③ 在亚当·斯密和严复那里，都看不到什么影响，而且对严复来说，出于自利的经济行为动机，恰恰又成了礼乐道义和社会公众价值的基础。这种把自利合理化和正当化的观念已相当典型。

严复的说法，很容易使我们想起韩非。与儒家对人性抱有乐观主义的态度（“行善”）不同，韩非强调的是人性的阴暗方面（“恶”）。对韩非来说，人性是自私的，人与人之间的关系都是一种利害关系，不仅人的经济活动完全是出于对个人利益的追求，而且父子之间也没有纯粹的慈爱之心。如，造车的人希望人富贵，造棺材的人欲有人死，

① 严复：《译斯氏〈计学〉例言》，《严复集》第一册，中华书局 1986 年版，第 100—101 页。

② 严复：《论中国救贫宜重何等之业》，《严复集》第二册，中华书局 1986 年版，第 295 页。

③ 参见韦伯：《新教伦理与资本主义精神》，于晓、陈维纲等译，生活·读书·新知三联书店 1987 年版。

这并非造车者仁慈、造棺者邪恶，因为人富贵才有人能买车，人死棺材才能卖掉，二者都是出于对自己利益的考虑。父母对于自己的子女，生男的庆贺高兴，生女的则杀之，所考虑的也是他们的长远利害，"故父母之于子也，犹用计算之心以相待也"。[①] 当然，严复的观念，并不像韩非这样极端。韩非把人与人之间的关系完全化约为利害关系，但是严复还为道德伦理价值留下了存在的空间，这在下面会有论述。

与上述严复对人的经济行为的自私性的解释相关，从他那里，我们还能发现他把对快乐的追求视为人的强烈欲望，禁欲主义被他抛到了九霄云外。严复以极其肯定的口气说："世变无论如何，终当背苦而向乐。此如动植之变，必利其身事者而后存也。"[②] 当有人问他人道是以苦乐还是以善恶为究竟时，他的回答是"以苦乐为究竟"，而善恶则是对苦乐的价值评判。对严复来说，在社会历史进化尚未达到理想的状态下，苦乐与善恶的价值并不一致。也就是说，个人的幸福和快乐并不等于善的道德价值，痛苦也不一定不具有道德意义。如为了自己的幸福和利益而损害他人，或者相反，为了别人的幸福和利益而做出牺牲就是这样。但是，到了社会进化到理想境界时，快乐和痛苦与善恶就具有了完全的对等性。在此，快乐追求与经济追求一样，也被正当化了。

三　经济与伦理的关系

用自私和自利来解释人的经济行为的动机，在严复那里是否就意味着在人的经济活动中，唯个人利益是从、道德伦理价值（如"仁义"）没有任何存在余地呢？严复从未做出过这种结论。不可否认，严

① 《韩非子・六反》。

② 赫胥黎：《天演论》，严复译，商务印书馆1981年版，第41页。

复在肯定自利是经济行为的根源这一事实的同时，确有把它正当化的一面，也就是说，他肯定了自利有其合理性的层面。但是，严复绝不认为在经济活动中可以只顾自己的利益而不管他人的利益，可以只要利益而不要仁义。实际的情况是，严复对“利己主义”保持着高度的警觉，他唯恐它会把人带向新的歧途（与“以义压利”相比）。当他翻译《原富》一书时，有人就曾有这样的担心：“以谓如计学家言，则人道计赢虑亏，将无往而不出于喻利，驯致其效，天理将亡。”[①] 对此，严复的回应是，一方面强调科学所关心的主要是真假是非，而不是是否合乎仁义；另一方面他肯定经济学讲经济，并不隐含着人道只限于利益。在严复那里，我们清楚看到的是，对于经济与伦理、义与利，他从不试图做出单一的选择，或者以主从轻重对待其一，他要平衡二者，把二者统一起来。但是，经济与伦理真的能统一起来吗？义与利的紧张能够完全化解吗？

回观一下中国传统，义与利的关系，一直是思想家关心的问题。从已有的思想资源来看，固然时有强调利益的声音，[②] 甚至还有人把物质利益看成是实现伦理道德价值的基础，如管子所说的“仓廪实而知礼节，衣食足而知荣辱”。但是，把财富利益同仁义对立起来的观念也许更为强大有力。从孟子的“何必曰利”和董仲舒的“正其谊不谋其利，明其道不计其功”，到宋明理学的“存天理，灭人欲”，利益往往都被作为“义”的对立物来看待。这方面给严复的印象是深刻的。而且，对严复来说，不只是中国传统，就是西方旧有的主要观念，也是把经济利益同仁义伦理道德截然对立起来的。他带着深为不满的语调说：

---

① 严复：《译斯氏〈计学〉例言》，《严复集》第一册，中华书局1986年版，第100页。

② 如《周易·系辞》说“崇高莫大乎富贵”；《史记·货殖列传》说“天下熙熙，皆为利来；天下攘攘，皆为利往”；《明夷待访录》说“向使无君，人各得自私也，人各得自利也”。

> 民之所以为仁若登，为不仁若崩，而治化之所以难进也，分义利为二者害之也。孟子曰："亦有仁义而已矣，何必曰利？"董生曰："正谊不谋利，明道不计功。"泰东西之旧教，莫不分义利为二涂。此其用意至美，然而于化道皆浅，几率天下祸仁义矣。[①]

> 大抵东西古人之说，皆以功利为与道义相反，若薰莸之必不可同器。而今人则谓生学之理，舍自营无以为存。但民智既开之后，则知非明道，则无以计功，非正谊则无以谋利，功利何足病？问所以致之之道何如耳。故西人谓此为开明自营。开明自营，于道义必不背也。[②]

照严复所说，把仁义与经济利益对立起来，重义轻利，不仅不能保证仁义，其结果恰恰是破坏仁义。严复并没有具体解释对仁义的注重何以会走向其反面。从前面所谈到的他对自利经济行为与道义的关系看，也许能够理解这一点。既然自利是成就道义的基础，那么，反对自利或功利，不就是有损于道义的成长吗？义利不能分，但两个性质不同的事物，怎样才能统一起来呢？怎样才能和平共处、并行不悖呢？在严复看来，按照亚当·斯密和斯宾塞（Herbert Spencer）的"合理利己主义"（严复称之为"开明自营"），就能实现义利或经济与伦理的统一。所谓"合理利己主义"，就是在利己与利他之间保持相对的平衡，使二者都得到兼顾。在斯宾塞看来，虽然人的本性是利己主义先于利他主义，但是在社会中，利他主义也是必要的。他说："既然个人最高的完善和幸福是理想，利己主义必然先于利他主义：每一生物将因其遗传下来或后天的获得的本性而得到好处或遭受祸害。但是利

① 严复：《〈原富〉按语》，《严复集》第四册，中华书局1986年版，第858页。
② 赫胥黎：《天演论》，严复译，商务印书馆1981年版，第92页。

他主义对生活的发展和幸福的增进都是必要的，而且自我牺牲和自我保全同样是亘古就有的。……纯粹的利己主义和纯粹的利他主义都是不合理的。”[①] 显然，斯宾塞是要对利己主义和利他主义做出双重选择。如上所说，在亚当·斯密看来，个人对于利益的追求，根源于自己自发的对其利益的关心，因而应为此提供充分的自由空间。但是，亚当·斯密也没有忘记社会的利益，没有承诺个人可以为所欲为地追求自己的利益。他一方面认为，每个人自发的对个人利益的追求，往往能更有效地促进社会的利益，为国家带来繁荣和富强，另一方面他认为，个人在追求自己利益的时候，要使自己的行为保持在法律所允许的范围之内。而这两方面，对他来说，都是“正义”和“公正”。

对于这种“合理利己主义”的新观念，严复欣喜若狂。他把“合理利己主义”解释为“利”即“两利”、“损”即“两损”的双向性互动，并认为这是具有普遍性的“公理”：

> 盖未有不自损而能损人者，亦未有徒益人而无益于己者，此道绝大公例也。……嗟乎！使公而后利之例不行，则人类灭久。[②]

> 有最大公例焉，曰大利所存，必其两益；损人利己，非也，损己利人亦非；损下益上，非也，损上益下亦非。其书五卷数十篇，大抵反复明此义耳。……嗟乎！今然后知道若大路然，斤斤于彼己盈绌之间者之真无当也。[③]

为了适合自己的意图和愿望，严复甚至把亚当·斯密《原富》一

① 梯利：《西方哲学史》下卷，葛力译，商务印书馆1979年版，第317页。

② 严复：《〈原富〉按语》，《严复集》第四册，中华书局1986年版，第892—893页。

③ 赫胥黎：《天演论》，严复译，商务印书馆1981年版，第34页。

书视为都是对这一观念的阐述和说明："其书五卷数十篇，大抵反复明此义耳。"但实际上并非这样。严复之所以如此看重这种"合理利己主义"的观念，因为对他来说，正是这种观念使一直对立和紧张的经济利益与伦理道德（"义"和"利"、"仁"和"富"）统一起来，严复把这视为经济学家对人类的一个最伟大功绩：

> 自天演学兴，而后非谊不利、非道无功之理，洞若观火。而计学之论，为之先声焉。斯密之言，其一事也。尝谓天下有浅夫，有昏子，而无真小人。何则？小人之见，不出乎利，然使其规长久真实之利，则不与君子同术焉，固不可矣。人品之下，至于穿窬极矣。朝攫金而夕败露，取后此凡所可得应享之利而易之，此而为利，则何者为害耶！故天演之道，不以浅夫昏子之利为利矣，亦不以谿刻自敦滥施妄与者之义为义，以其无所利也。庶几义利合，民乐以善，而治之进远欤！呜呼！此计学家最伟之功也。①

> 大抵东西古人之说，皆以功利为与道义相反，若薰莸之必不可同器。而今人则谓生学之理，舍自营无以为存。但民智既开之后，则知非明道，则无以计功，非正谊则无以谋利，功利何足病？问所以致之之道何如耳。故西人谓此为开明自营。开明自营，于道义必不背也。②

但是，严复对义利统一关系的理解，在理论上是有困难的。因为"两利"，说到底都是利益关系。但如果利己本身并不是义，而只是"利"，那么，"义"的存在，就只能是"利人"了。但是，在经济关系

---

① 严复：《〈原富〉按语》，《严复集》第四册，中华书局1986年版，第858—859页。

② 赫胥黎：《天演论》，严复译，商务印书馆1981年版，第92页。

中的“利人”，在亚当·斯密那里，完全是一种无意识的结果，即它不是经济人追求的目的。经济人只是在追求自己的利益时，意外地为社会或他人带来了利益。对这种出于自己利益而结果也为别人带来某种利益的做法，很难给予一种“义”的道德评价。按照严复的说法，“利人”实际上成了“利己”的手段。因为“利于人”，对己也有利。这种为了“利己”而去利人的做法，也很难说是“义”。按照对中国传统“义”的一般理解，“义”应是为了他人利益而对自己利益做出的牺牲。严复认为，只要“利人”就利于己，是一种过于乐观主义的看法。实际上，从纯经济的角度说，利人的“义”对于自己的“利益”很可能不利，至少是有利也有不利。而且，即使严复所说的“义利”统一在理论上能够成立，仍然会遇到实际上的问题。也就是说，观念上的“义利”一致，并不能保证实际经济活动中就能做到义利兼顾。对此，严复把义利统一寄托在“民智”的开化上，认为只要人们能够认识到利必两利、损必双损，认识到经济利益往往伴随着伦理道德这种普遍的“公理”，在经济行为中自然就会做到“利”而“义”、“仁”而“富”。但这也是一种带有乐观主义的期待，因为在现实中，除了知而行外，还存在着大量的知而不行的行为，即只考虑自己的利益而损害他人。在这种情况下，又如何使人的经济行为与伦理道德价值统一起来呢？在此，严复只看到了认知对道德成长的作用，而忽视了伦理道德价值的履行更多地取决于主观的意志。在现实中，知而行固然不乏其例，但知而不行也许更为普遍。

尽管严复对经济与伦理的统一持过于乐观的态度，在理论上也有困难，但他通过引入新的观念，力求化解中国传统中“义”“利”的对立和紧张的做法，无疑在中国近代观念转型中具有启示和引导作用。

（曾收入刘小枫、林小伟编：《经济伦理与近现代中国社会》，香港中文大学出版社 1998 年版）

从超验领域到道德革新及其古典教化

——严复的“宗教观”“孔教观”和“新民德”

严复曾被视为科学主义者、实证主义者，或被视为百科全书式的启蒙思想家，这些突出了严复思想的某些基本特质。史华慈把严复的整体目标和不懈追求概括为“寻求富强”，力求以此揭示严复对他的国家前途的强烈渴望。如同我们所强调的那样，“自强”“富强”是晚清中国最强有力的观念形态，甚至可以说是一种“神话”。但是，如果把严复追求的“富强”狭隘地理解为财富的增长和物质力量的强大，那是不合乎严复的精神志向的。在严复的“精神世界”结构中，富强只能从广义上来理解，广义的富强包括了仁义道德和精神价值，如严复信赖的以自由竞争和适者生存为核心的进化主义，其“适者”（“优者”）和竞争方式，不仅意味着物质力量的强大，而且也意味着道德的追求和奉行。[①] 科学和实证精神在严复的思想中确实是重要的，但它只是严复精神世界中有关经验的一个领域，与之相对的还有一个严复始终不能忘怀的超验领域。在这个领域中，严复津津乐道的“绝对者”，来自形而上学的信念和宗教的信仰，是结合了哲学和宗教的神秘性、终极性、神圣性为一体的超越性存在，这是严复信念伦理和价值理性的源头。严复一生都在坚持一个著名论断，即坚信“鼓民力”“开民智”和“新民德”是国家富强的整个基础，严复称之为“治本”（相

---

① 参阅李强：《严复与中国近代思想的转型——兼评史华兹的〈寻求富强：严复与西方〉》，载香港《中国书评》1996 年 2 月号。

对于“治标”)。在“民力”(“国民的体质”)、“民智”(“国民的智能”)和“民德”(“国民的道德”)这三者之中，开发“国民的智能”和提高“国民的体质”往往与严复对科学、学问和实证的思考紧密联系在一起，而革新“国民的道德”，则与严复的人道观、价值观和道德信念结合在一起，对严复来说，它是广义的国家繁荣和富强的根基。如严复明确地说:“盖生民之大要三，而强弱存亡莫不视此：一曰血气体力之强，二曰聪明智虑之强，三曰德行仁义之强。是以西洋观化言治之家，莫不以民力、民智、民德三者断民种之高下，未有三者备而民生不优，亦未有三者备而国威不奋者也。”[①] 严复对“人道”“道德”和“价值”的关怀，又牵涉到他的孔教观，牵涉到他的超验观和宗教观，它们共同构成了严复建立意义世界和价值理性的广大领地。这就向我们提出了彼此相关的问题，即严复是如何构建和革新“国民的道德”(“新民德”)的？他的“道德观”“孔教观”与“宗教观”乃至“超验领域”是如何整合起来的？

一　终极性信念:“非对待”及其宗教领域

在严复确立的最重要的自强三项目标(“鼓民力”“开民智”和“新民德”)中，严复认为革新道德(“新民德”)是一项最为困难的目标。[②]《〈原强〉修订稿》是严复早期解释“鼓民力”“开民智”和“新民德”最具体的文本，根据他对“新民德”的说明，他是把这一问题放在中西教化和宗教的背景之下讨论的。宗教常常被认为是道德的重要来源，它为道德提供了合理的基础和根据，又是道德行为的原动力，严复从中西宗教和教化的背景之下看待“新民德”也是自然的。宗教

① 严复:《〈原强〉修订稿》,《严复集》第一册，中华书局1986年版，第18页。

② 如他说:“至于新民德之事，尤为三者之最难。”(同上书，第30页)

一般又以信仰神圣的存在为主要特征，据此严复又将宗教与形而上学一起视为超验的不可思议的领域。从严复的一些说法来看，他确实为诞生在西方的近代科学和学问赋予了不可替代的独特意义。在严复那里，以经验和理性为基础的科学与学问，对于我们可感知与可求证的世界是普遍的和有效的。特别是，在追求人间事务的成功和成就方面，经验科学和实证学问无与伦比，追求富强的严复对科学为人类带来的变化惊叹不已，以至于有时他要求人们安逸于经验世界和经验知识中，反对人们好高骛远和胡思乱想。如他说："人之知识，止于意验相符。如是所为，已足生事，更骛高远，真无当也。"[①] 又说："呜呼！宇宙广漠，事理难周，存而不论可耳。"[②]

但是，从整体上说，严复没有以科学和经验知识为根据否定超验领域与神秘现象的存在。作为具体例证之一，严复生前对佛教表现出极大的热情和认同，他把自己的儿女都冠以佛学之名，其孙女严停云曾回忆说："老人家笃信佛理，但从来没有排斥其它的宗教。他把父亲的小名叫普贤，幼殇的二伯则有个名儿是文殊，四叔是基督门徒的约翰，五叔叫作福烈。我的二姑母笃信天主，年轻轻的当了修女。但先时祖父给他的别名是华严，二姑母对我说：现在华严两个字就归你用吧。人家要是问起，就说有大华严和小华严两个人好了。"[③]1921 年，在严复去世（9 月 27 日）前的一个多月，他还带病在避暑的鼓山抄写了《金刚经》，并说："老病之夫，固无地可期舒适耳。然尚勉强写得《金刚经》一部，以资汝亡过嫡母冥福。每至佛言'应无所住而生其心'，又如言'法尚应舍，何况非法'等语，辄叹佛氏象教，宗旨超绝恒识，谤者辟者，徒尔为耳。"[④] 作为具体例证之二，是严复批评他

① 赫胥黎：《天演论》，严复译，商务印书馆 1981 年版，第 71 页。
② 严复：《〈法意〉按语》，《严复集》第四册，中华书局 1986 年版，第 1021 页。
③ 华严：《吾祖严复》，载台湾《光华》1990 年第 67 期。
④ 严复：《与诸儿书》，《严复集》第三册，中华书局 1986 年版，第 824 页。

小儿子的科学独断论。1921 年，严复给他的几个儿子写了一封信，主要内容是批评他尚幼的儿子严璿对宗教和鬼神的态度。严璿受科学和数理的影响，把数理之外的东西特别是宗教信仰都看成是迷信加以排斥，这使严复深感不安。他告诉他的儿子们，即使是相信科学，也没有理由一概拒绝科学之外的东西，因为科学无法否定一个超验的世界。他说："若一概不信，则立地成 Materialism，最下乘法，此其不可一也。又人生阅历，实有许多不可纯以科学通者，更不敢将幽冥之端，一概抹杀。迷信者言其必如是，固差，不迷信者言其必不如是，亦无证据。故哲学大师，如赫胥黎、斯宾塞诸公，皆于此事谓之 Unknowable，而自称为 Agnostic。"[①] 由于知识自身的限制，它不能判断知识之外的存在，所以对此可以悬置不论，正是在这种意义上，严复又说："盖人生智识，至此而穷，不得不置其事于不论不议之列，而各行心之所安而已。"[②] 作为具体例证之三，是严复对"灵学会"和《灵学丛志》采取了包容甚至是支持的立场。1918 年 1 月，通过严复的学生侯疑始的介绍，严复收到了"上海灵学会"主持人俞复（字仲还）寄来的《灵学丛志》(应该是第一卷第一期)，严复致信俞复，表达他对"灵学"研究的看法，指出科学虽然排除了一些迷信，但仍然有许多神秘现象是科学所不能解释和排除的，对这些神秘现象的研究已经发展为专科。他说："神秘一事，是自有人类未行解决问题。往者宗教兴盛，常俗视听，以为固然。然而诞妄迷信，亦与俱深，惑世诬民，遂为诟病。三百年科学肇开，事严左证；又知主观多妄，耳目难凭，由是历史所传都归神话。则摧陷廓清之功，不可诬也。然而世间之大、现象之多，实有发生非科学公例所能作解者。何得以不合吾例，然遂指为虚？此数十年来神秘所以渐成专科。"[③] 作为这封信的附记，严复特意详细讲

① 严复:《与诸儿书》,《严复集》第三册，中华书局 1986 年版，第 825 页。
② 同上。
③ 严复:《与俞复书》,《严复集》第三册，中华书局 1986 年版，第 725 页。

述了一件“扶乩”之事。光绪甲申年（光绪十年，1884），他的同乡陈弢庵（陈宝琛）在“丁内艰归里”期间，曾经在鼓山喝水岩构筑了一个听水斋。丁亥年（光绪十三年，1887）六月中旬，陈宝琛和他的一些朋友晚间聚会，请净名（本名吴泰来）道士扶乩，对光绪帝和国家时局进行了预测，后来发生的事情似乎都应验了。严复感叹说：“呜呼！孰谓冥冥中无鬼神哉！”[①]“扶乩”一般被认为是迷信，严复通过扶乩来证明鬼神的存在，说明他不认为“扶乩”是迷信，这样我们就很难判断他所说的被科学淘汰的迷信是什么了。1918 年 2 月，严复又收到了《灵学丛志》第一卷第二期，他致信侯疑始，再次表明了他赞成灵学研究和肯定神秘现象存在的立场。

根据知识的有效性范围，对于宗教和超验领域之存在问题存而不论或不置其可否，这可以说是相当合理的“存疑论”（“不定论”）。但严复没有严守他的“存疑论”，科学实证的知识和学问无法代替严复对超验世界的浓厚兴趣。史华慈对严复热心追求现实活力之外还会投入到神秘主义中感到奇怪，虽然这是那个时代一些人都具有的一种倾向。严复的选择使史华慈似乎大惑不解：严复为什么还不能满足于他寻求的富强目标？为什么进化和活力还不能成为严复生命意义的整个所在呢？史华慈坦率地承认，他没有找到可靠的解释，他推测说，“道”和“绝对”提供了儒家理性主义所不能提供的无穷无尽的可能，“毫无疑问，无穷无尽的‘空’比企图使特定的社会和政治秩序绝对化、凝固化的儒教，更倾向于认为万物具有向异质性、复杂性和组织性的更高水平进化的可能性”。[②]

在有效地解释这个问题之前，我们需要具体地看看严复所投入的这个神秘世界究竟是一个什么样的世界，显然史华慈在这一点上的处

---

① 严复：《与俞复书》，《严复集》第三册，中华书局 1986 年版，第 727 页。

② 史华兹：《寻求富强：严复与西方》，叶凤美译，江苏人民出版社 1995 年版，第 200 页。

理方式过于简单。事实上，严复的思想世界和心灵结构是双层的。一方面，他具有刚性和硬心肠的精神气质，对科学和实证的学问抱有热情；另一方面，他还保持着柔性和软心肠的心灵，为超验的形上本体和宗教至高神留下了地盘。对科学主义和实证主义来说，这是两个互相排斥和冲突的领域，但在严复那里它们恰恰又是彼此相对的可以并存的世界，严复不认为在经验世界之外又承认超验世界的存在是完全矛盾的。培根反对这种预设，培根反对的理由是，预设无可言、不可指的绝对、无对和太极而又“设言诠”，这本身就构成了矛盾；黑格尔怀疑“无对”，因为无对应该是脱离了感性的东西，但完全脱离了感性的东西就变成了“无物”，这是一个困境。严复指出，培根和黑格尔都有一个问题，就是他们割断了“对待”与“非对待”之间的关联。按照朱熹所说的“非言无极无以明体，非言太极无以达用”，“体用”是相即相待的，我们可以通过“对待”与“无对待”的相对性来推论本体的存在，培根和黑格尔以本体无形可感从而否定其存在性不能成立。严复说：“太极、庇音之对待为无物，以无对有，正亦可觉，此亦人心之所有事者也，何以言其虚设而矛盾乎？又如自在一论，虽常可以因果、并著为言，然自在实与因果、并著有异。盖培因之意以自在为无可言，故遂以此伦为可废。然‘在’实与‘有’同义，既有矣，斯能为感致觉，既感既觉，斯有可言，何可废乎？昔者德儒希格尔亦以不知此义，遂谓太极、庇音既称统冒万物，自不应有一切形德相感，至使有着不浑；如无一切形相德感，则太极、庇音，理同无物。以统摄群有之名为等于无，文义违反至于如此，此其弊正与培因等耳。”[①] 又如时间、空间观念，严复也把它们作为形而上学领域的东西来处理，把二者设定为具体事物存在的前提但又是与具体事物相对的。在严复看来，庄子所说的“宇”和“宙”，就相当于西方的时间和空间。如

---

① 严复:《〈穆勒名学〉按语》,《严复集》第四册，中华书局 1986 年版，第 1039 页。

《庄子・庚桑楚》载："有实而无乎处者，宇也；有长而无本剽者，宙也。" 对此，严复解析说："宇宙，皆无形者也。宇之所以可言，以有形者列于其中，而后可以指似，使无一物，则所谓方向远近皆亡；宙之所以可言，以有形者变于其际，而后可以历数，使无一事，则所谓先后久暂亦亡。故庄生云尔。宇宙，即今西学所谓空间时间。空无尽处，但见其内容，故曰有实而无乎处；时不可以起讫言，故曰有长而无本剽。"① 在超验世界中，严复往往把形而上学领域中的绝对者和宗教领域中的神圣存在相提并论。为了弄清严复如何通过宗教来建立他的意义和信仰世界，我们需要从整体上先考察一下严复如何设定超验世界的存在。

正如我们前面所说，严复对超验世界的断定，离不开与其相对的经验世界。如果说完整的世界只是一个，那么区分经验世界与超验世界就是把完整的世界二分化，被严复二分的世界用他的话说就是"对待"与"非对待"（"对待之域"与"非对待之域"）之分。② 在严复那里，与"非对待"相对的"对待"，从客体的意义上说，是指具体的事物、现象及其法则；从主体的意义上说，是指人类可知、可证实和可言说的范围。严复说："彼是对待之名词，一切世间所可言者，止于对待。"③ 超越于对待之域的非对待领域，那是一个"绝对者"的领域，是最高的存在的领域。超验世界的"绝对者"，既不是矛盾，也不是"相对"。从两个世界的划分来说，从"绝对者"相对于"非绝

① 严复:《〈庄子〉评语》,《严复集》第四册，中华书局 1986 年版，第 1139 页。

② 严复一直坚持二分法，使用的名词主要有对待与非对待、可知与不可知、对待之域与非对待之域、可思议与不可思议、学与教等。除了下面谈到的，其他如在《穆勒名学》的按语中，严复说："世间一切可以对待论者，无往非实；但人心有域，于无对者不可思议已耳。"（严复:《严复集》第四册，中华书局 1986 年版，第 1036 页）在《〈老子〉评语》中，严复也说："形气之物，无非对待。非对待，则不可思议。"（严复:《严复集》第四册，中华书局 1986 年版，第 1076 页）

③ 严复:《〈庄子〉评语》,《严复集》第四册，中华书局 1986 年版，第 1106 页。

对”的具体事物来说，这个“绝对者”是有“相对性的”，但形而上学和宗教的“绝对”，是说“理”推到“极致”时，“此理”是唯一的、最高的、绝对的理，不存在相对于它的“另一个”绝对者，就像二元论所说的那样。承认一个绝对者，当然绝不意味着人们所说的“绝对者”都是一样的。在不同的宗教体系中，在不同的形而上学体系中，人们对“绝对者”有不同的说法和称谓，但就其都被作为“绝对者”而言，它们都属于“非对待之域”。严复正是这样说的：“老谓之道，《周易》谓之太极，佛谓之自在，西哲谓之第一因，佛又谓之不二法门。万化所由起讫，而学问之归墟也。”① 严复相信中西方形而上学是贯通的，贯通之处就是都断定超验世界的存在。老子有“同谓之玄，玄之又玄，众妙之门”，严复认为西方哲学所从事的不外乎就是这十二个字：“其所称众妙之门，即西人所谓 Summum Genus，《周易》道通为一，太极、无极诸语，盖与此同。”“西国哲学所从事者，不出此十二字。”②

随着近代认识论兴起而产生的一个结果是：如何认识事物变成了如何认识人的认识能力及其限度问题。休谟、康德和斯宾塞的“可知”与“不可知”的界限首先就是认识主体能力上的界限，当然它也是来自客体方面的界限。严复对相对于经验世界的超验世界的承认，也有类似的情况，在严复的划分中，与经验世界“可知性”不同，“超验世界”是“不可知”的。近代经验知识和科学的革命性进步，主要是因为人们把认知的兴趣和关心转向了“可知”的对待之域：“夫只此意验之符，则形气之学贵矣。此所以自特嘉尔以来，格物致知之事兴，而古所云心性之学微也。”③ 科学知识之所以能在工业文明中发挥巨大的实践功能，也是由于它来自对待之域，其运用也限于对待之域：“吾生

① 严复：《〈老子〉评语》，《严复集》第四册，中华书局 1986 年版，第 1084 页。
② 同上书，第 1075 页。
③ 赫胥黎：《天演论》，严复译，商务印书馆 1981 年版，第 71 页。

学问之所以大可恃，而学明者术立，理得者功成也，无他，亦尽于对待之域而已。”[①] 严复把超验的非对待之域看成是一个“不可知”的世界，但正如我们前面所说，严复并不否认这个不可知的世界的存在，相反他恰恰肯定了这个世界的存在，而且用不同的方式描述这个世界。因此，严复的“不可知论”是一种“弱不可知”，或者说是一种“温和的不可知论”。

相对于人的认识的“可思议”领域，严复也常常用“不可思议”来解释不可知的“非对待”之域。在严复看来，“不可思议”不同于“不可名言”“不可言喻”和“不能思议”。从他举出的说明性例子来看，“不可名言”“不可言喻”和“不能思议”所描述的是经验世界中的对象和事物。由于人们对诸如从未见到过的奇异境地和怪异现象、对一种出神入化的特别技能、对与他的经验完全相反的东西感到陌生、奇妙和无知，往往就用“不可名言”“不可言喻”和“不能思议”来表示。但是，“不可思议”与此不同，它超出了人类的经验世界。如在经验世界中，“圆的方”“有生而无死”“不质之力”和“一物同时在两地”等说法，都是“不可思议”的。因为这些说法不符合经验世界的现象和常识，从逻辑上说就是违背了“矛盾律”。按照金岳霖的说法，理性思维（“思议”）的限制是矛盾，只要没有矛盾就可以思议，如果彼此有矛盾就是“不可思议”。根据严复举的例子，他的“不可思议”也是指经验知识所不能理解的彼此矛盾，但这正是超验世界和“绝对者”的特性，形而上学和宗教领域中的绝对都是“不可思议者”。严复说：“佛所称涅盘，即其不可思议之一。他如理学中不可思议之理，亦多有之，如天地元始，造化真宰，万物本体是已。至于物理之不可思议，则如宇如宙，宇者太虚也，宙者时也，他如万物质点，动静真殊，

---

① 严复:《〈穆勒名学〉按语》,《严复集》第四册，中华书局1986年版，第1036页。

力之本始，神思起讫之伦，虽在圣智，皆不能言，此皆真实不可思议者。”[①] 严复这里所说的“绝对者”从形式上看并没有“矛盾”，为什么也“不可思议”呢？严复解释说：

> 谈理见极时，乃必至“不可思议”之一境，既不可谓谬，而理又难知，此则真佛书所谓“不可思议”，而“不可思议”一言，专为此设者也。[②]

> 盖天下事理，如木之分条，水之分派，求解则追溯本源。故理之可解者，在通众异为一同，更进则此所谓同，又成为异，而与他异通于大同。当其可通，皆为可解，如是渐进，至于诸理会归最上之一理，孤立无对，既无不冒，自无与通，无与通则不可解，不可解者，不可思议也。[③]

严复的这两段话虽都是对“不可思议”的界定，但所强调的重点并不一样。按照前一界说，所谓“不可思议”，就是不能以普通的名理或逻辑加以理解。按照普通的名理或逻辑，判断或命题具有明确的规定和界限。但在我们的认知进入最普遍的存在时，我们不能做出明确的非此即彼的规定，不可谓是，亦不可谓非，也可以说是似是而非，似非而是。譬如佛教所说的“涅槃”，说它是有，但它无形体，无方相，不异于无；说它是无，然而又非真无，用佛教的说法就是“寂不真寂，灭不真灭”。按照后一界说，所谓不可思议，是说最普遍、最高的理虽无理可对，但又包含了一切之理，即佛教所言“一月遍摄一切月”。也是在这种意义上，严复解释《老子》的“道可道，非常道；

---

① 赫胥黎：《天演论》，严复译，商务印书馆1981年版，第73—74页。
② 同上书，第73页。
③ 同上书，第75页。

名可名，非常名”说：“常道，常名，无对待故，无有文字言说故，不可思议故。”①

从以上讨论可知，严复关于“对待”之域与“非对待”之域的划分，主要是基于主体的立场。他以“可知论”来确定“对待”之域的界限，与此同时用“不可知论”来定位“非对待”之域。在知识论中，如何看待认识与存在的关系，一般有两种处理方式：一是在认识之前，事先直接肯定或预设事物和对象的存在；二是通过认识来确立事物或对象的存在。根据科学和实证的立场，人所能相信或推知的外物一般是经验世界的现象和对象。但超越具体事物或现象之上的普遍之理或本体，严复又是如何确定其存在呢？按照严复上述说法，他也是以认识来推论的，即通过寻找事物的层次和同异关系，一步一步地推演，推到最后不能再推，就是最高的实在和绝对者。按照经验论，既然人的认识能力只能限制在有形的具体事物中，而事物背后的本体超出了具体事物之外，那么，它当然就是不可知的。按照休谟和经验论以及不可知论的立场，对于我们经验之外和不可知的东西，我们只能保持沉默。如同我们上面所说，严复没有坚持这种立场。他不知不觉地又把可知论引到了他所说的本体中。在他看来，所谓非对待领域，只是说它不像有形的事物那样，分别相对，而不是说它与对待之域不相对。既然是相对和相干的两个领域，它们就具有一种内在的联系。非对待之域是对待之域存在的根据，而对待之域则能够彰显非对待之域：“窃尝谓万物本体虽不可知，而可知者止于感觉，但物德有本末之殊，而心知有先后之异。此如占位、历时二事，物舍此无以为有，吾心舍此无以为知。”②

严复承认形上和宗教绝对者，与他所欣赏的穆勒和斯宾塞的经验

① 严复:《〈老子〉评语》,《严复集》第四册，中华书局 1986 年版，第 1075 页。

② 严复:《〈穆勒名学〉按语》,《严复集》第四册，中华书局 1986 年版，第 1036 页。

论和不可知论有关。穆勒一方面受到了培根和休谟的经验主义的影响，把归纳和经验视为知识的根本来源，但另一方面，他又不像休谟那样严守经验的立场，不回答经验之外的存在问题，而是像康德那样，预设现象背后的自在之物和本体，并认为它是不可知的。孔德的实证论同时也肯定超自然性和终极的原因，这很合乎穆勒的要求。索利指出："他在其著作中始终持后人所谓不可知论的态度，而他却乐意用孔德的术语实证主义来称呼它。……他在接受事物的本质特性和终极原因不可理解这样一种观点的同时，还认为这种实证的思想方式并不必然地否认超自然的东西。"[①] 斯宾塞的哲学是一种混合物，对他来说，科学和经验无疑是重要的，但又是相对的。虽然具体事物的存在要以绝对为根据，但绝对是不可知的。不可知的绝对何以是存在的呢？因为如果我们不把具体事物同绝对联系起来，具体事物本身的存在就是不可思议的。对斯宾塞调和经验和超验的立场和方式，索利也有一个说明："视哲学为进一步作了协调的科学的观点把斯宾塞的学说带进了实证主义的路线。然而，他并没有对终极实在的本性问题完全置之不理。……如同别人所发现的那样，他也发现必须承认有某种东西处于精确知识领域之外。汉密尔顿称之为信仰领域；斯宾塞说我们对他所谓不可知者具有一种不明确的意识。……他经常把这种不可知的东西作为一种能力，甚至宣称它有利于人类幸福。这些自身不一致处弱化了他下面这个悖论，即宗教和科学能够借把可知者领域指派给后者并限制前者于不可知者领域而加以调和。"[②] 严复的世界之二分，直接受到了穆勒和斯宾塞知识论的影响。严复有一种"根源性"意识，"绝对者"是具体世界的母体，万物必须由它孕育出来。理性不能停留在有限的地方，经验世界的根据不能从经验世界中去寻找，必然有终极性

① 索利：《英国哲学史》，段德智译，山东人民出版社 1992 年版，第 266 页。
② 同上书，第 275 页。

的根据。形而上学和宗教的绝对者，就是其终极性的根据。就形而上学和宗教雄心勃勃地提供意义和价值的基础来说，它们是超越性的价值信念和信仰。现在我们就进入严复的“宗教观”中。

严复把“宗教”视为超验的领域，就是他对宗教的一个理解。在严复那里，与“学问”（科学）相对的就是“宗教”，严复用“学”与“教”来区分。像中国传统那样，严复喜欢使用单音节词来表达他的思想。但单音节词不如双音节词，因为双音节词有一种互补性。严复使用的“教”就是指广义的“宗教”。他还使用过“教宗”一词，这是他接受和使用“宗教”之名之前使用的一个作为“宗教”对应语的词汇。“教宗”的说法也带有严复用语的特点，严复翻译词尾为 lism 的词，喜欢把它译为“某宗”。作为“学问”的“学”的意义，主要是指科学，但它不是狭隘的自然科学意义上的“科学”，它包括了社会科学，如经济、法律和政治，特别是严复推崇的社会学。在严复那里，“学”还被他称为“形气之学”（后称之为“科学”）。在严复看来，“学”与“教”的二元化，是社会进化和分化的产物，正是这种分化，分门别类的专门化的学问世界被系统地建立了起来，并与宗教有了明确的界限。在《救亡决论》中，严复第一次提出了“学”与“教”的区分：

> “教”者所以事天神，致民以不可知者也。致民以不可知，故无是非之可争，亦无异同之足验，信斯奉之而已矣。“学”者所以务民义，明民以所可知者也。明民以所可知，故求之吾心而有是非，考之外物而有离合，无所苟焉而已矣。“教”崇“学”卑，“教”幽“学”显；崇幽以存神，卑显以适道，盖若是其不可同也。[①]

---

① 严复:《救亡决论》,《严复集》第一册，中华书局 1986 年版，第 52 页。

在这里，严复主要从两个相互联系的方面对“教”与“学”做了区分，一方面，他仍然是立足于“不可知”与“可知”的立场。[①]“学”是“可知的”，所知有“是非之分”，并可以通过求证和验证，排除虚假的东西而获得真实的知识（“黜伪而存真”），与此不同，“教”不可知，也没有“是非之分”，是无法验证的信仰领域。按照这个区分，“学”追求经验实证性的知识，“教”只是追求信仰。严复又强调说：“今夫教之为物，与学绝殊。学以理明，而教由信起，方其为信，又不必与理皆合也。”[②]另一方面，严复对“教”与“学”所做出的另一个重要区分，牵涉到“学”与“教”的不同社会功能。与谋求解决民众实际生活和利益的“学”不同，“教”是用来“事奉天神”的。这说明严复意识中的宗教，也是以承认“天神”的存在为特征的。在严复那里，学与教的不同又是理解“理”的不同方式：“大抵中外古今，言理者不出二家，一出于教，一出于学。教则以公理属天，私欲属人；学则以尚力为天行，尚德为人治。言学者期于征实，故其言天不能舍形气；言教者期于维世，故其言理不能外化神。”[③]这与上面所说并没有根本上的不同，如同样强调教是为了维持人世而肯定“神灵”的存在，神灵的存在是不能求证的人们信仰的对象。有所不同的是，这里严复是把学与教放在“天人关系”之中来看待的。在他看来，“学”以天为自然的力量，人力根源于自然的力，而道德则是来源于社会人为（“人治”）的结果，这正是赫胥黎的天人观。但是，宗教则把公理、正义和道德归结为“天”，把自然的“私欲”归结为人，为了克服私欲，需通

① 以可知与不可知论“学”与“教”之分，是严复的一个基本看法，他在《〈原富〉按语》中也曾说：“若夫人心神智之用，有可以知通者，有不可以知通者。可以知通者为学，不可以知通者为教。不知区此，将不徒其学谬悠无实也！而其教亦将以人例天，敢为妄诞之说，以自欺欺世。”（严复：《严复集》第四册，中华书局1986年版，第911页）

② 严复：《〈法意〉按语》，《严复集》第四册，中华书局1986年版，第1021页。

③ 赫胥黎：《天演论》，严复译，商务印书馆1986年版，第92页。

过对超越的正义之神的信仰来实现。

严复的宗教观有时以承认神灵的存在及其崇奉为特征，并认为这是东西方宗教共同拥有的传统。他阐述说："今西国所谓教者，其文曰：鲁黎礼整。考其故训，盖犹释氏皈依之义矣。故凡世间所立而称教者，则必有鬼神之事，祷祠之文，又必有所持受约束，而联之以为宗门徒党之众。异夫此者，则非今西人之所谓教也。……又其所谓师者，非止于授业解惑与夫以善教人已也。必求其似，则犹古者之巫祝，与夫汉世西域之桑门，唐史波斯火教、安息景教、大食回教所有之诸祆，其所业皆介于天人之际，通夫幽明之邮。《记》曰：'礼之近人情者，非其至也。'故教之精义，起于有所不可知。然而人处两间，日与化接，虽不得其朕，而知其必有宰制之者，于是教宗之事兴焉。教宗者，所以合天人之交，通幽明之故，以达于死生之变者也。……顾基督教之流虽多，要皆以耶稣为帝子，皆信其降生杀身，以赎人类本生之罪孽者也。犹太、基督、摩哈穆，三教虽异，要皆以崇信一神为本旨，此其大较也。"[①] 但严复有时又从绝对的"空理"及其对人的规范作用来看待宗教，这使他的宗教观具有了"非人格性"终极实在的特点。上面说到，严复把"宗教"看成是人类探索"道理"的两种方式之一，与此一致，严复曾以"空理"界定宗教说："合一群之人，建国于地球之面。人身，有形之物也，凡百器用与其规制，均有形之事也。然莫不共奉一空理，以为之宗主。此空理者，视之而不见，听之而不闻，思之而不测。而一群之人，政刑之大，起居之细，乃无一事不依此空理而行。其渐且至举念之间，梦寐之际，亦无心不据此空理而起也。此空理则教宗是矣。"[②] 严复这里所说的"空理"，是与可感的"有形"事物相对而又成为其最终根据的"最高实体"，它没有任

① 严复：《〈原富〉按语》，《严复集》第四册，中华书局1986年版，第910—911页。

② 严复：《保教余义》，《严复集》第一册，中华书局1986年版，第83页。

何“拟人化”的“神格性”。从严复对作为佛教终极实在和最高信仰“涅槃”的理解，也可以看出他的“道理性”的“非人格神”宗教观。严复说：“一是涅盘为物，无形体，无方相，无一切有为法，举其大意言之，固与寂灭真无者无以异也。二是涅盘寂不真寂，灭不真灭。假其真无，则无上、正偏知之名乌从起乎？此释迦牟尼所以译为空寂而兼能仁也。三是涅盘湛然妙明，永脱苦趣，福慧两足，万累都捐，断非未证斯累者所及知，所得喻，正如方劳苦人，终无由悉息肩时情况。故世人不知，以谓佛道若究竟灭绝空无，则亦有何足慕！而智者则知，由无常以入长存，由烦恼而归极乐，所得至为不可言喻。……第其所以称不可思议者，非必谓其理之幽妙难知也，其不可思议，即在‘寂不真寂，灭不真灭’二语。……此不徒佛道为然，理见极时，莫不如是。”[①] 严复的宗教观同时包含着终极的“人格神”与终极“道理”两种陈述，这似乎没有让他有任何不安。人类不同地域的宗教传统和信仰，它本身当然不仅仅具有终极性的“人格神”信仰，它也具有终极的“非人格神”的信仰，佛教的“涅槃”（还有“空”“真如”），印度教的“梵”，儒家的“天理”等，都是“非人格神”的“道理”信仰。对一些论述者和信仰者来说，宗教信仰并不意味着都要信仰一个最高的神灵，它可以是对宇宙理性和秩序的信仰。怀特海阐释说：“宗教是某种东西的异象。这种东西既处在常川不住的事物之流中，同时又处在事物的外面和后面。这种东西是真实的，但还有待于体现；它是一个渺茫的可能，但又是最伟大的当前事实；它使所有已发生的事情具有一定意义，同时又避开了人们的理解；它拥有的是终极的善，然而又可望而不可及；它是终极的理想，然而又是达不到愿望探求。”[②] 蒂利希（Paul Tillich）把宗教界定为一种“终极关

① 赫胥黎：《天演论》，严复译，商务印书馆 1981 年版，第 74 页。

② 怀特海：《科学与近代世界》，何钦译，商务印书馆 1989 年版，第 183 页。

怀”，就是要超出终极“人格神”的面向，从更广的意义上来理解宗教。对严复来说，人格神与非人格神并存于他的宗教观中，这与宗教和形而上学在他那里都属于超验的“非对待之域”相联。在“非对待之域”，不管是最高的人格神，还是最高的非人格神，它们都是终极性的实在。

但严复的这种终极性“道理”宗教观，又与他的“进化观”相联。科学主义者对宗教拒斥的原因之一，是他们在以变化和进步的视角欣赏科学的魅力时，他们却在静态中判断宗教，从历史中剥夺了宗教变迁的特性而把它凝固化。为了守护自己地盘的宗教，在同近代兴起并逐渐扩大其地盘的科学的对抗和冲突中，受到了更多的挑战。宗教不得不放弃其解释事物的范围，把一些领地让出来交给科学来处理。为科学与宗教划界的严复，当然仍不能无视近代以来科学与宗教此消彼长的客观情势，如上述他说的“‘教’崇‘学’卑，‘教’幽‘学’显”，就是描述在历史进化过程中从“教盛”到“学昌”的消长趋势，这也意味着科学对一些虚妄东西的否定，意味着人事重要性的增长。如严复说：“乃三百年以还，其中无实虚诬之言，在在为科学之所发覆。”① “使宗教而不任天，则一切之宗教可以废，彼之为此言宜耳。顾自学术之能事日蒸，今乃知民智国力之高下，即在此任天任人之多寡，法令之所能为众矣，岂仅户口多寡间哉？是故弥纶造化，主宰诚不可谓无，而谓人功无取者，此亡国之民也。”②

在严复那里，历史进化对宗教影响的另一个重要表现，是国家与宗教的分化。严复把国家形态分为“宗法国家”“神权国家”和“真正国家”。他的这种区分不仅是分类，也是划分国家的高低等级。按照国家进化的程度，宗法国家和神权国家都是进化程度较低（“浅演”）的

① 严复：《〈法意〉按语》，《严复集》第四册，中华书局1986年版，第1021页。

② 同上书，第1010页。

国家，是初级国家。“神权国家”是以宗教信仰为中心而建立起来的政教合一的国家，是通过宗教的凝聚力而维系的国家共同体。“神权国家”作为国家演进过程中的一个中间状态，它与以宗族和血统为中心而维系的国家共同体和以共同利益及对其保护而维系的国家共同体，形成了鲜明的对比。从进化程度较低的初级国家来看，处在“神权国家”中的“宗教”虽然不是较低的宗教，但仍然是有待进化的宗教。在严复看来，政教的分离在使宗教的功能降低的同时，也相应地使政治的功能增加了，国家通过社会生活和人间事务为人类增进幸福和利益的机会扩大了。

但是，在严复那里，进化为宗教带来的绝不只是退却和失落。宗教作为影响人类精神生活的最有力的因素之一，是不会被轻易击垮的。曾经要求垄断一切解释权的宗教世界观，在科学兴起后其垄断性确实被打破了。但科学试图代替宗教建立一种新的霸权和垄断一切解释权，这种狂妄的目标本身与科学的谦虚性是不相符合的。宇宙和真理的无限性，为宗教留下了广大的空间。怀特海提出要求说：“我们必须记住：宗教和科学所处理的事情性质各不相同。科学所从事的是观察某些控制物理现象的一般条件，而宗教则完全沉浸于道德与美学价值的玄思中。一方面拥有的是引力定律，另一方面拥有的则是神性的美的玄思。一方面看见的东西另一方面没有看见，而另一方面看见的东西这一方面又没有看见。”[①] 严复从来没有科学能够代替宗教或者哲学和艺术能够代替宗教的想法，他相信宗教作为人类生活的普遍方式之一，是不可能被淘汰的。与怀特海类似，严复把宗教与科学划分为两个不同的领域，这就从根本上消除了科学对宗教取代的可能性。科学主义者一般只看到科学的进化而看不到宗教的进化，但在经验领域中信仰“科学”的严复，则看到了超验领域中宗教的进化，看到了科学对宗教的

① 怀特海：《科学与近代世界》，何钦译，商务印书馆 1989 年版，第 176—177 页。

纯化和宗教自身的转化。[①]

“宗教”的进化意味着什么呢？在严复看来，从“多神教”到“一神教”的转变，就是宗教从低级到高级的进化。严复对民间宗教评价不高，因为民间宗教往往是多神信仰，而且夹杂着许多迷信的东西。宗教的进化过程，整体上是它不断自我纯化的过程，是不断过滤和淘汰虚伪和迷信的过程。宗教为什么能够成为人们信仰和崇拜的对象？宗教为什么会成为人们的精神力量？它的内在生命力何在？孟德斯鸠曾提出了一个解释，认为宗教对人类产生有利或有害的影响，主要不在于宗教教义的真和伪，而在于它是否“适用”。这是孟德斯鸠《论法的精神》第五卷第二十四章第十九节讨论法律与宗教的关系时提出的其中一个观点。在孟德斯鸠那里，“适用”是对社会风俗习惯和社会原则的融洽程度，如果具有融洽性，即使是“虚伪”的教义也会生产适合人类需要的“有益性”。严复完全不赞成孟德斯鸠这种立足于“功利”和“实用”的宗教价值观，严复揭示说，难怪孟德斯鸠不能窥见宗教的奥秘，因为他是法律方面的权威。在严复看来，真假与善恶（或利害）一一对应，唯其为真实才会有善和利，而虚假只会带来恶和害。严复相信这是宇宙中的一个普遍公理：“夫宇宙有大例焉，曰必诚而后利，未有伪妄而不害者也。世有哲人，所以汲汲为学者，求理道之真耳。理道之真，所以为言行之是也。是非之判，所以为利害之分也。”[②] 在严复看来，“真善”的统一同样适用于宗教，宗教之所以能够促进人类的福利和善，就是因为宗教教义中的真理；相反，宗教产生危害，则是因为它有虚伪的东西。严复毫不含糊地说：“彼古今宗

---

① 怀特海说明了宗教在科学影响下的进化：“宗教是人类某种形式的基本经验的表现。同时宗教思想这种表现法也不断地在趋于精纯，不断地排除了芜杂的现象。宗教与科学的接触是促进宗教发展的一大因素。”（怀特海：《科学与近代世界》，何钦译，商务印书馆1989年版，第183页）

② 严复：《〈法意〉按语》，《严复集》第四册，中华书局1986年版，第1016页。

教所常有利者，以其中之莫不有真也。而亦未尝不害者，惟其中之尚有伪也。是故学日进，则教日休。何则？伪者渐去，而真者独存也。彼谓宗教之利行，不关真伪，独视其与政俗相得与否，其所见既甚肤，而信道尤不笃。”[①] 需要注意的是，还是在《法意》按语中，严复又有把宗教主要与“善”而不是与“真”联系在一起的看法。如他说：“彼西人之于基督教也，事大类此。夫由是而言之，则五洲宗教，一涉于神灵默示之说，固无所谓其独真，而其道犹绵延不坠者，正在与人为善一言而已。”[②] 但从整体上说，严复的宗教进化观，确实是相信宗教是朝着“真实性”纯化自己的过程，相信宗教的持久存在和强大生命力，就是因为它能够淘汰虚伪的东西而变得越来越纯真。这种“真”，当然不是经验世界中的真，而是不可知的超验世界中的真，是科学无力过问的真，科学帮助宗教的进化，只是洗刷其低级性的迷信，而不动摇其实在的部分。严复辨析说：“前谓宗教、学术二者必相冲突。虽然，学术日隆，所必日消者特迷信耳，而真宗教则俨然不动。然宗教必与人道相终始者也。盖学术任何进步，而世间必有不可知者存。不可知长存，则宗教终不废。学术之所以穷，即宗教之所由起，宗教可以日玄而无由废。”[③] 严复这一思想来自孔德。严复不接受孔德对宗教起源的解释，但孔德区分宗教与迷信，认为科学的进步将使宗教脱离开迷信而变得更加精致，[④] 这一点非常合乎严复的口味。不过同样需要指出的是，严复在区分宗教与学问的时候曾明确认为，“宗教”是把人们带到不可知的地方，在这里无法区分“是”与“非”。说宗教无“是非”之分而又认为有“真伪”之别，这显然是不协调的，至少说不够

---

① 严复：《〈法意〉按语》，《严复集》第四册，中华书局1986年版，第1016页。

② 同上书，第1021页。

③ 严复：《天演进化论》，《严复集》第二册，中华书局1986年版，第319页。

④ 严复介绍说：“科学日明，而后宗教日精，宗教日精由迷信之日寡也，宗教、迷信二者之不可混如此也。”（同上书，第318页）

严密。

严复相信宗教的“真实性”，并认为这种真实性是在人类进化过程中不断扩大的，这是进步历史观的一种反映，也是他面对科学世界的大厦而为宗教寻找坚实基础的一种方式，这一点耐人寻味。因为不少历史进步论者和科学主义者，恰恰根据历史的进化和科学知识的增长而坚持认为宗教是要被淘汰的，而严复却反其道而行之。实用主义者从实用和效果上来解释知识和真理，据此，宗教的真理性也只能从他的实用和效果上来看待，但严复坚持认为宗教之所以是善和有效，正是取决于它的“真”，这是一种对“真善”一致的乐观主义信念。在严复那里，宗教的善，主要就是它的教化和道德功能。事实上，宗教常常被作为道德的根源，宗教提供的道德动力对维系社会起到了不可替代的作用。要具体认识严复建构中国新道德理性的方式与宗教之间的关联，我们就需要看看严复对东西方宗教——基督教、佛教特别是孔教的看法。

二 东西“教化”的比较、“新民德”和“孔教”

如同开始我们谈到的那样，“鼓民力”“开民智”和“新民德”是严复思想中一贯的信念。严复始终坚持认为，中国的自由和繁荣，根本上取决于国民的良好素质。把国家的自强与国民的良好素质完全对应起来，这是基于严复的社会和国家有机体信念。根据他的看法，社会和国家是一个有机体，这一有机体如何取决于构成它的个人（个体）的性质如何，具体来说就是取决于国民的智德力的水准如何。如严复说：“且一群之成，其体用功能，无异生物之一体，小大虽异，官治相准。知吾身之所生，则知群之所以立矣；知寿命之所以弥永，则知国脉之所以灵长矣。一身之内，形神相资；一群之中，力德相备。身贵自由，国贵自主。”[①] 而“民德”和“民性”是构成社会和国家共同体性质（“国性”）更基本、更重要的东西，严复又说：“国者，有机之体也；民者，国之么匿也；道德者，其相吸力之大用也。故必凝道德为国性，乃有以系国基于苞桑。即使时运危险，风雨骤摇，亦将自拔于艰难困苦之中，蔚为强国。”[②] 严复认识到科学和技术可以迅速发展，但是人类道德的进展却非常缓慢，[③] 国民道德素质的提高需要持续的潜移默化来实现。严复反对激进革命的主要理由之一，是坚持“民德”是渐进进化的。“新民德”的说法意味着提高国民的道德，或者是像“新”这个字所表明的那样，是指更新国民的道德。国民道德的更新既然是一个渐进的过程，那么任何制度的选择都必须与此相适应，这使严复在政治上变成了稳健派，甚至是保守派。这里的问题是，严复是如何来更新国民道德的？他的这一愿望与东西方宗教特别是孔教又是如何结合到一起的？

严复要求更新国民道德的立场贯穿始终，但他提出的更新方式却不那么一贯，这牵涉到严复思想中“变”的一面。周振甫曾率先把严复对待传统的立场截然划分为两个阶段，即从早期的反叛传统（同时就是西化）到后来的回到传统，并认为这种转变也是从进步向落后和反动的变化。周振甫变种划分和评论的问题在于，一是把严复变化的时间前移了，也就是认为严复在辛亥革命前已经发生了截然的变化；二是他没有注意到严复变化前后连续性的方面；三是他完全从负面性看待严复的变化。史华慈已经注意到了严复在变法失败后的十年间与此前并没有明显的反差。作为变法派，由于严复没有直接卷入 1898 年

---

① 严复：《〈原强〉修订稿》，《严复集》第一册，中华书局 1986 年版，第 17 页。

② 严复：《导扬中华民国立国精神议》，《严复集》第二册，中华书局 1986 年版，第 342 页。

③ 参见严复：《论教育与国家之关系》，《严复集》第一册，中华书局 1986 年版，第 167 页。

具体的政治改革中，他也因此没有受到变法失败的牵连。严复对 1898 年的政治变法表示同情，但他仍然抱怨康、梁的轻率和鲁莽使光绪帝遭到了软禁。在此后的十多年中，严复一方面坚持通过翻译传播西学和外来观念，另一方面以此来反省传统的观念。面对梁启超和孙中山的激进革命思想，严复没有退却，也没有跟随他们。严复为《法意》所加的按语是一个典型的例子。这部书的翻译前后持续了近十年（从 1900 年到 1909 年），把严复为这部书所加的按语同严复早期的论点比较一下，看不出他复归传统的倾向。严复重新燃起对传统教化的深厚兴致和热情，是辛亥革命之后的产物。辛亥革命后，严复思想的变化，与前后相连的国内外两个重大事件密切相联，一是受到了民国初期袁世凯的短期执政及其后政治危机的明显影响；二是受到了发生在欧洲的那场残酷的世界大战的强烈刺激。在这两个重大事件之下，严复试图求助于传统的教化来寻找出路，特别是欧战的刺激，几乎使他对西方文明产生了一种绝望感。当然，严复对传统价值观的热情，对儒家道德的信心，只能说是在程度上明显增加了。因为即使在他反省和检讨传统的时候，他也不是整体性反叛传统的；他相信通过西学能够发现儒学教义的精义，[①] 那时他对传统的批评往往集中在后儒和制度层面上。严复面对中西传统教化先后发生的变化，大体上可以用“高调”和“低调”来描述。严复早期的中西教化选择方式是“西教高调”和相应的“中教低调”，后期则是“中教高调”和相应的“西教低调”，因此，严复的中西教化选择观，在早期和晚期都不是以断裂的方式而是以连续性的方式存在的。整体上说，严复不是文化激进主义者，也不是相反的文化保守主义者，而是中西、古今、新旧的折衷论者和兼摄论者。我们当然不断机械式地理解这一总体判断，仿佛就像是计算

① 如说：“即吾圣人之精意微言，亦必既通西学之后，以归求反观，而后有以窥其精微，而服其为不可易也。”（严复：《救亡决论》，《严复集》第一册，中华书局 1986 年版，第 49 页）

出来的那样，严复在彼此相对的双方之中保持着十分平衡、不偏不颇的位置。相应于不同的状况，严复的中西、古今、新旧折中立场自然有所移动和调整。那种对严复早期思想所做的“尊今叛古，尊民叛君”的概括，带有夸张性，要从相对的意义来理解。只就严复的《拟上皇帝书》，就不能说他是简单的背叛“君主”，他只是要求把传统的君主制转变为“君主立宪制”。严复自称甲午之际有许多话语积压在他的心头，他一吐为快发表在《直报》上的文章，旨在通过格致新理使民德民智和民力三个最基本的方面得到发展，为中国寻求富强之基。到1898年，他的思路都是侧重于以“除旧布新”来从事“智德力”的奠基性工作：“是以今日之政，于除旧，宜去其害民之智、德、力者；于布新，宜立其益民之智、德、力者。以此为经，而以格致所得之实理真知为纬。”[①]这是严复以谦虚的口吻向梁启超讲述他早期的心迹和思考方式。严复所要“布的新”，主要是广义的“格致新学”，所要“除的旧”，主要是旧制度（如科举八股文）和一些旧观念。严复原则上不是从整体上否定传统教化和过去的事物，他早期曾不时地举出传统中的一些经久性的东西。1900年之后，人们的思想变得激进了，“新旧”对立和不容的思维开始增强，严复看到了这一趋势，他以“新旧兼顾”的思维来抑制这一趋势。在《与〈外交报〉主人书》中，他提出了恰当处理新旧中外的原则——“统新故而视其通，苞中外而计其全”。1902年严复发表的《主客平议》，采取了一个有趣的方式来平衡“新旧之争”。他假设了两位客者的辩论，这两位客者的其中一位，是求新的“新者”，另一位是守旧的“旧者”，他们各持一端，从单向度寻求问题的解决。严复是以“主者”的身份出现的，我们可以想象他的立场会是什么。严复当然不可能选择其一，他相信新旧都是不可缺少的，而且新旧的共存正体现了自由的精神。他说：“窃谓国之进也，新旧二

---

① 严复：《与梁启超书》，《严复集》第三册，中华书局1986年版，第514页。

党，皆其所不可无，而其论亦不可以偏废。非新无以为进，非旧无以为守：且守且进，此其国之所以骏发而又治安也。”①1906年，严复在一次演讲中，也批评了否定和反叛传统的风气，认为先圣创造的历经考验的经久的道理和价值，是不能否定的。他说：“往自尧舜禹汤文武，立之民极，至孔子而集其大成，而天理人伦，以其以垂训者为无以易，汉之诸儒，守阙抱残，辛苦仅立，绵绵延延，至于有宋，而道学兴。虽其中不敢谓于宇宙真理，不无离合，然其所传，大抵皆本数千年之阅历而立之分例。为国家者，与之同道，则治而昌；与之背驰，则乱而亡。故此等法物，非狂易失心之夫，必不敢昌言破坏。乃自西学乍兴，今之少年，觉古人之智，尚有所未知，又以号为守先者，往往有末流之弊，乃群然怀鄙薄先祖之思，变本加厉，遂并其必不可畔者，亦取而废之。”②严复思想后期对传统抱以很大的热情，主要原因是他相信，中国悠久的独特教化传统，使他很幸运地没有陷入欧洲文明的危机之中。在经历了多年的病痛折磨之后，1921年，69岁的严复意识到就要告别人世，在去世前，他写下了他的遗嘱，遗嘱没有涉及任何遗产方面的安排，主要是有关人生和精神方面的训戒，用史华慈的话说都是“他最终处世哲学的公式”。③其中有一条是：“中国不亡。旧法损益，必不可叛。”这里，严复表达了两个信念，一是在隐忧之下他仍然对他的祖国充满着信心；二是对传统采取减损和增加的双向理性化选择。如果说这是严复自己的盖棺定论，那么我们就要看看严复

---

① 严复：《主客平议》，《严复集》第一册，中华书局1986年版，第11页。1898年，严复的挚友吴汝纶在给严复的信中也肯定中西、新旧兼顾的立场：“鄙意西学以新为贵，中学以古为贵，此两者判若水火之不相入，其能熔中西为一冶者，独执事一人而已。其余皆偏至之诣也。”（严复：《严复集》第五册，中华书局1986年版，第1561页）

② 严复：《论教育与国家之关系》，《严复集》第一册，中华书局1986年版，第168页。

③ 参阅史华兹：《寻求富强：严复与西方》，叶凤美译，江苏人民出版社1995年版，第224页。

在生前是如何贯彻这一点的。

严复“新民德”的思想广义上是在中西教化的背景下展开的。他是如何新民德的呢？他要更新的道德又是什么呢？这样的道德与中西教化的具体关系是什么呢？严复的科学观，当然预定了科学的规范性意义。对严复来说，科学不只是实然，而且是人类应该遵循的法则。如他说：“自然规则，昧而犯之，必得至严之罚；知而顺之，亦有至优之赏。以之保己，则老寿康强；以之为国，则文明富庶。”① 一般我们把科学事实与价值分开，但对科学主义者来说，科学不只是事实，它也是一种价值观。严复把真和善统一起来，也说明他相信科学与价值不是对立的。由于严复明确把智慧和道德划分为两个世界，分别作为提高国民素质的两个不同的领域，因此在他那里，科学的规范性意义就具有了明确的限定，它不是指道德上的应该，这也是为什么他把智育与德育区分开的原因。智育要传播给人的主要是真实的知识和真理，德育主要是教育人道和人伦之公，用严复的话，智育是“尚实”，德育是“尚公”；智育关注的是“思理”，德育关注的是“感情”。这再次说明，严复的科学主义（如果可以这样称呼的话）是一种“弱科学主义”，他不像“五四”时期胡适、丁文江等人那样奉行一种“强的科学主义”，对他们来说，科学不仅提供了知识和真理，它也为人生提供价值。

前面我们指出，在经验领域中推重科学的严复，认为“新民德”是最困难的一件事（相对于智和力），也是最重要的一件事。严复更新道德的一个立足点，是把道德教化与政治的“公共性”和“自由性”联系了起来。道德自觉和行为，意味着人的意志自由和自由选择，如果制度安排限制了人的自由，他就不能完全为自己的行为负责。严复

① 严复：《论今日教育应以物理科学为当务之急》，《严复集》第二册，中华书局1986年版，第283页。《严复集》中此段话有明显错误，今改之。

在不少地方都指出，传统政治使人失去了意志自由和选择自由。情况良好的话，他们被作为子孙得到保护；情形糟糕的话，他们则受到奴役虐待。严复实在不能接受“父母官”的观念，因为在他看来，它与奴役性统治所产生的一个共同后果是，国民独立人格不能得到自由的发展。在斯宾塞的《伦理学说公》(Justice in Principle of Ethics)中，严复看到了这一点的最好说明：“言人道所以必得自繇者，盖不自繇则善恶功罪，皆非己出，而仅有幸不幸可言，而民德亦无由演进。故惟与以自繇，而天择为用，斯郅至有必成之一日。”[①] 另外，政治的“公共性”和“公有性”能够造就个人对公共事务的热心和对国家的热爱。在严复看来，自由民主政治是公共性的政治，它使政治权利和政治生活超越了亲情和私情，超越了专制政治对权利的垄断和私人化，民众通过各种方式参与政治生活，使他们产生了与政治事务及国家生活的一体感和共同感，培养起了他们的爱国精神和献身精神。自由民主制度之下的公民，最具有爱国心和最关心公共事务，就根源于此。传统政治缺乏公共性甚至丧失了公共性，天下和国家被私有化，民众被排除在政治生活之外，或者是作为政治的异己而存在，他们就不可能自觉地认同秩序，也很难产生一种爱国的情怀。在严复看来，西方公共政治的命脉是，“于刑政则屈私以为公”，是“以自由为体，以民主为用”，这正是中国传统政治转变的方向。[②] 因为只有通过这种转变，才能为个人的道德发展提供基础和无限的空间。

就直接更新道德本身而论，在严复思想晚期主要采取复兴传统的方式之前，他基本上是在中西道德教化背景之下展开的。其表现之一

---

① 严复:《〈群己权界论〉译凡例》,《严复集》第一册，中华书局1986年版，第133页。

② 严复对中国政治生活的优劣比较说：“中国最重三纲，而西人首明平等；中国亲亲，而西人尚贤；中国以孝治天下，而西人以公治天下；中国尊主，而西人隆民。”(严复:《论世变之亟》,《严复集》第一册，中华书局1986年版，第3页)

是，他以优劣论中西教化之别。如在他看来，西方教化肯定人人都是上帝的赤子，这使社会不同的阶层都具有了受到教化的权利和机会，这种平等精神，培养了大众的道德意识和道德自觉。① 曾经在英国生活多年的严复，对英国民众的精神生活和道德修养有许多感受，他关注宗教教化对大众道德的影响力是很自然的。根据严复所说，欧洲道德教化得益于两个彼此相联的观念：一是在上帝面前人人平等；二是基于这种平等，广大的民众发展出了自我尊重和道德自觉。相比之下，中国传统教化由于缺乏平等精神，平民阶层的许多人就处在教化之外；又由于政治的专制性，他们常常遭受到不被尊重的待遇。虽然在开明的君主之下，他们会享受到仁政带来的利益，他们的不幸处境也会受到同情，但他们的自我人格和道德意识却被忽视了。严复以既是差异又是优劣的立场评论说："西之教平等，故以公治众而贵自由。自由，故贵信果。东之教立纲，故以孝治天下而首尊亲。尊亲，故薄信果。然其流弊之极，至于怀诈相欺，上下相遁，则忠孝之所存，转不若贵信果者之多也。" ② 又如，他认为基督都教导人们宽容、宽恕，哪怕是对自己的敌人和仇人，反对仇恨和报复；而中国的教化则是鼓励人们记仇，以直报怨，教导人们复仇。严复对比说："西之教，曰爱仇，曰宥人之罪，祈天宥我。东之教，曰以直报怨，曰复九世之仇。春秋韪之，以所习之如是。故每闻兼爱之说，则以为非人情。" ③ 在此，严复为非正统的墨子的"兼爱说"进行了辩护，认为张载的《西铭》之道也是"兼爱"之道，孟子和程朱对墨子的指责是无道理的。爱作为人心的自然表现，在众人和亲戚之间是不能设等差和计算的，否则所谓的"恻隐之心"就不能成立，孟子自己就陷入了矛盾

---

① 参阅严复：《〈原强〉修订稿》，《严复集》第一册，中华书局 1986 年版，第 30 页。

② 同上书，第 31 页。

③ 严复：《〈法意〉按语》，《严复集》第四册，中华书局 1986 年版，第 1003 页。

之中。

其表现之二是，严复在中西教化之间进行纠偏和转化。这里的情况，不是中西教化传统孰优孰劣的问题，而是共同带有的偏向问题，即偏面地发展了某种观念，把本来可以统一起来或者兼顾起来的伦理和价值，变成了互相对立的东西，而且这种偏面性不只是中国传统教化的缺陷，它也是西方传统教化的缺陷，"义利关系"是一个典型的例子。严复指出："大抵东西古人之说，皆以功利为与道义相反，若薰莸之必不可同器。"[①] 又说："大抵古今教育不同，古之为教也，以从义为利人苦己之事，必其身有所牺牲，而后为之。"[②] 在严复看来，正义是人类的基本价值，但是正义并不排斥人们的利益；反过来说，真正的利益也不是正义的对立物，它恰恰也是正义的表现。但彼此相互依赖的"义""利"，在中西传统中都被对立了起来。严复提倡一种新的义利观，这种新的义利观来自于他欣赏的功利主义的"开明自营"，即一般所说的"开明利己主义"，也来自他所称道的生理学和经济学。严复对"义利统一"的"开明自营"说津津乐道："今之为教，则明不义之必无利，其见利而忘义者，正坐其人脑力不强而眼光短耳。"[③]"而今人则谓生学之理，舍自营无以为存。但民智既开之后，则知非明道，则无以计功，非正谊，则无以谋利，功利何足病？问所以致之之道何如耳。故西人谓此为开明自营。开明自营，于道义必不背也。复所以谓理财计学，为近世最有功生民之学者，以其明两利为利，独利必不利故耳。"[④] 同是在为《天演论》所加的按语中，严复又把"义利统一"视为类似于科学原理的普遍"公理"加以肯定："晚近欧洲富强之效，

① 赫胥黎：《天演论》，严复译，商务印书馆 1981 年版，第 92 页。

② 严复：《论今日教育应以物理科学为当务之急》，《严复集》第二册，中华书局 1986 年版，第 285 页。

③ 同上。

④ 赫胥黎：《天演论》，严复译，商务印书馆 1981 年版，第 92 页。

识者皆归功于计学，计学者，首于亚丹斯密氏者也。其中亦有最大公例焉，曰大利所存，必其两益：损人利己，非也；损己利人亦非；损下益下，非也，损上益下亦非。”[①] 亚当·斯密所论述的利益关系扩展到了国家之间，在国家与国家之间，真正的利益也是双向的，一个国家为了自己的利益而实行贸易保护，从长远来看，损害的不仅是他国的利益，本国的利益也会受到损害。严复称赞亚当·斯密窥见了“天道之全”，断言如果利益共享的普遍公理失效了，人类就将灭亡：“盖未有不自损而能损人者，亦未有徒益人而无益于己者，此人道绝大公例也。公例之行，常信于大且远者。……嗟乎！使公而后利之例不行，则人类灭久，则天演终于至治之说，举无当矣。”[②] 人们一般把严复看成是“任天为治”的社会达尔文主义者，但严复始终坚持“天道”（作为一种意义的自然法）与“人道”的并行。1918 年，严复在写给李益山（名一山，字汝谦）的信中，把“依乎天理”和“远禽兽”看成人类文明进步的两个根本途径，但近代以来西方科学的进步，使人们相信只要遵循自然的法则就万事大吉了。在此，严复引赫胥黎为同道，因为赫胥黎认为任天为治的自然主义在人类社会中是行不通的。在严复看来，卢梭等人主张的自由民主，其流弊也是纵容人类的自然性而破坏了人道。严复坚持天道与人道的统一，他认为儒家提供了把二者统一起来的智慧。他说：“嗟乎！有若其知之矣，故其言曰：礼之用，和为贵。先王之道，斯为美。小大由之，有所不行。知和而和，不以礼节之，亦不可行也。夫有子、仲弓、颜子，孔门之学为人君者，故最知谓[③] 道。此所谓礼，远于禽兽之事也；所谓和，依乎天理之事也。知此，则礼和偏至，皆不足以为治。他日必出于两者之间，两利俱存，

① 赫胥黎：《天演论》，严复译，商务印书馆 1981 年版，第 34 页。

② 严复：《〈原富〉按语》，《严复集》第四册，中华书局 1986 年版，第 892—893 页。

③ “谓”疑为“此”。

交祛其蔽，而后人类得息肩焉，灼灼明矣。”①

其表现之三是，严复通过西方教化来发现中国教化的精义。我们说严复的思想整体上不是激进主义，其中一个理由就是在他对中国传统教化更多地进行检讨和反省的时候，他仍对传统教化的“根基”保持着一种尊重。这里所谓的根基，是指奠定了中国传统教化基础的东西，无疑它就是后来作为中国传统教化核心的原初儒家，或者是孔子儒家及其经典（特别是像《周易》）。严复把原初儒家与后儒划清界限，在他看来，后儒不能光大原初儒家的真正精神，甚至严重误解了它。作为典型的个案，严复毫不留情地批评了要维护儒家正统地位的韩愈，为此严复遭到了屠守仁的反批评；又如，严复对宋明儒家特别是王阳明也有严厉的批评。在严复眼里，后儒可谓是不肖子孙。如果先儒是指先秦儒家，汉以后的儒家都是后儒，那么对后儒的否定，就等于是否定了儒家漫长的历史，也等于是断送了儒家的生命力。严复为什么要让儒家付出如此的代价呢？一种可能的解释是，严复不敢轻易挑战孔子的权威，他在检讨中国传统教化的时候，要找一个替罪羊，让后儒来承担教化失误的责任。但更合理的解释是，严复回到原初儒家的意识代表了一种思维方式，即复古以开新，它是以维持源头来寻找突破的契机。通常所谓回到古典或回到圣人那里的“复归”，不能忍受当下的平庸，寻求与之划清界限和突破的本真力量。照雅斯贝斯的说法，文明的每一次飞跃都通过对他所说的“轴心期”火炬的重新点燃来实现。他说：“直至今日，人类一直靠轴心期所产生、思考和创造的一切而生存。每一次新的飞跃都回顾这一时期，并被它重燃火焰。自那以后，情况就是这样。轴心期潜力的苏醒和对轴心期潜力的回忆，或曰复兴，总是提供了精神动力。对这一开端的复归是中国、印度和西方

---

① 严复:《与李一山书》，孙应祥、皮后锋编:《〈严复集〉补编》，福建人民出版社 2004 年版，第 315 页。此段引文的原文和标点，据相关文献校之。

不断发生的事情。”[1] 实际上，以对儒家原始经典的不断解释为特征的后儒，常常都要求通过返本来开新。严复通过返本开新的意识，在思维方式上与宋儒可以说具有类似性。但严复的返本却是通过西学这一光照来实现的，按照他的思考，儒家传统的根源处潜藏着许多价值和智慧，由于后来未被识别和光大而埋没了，通过借鉴西学这一法宝就容易发现传统教化的精义。可以看一下严复《译〈天演论〉自序》的说法：“考道之士，以其所得于彼者，反以证诸吾古人之所传，乃澄湛精莹，如寐初觉，其亲切有味，较之觇毕为学者，万万有加焉。此真治异国语言文字者之至乐也。今夫六艺之于中国也，所谓日月经天，江河行地者尔。……夫古人发其端，而后人莫能竟其绪；古人拟其大，而后人未能议其精，则犹之不学无术未化之民而已。祖父虽圣，何救子孙之童昏也哉！大抵古书难读，中国为尤。二千年来，士徇利禄，守阙残，无独辟之虑。是以生今日者，乃转于西学，得识古之用焉。”[2] 从原则上说，这是严复反对西学源于中土或中土“古已有之”的轻浮论调（梁启超在给严复的信中也表示了他的这一态度），因此他

---

① 雅斯贝斯：《论历史的起源与目标》，何兆武主编：《历史理论与史学理论——近现代西方史学著作选》，商务印书馆 1999 年版，第 679 页。

② 赫胥黎：《天演论》，严复译，商务印书馆 1981 年版。这不是一个孤立的说法，如严复在《救亡决论》中也说：“即吾圣人之精意微言，亦必既通西学之后，以归求反观，而后有以窥其精微，而服其为不可易也。”（严复：《严复集》第一册，中华书局 1986 年版，第 49 页）在《〈英文汉诂〉卮言》中，严复说：“果为国粹，固特长存。西学不兴，其为存也隐；西学大兴，其为存也章。盖中学之真之发现，与西学之新之输入，有比例为消长者焉。”（严复：《严复集》第一册，中华书局 1986 年版，第 156 页）而且，严复“执西观中”的思维方式，又基于不同文明之间存在着“共同”的理性和价值这一前提：“且吾闻善为学者，在即异而观其同。今夫五洲之民，苟从其异而观之，则诡制殊俗，其异不可以言词尽也。顾异者或牵乎天，或系乎地，又以相攻相感，所值之不齐，而其异乃大著。虽然，异矣，而其中常有同者，则形质不殊，而所受诸天以为秉彝者，莫不一故也。是故学者，居今而欲识古之圣人所谓达道达德者乎，则必取异民殊种，所必不可畔者而观之，所谓达之理著矣。”（严复：《〈习语辞典集录〉序》，《严复集》第二册，中华书局 1986 年版，第 358 页）

通过西学的光照探讨中土的宝藏不能归结为“古已有之论”，因为他是那个时代少有的能够贯通中西学的人物，这使他的中西学比较具有较高的可信度，但仍然不能排斥其曲解和误解的成分，如司马迁说《易》“本隐而之显”、《春秋》“推见至隐”，严复发挥说演绎法和归纳法原本就是《易》和《春秋》的学问。又如他把《老子》三十五章所说的“安平太”解释为“自由”“平等”和“合群”，恐怕也是这样。撇开这一点，从教化上来说，严复通过西学的光照，以显现儒家“根源处”的精义，确实是一种转化儒家的方式。

如出于“人道”的立场而进行社会救济，往往被认为是应该的，但孟德斯鸠持否定性看法，有趣的是，严复不仅从赫胥黎和斯宾塞那里找到了同样的看法，而且也从孔子那里发现了不赞成的立场。在严复看来，孔子说尧舜的“博施济众”“犹病”，这就表明孔子对“博施”持保留的态度。孔子坚持的是“已欲立而立人，已欲达而达人”的原则，这个原则的实质是帮助人“自立”，而不是纯粹为他们提供具体的帮助。社会救济虽然供养了人的生活，却消磨人的意志和精神，这不是真正的救人之道。严复说：“夫人道之所最贵者，非其精神志气欤？顾世之讲施济者，往往养其躯体矣，而毁其志气，是以禽兽之道待其人也。夫至仁莫如天。天灾之行，若旱干水溢者，天之所以教其民，使之知趋避，而后此能为先事之防，善自救也。是故由天之道，一害之后，其不害者可以无穷，而人类之能力之益进。顾讲施济者不然，必取其事而盾之，使受害者有所恃而不为后计。”①

再如，严复原则上肯定了程颐的名言“饿死事小，失节事大”。“饿死事小，失节事大”规劝的是，人要能够忍受痛苦，哪怕饿死的痛苦，不能因为怕饿死的小事，而丧失掉道德约束的大节。按照快乐主义的伦理学，这句话可以与朱子的“存天理，灭人欲”一样视为理学禁欲主义

① 严复：《〈法意〉按语》，《严复集》第四册，中华书局1986年版，第1012页。

的一个突出表现。但严复告诉我们，西学之理为此提供了合理主义的根据。严复声称他从社会学的立场为这一说法提供了所以然的根据，而且认为这一说法不应该针对女性。他说：“不佞谓居今言学，断无不先治旧学之理。经史词章，国律伦理，皆不可废。惟教授旧法当改良。诸公既治新学之后，以自他之耀，回照故林，正好为此。譬如旧说言必有信，见利思义，不过指人道之当然，未明其所以必然之故也。今则当云是二者，无异自然之公例。一人窃取财物，招摇撞骗，其必害无利，与投身水火同科，必溺必焚，盖无疑义。程伊川云：‘饿死事小，失节事大。’今使深明群学之家讲之，自见此事为一身计，为一家计，为社会计，为人种计，皆饿死为佳，不可失节。失节不必单就女子边说。”①

这里牵涉到了严复“新民德”的特点问题，需要加以留意。从严复为“饿死事小，失节事大”的辩护来说，不能导出他是禁欲主义者的结论，严复反对的是人对自然欲望和自然情感的放纵，要求用道德和伦理加以调节。在孟德斯鸠看来，传统道德教化程度不同地都带有禁欲主义的特点，严复接受了这个看法，认为这一看法对道学来说可谓是“对症下药”：“吾民之言善也，常喜奇瑰而薄中庸，故其于剧亦然。每演忠孝节烈之事，常欲以过情出之，常惨刻之意多，而乐易之风寡。又其意以轻生为大难，而以此为人道之极轨，而不知其所欢忭赞叹者，皆野蛮之道德，而非文明之道德也。是故斯民之好善固同，而不学未化之好善，与学问开化者大有异。”② 根据严复这里的控诉，看起来与他为“饿死事小，失节事大”的辩护相冲突。从一定意义上说，确实如此。但从严复的整体立场来看，他始终是要在人道、天理与人的自然性情（“形气”）之间寻求平衡及和谐。立足于此，一方面他反对禁欲

---

① 严复：《论今日教育应以物理科学为当务之急》，《严复集》第二册，中华书局1986年版，第284—285页。

② 严复：《〈法意〉按语》，《严复集》第四册，中华书局1986年版，第1018—1019页。

主义，反对对人的“生命”的轻视和摧残。严复对传统礼教特别是限制女性的礼教进行检讨和反省，都是基于它过于限制人的自然性情；但另一方面，严复也反对纵欲主义，他告诫人们，礼乐教化是人之所以为人的本质，要求人合理地调节“形气”，保持精神生活的主导性，反对放任自己的自然性情。他说：“盖人之生也，成于形气，而志虑帅之。任形气者，每乐于放肆，而循志虑者，或类于拘牵。放肆之势顺，所乐者也；拘牵之势逆，所苦者也。而人禽之关，实分于此。夫所谓圣贤人者，其功夫无他，质而言之，能以志虑驭其形气，使循理已耳。循理何？抑当前之可乐，以求免于后事之悔吝与祸灾也。使从心所欲，而未见可悔，将圣者犹为之。不然，又乌可以不介介乎？是之谓操守。”[①]很明显，在此，严复一方面要求调和志虑和形气，但同时又强调志虑和循理的主导性。严复“自由观”的一个明显特点就是强调“精神化”和“理性化”，它教导说何处应该自由何处不能自由。在他看来，放任性情的自由，丧失了理性的引导，看上去是自由，实际上是被自己的情欲所控制，自己变成了自己欲望的奴隶，反而是不自由的。严复意味深长地说：“禽兽下生，驱于形气，一切不由自主，则无自繇，而皆束缚。独人道介于天物之间，有自繇亦有束缚。治化天演，程度愈高，其所得以自繇自主之事愈众。由此可知自繇之乐，惟自治力大者为能享之。”[②]可以说，严复的“新民德”要求在道德生活和感情生活之间建立起平衡及和谐，称得上是亚里士多德式的“中庸式”的道德观。[③]

① 严复：《〈法意〉按语》，《严复集》第四册，中华书局1986年版，第1019页。

② 严复：《〈群己权界论〉译凡例》，《严复集》第一册，中华书局1986年版，第133页。

③ 严复整合中西传统教化中的“义利观”，也是在正义和公共利益与个人利益之间找到一个平衡点。利己主义当然是严复反对的，但我们不是也看到严复也反对利他主义，因为利他主义没有在他人利益之间与个人利益之间获得一个合理的平衡。在现实生活中，利他与利己很难有恰如其分的互惠和互利结果，但严复至少相信共义共利在理论上是最合理的，以至于视之为普遍有效的公理。

现在我们就来讨论一下严复对"孔教"的看法。在严复那里，这个问题较为复杂。单就用语来看，严复所说的"孔教"不可避免地与"宗教"纠缠在一起，因为康有为提出建立"孔教"的初衷，就是要把孔教与其他"宗教"相提并论。但严复对康有为的"孔教说"和"保教说"持怀疑态度，他认为提出建立孔教论不过是为了与其他宗教争门户。在严复看来，保护宗教的真正方法是身体力行宗教的教导，口是而行非只会败坏宗教。各种不同的宗教都预设了天人之间的分际和界限，为了约束人的行为而规定了一些诸如不杀、不盗、不淫、不妄语和不贪财等戒律。如果真要保教，首先就要严格按照这些戒律而行动，保护孔教当然也要在行动上皈依孔子，但实际上人们并不按孔子的教导行事。严复强调，只是从形式上或口头上唱孔教的高调，结果只会破坏孔教；如果人们严格实践孔子的教导，即使不讲保护孔教，孔教自然而然就昌盛了。对孔教的这些说法，是严复 1898 年 6 月发表的《有如三保》提出的。在此前的 1897 年 3 月，严复写给梁启超一封长信（梁回信说"读赐书二十一纸"，现在我们看不到这封信），这封信中，严复已经对保教发表了看法，基本立场是不赞成"保教说"，梁启超是这样转述的："来书又谓教不可保，而亦不必保。又曰保教而进，则又非所保之本教也。"① 这里所说的意思，与严复上面的看法是一致的。但此时的梁启超从思想和学术自由的意义上赞成严复的立场。1902 年 2 月，梁启超在《新民丛报》第二号上发表了《保教非所以尊孔论》，严复致梁启超的信中说他喜爱"第二期之《论保教》"。这里所说的《论保教》当是梁启超的《保教非所以尊孔论》。梁启超承认他的这篇文章与他数年前的立论"相反对"，是以今日之是否定昨日之非，而严复反过来又赞成梁启梁的立场，但他没有具体说明。

我们知道，严复对"宗教"的理解，一方面主要是立足于西方基

---

① 严复：《严复集》第五册，中华书局 1986 年版，第 1569 页。

督教的背景，在这种背景之下，宗教往往意味着对“神灵”的崇拜；另一方面，由于严复常常把宗教信仰与形而上学的“绝对者”相提并论，认为宗教信奉“空理”，又是以“空理”为“宗主”，因此，他的宗教观又不完全是“有神论”的宗教观。只要具有超验的终极关怀，即使不预设最高的神灵，仍然可以是宗教。对宗教观念的灵活理解，为严复处理不同地域的宗教带来了便利性。佛教是一个例子。严复断定佛教不预设最高的神灵，但佛教仍然是宗教。“孔教”（或“儒教”）作为另一个例子，严复的说法稍微复杂些。一方面，他根据“有神论”宗教观，认为“儒教”不是宗教。1895 年前，严复译出宓克（A. Michie）的《支那教案论》（*Missionaries in China*；原书出版于 1892 年；译本至 1899 年正式出版），这本书是为人们理解和消除中西宗教冲突而写的，因为近代教案问题常常让中外人士深感困惑。宓克对中国教化的一个基本观点是：中国的道德礼义不是通过“神道”来设教。严复赞成这一说法，并补充解释说：“《书》言皇降，《诗》言秉彝，董子曰：道之大原出于天，则中国言道德礼义，本称天而行，但非由教而起也。今之所谓教者，国异家殊，乃鬼神郊祀之事。”[①] 严复的解释未必恰当，因为他指出的“称天而行”的“天”不完全是超越的道德理性，它也具有“神性”，道德礼义本之于“天”，恰恰具有了“神道设教”的意思。西方一些人士常以西方的宗教形态为标准判定中国没有宗教信仰，或者认为儒教不是宗教。同样，严复也以有神论的宗教观，认为儒教确实不同于其他宗教，不能用一般的宗教标准来衡量。儒教之“教”的本义不是“宗教”之“教”的意义。他辨析说：“外人常疑中国真教之所在，以为道非道，以为释非释，以为儒教乎？则孔子不语神，不答子路事鬼之问，不若耶稣自称救主，谟罕蓦德自称天使之

---

① 严复：《〈支那教案论〉按语》，《严复集》第四册，中华书局 1986 年版，第 849 页。

种种炫耀灵怪也。须知目下所用教字，固与本意大异。名为教者，必有事天事神及一切生前死后幽杳难知之事，非如其字本义所谓，文行忠信授受传习已也。故中国儒术，其必不得与道、释、回、景并称为教甚明。盖凡今之教，皆教其所教，而非吾之所谓教也。”[①]根据严复这里所说，不能视儒教为宗教，是基于儒教是以人文和道德为中心的教导和教化。但严复又提出了中国的“真教”问题，他认为“孝”就是中国“真正的宗教”，是中国人崇拜的对象，以此来回答西方人认为中国没有宗教的看法。他说：“然则中国固无教乎？曰有。孝则中国之真教也。百行皆原于此，远之以事君则为忠，迩之以事长则为悌，充类至义，至于享帝配天，原始要终，至于没宁存顺。盖读《西铭》一篇，而知中国真教，舍孝之一言，固无所属矣。西人谓学之事在知，而教之事在信。唯信之笃，故能趋死不顾利害，而唯义之归。此非教莫之使然也。然中国孝子不以天下忘其亲，方正学移孝作忠，至于湛十族不反顾，使西人见此，其诧为大奇者，又当如何？”[②]把“孝”的信仰作为宗教意义上的“教”，这是从另外一个标准来界定宗教的意义。

严复对儒教和孔教的理解，确实具有二重性。一方面，他从“有神论”的宗教观出发，强调儒教或孔教作为“教”的特殊性，甚至不是宗教；另一方面，他又从广义的信仰出发，认为孔教仍然是一种宗教，或者是人文教化宗教。《保教余义》是一篇集中讨论孔教的文字，这里也提供了他双重理解孔教的一个例证。严复断定秦以后历代王朝都以孔教作为“国教”加以信奉，这说明孔教在中国历史上是作为“国家宗教”而存在的，但在每一时代孔教又是很不相同的。严复这里所说的“孔教”或者“国教”，都是作为“宗教”来看待的；但从比较

---

① 严复:《〈支那教案论〉按语》,《严复集》第四册，中华书局1986年版，第850页。

② 同上。

的意义上，严复又把孔教与其他宗教形态加以区分，认为孔教具有自己的显明特征。他指出："孔教之高处，在于不设鬼神，不谈格致，专明人事，平实易行。而大《易》则有费拉索非之学，《春秋》则有大同之学。苟得其绪，并非附会，此孔教之所以不可破坏也。"[①] 一般认为，儒教不预设神灵的存在，也不讲出世和来世，它不是"宗教"，但对严复来说，这正是孔教的高明之处。只是，这种高明的孔教，超出了中国民众所能接受的程度，未能成为大众的信仰，它只能以国家宗教而存在。严复相信，人必须通过一种宗教来慰藉心灵，中国民众无力接受孔教，结果只能接受适合其进化程度的宗教，而佛教的传入正好满足了中国民众的需要。他这样说："既不用孔教，则人之原性，必须用一教，始能慰藉其心魂。于是适值佛法东来，其小乘阿食一部，所说三涂六道，实为多鬼神之说，与不开化人之脑气最合，遂不觉用之甚多，而成为风俗。"[②] 同理，严复认为，中国民众接受以"多鬼神"和"不平等"为特征的低等性的宗教——土教也是自然的。[③] 他这里所说的"土教"，当是指中国人的"民间信仰"。"民间信仰"与社会精英分子所信奉的儒教或者国家宗教确实有别，二者都只能代表中国宗教生活的一个方面，如果把一个方面挑出来作为中国人宗教信仰和生活的

---

① 严复:《保教余义》,《严复集》第一册，中华书局 1986 年版，第 85 页。但严复批评孟德斯鸠的儒教观，认为儒教并不否认灵魂的存在。他论证说："孔教亦何尝以身后为无物乎？孔子之赞《易》也，曰精气为物，游魂为变。《礼》有皋复，《诗》曰陟降，季札之葬子也，曰：体魄则归于地，魂气则无不之，未闻仲尼以其言为妄诞也。"严复认为，在中国传统中，真正不主神灵之说的只有佛教，但在这一点上，他仍然有自相矛盾之处，因为他也认为中国民众所接受的佛教，又是"多鬼神之说"。

② 严复:《保教余义》,《严复集》第一册，中华书局 1986 年版，第 85 页。

③ 严复以既是论证又是激烈批评的口吻说："遍地球不文明之国所行土教，有二大例：一曰多鬼神，二曰不平等。支那名山大川，风雷雨露，一村一社各有神。东南各省则拜蛙以为神，河工之官则拜蛇以为神，载之祀典，不以为诞。时宪书者，国家之正朔也。吉神凶神，罗列其上，亦不以为诞。此非多鬼神而何？官役民若奴隶，男役女若奴隶，盖律例如此也。此非不平等而何？"（同上）

整体，自然难以成立。严复所说的“而吾国之民，上者乐天任数，下者谄鬼祷祈。此其性质，实与宗教最合”，[①]这里所谓“上者”与“下者”之分，恰好包括了这两个方面。西方人对中国人宗教生活的误解之一，就是以民间信仰为中国人信仰的整体。陈荣捷的《现代中国的宗教趋势》，特意区分人文宗教和平民宗教，就是希望西方人认识到，在中国，除了民间信仰，还有文人和知识分子信仰的人文宗教。[②]在中国历史上，民间大众信仰和精英分子信仰的不同，也是相对的。如严复所说的“孝”的信仰，对中国人来说就非常普遍和广泛，并不限于一个阶层。

前面我们谈到，在辛亥革命之后的民国初期和欧战之后的几年中，严复对传统的热情明显提高了。严复对革命共和的一贯不赞成立场，自然使他把民国初期的政治混乱和世风人心的败坏归咎于它；袁世凯强调秩序和权威以及帝制失败后的政治危机，首先促使严复通过传统的力量来克服道德和意义危机困境。在此，许多人士联合了起来。严复原本对康有为的“孔教”主张不以为然，但在1913年，至少在形式上，严复参入了“孔教”的活动之中。这一年6月，以他为首，由梁启超、林纾、夏曾佑、马其昶、姚永概、吴芝瑛等200多人签名，发起成立了北京的孔教会。这一“孔教”活动，与此前的孔教活动相呼应，构成了民国初期整个孔教运动的一部分。[③]严复声称，他组织发起北京孔教会是“被动的”。他所说的“被动”，大概是非由他主动提出，而是别人建议的。但是，既然列名参加了孔教会，而且还

① 严复:《〈法意〉按语》,《严复集》第四册，中华书局1986年版，第1010页。

② 参阅陈荣捷:《现代中国的宗教趋势》，廖世德译，文殊出版社（台北）1987年版。

③ 附带来说，1912年初，南京临时政府颁布的法令，其中一项是废止小学读经和跪拜孔子的礼仪。作为对此的一种逆反，1912年10月7日，由陈焕章、沈增植、梁鼎芬、陈三立等人发起的孔教会在上海宣布成立。1912年底和1913年初，北京政府教育部和内务部，分别批准了孔教会的立案。

是首领并参加活动，这表明他不完全是被动的。这与他后列名“筹安会”的“被动性”不可相提并论。同年 8 月，严复还在一个呈辞上列名，这是由陈焕章起草的要求宪法明文定孔教为国教的呈辞（提交参众两院，由严复、梁启超、夏曾佑和王式等联署）。严复称这个呈辞“不足呈”，我们猜想他可能对陈焕章起草的呈辞看不上，或者不赞成把孔教立为国教。但他既然列名，就不能说他反对这样做。1913 年 9 月 3 日，严复出席了孔教会在北京国子监举行的具有政治色彩的祭孔活动，并做了“民可使由之”的演讲，与严复同台演讲的还有梁启超，他演讲的主题是“君子之德风”。严复的演讲稿以《“民可使由之，不可使知之”讲义》发表在 9 月 5 日和 6 日的《平报》上。差不多也是在这个时段，严复在中央教育会发表了有关读经的演说。这个演说稿后以《读经当积极提倡》为题发表。1914 年 11 月，严复积极主动地在参政院提出了他草拟的“导扬中华民国立国精神”议案，[①]“议案”经过讨论通过，袁世凯以命令的形式要求各地付诸实施。[②]1914 年，严复译出了卫西琴（Alfred Westharp）的《中国教育议》。卫西琴作为一位热衷于中国传统和孔子的西方人，在中国一直找不到知音，在他失望和就要离开北京之际，他遇到了严复。他把他的几部著作送给严复，其中有一部严复在一次不经意的翻阅中被吸引住了，这部书对中国传统教化的倾心，正好合乎当时严复日益增长的从传统中寻找力量的愿望，他很快把它译成了中文，严复在《译者按》中称：“其所言虽不必尽合于吾意，顾极推尊孔氏。以异种殊化，居数千载之后，若得其用心，中间如倡成己之说，以破仿效与自由，谓教育之道，首官觉以达

① 这一议案，又以《加以提倡国民性案》为题发表在同年 11 月的《宗圣杂志》（第一卷第 10 号）上。

② 1914 年 11 月 4 日的《政府公报・命令》称：“将此项建议案饬属晓谕人民，一面悬挂各校讲堂，刊登各课本简端，以资儆惕，务期家谕户晓，俾人人激发其天良。”

神明，以合于姚江知行合一之旨，真今日无弃之言也。”[①] 从袁世凯的帝制梦到他暴死，严复对中国的现实更加悲观了，渺茫和失望之情笼罩着他。1916 年 11 月，严复与即将离任的英国驻华公使朱尔典（John Newell Jordon）有一次晤谈。严复抚今追昔，老泪纵横，陷入了绝望之中，朱尔典用中国传统的悠久和深远安慰严复，相信中国能够走出困境，[②] 这使严复略感欣慰。出于对传统的热情和期望，这一时期严复还发表了《思古谈》（载 1913 年 4 月 21 日和 22 日《平报》）和《论国会议员须有士君子之风》（载 1913 年 5 月 21 日《平报》）等。

欧战爆发后，无休止的残酷战争，使严复对欧洲近代文明的信念产生了动摇，一直到他生命的最后，严复对他追求中国富强的事业没有信心了，他觉得科学文明所带来的是人类的灾难。他对科学、自由和民主表现出动摇不定的情绪，有时很失望。当然，此前他对科学、自由和民主已经有所反省。他担心自由被滥用，他把穆尔的《论自由》翻译成《群己权界论》，其中就有一番要求合理运用自由的苦心。他对梁启超的批评之一，就是认为梁启超鼓吹自由而不要求人们同时限制自己的行为，煽动革命破坏而忽视了秩序。[③] 严复还明确意识到，科学的力量是可以被善用也可以被恶用的，它本身不具有使自己纯粹为人类增进福利的道德力量。如 1906 年 1 月，他发表了《论教育与国家之关系》（载《中外日报》），这是一篇在环球中国学生会演说的演说稿，

---

① 卫西琴:《中国教育议》，严复译，《严复合集》5，台湾财团法人辜公亮文教基金会 1998 年版，第 285 页。

② 朱尔典说:“严君，中国四千余年蒂固根深之教化，不至归于无效，天之待国犹人，眼前颠沛流离，即复甚苦，然放开眼孔看去，未必非所以玉成之也，君其勿悲。”（严复:《与熊纯如书》四十七，《严复集》第三册，中华书局 1986 年版，第 659 页）

③ 但是，原则上，严复并没有完全抛弃自由和民主，这只要看看他在《〈庄子〉评语》和《〈老子〉评语》中如何把道家与自由和民主联系起来的，就清楚了。严复指出，问题都出在观念上的偏面性，即人们不能适中地运用观念，都不合中庸。（严复:《严复集》第二册，中华书局 1986 年版，第 350 页）

文中提出了德育比智育更重要、科学会被用于恶的观点，对人类的道德前景深感忧虑。他说："吾国儒先有言，形而上者谓之道，形而下者谓之器。夫西人所最讲、所最有进步之科，如理化，如算学，总而谓之，其属于器者久，而进于道者一。且此一分之道，尚必待高明超绝之士而后见之，余人不能见也。故西国今日，凡所以为器者，其进于古昔，几于绝景而驰，虽古之圣人，殆未梦见。独至于道，至于德育，凡所以为教化风俗者，其进于古者几何，虽彼中夸诞之夫，不敢以是自许也。惟器之精，不独利为善者也，而为恶者尤利用之。浅而譬之，如古之造谣行诈，其果效所及，不过一隅，乃自今有报章，自有邮政，自有电报诸器，不崇朝而以遍全球可也，其力量为何如乎？由此推之，如火器之用以杀人，催眠之用以作奸，何一不为凶人之利器？今夫社会之所以为社会者，正恃有天理耳！正恃有人伦耳！天理亡，人伦堕，则社会将散，散则他族得以压力御之，虽有健者，不能自脱也。此非其极可虑者乎？"① 因欧战而产生的对欧洲文明的绝望，促使严复回归到传统教化中寻找安慰和出路，此时传统教化已不只是对中国有效了，它对整个人类都是有效的。他说："西国文明，自今番欧战，扫地遂尽。……往闻吾国腐儒议论谓：'孔子之道必有大行人类之时。'心窃以为妄语，乃今听欧美通人议论，渐复同此。"②

严复晚年的孔教活动和他对儒家教化的热情基于什么呢？概括起来说，第一，严复相信儒教圣教或圣道具有永恒性和普世性，它经历了长期的历史考验，造就了国性民质，是不可磨灭的永久性遗产。1913 年，严复在写给《宗圣汇志》杂志社的书信中称："伏惟中国孔道如日经天，纵有交食，必无停耀。何者？以所发明合夫人心之公，世

① 严复：《论教育与国家之关系》，《严复集》第一册，中华书局 1986 年版，第 167—168 页。

② 严复：《与熊纯如书》，《严复集》第三册，中华书局 1986 年版，第 690 页。

变虽殷，必不可畔故也。”[①] 严复很遗憾，说他早年学习异类书籍（“旁行”），晚年他才发现了“至道”，他早年的著论不是都合乎中庸之道（“不皆折中”）。1917年，在给熊纯如的信中，严复说：“鄙人行年将近古稀，窃尝究观哲理，以为耐久无弊，尚是孔子之书。四子五经，固是最富矿藏，惟须改用新式机器发掘淘炼而已。”[②] 喜欢韩愈之文的周同愈，对几乎是10年前严复的《辟韩》仍难以释怀，他在写给严复的信（1914年6月1日）中质疑严复，接到信的第二天严复就回信说，他尊敬韩愈，但他更尊重真理。周还质疑说，如果韩愈可以驳斥，那么儒家圣人没有谁不可以驳斥。严复回答说：“至于尧舜禹汤文武周公孔孟氏之道，诚取其说而深观之，固无可辟。即有大经大法行之于今世而不宜者，亦时为之，而群圣相承之用心，则固卓然无可议者也。”[③] 严复的回答表明，他几乎把先儒先圣之道与真理同视了。1917年，福建同仁为七十岁生日的陈弢庵祝寿，严复利用祝寿的机会（《太保陈公七十寿序》）盛赞儒教圣道的至上性：“至若唐虞以来，其所以弥纶天地，纲纪万方，而为民制为相生养之道者，可谓至矣。树仁义，广教化，即穷而必变，亦将有因革损益之道焉。至于大经大法，不可畔也。”[④] 严复认为，人类经过长期积累和演变而形成的道德和人伦规范，当然可以损益，但根本的原理和理念则是颠扑不破的。同样，严复回归“经典”，提倡人们重新读经，也是基于“经典”所蕴藏的常道和常伦。在他看来，国之所以为国，国家民族的根性、传承和精神，都是在传统教化中形成的，而蕴藏着真理和价值的经典则是教化

---

① 严复：《与〈宗圣汇志〉杂志社书》，孙应祥、皮后锋编：《〈严复集〉补编》，福建人民出版社2004年版，第309页。

② 严复：《与熊纯如书》，《严复集》第三册，中华书局1986年版，第668页。

③ 同上书，第718页。

④ 严复：《太保陈公七十寿序》，《严复集》第二册，中华书局1986年版，第350页。

的基础。中国传统经典特别是儒家经典，塑造了中国的国性民情和悠久的精神传统，而且西方传统的教化亦应该与中国传统的经典教化相暗合，以此又肯定了人类具有以经典为基础的普遍的教化传统。他说："盖不独教化道德，中国之所以为中国者，以经为之本原。乃至世变大异，革故鼎新之秋，似可以尽反古昔矣；然其宗旨大义，亦必求之于经而有所合，而后反之人心而安，始有以号召天下。……今之科学，自是以诚成物之事，吾国欲求进步，固属不可抛荒。至于人之所以成人，国之所以为国，天下之所以为天下，则舍求群经之中，莫有合者。彼西人之成俗为国，固不必则吾之古，称吾之先，然其意事必与吾之经法暗合，而后可以利行，可以久大。盖经之道大而精有如此者。"[①] 这也正是严复为"古"辩护的内在根据。"古"绝不仅仅是指"过去"和"以往"的时间概念，它是凝聚着历史和传统丰富遗产及生命力的世界。严复有一篇文章题为《思古谈》，对"古"的关注，并不是否定"新"，而是让人们知道为什么要珍惜古物，以规劝他所说的"蔑古之徒"。严复强调，古人创造的有价值的事物是不朽的，恰如是"不废江河万古流"。"古"的概念，类似于我们现在一般所说的"传统"。严复对"古"的辩护，并非是"复古主义式"的或"传统主义式"的，因为他肯定的只是传统中不朽的事物，肯定我们不能割断与传统和古代的关联。严复考辨说，爱国（patriotic）的本义是祖父（pater），爱国首先要爱自己的祖父，因为祖父为我们积累了深厚的东西。传统和过去，是人类文明和教化不断积累的产物，它不断地滋润着后代，塑造着国家和民族的性情和精神，如果没有传统的遗产，我们来源于何处呢？严复以感恩的口吻说："质文递嬗，创制显庸，聚无数人之心力，勤苦为之礼乐文章焉。至于吾侪，乃得于民种之中，而犹有当前之地位，如是之阶级，则推原返本，非席吾古人之遗泽，又何从而

① 严复：《读经当积极提倡》，《严复集》第二册，中华书局1986年版，第331页。

得之！”[①]

第二，严复思想的后期对儒教圣道和价值进行了富有特色的重新诠释，虽然并不系统。严复不是仅从原则上断定与宣称儒教的普世性和永恒性，而且他也具体揭示了儒教的内在精神和价值。也许是清帝国已经瓦解，在民国始立之时，严复对新政倒是寄予了某种期望，他还为这一新生事物寻找儒教的根据：“即如辛壬以来之事，岂非《易传》汤武顺天应人与《礼运》大同、《孟子》民重君轻诸大义为之据依，而后有民国之发现者耶！”[②]但严复把民主共和与儒家革命大同思想放在一起加以赞扬是偶然的，这完全是他一时性的立场。渐进进化的神话使严复拒绝革命的神话，以国民素质和民德为立脚点，使严复不敢奢望高标准的“共和”美制。现在他居然从儒教的革命、大同和民本思想为革命共和寻找根据，但他很快就失望了，他写下了“美人期不来，乌啼蜃窗白”的诗句。民国初期的失序和混乱，成了对严复过去一贯立场的验证，他也反过来肯定他过去一直对革命共和的拒斥。在日常伦理和规范中，严复认为儒教也提供了基本的原则和尺度，他列举说：“显而征之，则有如君子喻义，小人喻利，欲立立人，欲达达人，见义不为无勇，终身可为惟恕。又如孟子之称性善，严义利，与所以为大丈夫之必要，凡皆服膺一言，即为人最贵。”[③]上面谈到，严复相信立国必须“以其民俗、国性、世道、人心为之要素”，而构成这些要素的东西，都根源于传统，因此，他为建立中华民国国家精神而提出的议案，就借助于传统儒教的道德理念。他特别强调了“忠孝节义”，认为它是中华民族的特性，应该继续以此为立国的精神。他阐发说：“盖忠之为说，所包甚广，自人类之有交际，上下左右，皆所必施，而于事国之天职为尤重。不缘帝制之废，其心德遂以沦也。孝

---

① 严复：《思古谈》，《严复集》第二册，中华书局1986年版，第323页。

② 严复：《读经当积极提倡》，《严复集》第二册，中华书局1986年版，第331页。

③ 同上。

者，隆于报本，得此而后家庭蒙养乃有所施，国民道德发端于此，且为爱国之义所由导源。人未有不重其亲而能爱其祖国者。节者，主于不挠，主于有制，故民必有此，而后不滥用自由，而可与结合团体。耻诡随，尚廉耻，不滮不竦，而有以奋发于艰难。至于义，则百行之宜，所以为人格标准，而国民程度之高下视之。但使义之所在，则性命财产皆其所轻。故蹈义之民，视死犹归，百折不回，前仆后继，而又淡定从容，审处熟思，绝非感情之用事。”[①] 在此，传统的道德原则和规范没有因旧制的废除而失去意义，它们对于新的社会仍然是有效的，是一国公民所不可或缺的道德价值。“民可使由之，不可使知之”，是孔子一句著名的话，按照民主的观念，这句话成为儒教“愚民”的一个根据。严复不相信孔子是主张愚民政策的，他主要从“不可”的“可”、“由之”和“知之”的“之”的意思入手，为这句话进行了重新解读。“不可”一般解释为“毋”或“勿”，即不让或不允许。但严复认为，“不可”是“无法”的意思，即没有办法。“由之”和“知之”的“之”，邢昺解释为“圣人之道”，严复认为是指道德、宗教和法律。在严复看来，人生下来之后，就要受到道德和伦理的教育，它是作为不言自明的前提让人接受，如果使人先懂得了道德和伦理的道理再接受道德，社会群体就无法维持。宗教以不可知为起点，更不是由知而走向宗教信仰，而是从信入手的。在为法律不可知的辩护上，严复似乎又回到了“不许”的意思上，因为人民熟知了法律，民风就不淳厚了。不管严复的解释恰当与否，他的解释确实是别出心裁。

韦伯把传统社会到近代社会的转变，看成是理性化的过程，即信仰和行动的系统化过程。希尔斯解释说：“他所谓理性化是指按照一种统一的中心准绳将信仰和行动纳入一种融贯有序的系统之中。信仰的

---

① 严复：《导扬中华民国立国精神议》，《严复集》第二册，中华书局 1986 年版，第 343—344 页。

系统化就是根除逻辑上的不一致性，破除鬼怪和地方性神祇观念，否定魔力技术，增强一种理论的广度和概括性，将所有参差不齐的个体案例简化到一般种类的水平。信仰的理性化就是根除那些不能归属于更一般性的判断之下的个别判断。行动的理性化则是根除那些按照预期后果来看没有道理的决定，这些后果本身又由更一般地界定的目标来评判，并可以通过一般有效的经验法则加以预测。……理性化是信仰的系统化；它也是行动的系统化。”[①] 正如我们所讲，由于中国从传统社会到近代社会的转变，是在巨大的外来压力之下及其内外冲突中展开的，它的转变就有相应于紧急“变局”的“防御性”和“自卫性”的特点，这就使其信仰和行动的理性化及其体系化工作受到了限制。虽然严复一直坚持超验和信仰领域的自立性，把“新民德”看成是中国自强的根本性战略，在西学的光照下转化传统，后对孔教燃起了激昂的热情，但都没有表现为一种系统化和体系化的特征，甚至是随感而发，因而所产生的效应如何也就可想而知了。

（原载庞朴主编：《儒林》第二辑，
山东大学出版社 2006 年版）

① 希尔斯：《论传统》，傅铿、吕乐译，上海人民出版社 1991 年版，第 389—390 页。

儒家道德理想主义视野下的救世论、文明观和信仰

——辜鸿铭的“良民宗教论”和“孔教观”

一　辜鸿铭的道德救世论和文明观

辜鸿铭是一位典型的保守主义者，甚至是顽固不化的保守主义者，这就是他的一般身份和画像。他的一些“反常性”言论和行为，使他的保守主义性格如此鲜明和特别，以至于我们在他当时以及在他之前和之后都找不到第二个，艾恺（Guy S. Alitto）说辜鸿铭的文化哲学与其他人特别是梁漱溟“无大差异”是不恰当的，其实他们的差异是很大的。辜鸿铭的保守主义（亦被称为“守成主义”），在艾恺那里，又是“反现代化”的同义语。在艾恺看来，这种反现代化的保守主义不是局部现象和孤立性的事件，它是“世界范围内”的一种思潮。这样，作为其中之一的辜鸿铭的所作所为，也具有了超出“个人性”的广泛和类型的意义。[①] 不过，问题的复杂性之一是，保守主义这一用语本身，首先让人感到不安。仅就一个地域来看，保守主义就呈现出多样的色彩；从世界范围来看，“保守主义”的复杂情调和歧义更是可想而知。[②] 在“现代化”作为主流

---

① 有关辜鸿铭的保守主义和反现代化问题，参阅艾恺：《世界范围内的反现代化思潮——论文化守成主义》，贵州人民出版社 1991 年版。

② 有关保守主义问题，参阅哈耶克的《我为什么不是保守主义者》（见《自由秩序原理》下，邓正来译，生活·读书·新知三联书店 1997 年版）、史华慈的《论五四前后的文化保守主义》（见王跃、高力克编：《五四：文化的阐释与评价——西方学者论五四》，山西人民出版社 1989 年版）、刘军宁的《保守主义》（中国社会科学出版社 1998 年版）。

意识形态和主导性的价值观中，“反现代化”自然就容易被作为“否定性”的东西来看待。艾恺根据他对“现代化”的理解而提出的“反现代化”用语，说起来相当清晰，而且他也不是简单地把它作为“否定性”用语或贬义来使用的。但这个用语，还是给人一种“消极性”的感觉。如果“现代化”不是一种纯然的“好东西”，那么，对它的质疑和反省，在客观上就起到了医治现代化带来的病态性缺陷的作用。还有就是，“现代化”是对一些新出现的相互联系的事物及其趋势进行描述和解释的一个术语，并不是这些事物一开始就是在“现代化”的意识之下展开的，因此，对于新事物造成的不良状态和结果进行批评，自然也不是以“反现代化”意识展开的。那些被称为世界范围内反现代化思潮的部分人物，在欧洲一般也不称之为“反现代化”，而是称之为“浪漫主义”，特别是罗素和怀特海所描述的那些浪漫主义人物。①

我们对辜鸿铭的保守主义和反现代化产生疑问，严格而论，不是要提出一个他不是保守主义或非反现代化的反命题，而是认为这样的表述容易掩盖他的思想的内在实质。中文“保守”的字面含义就是保持和守护过去的事物。辜鸿铭主要不是出于事物是过去的而去保守，不是出于事事要有先例可循而去守护过去，虽然实际上这正是保守主义的一种表现，或者说是保守主义的一种形态，如慈禧痛斥光绪，就说他要改变“祖宗之法”，在她看来仅凭法是祖宗的就不能改变。辜鸿铭的保守性，立足于传统文化的普遍意义和普遍价值之上。② 从形式上

---

① 参见罗素的《西方哲学史》下卷（商务印书馆 1982 年版）、怀特海的《科学与近代世界》（商务印书馆 1989 年版）。

② 史华慈指出，以是“传统的”和“过去的”就是“权威的”这种方式为自己辩护的人实际上很少，“大多数思想家、预言家和圣贤们即使证明‘现存事物’，也还是用揭示事物普遍永恒的规范真理的启示、直觉或推理来为自己辩解。他们以普遍性规范来证实现存的传统，绝少说传统因为在继续和发展就证明其是正确的”。（本杰明·史华慈：《论五四前后的文化保守主义》，王跃、高力克编：《五四：文化的阐释与评价——西方学者论五四》，山西人民出版社 1989 年版，第 150 页）

看，辜鸿铭好像事事都要为传统的或已经存在的事物进行辩护，我们常常举出的那些例子，不仅能够证明他的顽固不化，而且也能够证明他的古怪。因为那些过去的事物，在“新学”看来，早已是不言自明应该抛弃的东西。从这种意义上说，辜鸿铭确实“古怪”，加上他的才华，他就成了“杰出”的“怪人”。[①] 但是，他并非不可理解，关键是我们如何理解他。艾恺试图对辜鸿铭“激烈的偏袒中国文化的每一个方面”提出解释，认为这是由于辜鸿铭的非西方亦非东方的背景，他一心一意想证明他是真正的中国人，而不是被作为“外人”的“假洋鬼子”。[②] 这个解释过于外在化或表面化。如果是这样，我们就很难想象在一段时期他会受到欧洲的欢迎，他会被一些欧洲人士奉若神明。问题的关键是，在他常常受到批评的他对中国人的一些行为习尚几乎是偏执性的申辩之外，或者是在他的那些愤世嫉俗和与众不同的举止之外，辜鸿铭为我们提供了什么深层次的东西和内在的力量。

贯穿在辜鸿铭的整个著述之中被他执着关心的主题，是他为“东西方”，更广地说是为人类寻求“道德”上的出路。辜鸿铭一生的前半期生活在越来越暴露出弊病的西方资本主义世界中，而且他在西方文学和思想世界中所接受的恰恰又主要是抵制“机械性”“商业性”“实用性”和“物质性”的浪漫主义思潮的洗礼，这激发和培养了他观察西方近代文明及社会的冷峻目光和批判性立场；在他一生的后半期，他受到了人类历史上残酷的欧洲“一战”的强烈刺激。事实上，这场旷日持久和触目惊心的大战，令整个世界震惊和悲哀，西方人笼罩在悲观甚至是绝望的情绪之中。本来就对西方近代文明持怀疑和批评立场的辜鸿铭，对“一战”做出的反应，与其说是悲观和绝望，不如说

---

① 如黄兴涛讨论辜鸿铭的著作，书名就叫《文化怪杰辜鸿铭》（中华书局 1995 年版）。

② 参阅艾恺：《世界范围内的反现代化思潮——论文化守成主义》，贵州人民出版社 1991 年版，第 140 页。

是感叹和感慨，因为他原本就不是西方近代文明的进步论者和乐观论者。“一战”的悲惨性超出了人类对战争的想象，如果有人还能对人类文明保持真正的信心，那他就需要异乎寻常的勇气。西方文明的怀疑论者和批评论者，特别是浪漫主义者，像辜鸿铭所津津乐道的卡莱尔（Thomas Carlyle，1795—1881）、阿诺德（Matthew Arnold，1822—1888）、爱默生（Ralph Waldo Emerson，1803—1882）、罗斯金（Ruskin，1819—1900）等，他们恐怕想象不到西方文明竟会演变出“一战”那样的“大惨剧”。经受了“一战”的辜鸿铭和他引以为同道的迪金逊（Lowes Dickinson，1862—1932），也未必能够预测到西方文明会有如此的巨大变故。那些在“一战”之前已故的辜鸿铭的前辈和朋友，当然没有机会再去反思西方文明的恶果，这是辜鸿铭的历史使命。

感受力最强之时生活在西方而且又深受浪漫主义熏陶的辜鸿铭，“一战”对他意味着更多的东西。它不仅意味着对辜鸿铭给西方文明慢性病态“诊断”的决定性证明，而且更意味着西方近代文明与“一战”之间的“因果关系”。辜鸿铭当然不愿意看到由这种巨大的不幸来证明以往文明病态的不幸。但事实无法回避，人们必须敢于面对。辜鸿铭花费了很多心思去寻找近代西方文明的前因后果，尤其是“一战”的根源，寻找那个时代世界上其他地方严重冲突的原因等。但这只是问题的一个方面，更重要的是，悲天悯人的辜鸿铭主动地承担起了救治人类特别是西方的使命。人类和西方的出路何在？救治人类和西方没落的方案何在？雄心勃勃的辜鸿铭，当仁不让地开出了一张药方，这就是他的“道德救世论”。辜鸿铭的思路并不复杂，他把西方文明的危机和困境都归结为“道德”问题，相应地解决问题的方式自然也只能从“道德”入手。在辜鸿铭看来，西方的整个病症是追逐功利和物质而荒废了“道德”，那么对症下药，就是重新确立“道德”的感召力和震撼力。但是，对辜鸿铭来说，能够救治人类和西方的“道德资源”已经不能通过西方来提供了，因为曾经是西方传统道德之源的基督教似乎是一筹莫展了，或者说它已经没有勇气去医治西方的严重疾病了。对西方文明产生了近似绝望和幻灭感的西方人，也不再指望从西方传统文明寻找出路了，他们把目光转向了西方之外的文明，他们对中国古老文明的兴趣陡然剧增。这当然不是西方人的唯一选择，从哪里毁灭就从哪里建立，西方人整体上仍然希望从自身寻找力量，他们希望通过基督教重新鼓起勇气。辜鸿铭提供了一个例子，如梭尔白斯（Alfred Sowerbys）对问题的回答。辜鸿铭指出了欧洲所遇灾难的严重性，也提出了需要回答的问题："鉴于可怕的灾难性的变故——由一亿七千万人的激情挑起，并用科学的精巧的屠杀和毁灭性工具武装起来的战争——人们几乎失掉了勇气。此时，如果人们在心中自问：整个世界、文明和人类还有一线希望吗？"[①]梭尔白斯的回答是“有”。他不相信基督教在欧洲就失败了，他鼓励教士们加倍努力，“让基督的福音和意志控制和化解人类的激情和刚愎自用”，他劝告人们“不要鲁莽地遽下结论，静心观之，你们会看到主的力量”。然而，辜鸿铭并不满意梭尔白斯的回答，他认为，梭尔白斯的说法很美妙，却又含糊其辞和飘忽不定。他认为，处在迷茫之中的人类，需要更为确定性的东西。欧洲的灾难和梭尔白斯的回答，证明基督教道德苍白无力。但是，基督的失效并不表明人类就没有希望了。人类是幸运的，在欧洲之外，他还拥有能够履行道德功能的体系，这就是中国的“君子之道”，就是中国的“良民宗教”和“孔教”。不管人们是否相信辜鸿铭的承诺，但可以肯定的是，辜鸿铭把人类特别是欧洲的希望，都寄托在了中国的儒家身上。他翻译儒家经典（实际上翻译出的有《论语》《中庸》和《大学》，正式出版的有前两种）的动机，主要不是为了向西方人证明

---

① 辜鸿铭：《君子之道——给“京报”出版商的一封信》，《辜鸿铭文集》上，黄兴涛等译，海南出版社 1996 年版，第 569 页。

中国具有一种真正的文明，以打消西方人对中国的轻视，为中国人挽回面子，满足中国人的自豪感，而是真诚地为人类和欧洲寻找出路。我们相信辜鸿铭在此根本问题上是真诚的，这也是他的可贵之处。正因为如此，他曾经受到了欧洲人的欢迎和敬重。

人类文明的危机不限于欧洲和西方，实际上危机已蔓延到了世界的其他地区。对辜鸿铭来说，欧洲和西方的近代文明，不仅导致了它自身的内在困境，而且由于它向世界其他地区的扩散，它已经和正在为那些地区带来不幸的后果。中国是受到这种影响的东方国家之一，它对西方近代文明的效法正在为自己带来许多不良的东西。辜鸿铭自从进入张之洞的幕府之后，他就竭力要成为一位“真正的”中国人，成为拥有中国文明和教养的中国人。他对中国古典文明的日益倾心和向往，与他对近代以来中国革新过程的日益不满呈正比例关系。他身为张之洞的幕僚，但他每每不赞成和不接受张之洞奉行的“新政”政策。对于中国遭遇西方的挑战，辜鸿铭有他自己的考虑和应对方式。纽曼（John Newman，1801—1890）等在牛津发起的复兴基督教传统教义和礼仪的运动，他记忆犹新。他在中国找到了类似物，以至于他把近代中国早期抵制西方自由主义与物质实利主义的要求和行动与之相提并论，称之为中国的“牛津运动”。不过，真正合乎辜鸿铭中国“牛津运动”意义标准的只是晚清政治生活中出现一时的“清流党”或者“清流派”，又主要限于“前清流”，即以李鸿藻为首，以张之洞、张佩伦、陈宝琛和黄体芳（一说是宝廷）为健将（也被称为“翰林四谏”）的一些政治人物。他们被称为“清流”，是因为他们标榜道义和气节，要求纯化官僚作风，严肃纪律和整顿秩序，不顾自身利害、义正词严地揭露达官贵族的腐败；还因为他们不愿向西方妥协，坚持“华夷之辨”，拒绝接受西方的器物文明，主张对西方采取强硬的政策。简言之，清流派是一个以纯洁与严正的风格议论和批评时政并起到了社会舆论作用的松散性政治小团体。辜鸿铭接受了在牛津优雅环境中受过教育的马太·阿诺德的说法，认为纽曼领导的牛津运动的目标是“反对自由主义”，是标榜“进步”和“新学”的自由主义。对辜鸿铭来说，中国的牛津运动恰恰也是抵制与反抗以“进步”和“新学”为主要特征的自由主义。辜鸿铭常常把这种自由主义等同于“物质主义”（或“实利主义”），这些外国的新方法正在作为中国改革的目标被引进。现在，中国的牛津运动反过来又得到了生活在牛津和英格兰的高贵人士的同情和声援，辜鸿铭对他们发自内心的自言自语心领神会：“我们实在同情正在与进步和新学战斗的中国人。这种进步和新学使得他们唯利是图，道德沦丧，为了帮助他们更为有效地战斗并赢得胜利，我们将给他们提供武器。的确，这些武器都取自于进步和新学的武库，但是，我们却用追求美丽和优雅的牛津情感对之加以了调剂，如果可能，用那基督教神圣的优雅和芳香来加以调剂就更好了。”①

但是，辜鸿铭赞扬和支持的中国牛津运动却是短暂的。在中法战争中，张佩伦已经声名狼藉，辜鸿铭回避了他在战争中的逃跑行为。中国牛津运动的原则在中法战争之后明显地被动摇了，张之洞是一个象征，后来他反而成为中国改革的主要领导者之一。辜鸿铭分析了张之洞变化的原因并表现出了很大的同情和理解。他说：“张之洞和所有牛津运动的成员，最初都坚决反对引进外国方法，因为他看到了伴随这些方法而来的粗俗和丑陋。但中法战争之后，他认识到，单是用严正的儒教原则，要对付诸如法国舰队司令孤拔那配备有可怕大炮的丑陋而骇人的战舰一类的东西，是无济于事的。于是他开始调和折中。他一方面感到采用这些丑陋可怕的外国办法迫不得已，不可避免，又认为在采用这些方法的同时，能够尽可能地消除其中的庸俗丑陋成分。

① 辜鸿铭：《中国牛津运动故事》，《辜鸿铭文集》上，黄兴涛等译，海南出版社1996年版，第295页。

在此，我想指出，这样一个事实可以作为张之洞纯洁动机和高尚爱国精神的证据。”[①]在辜鸿铭看来，转向改革的张之洞，天真地试图把儒教的理想同欧洲的新学结合起来，用当时流行的说法就是把“中体”与“西用”结合起来。这样的结合，实际上是要求一个人遵循双重的道德标准。从个人来说，他必须严格奉行儒教的原则；但从国家和民族来说，他则必须放弃儒家的道德原则而接受欧洲新学的原则，即物质和武力的原则。“简而言之，在张之洞看来，中国人就个人而言必须继续当中国人，做儒门‘君子’；但中华民族——中国国民——则必须欧化，变成食肉野兽。”[②]

我们知道，作为国家和民族的目标，“自强”和“富强”演生为近代以来中国主导性的意识形态，这种意识形态与社会达尔文主义结合在一起，表现出强烈的实利主义和强权主义色彩。辜鸿铭抱怨严复宣扬“物竞天择”使国人只知道生存竞争而不知道有“公理”。[③]张之洞主张引进“新学”来武装国家和民族，他投入了自强主义运动（亦称“自强新政”或“洋务运动”）中。他同其他不少人一样，都肯定一个基本事实，中国正处在强权的威胁之下，面临着生死存亡的巨大危险，为了国家和民族的安全、利益，必须超越一般的道德原则。作为一位道德主义者，辜鸿铭只能在特定的意义上同情张之洞的折中调和路线。辜鸿铭直言不讳地称张之洞的调和方式是奇特而又荒唐的。按照辜鸿铭信奉的原则，“你不能既侍奉上帝，又供奉财神”。在越来越世俗的社会情势之下，上帝已经变成了财神，或者说上帝的作用就是帮助我们发财。对于辜鸿铭来说，这既不能想象，也绝对不能容忍。

① 辜鸿铭：《中国牛津运动故事》，《辜鸿铭文集》上，黄兴涛等译，海南出版社1996年版，第315页。

② 同上书，第321页。

③ 参阅黄兴涛：《文化怪杰辜鸿铭》，中华书局1995年版，第310页。实际上，严复相信“公理”。参阅笔者有关这方面的讨论。

辜鸿铭的道德原则是，只能供奉上帝，不能追求物质利益和财富，因为这些东西都是人类心灵的腐蚀剂。不过，由于张之洞品格高尚、动机纯洁，他对儒教与新学的调和，使“新学”成为维护国家安全和利益的手段，进而也成为保护“儒教”的手段，因此，他的调和又是可以容忍的。

但是，像李鸿章、袁世凯这种品性低劣的人，他们不能善于运用张之洞的调和，他们造成了中国的庸俗和腐败，使国民连一般的道德水准都不能保持。可以看一下辜鸿铭对袁世凯和李鸿章的谴责：“在中国，张之洞向文人学士和统治阶层所传授的这种马基雅维里主义，当被那些品德不如他高尚、心地不如他纯洁的人所采纳，诸如被袁世凯这种天生的卑鄙无耻之徒所采纳的时候，它对中国所产生的危害，甚至比李鸿章的庸俗和腐败所产生的危害还要大。”[①] 辜鸿铭引用一位法国作家的看法，这位作家认为一切文明赖以存在的最终基础，是民众具有基本的道德。辜鸿铭指出，袁世凯的所作所为都是在破坏民众的基本道德。他先是背叛了清政府，然后又很快地背叛了革命共和，他不具备基本的道德品质，连起码的廉耻和责任心都没有，他甚至还不如小偷和赌徒。他破坏了道德，败坏了人心。

辜鸿铭痛恨的不仅是袁世凯和李鸿章这样十足的实利主义者，他还痛恨近代以来那些来到中国的商人和传教士。商人唯利是图，传教士不断挑起事端，他们在中国都没有起到好的作用。就连那位接管中国海关，每年都为中国政府增加关税收入的赫德，在辜鸿铭的眼中，比李鸿章更加狭隘、卑鄙和无耻，因为他坚持认为拯救中国的最重要方法，是高额的国家税收。辜鸿铭声称他赞成开放，也赞成“扩展”，但不是政治上和物质上的开放及扩展，而是知识和心灵上的开放和扩

---

① 辜鸿铭:《中国牛津运动故事》,《辜鸿铭文集》上，黄兴涛等译，海南出版社 1996 年版，第 291 页。

展，他认为知识上的开放和扩展是心灵开放与扩展的前提。辜鸿铭没有指出他所说的“知识”是什么，根据他的原则，它不可能是有关实用方面的知识，而应该是有关教养和修养方面的知识。

辜鸿铭所颂扬的中国牛津运动最终失败了，就连张之洞的调和变通最终也走不通。辜鸿铭讲述的牛津故事前后两次都提到，当他在北京再次见到曾经领导他“战斗”的张之洞的时候，他的这位指挥官已经完全绝望了。辜鸿铭还竭力地安慰他，希望继续在他的领导下重返战场。但辜鸿铭不久就失去了他尊敬的、二十多年之中一直关心他的这位保护人，这对辜鸿铭无疑是一个打击。辜鸿铭深知他的事业困难重重，但持道德理想主义的他，依然没有绝望，他倔强地守护着他的道德信念，坚定不移地用道德的力量继续抵制“新学”，抵制模仿和效法西方物质实利主义的改革。

我们必须再次强调，辜鸿铭的信念与近代中国追求富强和自强的主流观念格格不入。面对西方帝国主义列强对华的枪炮政策，中国朝野上下都相信只有通过自强和富强才能实现自我生存。近代早期魏源提出的非常质朴的思想——“师夷长技以制夷”，实际上贯穿在晚清整个国家的发展战略中，只是说法有所不同而已。这种立足于追求“自强”“富强”的改革和发展战略，整体上背离了儒家传统中的人文教化和道德治理路线。对晚清人士来说，这是无奈和被迫的，他们实在不甘心屈服于帝国主义的强权之下。但是，辜鸿铭则以全然不同的方式考虑问题。第一，按照道德主义，任何强权都是不允许的。但如果有一种你认为是非正义的强权，那么你就不能同样用强权去反对它，因为这样你也就陷入了强权之中，你只能选择用道德的力量去对付强权，或者是采取非暴力性的不抵抗主义；第二，即使撇开道德，根据中国十分虚弱的情况，走强权的道路也行不通，它很难通过效法西方强大起来。人们很难耐心地倾听辜鸿铭的逻辑，他们可能会辩解说，道德与国家的强大并不矛盾，国家的强大恰恰为正义提供了保障，但这里面同样存在着破绽。谁都可以这样声称，结果是强大成了国家的根本目标。相比之下，辜鸿铭的“道德的决定论”，反而是一贯的。

“五四”时期，陈独秀等人所领导的新文化运动，本身也有很强的道德主义味道，如陈认为道德自觉是中国最后的自觉。不过，他们声称，他们自觉到的“道德”和“伦理”，是适合现代生活的“新道德”和“新伦理”，它是与“旧道德”和“旧伦理”完全对立的。因此，他们很自然地认为，辜鸿铭顽固坚持的道德就是他们所要反对的“旧道德”和“旧伦理”。一般认为，自强新政、变法维新和革命共和，都没有触及中国的真正问题，“五四”新文化知识分子通过道德和伦理“革命”来拯救中国，把问题深化到了根本的方面。不管这种看法如何，“五四”新文化知识分子，确实用“时间上”的“过去”，断定传统道德和伦理过时了，它们不能适应现代生活的需要。同样，辜鸿铭走的是相反的路线，就像对西方世界做出的承诺那样，他把中国的希望也寄托在传统道德和伦理的复兴上。他相信，孔子儒家所代表的道德文明虽然是过去的创造，但它的精神和意义是普遍和永恒的，整个世界都需要通过它的重新复兴而被拯救。我们不否认“五四”新文化运动的意义，也不轻率地袒护辜鸿铭，但“五四”新文化知识分子反叛传统、把孔子儒家的教义和道德都看成是过时的产物，试图完全摆脱传统，建立全新的道德生活的思维方式，确实有草率性和幼稚性，而辜鸿铭一味通过传统的力量来解决问题，对新的事物和方法表现出类似于生理上的厌恶，也不符合儒家的中庸之道。

话说回来，上面我们考察了辜鸿铭对当时欧洲、中国前途的认识和关切，我们也看到了他提出的解决方案。按照这个方案，只有通过“道德”才能救治东西方的严重创伤和病态。他所说的道德不是来源于基督教或者其他传统，而只能是来源于孔子儒家的教义和信念。这里牵涉两个问题，一是为什么不是别的东西而唯有道德才是东西方的救世法宝呢？二是为什么道德又只能是儒家的道德呢？就第一个问题来说，辜鸿铭以道德为救世的法宝，这是基于他的一贯的“文明观”。

20世纪以来，“文化”是中国最富有魅力的一个词汇，特别是“五四”时期和20世纪80年代，谈论“文化”及“中西文化”十分流行和时髦。也许是因为在中国，人们更喜欢从物质方面来理解“文明”，所以它就不像既包括了物质又包括了习俗、精神和信念的“文化”那样被广泛使用。不过，辜鸿铭则喜欢使用“文明”，而且与侧重于从物质层面上来看待“文明”不同，他主要从精神和道德上理解“文明”。换言之，在辜鸿铭看来，“文明”的核心或者真正属于文明的东西是“道德”和“精神”。辜鸿铭告诉我们说：“文明的真正涵义，也就是文明的基础，是一种精神的圣典。我所说的‘道德标准’，指的就是这个。像道德标准这样的东西，一国之民，如果是紧密团结的，那么，他们所创造的文明就应该达到——制定并发展上述圣典——也就是道德标准的地步。”[①] 按照这种说法，判断文明及其进步的标准只是道德，而不在于物质和技术方面的成就。对此，辜鸿铭有更清楚地说明：“在我看来，要估价一个文明，我们最终必须问的问题，不在于它是否修建了和能够修建巨大的城市、宏伟壮丽的建筑和宽广平坦的马路；也不在于它是否制造了和能够造出漂亮舒适的农具、精致实用的工具、器具和仪器，甚至不在于学院的建立、艺术的创造和科学的发明。”[②] 事实上，辜鸿铭所说的这些东西，恰恰被人们认为是西方近代文明的杰出成就，是人类文明历程中引以为自豪的惊人进步，辜鸿铭也承认西方近代的工业技术和征服自然方面的成就无与伦比。然而，辜鸿铭的兴趣不在这里，他倾心的文明是培养一种什么样的人。他接着说：“要估价一个文明，我们必须问的问题是，它能够生产什么样子

---

① 辜鸿铭：《中国文明的复兴与日本》，《辜鸿铭文集》下，黄兴涛等译，海南出版社1996年版，第280页。

② 辜鸿铭：《中国人的精神》，黄兴涛等译，海南出版社1996年版，第3页。

的人（What type of humanity），什么样的男人和女人。事实上，一种文明所生产的男人和女人——人的类型，正好显示出该文明的本质和个性，也即显示出该文明的灵魂。”①

认为文明的灵魂是培养一种类型的人，认为判断文明的标准在于道德，这样的“文明观”确实与众不同。问题是，人类必须生存，而生存就必须拥有一定的生活条件和获得生活条件的方式，这恰恰构成了人类文明的一个基本方面，也是人类创造性的集中体现之一。辜鸿铭对物质、技术和利益如此轻视，不难想象人们会如何反应。老实说，辜鸿铭没有完全拒绝西方近代的物质文明和技术，他还没有激进到这种程度。如在日本的一次演讲中，为了澄清他的立场，他郑重地声明说：“有人问我为什么这样讨厌西方文明。我在这里公开声明一下，我讨厌的东西不是现代西方文明，而是今日的西方人士滥用他们的现代文明的利器这一点。欧美人在现代科学上的进步确实值得称道。但就我之所见，欧美人使用高度发达的科技成果的途径，是完全错误的，是无法给予赞誉的。……我对西方文明的厌弃，不是厌弃其文明所表现出来的物，而是讨厌所有的欧洲人而不仅仅是德国人滥用现代文明的利器这一点。我认为欧洲并未在发现和理解真正的文明、文明的基础、意义上下功夫，而是倾全力于增加文明利器，就像《圣经》里所记载的建造巴比伦塔的人一样。欧美人只顾将其文明一个劲地加高，而不顾其基础是否牢固。因此，欧洲的现代文明虽然确实是一个让人叹为观止的庞大建筑物，但他就像巴比伦塔一样面临着即将倾覆崩溃的命运。”②这里，辜鸿铭说得很清楚，他不是一般地厌恶物质和技术，而只是厌恶对物质和技术的滥用，特别是被用于战争之中，人类互相残杀。按照辜鸿铭的思考，物质和技术必须以道德和正义为基础，才

① 辜鸿铭：《中国人的精神》，黄兴涛等译，海南出版社 1996 年版，第 3 页。

② 辜鸿铭：《中国文明的复兴与日本》，《辜鸿铭文集》下，黄兴涛等译，海南出版社 1996 年版，第 279—280 页。

能得到合理和正当地运用，否则，它就会被误用和滥用，“一战”是人类滥用技术和物质再惨痛不过的例证了。在此，辜鸿铭可谓是理直气壮。用“一战”来衡量西方近代文明，辜鸿铭也很自然地判定西方近代文明的方向根本上是错误的，它充分发展了物质和技术的力量而不知道如何驾驭这种力量，因为他们没有把文明建立在“道德”和“公理”的基础之上。照此逻辑，西方近代以来的文明，对辜鸿铭来说，恰恰就成了一个“反文明”的过程：“所谓文明，就是美和聪慧。然而欧洲文明是把制作更好的机器作为自己的目的，而东洋则把教育出更好的人作为自己的目的。这就是东洋文明和西洋文明的差别。常有人说，欧洲文明是物质文明，其实欧洲文明是比物质文明还要次要的机械文明。虽然，罗马时代的文明是物质文明，但现在的欧洲文明则是纯粹的机械文明，而没有精神的东西。”①

辜鸿铭以“道德”和“人格”的培养为文明的本质和灵魂，不把物质和技术方面的成就作为判断文明的标准，在他的“义利观”中也有明显的表现。“义利之辨”是儒家传统中围绕正义和利益的关系而展开的一个论题。②仔细考察的话，儒家的义利观有不可以偏概全的复杂性，如孔子并不反对利益，他主张人们首先要过上富裕的生活，然后再对他进行道德教化；孟子倡导的仁政，核心内容也是通过一种土地制度让家家都有保障地过上安居乐业的生活。儒家义利之辨的核心是，把正义放在第一位，主张利益的获得必须合乎正义，在出现正义和利益不可得兼的情况下，要毫不犹豫地选择正义而放弃利益。相比于儒家传统，在西方中世纪基督教传统中，财富和利益受到了更多的

---

① 辜鸿铭：《东西文明异同论》，《辜鸿铭文集》下，黄兴涛等译，海南出版社1996年版，第309页。

② 从一些说法来看，儒家有重义轻利、舍利取义的表现，如大家熟悉的孟子回答梁惠王所说的“何必曰利，亦有仁义而已矣”、董仲舒的名言“正其谊不谋其利，明其道不计其功”，就是其例。

抑制，人们被要求过一种清贫和艰苦的生活。从鼓励和推动人们发财致富、追求利益，从满足这种需要而发展起来的经济制度和商业制度看，近代社会是朝着与中世纪相反的方向演进的。正是根据这一明显特征，滕尼斯把中世纪到近代社会的变迁概括为从封建的“共同社会”到“利益社会”转变。[①]“利益”是新兴资产阶级的最亲密伙伴，也是近代社会的主导性价值。在这种以经济和商业利益为动力的社会中，道德不再是目的，诚信被人们实践不是因为它自身具有内在的价值，而是因为它能够促进和赢得商业利益。在近代中国社会的变迁中，人们为了把追求富强和发展商业利益合理化而展开的一项思想工作，就是消除“义利”之间的紧张关系，相信真正的和长远意义上的利益，恰恰合乎“正义”，不合乎“正义”，就没有利益可言，如严复就如此认为。[②]

回过头来再看辜鸿铭的“义利观”，他的思考同样与中西方的新思维格格不入。辜鸿铭不满意张之洞对洋务新政的妥协，因为新政把国家引向对财富和利益的追求中。辜鸿铭非常尊重张之洞，不过他并不隐讳他与张之洞之间的分歧。辜鸿铭坦承他作为张之洞的幕僚，他的意见从未被张之洞采纳过。张之洞的另一位幕僚告诉辜鸿铭说，你是言之以是非，而襄帅则是言之以利害。张之洞对这个说法十分不满，他告诉辜鸿铭说，他追求的利不是“私利”而是“公利”，“公利”是必须讲求的。但辜鸿铭举出孔子“罕言利”和《大学》所说的“长国家而务财用者，必自小人矣”，坚持认为“公利”也不能作为国家的目标来追求。辜鸿铭还指出，荀子批评墨子“蔽于用而不知文”，但荀子自己就陷入了功利之中而不自知（例证是荀子说“我欲贱而贵，愚而知，贫而富，可乎？曰：其唯学乎”）。在辜鸿铭看来，追求学问更不

① 参阅滕尼斯:《共同体与社会》，林荣远译，商务印书馆 1999 年版。

② 严复转化儒家观念而提出的“开明利己主义”，认为义必利、利必义，对义利统一抱有非常乐观的看法。参阅王中江:《严复》，东大图书公司（台北）1997 年版，第 159—171 页。

能以功利为目的，学问本身就是目的，他这样说："夫明道者明理也，理有未明而欲求以明之。此君子所以有事于学焉。当此求理之时，吾心只知有理，虽尧舜之功不暇计，况荣辱贫富贵贱乎！盖凡事无所为而为，则诚；有所为而为，则不诚。不诚则伪矣。为学而不诚，焉得有学？"[①] 在这一点上，辜鸿铭也对张之洞提出了批评。张之洞曾向那些前来辞别的湖北留学生赠言说："生等到西洋，宜努力求学，将来学成归国，代国家效力，戴红顶，作大官，可操券而获，生等其勉之。"辜鸿铭说，受荀子之学影响的张之洞，他的这种务外和务功利的倾向，不是治学的真正态度。辜鸿铭写过一篇《是义还是利？》的英文文章，此文被收入德文版的《呐喊》之中。可能是重视这篇文章，辜鸿铭自己把它译成中文，题为《义利辨》，收入他的《读易草堂文集》中。这篇从义利关系来反思现代东西方文明冲突和战争的文章认为，现代东西方的冲突、西方列强在中国的行径、中国采取的对策乃至"一战"的灾难，都是追逐"利益"而遗忘了"正义"的后果。他再次引用他非常赞赏的当时一位已故的将军戈登（Charles George Gorden，1833—1885）的话，要求人们照他所说的那样（"在远东，如果我们在黑暗中摸索，最好的道路是按公平和正义行事"），按照公平和正义的原则去行动，而不是按照辛博森（B. L. Simpson，1877—1930）所说的那样，按照如何有利或者有好处去做。不幸的是，各国都从利益和好处出发行事，即使是虚弱的中国也效法西方谋求富强以此抗西方，忘记甚至抛弃了固有的处理国际关系的"正义"原则。

在辜鸿铭看来，作为拯救中国的最好方式，它唯一能做的或者值得去做的，就是向西方证明自己是一个君子国，是一个以正义来行动的国家。如果他真正这样做了，他还可以成为表率，以此来拯救衰败

---

① 辜鸿铭：《张文襄幕府纪闻》，《辜鸿铭文集》上，黄兴涛等译，海南出版社 1996 年版，第 423 页。

的世界文明。辜鸿铭语重心长地说:“我的观点依然是,如果中国能表明自己是一个君子之国,她就能赢得世界的敬重并能借此拯救自己。进而,我宣告,如果中国现在能展示其为一个君子之国,并能将友谊、法律、正义置于有用、利益甚至于个人的安危之上,那么,她不仅能拯救自己,甚至可以拯救世界和目前世界的文明。因为在我看来,从根本上来讲,现在欧洲盛行的可怕战争的最主要的道德原因正在于:欧美各民族的国务活动家和政客们忘记了‘君子之道’,他们的行为即是孟子所谓‘先利而后义’,依据孟子的意思:‘苟为先利而后义’,是‘不夺不餍’的。”①

对辜鸿铭来说,把正义放在第一位,正是中国文明的高明之处,而不像西方文明那样首先是考虑利益。②辜鸿铭有一个大胆的判断,按照这个判断,西方从亚里士多德到霍布斯、洛克再到卢梭和斯宾塞,他们提出的政治学原理都是错误的,错就错在他们都把国家的起源和存在归结为对物质利益的渴望。不管辜鸿铭的这个判断是否恰当,他借此要说明的是,国家存在的真正基础和根据在于道德,而不在于功利和利益。他说他看到,所有人类社会,从家庭到国家都是起源于爱和人类的亲情,而不是利益。如果没有爱,就不可能有各种社会共同体的和睦相处。辜鸿铭举出穿衣的例子,认为人类穿衣也不是纯粹出于实用和功利的考虑,还讲究美感和体面。如果不讲究美感和道德,人们在炎热的夏天或在北京饭店那灼热的舞厅中,就不必穿衣服了。从衣着的美感性和道德性,他抨击共和分子以功利与便利为由要求人

① 辜鸿铭:《辜鸿铭文集》上,黄兴涛等译,海南出版社1996年版,第524页。

② 辜鸿铭以迥然对立的方式比较说:“我们中国所拥有的真正的文明与欧洲错误的不道德的文明是根本不同的,其区别在于:后者以‘新学’教导人们把有用的和利益置于第一位,把廉耻、法律和正义置于末位;而中国真正的文明却以旧学教育和引导人们把廉耻、法律和正义置于任何有用与利益之上。”(同上书,第525页)

们剪掉辫子和改穿西洋服。按说，政治经济学这门学问，本来就是研究如何谋求利益的最大化，但“以义为本位”的辜鸿铭，认为西方政治经济学假定人是自私自利的动物，把满足人们对金钱的欲望当作经济学的目的，这是对政治经济学的根本性误解。辜鸿铭追溯了“政治”和“经济”在希腊语的起源。他指出，在西方，政治是源于“城镇”，经济是源于如何治家的“家道”，政治经济学所讲求的是始于家进而至城镇最终到国家的学问。政治经济学绝不只是有关国家财政和理财的学问，不只是关注人们的利益关系，它也必须处理有关道德的事情，必须坚持人的情义。

总之，从辜鸿铭的“义本位”和经济观可以看出他的文明观的“道德理想主义”特质。不限于义利观和政治经济学，辜鸿铭的文明观是基于道德理想主义，从他严厉批判近代西方一系列新兴的新事物中照样可以看出。作为公众普遍参与政治生活的“民主”制度、普及性的“教育”和大众传媒的“报纸”等，一般都认为这是近代西方文明的典型体现，但是，在辜鸿铭看来，这些被称为“文明”的新事物，弊病重重，甚至根本就算不上是什么文明。在辜鸿铭的视野中，以选举和多数决定为主要特征的“民主”，恰恰是造成现代社会无序和混乱的主要原因。民主把决定权都交给了“乌合之众”，使政治和国家丧失了权威。被多数人选择的政治家，反过来又成了迎合大众的应声虫，他们不敢承担责任，只知附和不知何为正义的多数人。民主走向暴政和独裁，再自然不过了。[①] 辜鸿铭向往的是自称“寡人”和“孤家”的

① 如辜鸿铭说：“对民主作为无王权状态的错误理解，一方面不但打消了现代大多数人对王权统治的信念，而且也打消了对王权本身及人的价值的信念；另一方面，对民主的这种错误的理解，也导致了现在欧洲各国的当政的政治家把权力完全交给一邦乌合之众——一帮现代的对爱国主义带有错误的和颠倒观念的乌合之众。这种观点是他们通过现代教育得到的。”（辜鸿铭：《呐喊》，《辜鸿铭文集》上，黄兴涛等译，海南出版社1996年版，第504页）

中国式帝王和精英分子士阶层的统治，他们造就了秩序和权威，避免了无政府主义。由此也可以理解，辜鸿铭为什么把“一战”的灾难归结为英国的“群氓”政治和德国的强权。不知正义的“群氓”滥用权力、破坏秩序，而德国又滥用强权去恢复和建立秩序，这是辜鸿铭对“一战”根源的基本论断之一。相对于自豪和自夸于“民主”的人来说，辜鸿铭则是不折不扣的“民主制度”的诅咒者。辜鸿铭对现代教育的批判，集中在现代教育把授课和宗教人生的教育分开，而不像中国传统那样，把教育和宗教合二为一。现代教育不断向人们灌输只为自己祖国利益考虑的爱国主义，[①] 不断向人们灌输在战场上为祖国献身的光荣精神。青年人不懂得战争的严肃和可怕性，他们在战场上只会无情地屠杀，而不知道战争的真正意义是为正义而战。为正义而战的战争，不是为了屠杀和破坏，不是杀敌立功，而只是为了解除武装，多多俘虏敌人。对于受到侮辱和攻击施以反击，这是人类争端和战争的最主要的原因。从肯定正义战争来看，辜鸿铭反对以暴易暴、要求宽容、要求以彬彬有礼还报不礼、要求以德服人和不抵抗主义的立场还不够彻底。说到现代报纸，辜鸿铭认为它已经成了新的宗教和新的教会，却是不道德、不分是非的宗教和教会，因为它蜕化成了商业性的“交易”。辜鸿铭以著名的《泰晤士报》对德国在中国的强权辩护为例，说明现代报纸是如何的不道德。1897 年，德国人以武力在山东攫取了自己的势力范围。只要具有正义感和道德良知的人，都会谴责这种强权行为。但《泰晤士报》在它的社论中却大加赞赏，并毫不掩饰

---

① 如辜鸿铭这样概括说：“简而言之，从现代教育的意义上讲，就是高扬祖国的大旗，大谈热爱与赞美本民族人民。基督教的经典中说：‘人类的主要任务就是热爱上帝。’可是在现代学校中，爱国主义的新宗教取代了基督教及其它旧宗教的体系，其经典中云：‘人类的首要任务就是为英国人，为大英帝国；为日尔曼人，为德意志帝国；为日本人，为大日本帝国；为现代中国人，为光荣而伟大的中华民国大唱赞歌。”（辜鸿铭：《呐喊》，《辜鸿铭文集》上，黄兴涛等译，海南出版社 1996 年版，第 499—500 页）

地称赞说“干得好，伟大的德意志！这是对待中国人唯一的办法”。可是到了1914年，当英国与德国开战之后，当英国的盟国日本在山东又去抢夺德国的势力范围时，《泰晤士报》以几乎同样的逻辑称颂日本的行为：“干得好，大日本帝国！如果想进行报复，日本完全有权利把这个国际小偷和强盗赶出中国！”对此，辜鸿铭评论说，世界上有哪个不道德的人会如此不分是非的见风使舵呢！我们知道，对于《泰晤士报》为德国强权行为的辩护，也让欣赏英国文明的严复不能容忍，他认为这是与英国文明不相称的。

可以说，与处处赞赏中国“旧文明”遥相呼应，辜鸿铭处处质疑西方近代以来的“新文明”。按照近代的进步历史观和国家民族观，辜鸿铭的思维，看上去不仅具有文化保守主义特征，而且具有文化民族主义特征。但这只是问题的一个方面，甚至是一个比较表面的方面。进一步说，辜鸿铭的思维是非常典型的“文化普遍主义”。因为他衡量东西方事物使用的是“文明”这种普遍标准，而不是用“东方的”或者是“西方的”这种地域性标准；他所说的“文明”又以普遍的“道德”为基础。但道德为什么又只能是儒家的道德呢？从时空上说，他心目中的普遍道德源于儒家，源于中国，但他赞美儒家君子之道和道德，他肯定中国古代文明，同样不是因为这是属于儒家的或者是属于中国的，而是因为它代表和体现了人类的真正的道德和真正的文明。我们固然可以认为辜鸿铭的“道德理想主义”把中国古典道德理想化了，但儒家道德本身具有的普世性，又正是辜鸿铭坚持把中国古代文明和儒家道德推广到全人类的根据。

正如我们已经指出的那样，整体上看，近代以来中国追求自强和富强的过程，往往又表现为保卫中国文明和文化（教化过程）的过程。但反过来说，又是传统文化和文明失落的过程，是像“五四”新文化运动那样把传统文化“野蛮化”的过程。随着自强运动的受挫，随着技术救国和政治救国的失效，人们把原因归咎到传统文明和文化身上，结果，问题就变成了为了富强和自强，首先就要抛弃和破除传统的文明和文化。但对于辜鸿铭来说，近代以来中国的困境，恰恰是背离传统文明、背离儒家的君子之道和道德理性所导致的严重后果。

二 道德信仰世界:“良民宗教论”和“孔教观”

根据上面的讨论可知，不管是辜鸿铭的“救世论”，还是他的“文明观”，都建立在其道德理想主义之上，而这种道德理想主义，整体上又是来自儒家传统中的道德。在类似于“儒家道德”的意义上，辜鸿铭同时还使用了“中国人的精神”“君子之道”“良民宗教”和“孔教”等术语；而且，他的儒家“道德理想主义”信仰，又是在与其他宗教特别是基督教的比较之中展开的，因此，讨论辜鸿铭如何认识和理解儒家道德，追问辜鸿铭视野中的儒家道德的具体内涵和本质是什么，同时也就是讨论他所说的“中国人的精神”“君子之道”“良民宗教”和“孔教”的意义，讨论他所说的基督教和宗教的意义。辜鸿铭对这些彼此缠绕在一起的问题的解答，可以说既是对儒家道德传统进行的一种重新理解和建构，也是对东西方精神和信仰进行的一种重新理解和建构。

在辜鸿铭论说他的儒家道德理想主义和君子之道的时候，康有为要求建立孔教以及由此引起的儒家与宗教关系的讨论，已经引起了人们关注。辜鸿铭曾以调侃的口吻说，当时在中国谈论宗教，如同剪辫子、戴礼帽和吸烟一样流行。但他没有刻意避开宗教，也没有避开孔教与宗教的关系。他接受和使用当时流行起来的“孔教”一语，但他对制度化和教会化的宗教不感兴趣，更准确地说，他反对这样做，理由是制度化的宗教容易导致僵硬和教条，人们飘浮在仪式和大庭广众之中而没有让自己的灵魂得到真正的洗礼和陶冶。在辜鸿铭看来，实现宗教信仰和精神生活的最佳途径是自我修养与自我陶醉于快乐之中。他从这一角度独出心裁地发挥了大家都熟悉的《论语·学而》开头的那三句著名的话（“学而时习之，不亦说乎！有朋自远方来，不亦乐乎！人不知而不愠，不亦君子乎”），认为一名君子型的儒生，“首先，他必须对其所学怀有无私的爱心，由此他从中得到真正的乐趣；其次，他必须在与那些志同道合的朋友的交往中找到快乐，而不是在有茶、有点心和饮料的大型聚会厅里找到快乐；再次，当人们不认识他或对他一无所知时，他不会抱怨”。[①] 辜鸿铭也正是在他所说的意义上，用英文来翻译这三句话。辜鸿铭相信中国古代具有高雅情趣的饱学之士和儒生，都是由此而进行修养的，“他们却并不想建立孔教会，并不会自己高呼并试图使别人也一道高呼‘孔子！孔子！’在古学馆的儒生们看来，儒教是一种宗教，就像一位英国绅士在回答一位太太问他皈依何种宗教时说的‘所有有理性的人的宗教’。可是，请问，这样的宗教是什么呢？那位太太又道，绅士回答说：‘就是一种所有有理性的人对此达成默契、决不谈论的宗教。’”[②] 但是，改革者的“新学”，这里指的就是康有为等试图建立体制性的孔教，则完全与古学馆儒生的学习方式相背离。体制性孔教的倡导者们热衷于孔教会的组织和华丽的仪式，他们不知道自己去学习，而只知道去教育别人，[③] 但就像瞎子引导瘸子那样，他们“以其昏昏”却想“使人昭昭”。辜鸿铭也使用“国教”一词，但它同样不是康有为所说的“制度性”的意义，不是要通

① 辜鸿铭：《呐喊》，《辜鸿铭文集》上，黄兴涛等译，海南出版社 1996 年版，第 537—538 页。

② 同上书，第 535 页。

③ 辜鸿铭批评说：“‘新学’下的学生……不是三更灯火五更眠，就着油灯研习古往的智慧和美德，而是以各种各样的方式涌向电灯明亮的孔教会大厅，慷慨激昂地向人们讲述怎样建立一个完美的儒家教育制。”（同上书，第 536 页）辜鸿铭趁机批评了民国之后把“学部”改为专以“教育”别人为务的“教育部”。也许辜鸿铭是对的，“学部”这一名称确实有它的优点。

过国家的力量来维持和推行的国家宗教（它指的是什么，我们后面再谈）。不需要体制化的孔教，孔教如何深入人心。辜鸿铭认为，中国古代的学校和家庭，就发挥和起到了教会教堂的作用。因此，当许多人都加入建立孔教会、立孔教为国教的行列中时，这位对孔子的敬仰者，辜鸿铭却不为所动地独自从事着阐发孔教精义的事业。

清末民初人们对儒家、儒教或孔教（“教”字不是判断的标准）是不是宗教的看法，呈现出了耐人寻味的分歧。就是那些主张立孔教为国教的人，也未必都完全一致地认为孔教就是宗教；那些不以儒教和孔教为宗教的人，也绝非都是儒家和孔教的否定派。如梁漱溟等认为儒家不是宗教，则是基于他们对宗教性质和宗教价值的比较消极性的理解，将儒家与宗教划清界限，反而是为了彰显儒家和儒教的高明性与优越性；从宗教观上说，蔡元培、陈独秀等与梁漱溟具有共同的地方，但蔡、陈等反对以儒家为宗教，完全没有像梁漱溟那样有以此来提升儒家地位的意愿，他们是直接抵制把孔教国教化。

比较起来，辜鸿铭的宗教观和孔教观富有弹性，这使他能以广阔的余地灵活地处理不同地域的宗教和信仰。他没有执拗于定位儒家究竟是不是宗教。很明显，有关儒家与宗教关系的争论，有关儒教是不是宗教，在很大程度上取决于我们如何理解宗教。辜鸿铭对儒教是不是宗教，就有两种不同的回答。在他主要以基督教为参照物、以狭义的宗教为尺度来衡量儒教时，他的回答是，儒教不是宗教。这不是辜鸿铭一个人的看法，这是包括西方人在内的一个一般性看法。[①] 这种看法甚至以儒家不是宗教而放大成中国没有宗教、中国人不需要宗教的看法？为什么中国没有宗教？为什么中国人不需要宗教？辜鸿铭引用了曾在中国担任过英国领事官的道格拉斯（R. K. Douglas，1836—

① 非常吊诡的是，也有人正是以基督教背景下的一神论宗教为尺度，得出了儒家是不折不扣的宗教的看法。

1913）的说法。按照他的说法，孔子阐发的简明易懂的道德规范，非常符合中国人的本性。中国人来源于蒙古人种，他们的黏液质头脑不善于思辨，他们对超验的和未来的事物及生活不感兴趣。辜鸿铭同意儒学满足了中国人的精神需要的说法，但不赞成这是由他们的黏液质头脑造成的。他的理由是，人类有心灵，人类有感情和激情的需要，宗教恰恰是一种充满感情和激情的东西，除非有别的东西能够代替它。在中国，儒教就代替了宗教。辜鸿铭承认佛教是宗教，但他似乎不承认佛教也是中国人的宗教，他以儒家为中国和中国人信仰的唯一基础。辜鸿铭说："实质上，中国人之所以没有对于宗教的需要，是因为他们拥有一套儒家的哲学和伦理体系，是这种人类社会和文明的综合体儒学取代了宗教。人们说儒学不是宗教，的确，儒学不是欧洲人通常所指的那种宗教。但是，我认为儒学的伟大之处也就在于此。儒学不是宗教却能取代宗教，使人们不再需要宗教。"①

问题是儒学不是宗教为什么又能够代替宗教的作用。上面谈到，辜鸿铭断定人类需要宗教生活，根据是人类有心灵，宗教为人类提供了感情和激情的满足。那么人类的心灵和情感究竟是一种什么要求呢？辜鸿铭认为，人类需要宗教，就像他们需要科学、哲学和艺术一样。科学、哲学和文艺，都能够从不同侧面满足人的心灵的需要。人类对自然的神秘充满着好奇心，他们因对宇宙和世界奥秘的无知而感到压抑甚至是恐惧。科学、哲学和艺术以不同方式寻求对自然的理解，从而减轻来自大自然的压力。但是，对于普通大众来说，他要减轻来自大自然、来自社会的各种恐惧和压力，就只能求助于宗教。宗教能够满足人的情感需要，是因为它能够给人一种"安全感"和"永恒感"。儒学虽然不是宗教但又具有替代作用，就是因为它同样能够给人一种安全感和永恒感。这是孔子对中国人的贡献，这个贡献"是按照文明

① 辜鸿铭：《中国人的精神》，黄兴涛等译，海南出版社1996年版，第41页。

的蓝图做了新的综合与阐发。经过他的阐发，中国人民拥有了一个真正的国家观念——为国家奠定了一个真实的、合理的、永久的、绝对的基础”。[①]宗教往往意味着对个人的安慰和拯救，孔子为国家奠定的永恒基础，怎么又能化为个人的安全感和永恒感呢？在辜鸿铭看来，这正是儒学的魅力所在，也是中国“良民宗教”的独特性所在（后面再谈）。

辜鸿铭没有拘泥于儒学不是宗教以及由此而来的中国没有宗教、中国人不需要宗教的说法，就主要方面看，他更愿意把儒学看成是一种宗教，或者更倾向于从宗教的意义上去看待儒学，并形成了他的“良民宗教论”和“孔教观”。辜鸿铭所处的知识界，对宗教多抱有非理性、迷信和落后等看法，相信宗教将随着科学等的进步而被淘汰，科学、美育和哲学都将是可供选择的宗教的有力替代者。然而，辜鸿铭对宗教没有来自“进步历史观”的偏见，也不相信宗教将被替代。按照上述辜鸿铭的说法，儒学已经替代过宗教，根本就不需要未来。但在这里，辜鸿铭变换了理解和解释儒学的方式，这就是把儒学纳入宗教框架中来观察。从儒学不是宗教到儒学是宗教，表面上看起来似乎有矛盾，但在辜鸿铭那里，这两个说法并行不悖。当他说儒学是宗教时，他用来判定儒学的宗教标准已经变化了。说儒学不是宗教，他是以基督教和狭义的宗教为标准；说儒学是宗教，他用的是广义宗教的尺度。广义的宗教尺度能够涵盖更多的人类信仰方式，这同时也意味着宗教的更加多样性。辜鸿铭所说的“广义宗教”确实宽广：“就广义而言，我们所说的宗教是指带有行为规范的教育系统，它是被许多人所接受并遵守的准则，或者说至少是为一个民族中的大多数人所接受并遵守的准则。就此而言，基督教、佛教是宗教，儒学也是宗

① 辜鸿铭：《中国人的精神》，黄兴涛等译，海南出版社1996年版，第46页。

教。”[①] 如果以狭义宗教为尺度把儒学纳入宗教之中，需要做的就是努力找出儒学与狭义宗教相同的东西；但在广义的宗教尺度之下，儒学作为宗教已不是问题，问题是它与其他宗教的差异性。在狭义宗教之下，儒学因不是宗教而与基督教和佛教不同；但在广义宗教之下，儒学虽然与基督教和佛教一样都是宗教，但它们作为宗教又各自不同。辜鸿铭真正关心的是，儒学作为宗教不同于其他宗教特别是基督教的独特性。下面，我们就来看看宗教儒学或者辜鸿铭所说的良民宗教和孔教的一些重要特征。

在辜鸿铭看来，基督教和佛教大都把完善自我、拯救个人作为最重要的目标，而这往往又表现为否定现世、肯定来生和来世。与此明显不同，孔教是有关现世的宗教，它关心的是今生今世的人，它不把人生的希望寄托在来生和来世，也可以说它根本就没有来生来世的观念。在现实生活中，孔教要求人做一个“好公民”，而不是像基督教和佛教那样，要求人做一个“好人”。对辜鸿铭来说，这一点非常根本，以至于它成了孔教区别于基督教和佛教的基本特征。我们来看看辜鸿铭是如何说的：“佛教和基督教的宗旨之一，是教导人们怎样成为一个好人。而孔子的学说则更进一步，教导人们，怎样成为一个好的社会公民。佛教和基督教告诉人们，如果人们想成为一名好人，一名上帝之子，人们只需思索灵魂的状态及对上帝的义务，而不必思考现实世界。作为另一种学说的儒教认为，为了保持良好的心境，思考灵魂的状态是很有必要的，但同时还必须思考上帝把人类置于其间的人世，以根据上帝的意愿完成其功业。……事实上，本来意义上的宗教，如佛教和基督教是告诉人们，当人们作为公民居于斯世时，就不能成为好人。因此，要想成为好人就要下决心离开现实世界，不再做一个公民。换言之，本来意义上宗教如佛教和基督教是一种为人们谋划怎

---

① 辜鸿铭：《中国人的精神》，黄兴涛等译，海南出版社 1996 年版，第 47 页。

样隐迹于山林荒野以及为那些在北戴河避暑的小屋里，不干别事，只对其灵魂之状态和对上帝之义务进行思索的人设立的宗教。孔子学说的精义却与此大相径庭。如果人们乐意，可以称之为宗教，也可以称之为道德体系，它告诉人们作为公民应如何生活，即是为那些卡莱尔说的'要纳税、付租金和有烦恼'的人所设的宗教。"① 与其他相对具有"出世"和追求"来世"特性的宗教相比，儒教确实具有"入世"和立足于"今世"亲证自我和社会的特征。不像个人主义者一味要求个人独立于社会那样，儒教则坚持个人同社会和国家之间的不可分的纽带关系。儒教这一思想曾受到个人主义和自由主义者的批评，他们认为儒教抹杀了个性，个人被约束、捆绑在社会和国家整体之中而失去了自我的权利和独立。然而，对于辜鸿铭来说，儒教的强烈"社会性"和"国家性"特征，恰恰是他的优点。他一心要努力证明的就是儒教不是一种"个人性"的宗教，而是一种"社会化"的宗教，因此，他称之为"国教""政治宗教"。需要指出的是，辜鸿铭所说的国教和政治宗教，主要不是指"体制性"和"制度"的意义，而是指人们对国家和王权的信仰，是人们把个人的命运同国家和政治生活统一起来的价值观。在辜鸿铭看来，儒教以国家和王权为最高的权威，谆谆教导人们服从与效忠国家和王权。儒家这样要求人们，是基于这样一种考虑，即只有国家和王权才能保证和平、秩序与安全，人们通过对国家和王权忠诚不二的认同，从而获得安全感和永恒感。《春秋》是孔子晚年为中国确立的典型的政治宗教，它不啻中华民族的一部大宪章或真正的宪法。辜鸿铭崇尚《春秋》的"名分大义"是很自然的，它是"有关名誉和责任的重大原则"，这个原则的实质是要求政治忠诚。对辜鸿铭来说，一位好公民的最重要的品德就是对社会和国家的责任

---

① 辜鸿铭：《呐喊》，《辜鸿铭文集》上，黄兴涛等译，海南出版社 1996 年版，第 540 页。

心与义务感，儒教的精义就是要求人们成为一个好百姓、孝子和良民，因此它也可以称为“良民宗教”。辜鸿铭阐述说：“首先，和平、秩序与安宁乃至国家本身的存在，不是依赖于法律和宪法，而是仰赖于中国的每个臣民都尽自己最大的努力，去过一种真正虔诚的生活，或时髦地说，一种道德的生活；其次，孝悌应作为道德生活或虔诚生活之本；再次，良民宗教的秘密是人们尽义务而不是争权利。人们不对权威表现出不信任和怀疑，而表现出对它的尊崇。孟子用一句话概括了这种良民宗教：‘爱其亲，畏其上，世永昌。’”[①]照这里所说，所谓“良民”就是以孝悌为根本，热爱国家，无私地为国家尽义务。正是由于这种“良民宗教”的作用，中国社会的和平及秩序就不需要通过像西方那种十分硬性的法律和警察来维持。如果说中国因有这种良民宗教是幸运的，那么西方则因没有这种宗教而不幸。

“五四”新文化启蒙者特别是像吴虞和易白沙，[②]激烈地抨击儒家以“名分”为中心的“名教”和以“礼仪”为中心的“礼教”，但在辜鸿铭的视野中，名教和礼教恰恰是儒教的核心价值。儒家的“孝”“家庭”和“祖先”信仰，整体上也是与“国家”信仰联系在一起的。从孝到忠、从祖先崇拜到圣王崇拜、从齐家到治国，对儒家来说顺理成章。就是在儒教所包含的这些彼此相连的信仰中，中国人获得了永恒和不朽。辜鸿铭告诉我们，儒教的家庭信仰和国家信仰是在历史演变中先后出现的。周公建立了家庭制度和伦理，从而稳定地维系了家庭的持久性，也使家庭成为中国人安全的港湾。他称之为家庭宗教或中华民族的旧制宗教。国教是后来孔子创立的，这是孔子对中华民族的

① 辜鸿铭：《呐喊》，《辜鸿铭文集》上，黄兴涛等译，海南出版社 1996 年版，第546页。

② 吴虞是“五四”新文化运动时期批评儒家礼教的典型代表。参阅《吴虞集》，四川人民出版社 1985 年版。易白沙对帝王的批判和辜鸿铭把“王权政治”理想化，形成了鲜明的对比。参阅易白沙：《帝王春秋》，岳麓书社 1984 年版。

最大贡献。辜鸿铭阐述这两种宗教的意义说:“在这个世界上，如果说首创家庭宗教、确立神圣的婚姻制度，可以被认为是对人类和文明事业的伟大贡献，那么，我认为你就会理解，孔子创立国家宗教、确立忠诚之道是一项多么伟大的工作。神圣的婚姻巩固了家庭，使之得到长久的维系，没有了它，人类便会灭绝。忠诚之道则巩固了国家，使之长存不朽，没有了它，人类社会和文明都将遭到毁灭，人类自身也将退化成野蛮人或是动物。”① 按照启蒙新学的观念，中国传统婚姻生活中作为一方的“女性”是迫切需要解放出来的对象，因为礼教和名教对她们规定了许多片面性的义务，严重地束缚了她们的身心。相反，辜鸿铭则理直气壮地为中国传统女性的生活进行了辩护（包括他调侃性地把女性比喻为围绕着“茶壶”转的杯子），这是人们不能接受他的原因之一。在为证明中国“女性”生活的完美而写的《中国妇女》中，辜鸿铭高度赞美了许多中国传统女性的美德，如对丈夫的忠诚、她们的无私和忍耐。因为她们的无私，在中国纳妾才成为可能，但男子同时也承担了供养和保护她们的义务与责任。而且由于中国女性的无私和无我，一个男子能够非常和谐地同他的妻子和许多妾室生活在一起。中国女性值得赞扬的美德，都是儒教熏陶的结果。在辜鸿铭的眼里，中国女性还有优美、恬静、温柔等美感。他总结说:“真正或真实的中国女人是贞洁的，是羞涩腼腆而有廉耻的，是轻松快活而迷人、殷勤有礼而优雅的。只有具备了这三个特征的女人，才配称中国的女性理想形象，才配称作真正的‘中国妇女’。”② 这种本来的中国女性美好形象，无法想象为礼教和名教束缚下的女性。辜鸿铭指出，只是宋明理学家的禁欲主义把孔教狭隘化了，此后，中国女性失去了许多优雅和妩媚的审美性。

① 辜鸿铭:《中国人的精神》，黄兴涛等译，海南出版社1996年版，第56—57页。
② 同上。

辜鸿铭所说的良民宗教或者国教，所谓忠诚和服从，所谓责任和义务，乍看起来好像都来自外在方面的对人的要求和规制，在此人似乎都成了被动性的存在。按照辜鸿铭的孔教观，尊王、名分大义、忠孝、礼义等道德原则和规范，都不是强加给人的。那么，儒教是根据什么来保证它的道德体系和道德规范及其实践呢？辜鸿铭指出，在欧洲，人们不是通过基督教和上帝的外在权威来遵守道德规范的；同样，在中国也不是通过外在权威要求人们遵守儒教的道德规范。从根本上说，人们遵守道德原则和规范，来源于人的道德感和廉耻心，来源于人类的爱和人性的善良。

辜鸿铭承认，宗教都有一种感染力，它能够燃起人们的激情。问题是宗教靠什么产生出对人的感染力，靠什么来点燃人们的激情。一般认为这是通过人们对上帝的信仰，或者通过教堂的气氛和仪式的作用，但在辜鸿铭看来，宗教的感染力与激情主要不是来自对上帝的信仰和教堂的仪式，它主要是来自伟大创教者的人格力量和超凡情感。宗教的伟大创教者，受到的教育并不高，但他们都是性格特殊、感情强烈的人，是想象力非常丰富的人，他们往往以独特方式感受或体验到一种强烈的爱，受到一种神圣的启示而大彻大悟，这使他们把道德规范与所想象的超自然的、全能的和人格化的神联系了起来，使他们把所感受的爱与上帝联系起来。由此就产生出了宗教的感染力和激情。通过这种激情与感染力的作用，就能唤起人们的宗教情感和信仰。教堂是一个桥梁，它的作用是通过仪式来激发和感染人们的情感。不管是伊斯兰教的先知，还是基督教的耶稣，创教教主的超凡性，他的人格和奇迹，都具有无限的感染力。教堂不断以此来激发人们对教主的崇拜，唤起人们对上帝的信仰。由此来说，教堂本身并不具有宗教的感染力和激情，宗教的感染力和激情主要是来源于教主的人格，教堂只是用教主的感染力与激情来感染和激发人们情感的地方。[①] 同样，辜鸿铭也不承认人们的宗教情感是来源于信仰上帝和上帝的权威，不承认道德规范是通过上帝来保证的。在他看来，上帝仍然是宗教的外在形式，或者说是一种象征，这实际上剥夺了上帝的"全能性"和"超自然"的意义，把上帝的神圣性淡化了。但是，辜鸿铭又批评怀疑论者如伏尔泰等把信仰上帝看成是由宗教创始人和神父们传承下来的"欺诈"行为，认为这是一种下流和荒谬的诽谤。因为在辜鸿铭看来，信仰上帝虽然不是人们服从道德规范的必要条件，但它对人们认识道德规范又是绝对需要的。辜鸿铭指出，除了傻瓜，具有理性和智慧的人，都信仰上帝："所有伟人，所有富有智慧的人们，通常都信仰上帝。孔子也信奉上帝，虽然他很少提及它。甚至像拿破仑这样富于智慧的豪杰，也同样信奉上帝。"[②] 但是，富于智慧的人所信仰的上帝有别于普通人。辜鸿铭没有说普通人信仰的上帝如何，富于智慧的人所信仰的上帝并不是一个"人格神"，而只是对神圣宇宙秩序的信仰，孔子、斯宾诺莎、费希特等所信奉的上帝就是这种神圣的宇宙秩序，[③]不管他们如何称呼它。在辜鸿铭那里，这种神圣的宇宙秩序又不是外在于人的，它就是人心中的忠诚、信义、希望和慈爱，有了它们人心中的上帝就是真实的，否则就是虚幻的由教主产生的感染力和由对上帝的信仰，以及教堂共同作用而唤醒和激发起来的人们的宗教情感，促使人们服从道德规范，这是基督教的情形。儒教与此不同，他没有教主，也没有教堂。孔子不是创教教主，因为他没有强烈的、奇特的个性特征。孔子是商王朝贵族的后裔，商人富于

---

① 辜鸿铭说："教堂真正的功能不在于劝善，而在于激发人们的为善之念。事实上，教堂是用一种激情来感动人们，使之为善。换句话说，在世界上所有伟大的宗教中，教堂只是一种机构，以它的感染力和激情来唤醒人们，使之服从道德规范。"（辜鸿铭：《中国人的精神》，《辜鸿铭文集》下，黄兴涛等译，海南出版社 1996 年版，第 61 页）

② 同上书，第 54 页。

③ 这也是爱因斯坦所信仰的上帝。

激情，但孔子生活在周王朝，周人富于完美的理智。孔子富于文化修养，他是完美的理智人格典型。他在世时，他以理智教育引导他的弟子们，他去世后，他被信奉为至圣先师，实际上是一位最伟大的教师，虽然他也有被神化的情形。

孔子不具有一般创教教主的感染力，儒教靠什么来激发人们的道德情感呢？它不是通过激发人们对孔子的崇拜，而是通过孔子所说的“兴于《诗》，立于《礼》，成于《乐》”而教育和激发人的，辜鸿铭把这三句话解释为“通过《诗》进行情感教育，以《礼》进行是非教育，以《乐》完美人的品性”。培养和激发人服从道德规范的场所则是学校与家庭。在中国，学校履行了类似于基督教教堂的作用：“在学校——中国国教的教堂里，一切文雅、有价值的美好东西都得到了传授。学校让学生不断想着这些美好的事物，自然激发出人之向善的情感，从而自觉地遵守道德规范。”[①] 在中国，家庭是另一个培养和激发人的道德情感的类似于教堂的场所，甚至是更重要的场所，因为供奉着祖先牌位的家庭，不断地培养和激发着人们对父母的爱与孝以及对祖先的崇拜。

不管是基督教通过教堂激发人们信仰上帝、崇拜教主，还是儒教通过学校与家庭不断激发人们对孝和对祖先的崇拜，都是要以不同的方式使人来认同和实践道德。但这些方式之所以能够起作用，最终取决于人性的基础，取决于人类先天所禀受的“爱”，因此人类的道德生活根本上是由人的本性来保证的，它是人类道德的根源和根本动力。辜鸿铭没有把人性作为一个重要论题展开讨论，但他告诉我们，宗教和人类的一切经验，始终都是证明和教导遵循我们的自然本性而行动，是人类的最好的选择，是人成就自己的最佳道路。这样的自然

① 辜鸿铭：《中国人的精神》，《辜鸿铭文集》下，黄兴涛等译，海南出版社 1996 年版，第 64 页。

本性当然不是指肉体等方面的性情，事实上，基督教和儒教一般都要求控制人类这方面的本性。人类应该遵循的自然本性，是能够成就人格的道德本性。这样的自然本性当然应该是善良的。从这种意义上说，辜鸿铭的基本倾向是相信人的先天本性是善良的。他这样说："宗教教我们服从的人之性，是我们必须服从的人之真性。这种本性既不是圣·保罗所说的世俗或肉体之性，亦非奥古斯特·孔德的著名弟子利特（Littre）先生所说的人类自我保护和繁衍的本性。这种人之真性是圣·保罗所说的灵魂之性，也就是孔子所言的君子之道。……孔子的君子之道则同宗教一样，要求我们服从自己真正的本性。这种本性绝非庸众身上的粗俗、卑劣之性。它是爱默生所说的一种至诚之性。"[①] 在辜鸿铭的视野中，美好和善良的自然本性，不只是为人类所禀赋，它是世界上所有有生命的东西甚至是无生命物都具有的本性，[②] 这种本性构成了万物先在的单纯与平稳的状态，只要我们顺着它而行动，结果就是最好的。显然，人类善良本性意义上的"自然"和"先天"，不可能是无神论和粗俗物质主义之下的"自然"和"先天"，而只能是"神性"和"理性"意义的"自然"和"先天"。辜鸿铭把它看成是孔子所说的"天命"，也把它看成是基督所说的"上帝"，如他以"上帝"来翻译《中庸》开篇的"天命之谓性"的"天命"。[③] 也正是在这种意义上，神圣的宇宙秩序就与人的自然本性统一了起来，人对神圣

---

① 辜鸿铭:《中国人的精神》,《辜鸿铭文集》下，黄兴涛等译，海南出版社 1996 年版，第 57 页。

② 如辜鸿铭说:"迄今为止，人类的一切经验都在教诲、证明和确认这样一个真理，即，在大千世界所有生物的存在与生命之中——人、兽、禽、鱼、虫、植物、花、草、石头、火、水、空气——当它按照其性之本性行动，遵循它正常的天命之性来指导和支配自己时，其行动取向便会产生最有效、最巨大、最有益和最好的结果。"（同上书，第 519 页）

③ 即 "The ordinance of God is what we call the law of our being（性）", The Universal Order, or Conduct of Life,《辜鸿铭文集》下，黄兴涛等译，海南出版社 1996 年版，第 526 页。

宇宙秩序的信仰，也就是相信自己内心的正义、善良和爱，也就是把自己的真实本性充分地表现出来。辜鸿铭说："要正确地思考并找到道德上的正确与真实，我们必须首先将我们的整个天性或自我保持在一种适度的、完好有序的状态之中。我们整个的天性或自我发展得越充分，其被保持在适度的、完好有序的状态中越完善，其平稳状态越精确，我们思考的结果就越正确和真实。即，我们心中的观念或我们思考的结果，越接近于我们所认为的、按照其本性存在的事物之真实状态，从而使我们的行为更接近于同普遍秩序及宇宙中万事万物的法则保持谐和一致。"[①]可以看出，辜鸿铭十分注重人的平衡及其和谐发展，这是人的自然本性与神圣宇宙秩序的高度统一。

辜鸿铭相信人先天本性善良，他就不能再从人的自然本性中去寻找"恶"的来源。在他看来，恶只是人性不平衡和片面发展的结果。他根据孔子赞颂舜的美德——"隐恶而扬善"及莎士比亚的戏剧和歌德的思想，认为伟大智慧的基本特征就是能够从事物的本性中发现善而不是恶。如莎士比亚戏剧中的人物，没有一个人本质上是坏的，就是被臣民们以为是恶鬼的理查德国王，也不是生性就恶，只是由于他勇敢的、英雄般的灵魂被强烈的情绪所驱使而做出了可怕的残忍行为。莎士比亚的伟大之处是把人的恶行看成是人内心失控的情绪造成的，而不是把它归结为人的本性。在歌德的笔下，即使魔鬼也不是由

① 辜鸿铭：《英译〈中庸〉序》，《辜鸿铭文集》下，黄兴涛等译，海南出版社1996年版，第516—517页。辜鸿铭非常注重人性和心灵的和谐及平稳状态。在谈到克服人类面临的危机困境时，他指出这是唯一一条正确的道路，这条路，"用简明的话说就是：恢复你性情的平和状态、保持你判断的冷静公正；恢复你真实的自我，或用孔子的话说，致中和（找到你道德本性的中心线索和平稳状态）。……实际上，也就是去做人们称之为符合道义的事情。当一个人把握住了其真实的自我，使他能够看到并去做符合道义的事情，那么，不仅那个人和事物，而且整个的宇宙，那被同样的道德秩序统治，被同样的事物秩序和体系统治的宇宙，都将为之响应和顺从；并且关于和围绕着这样一个人的一切事情，也都会立刻再次回复到和谐与无限的广阔的秩序中去"（辜鸿铭：《呐喊》，《辜鸿铭文集》上，黄兴涛等译，海南出版社1996年版，第553—554页）。

火和硫磺构成的，它只不过是一个不断否定一切的否定性灵魂，辜鸿铭引用了歌德的一段话，说："我们所谓人性中的恶，不过是一种不完善的发展，一种畸形或变态——某种道德品质的缺失或不足，而不是什么绝对的恶。"[①] 辜鸿铭还引用了罗斯金的说法来解释恶的发生。照罗斯金的说法，一切邪恶的东西，都在于缺乏感觉，缺乏同情应变的能力。辜鸿铭的看法，类似于神学者斯汤朴（Stump）和克雷茨曼（Kretzman）的说法，他们认为，在人性中，恶并没有独立和确定性的实体，它的存在是"因为人类本性的发展和完善形态遭到了破坏"。[②] 辜鸿铭批评西方的人生观，这种人生观认为人都是贪婪的，否定了人的爱的本性。我们上面谈到，辜鸿铭批评西方政治经济学的一个原因，就是因为它假定了人性是自私自利的。这都表明，辜鸿铭排除了人的先天本性的恶的来源。人们常常以基督教所说的"人的原罪"为据，认为西方是一种人性恶的传统。但根据辜鸿铭的看法，真正的西方智慧之士，都相信人性是善良的。[③]

人的先天自然本性是善良的，它是人的道德根源和服从道德规范的保证。这种善良本性，在辜鸿铭那里，最根本的特质就是"爱"和"仁"。辜鸿铭告诉我们，人类首先是从男女之间学到了爱，但人类之爱绝不限于男女之爱，从亲情之爱到对万物的慈爱、怜悯、同情，人类的先天存在的爱心非常广泛。这种普遍之爱就是儒教的"仁"，它类似于基督教的"神性"，它是人具有的神圣的、超凡的品质。在此，辜鸿铭再次把人性与超越的宇宙秩序贯通了起来。辜鸿铭说："在现代术

---

① 辜鸿铭:《呐喊》,《辜鸿铭文集》上，黄兴涛等译，海南出版社 1996 年版，第 549 页。

② 参阅单纯:《宗教哲学》，中国社会科学出版社 2003 年版，第 341—342 页。

③ 根据丸山真男的看法，在马基雅维利和霍布斯等人那里，所谓"人性恶"，并不是一个严格的说法，它只是强调人是一个有问题性的存在。参阅丸山真男（1963）『人间と政治』.『现代政治の思想と运动』. 東京：未来社。

语中，‘仁’相当于仁慈、人类之爱，或简称爱。简言之，宗教的灵魂、宗教的感化力的源泉便来自于这个中国字；‘仁’，来自爱——不管你如何称呼它，在这个世界上，这种爱最初是起自夫妇。宗教的感化力就在于此，这也是宗教中的至上之德。”[①] 辜鸿铭指出，理雅各曾把“仁”译为“德行”（perfect virtue），他的一位朋友不同意将其译为道德，而是译为“爱”（love），阿查立爵士称仁为基督的品性。辜鸿铭曾把它译为道德感（moral sense），他赞成他的朋友把仁翻译为爱，但他又主张译“仁”为“神性”。“道德感”“爱”和“神性”，这三者当然是相通的，但“神性”突出了仁爱本性的神圣性和崇高性。

至此，人类何以服从道德规范，道德是如何得到保证的，辜鸿铭就为我们提供了一个明确的答案。所谓忠诚于国家的国教，所谓以社会为本位的社会教，所谓以秩序和礼义为中心的礼教，所谓不要求权利的“良民宗教”等，这些称谓不同的儒家宗教理念，看起来似乎都是外在于人的规范、秩序和制度，但在辜鸿铭那里，它们作为道德，都是根源于人的善良本性，根源于人类先天的普遍之爱，也就是“仁”。中国人的精神生活就是由善良本性和普遍爱心的平衡、和谐发展起来的，它也是一种心灵状态和灵魂趋向，是“一种恬静如沐天恩的心境”。华兹华斯（Wordsworth）关于廷腾（Tintern）修道院的诗句[②]，所展现的就是这种“恬静”和“如沐天恩”的心境。由此，我们就可以理解辜鸿铭为什么说道德教育的目的，不是用道德教条去约束人，甚至不是让人去实践特定的道德品德，而是培养人的性情、精神和心灵，是“将其置于世上那些伟大的创教者那样的宗教天才的影响之下，学习和理解他的生活、行为与诫条，乃至他的情感和思维方式：即他的性情、精神和心灵的状态，实际上就是我们中国人所说的

---

① 辜鸿铭：《中国人的精神》，《辜鸿铭文集》下，黄兴涛等译，海南出版社 1996 年版，第 59 页。

② 参见同上书，第 68 页。

‘道’——他的生存或生活方式”；[①]也可以理解辜鸿铭为什么不把自由理解为政治上的自由和自由的人，而是理解为道德的自由和自由的灵魂，即中国人所理解的自由——实现人生的本质法则。

（原载王中江、李存山主编:《中国儒学》
第一辑，商务印书馆2009年版）

① 辜鸿铭:《呐喊》,《辜鸿铭文集》上，黄兴涛等译，海南出版社1996年版，第559页。

下编

从《诗经》看儒家伦理与周部族文化的关系

一般而论，西周传统是儒家人文主义和伦理道德主义体系最直接、最主要的渊源，这从许多方面来观察都是显而易见的。但实际上，儒家伦理受到周文化的影响还可以追溯到更远的周部落时期。周部族之所以强盛以至到后来能够取代商，这依赖于周部落首领特别是公刘等拓荒者在伦理和政治文化方面的奠基。据我们有限的了解，在通常的儒家伦理研究中，我们几乎没有或很少去关注它跟周部族拓荒时代的关联，虽然儒家言必称尧舜、道必述“三代”，把自身的伦理和价值理想的来源追溯得非常遥远。儒家伦理同周部落和先祖的关系，对我们来说确实是比较陌生的，虽然其中的部分原因是文献不足。儒家伦理如何受到周部族文化的影响，我们从后来被儒家奉为经典的《诗经》中可以认识到，尤其是其中的《豳风》。《豳风》反映了周族先贤在豳地的经历、生活和文化，儒家伦理受《豳风》诗的影响集中体现在《伐柯》这首诗上；此外，《诗经·大雅》的《公刘》《绵》等诗篇对儒家的政治伦理也产生了明显的影响。总之，从《诗经》的诗篇来看儒家伦理如何受到周族先贤及其文化的影响，这唤醒了我们对儒家源头的一个古老记忆。

儒家伦理与周族先贤、周文化的关系是一个具有诱惑同时又是一个富有挑战性的课题。一般言之，西周传统是儒家人文主义和伦理道德主义体系最直接、最主要的渊源。从许多方面来观察，这都是显而易见的。《中庸》的作者（传统上说是子思）认为孔子的抱负远在“祖述尧舜”，近在“宪章文武”。确实，孔子的强烈愿望是复兴周天下，这种愿望促使他梦见周公。周公在西周的重要性，除了他稳定周天下的政治秩序，他创见的礼乐文明和政治伦理对儒家影响更为深远。总之，儒家伦理与西周圣王和文明的紧密关联已是一个不言而喻的事情。

据我有限的了解，在通常的儒家伦理研究中，我们几乎没有或很少去关注它跟周部族拓荒时代的关联，虽然儒家言必称尧舜、道必述“三代”，把自身的伦理和价值理想的来源追溯得非常遥远。儒家伦理同周部落和先祖的关系，对我们来说确实是比较陌生的，虽然其中的部分原因是文献不足。

一　周部族的地域与文化

谈到儒家伦理同周族先贤的关联，首先会涉及周民族及其文化本身的起源和变迁。这本身就是一个复杂的问题。对儒家伦理同周民族和先人的关联的认识，在一程度上，取决于我们对这一更大的前提性问题的认识。在这一方面，甘肃地区的学者们已经做了不少工作，我对先周起源和文化的了解部分地就来自他们的研究。[①] 这里，我所说的周族先贤和周文化是狭义的，两者仅指在豳地活动的周先贤及他们创建的文化。

有关周先祖拓荒的区域和文化发展过程，《史记·周本纪》记之最详，曾先是记载了周人在豳地建国（“国于豳”）的缘由：

① 有关这方面，请参阅张耀民主编的《庆阳古代史论》（甘肃文化出版社 1997 年版）、镍锡台的《早周文化的特点及其渊源的探索》（载《文物》1979 年第 10 期）、李仲立的《公刘迁豳辨析》（载《甘肃社会科学》1985 年第 1 期）和《试论先周文化的渊源——先周历史初探之一》（载《社会科学》1981 年第 1 期）等。

后稷卒，子不窋立。不窋末年，夏后氏政衰，去稷不务，不窋以失其官而奔戎狄之间。不窋卒，子鞠立。鞠卒，子公刘立。公刘虽在戎狄之间，复修后稷之业，务耕种，行地宜，自漆、沮度渭，取材用，行者有资，居者有畜积，民赖其庆。百姓怀之，多徙而保归焉。周道之兴自此始，故诗人歌乐思其德。公刘卒，子庆节立，国于豳。

之后，又接着记载了周人从豳地迁走（“遂去豳”）的原因：

公叔祖类卒，子古公亶父立。古公亶父复修后稷、公刘之业，积德行义，国人皆戴之。薰育戎狄攻之，欲得财物，予之。已复攻，欲得地与民。民皆怒，欲战。古公曰：“有民立君，将以利之。今戎狄所为攻战，以吾地与民。民之在我，与其在彼，何异？民欲以我故战，杀人父子而君之，予不忍为。”乃与私属遂去豳，度漆、沮。

《史记·匈奴列传》也记载说：

夏道衰，而公刘失其稷官，变于西戎，邑于豳。其后三百有余岁，戎狄攻大王亶父，亶父亡走岐下，而豳人悉从亶父而邑焉，作周。其后百有余岁，周西伯昌伐畎夷氏。后十有余年，武王伐纣而营雒邑，复居于丰镐，放逐戎夷泾、洛之北。

问题是豳地所在的地区及其范围。①一种比较流行的看法认为，豳

① 有关这一点有不同的看法。参阅许倬云：《西周史》，生活·读书·新知三联书店1984年版，第33—74页。

地相当于今陕西栒邑、邠县一带。按照这种看法，现在的庆阳就不在这一范围之内。但是，《括地志》明确记载说："宁、庆、原三州，秦北地郡，为义渠戎之地，周不窋、公刘居之。"《史记正义》引《括地志》亦说："不窋故城在庆州弘化县南三里，即不窋在戎狄之间所居之城也。"按《括地志》的记载，庆阳属于豳地这一区域。

还有一点是，《史记》说到的"戎狄之间"，相当于现在的什么地方。一般认为，"戎"指古代西部民族（如玁狁或犬戎族，游牧于泾、渭流域），"狄"指古代北方民族。《尚书·仲虺之诰》说："南征，北狄怨。"《礼记·王制》记载说："北方曰狄，衣羽毛，穴居。"但更具体地说，"狄"应是靠西北一点的北部民族。《说文》解释说："狄，北狄也。本犬种。狄之为言，淫辟也。从犬亦省声。"段玉裁注释说："北，各本作赤，误，今正。赤狄，乃错居中国狄之一种耳。……豸部曰：北方貉。则此必言北狄。狄与貉，皆在北。而貉在东北，狄在西北。"两者合起来，"戎狄"民族的主要活动范围是很广的。"豳地"当在这两个民族活动范围之间，即司马迁记载的"奔戎狄之间"和"国于豳"的说法。《国语》韦昭注称："尧封弃于邰，至不窋失官，去夏而迁于邠。邠西接戎，北近狄也。"① "邠"与"戎""狄"的相邻关系跟司马迁说的"戎狄之间"可能有部分重合。

周族先贤曾在戎狄和豳地拓荒和活动一事，当是可信的。这些先贤主要有不窋、公刘和古公亶父等。按照《国语·周语上》的记载，不窋在夏衰落失去官职之后迁到了戎、狄。② 在周族先贤世代传承的谱

① 上海师范学院古籍整理组校点：《国语》，上海古籍出版社1978年版，第3页。

② 《国语·周语上》记载："昔我先王世后稷，以服事虞、夏。及夏之衰也，弃稷不务，我先王不窋用失其官，而自窜于戎、狄之间，不敢怠业。"《孟子·梁惠王下》记载："昔者大王居邠，狄人攻之。"《史记·刘敬列传》记载："汉初，刘（娄）敬称：'周之先自后稷，尧封之邰，积德累善，十有余世，公刘避桀居豳。'"

系中，公刘是弃的四世孙，[①]他在周部落的兴起过程中起过重要的作用。《诗经·大雅·公刘》诗描述公刘活动的区域豳地，范围很广（“度其夕阳，豳居允荒”），又说到公刘在豳地建立了宫室（“于豳斯馆”）。《庄子·让王》篇中记载有古公亶父从豳地迁出的原因。《庄子》一书的记载有不少是寓言性故事和虚拟出来的，但也有信史的部分。

有关周民族先贤在豳地的拓荒和活动，我就简单说到这里。

二 儒家伦理与《诗经·豳风》

正如一开始我们就指出的那样，我们的问题不是儒家伦理同西周的关系，而是同周先祖和部落文化的关系。儒家伦理如何受到遥远时期豳地周族先贤拓荒者及豳地周文化的影响，从现存中国最古老的一部诗集、后被儒家奉为经典的《诗经》，尤其是《豳风》中我们可以看出。《诗经》中的《豳风》反映了周族先贤在豳地的经历、生活和文化。还有《大雅》的《公刘》篇，一般认为这首诗也属于《豳风》。《豳风》是《诗经·国风》中十三个诸侯国或地区（包括了《王风》在内）的多组“风”诗之一，它是诞生在豳国或豳地的诗，现有七篇。其中的《七月》是比较著名的一篇，但正如大家所知，这一篇主要是描述居住在豳地的周人一年四季从事农业生产劳动的情况。这首诗是周人创建农耕文明的有力证据之一。儒家一直注重“不违农时”，并把这作为为政者之德，这同周人在农业生产中重视农时概念是一致的。

儒家伦理受《豳风》诗的影响集中体现在《伐柯》这首诗上：

---

① 司马迁根据《世本》《牒记》等典籍写成《史记·周本纪》。武王以前周先公世系共十五代，如下：（1）弃（后稷）——（2）不窋——（3）鞠——（4）公刘——（5）（庆节）——（6）皇仆——（7）差弗——（8）毁隃——（9）公非——（10）高圉——（11）（亚圉）——（12）公叔祖类——（13）古公亶父——（14）季历（公季）——（15）昌（西伯、文王）。

伐柯如何？匪斧不克。取妻如何？匪媒不得。

伐柯伐柯，其则不远。我覯之子，笾豆有践。

这首诗之所以著名，部分原因是儒家的引用。

在东周时代，游文于“六经”之中的儒家，以《诗经》为学习和研究的基本经典之一。儒家整体上认为，《诗》是表达人的心志和情操的，在所说的“诗言志”和“思无邪”的意义上，儒家大量引《诗》和解《诗》，与“《书》曰”相对应，形成了以“《诗》云”体例称《诗》、引《诗》的风尚。正是在这一过程中，《豳风》中的《伐柯》诗对儒家的伦理产生了明显的影响。我们先看一下早期儒家引用这首诗的情况。一个例子是《礼记·中庸》中的引用：

> 子曰：“道不远人。人之为道而远人，不可以为道。《诗》云：‘伐柯伐柯，其则不远。’执柯以伐柯，睨而视之，犹以为远。故君子以人治人，改而止。忠恕违道不远。施诸己而不愿，亦勿施于人。君子之道四，丘未能一焉：所求乎子，以事父，未能也；所求乎臣，以事君，未能也；所求乎弟，以事兄，未能也；所求乎朋友，先施之，未能也。庸德之行，庸言之谨；有所不足，不敢不勉；有余，不敢尽。言顾行，行顾言。君子胡不慥慥尔。”

另一个例子是《礼记·坊记》的引用：

> 子云：“夫礼，坊民所淫，章民之别，使民无嫌，以为民纪者也。故男女无媒不交，无币不相见，恐男女之无别也。以此坊民，民犹有自献其身。《诗》云：‘伐柯如之何？匪斧不克。取妻如之何？匪媒不得。艺麻如之何？横纵其亩。取妻如之何？必告父母。’”

在这两个例子中，称引《伐柯》这首诗的都是孔子。前一个例子引用了其中的两句，后一个例子则引用了其中的“四句”，后四句引用的是《齐风·南山》。《中庸》从宋代开始被新儒家奉为“四书”之一而影响深远。《坊记》在《礼记》中也是重要的一篇。

孔子引用《伐柯》这首诗要论证的主要是什么呢？第一个例子的引用，孔子是为了论证“道”不脱离人的实际生活，它存在于每个人的日常生活和实践之中。换言之，人伦和道德规范存在于他自身的生活之中，一个人通过他自身的好恶、迎拒就能推测出他人的倾向。在孔子看来，“忠恕”就是切身的人道和人伦。“恕”的意思是，如果有人把一种东西施加给你，使你感到不快，那么你就不要把这种东西再施加给他人（“施诸已而不愿，亦勿施于人”）。《伐柯》这首诗反映了作者从切近的事例来寻找事物的标准的意识，即用斧子本身再去制作斧子柄，手中现成的斧子柄就是你制作新的斧子柄既近又具体的标准。孔子借助这首诗，首先要强调的是，道和人道是人用来规范自己言行的切实准则，进而又强调了“推己及人”的“忠恕之道”。

“恕道”是人从“自身”出发而衍生出的普遍伦理价值，这也是儒家“能近取譬”方法的运用。在《论语·里仁》篇中，孔子说他的“道”是“一以贯之”，但他没有进一步解释他的意思。他的弟子曾子指出老师指的是“忠恕”（“曾子曰：‘夫子之道，忠恕而已矣’”）之道。“仁爱”是儒家伦理的精髓，“忠恕”的“恕道”则是孔子对仁爱精神内涵的规定，具体说就是“推已及人”。孔子回答他的弟子仲弓问什么是“仁”的问题，其中说到的“已所不欲，勿施于人”[①]是“恕道”,《论语·公冶长》篇记载子贡说的“我不欲人之加诸我也，吾亦欲无加诸人”也是。一个人要一贯做到“推已及人”的“恕道”是不容易的，就连颜渊，孔子也说他只是在三个月中能做到不违背仁。因此，当子贡说出他的这一志向时，孔

① 《论语·颜渊》。

子告诫他说，他的志愿是很难达到的。儒家把“能近取譬”看成是“为仁之方”，也是基于一个人从自身那里就知道如何对待他人这一道理。

儒家一直强调“反求诸己”，就是始终把伦理道德的实现建立在对自己的要求上，坚持认为一切都要从自身做起。这样的原则，儒家从《伐柯》这首诗中也得到了启发。《韩诗外传》卷二也在这样的意义上引用了《伐柯》这首诗：

> 原天命，治心术，理好恶，适情性，而治道毕矣。原天命则不惑祸福，不惑祸福则动静修。治心术则不妄喜怒，不妄喜怒则赏罚不阿。理好恶则不贪无用，不贪无用则不害物性。适情性则不过欲，不过欲则养性知足。四者不求于外，不假于人，反诸己而存矣。夫人者，说人者也，形而为仁义，动而为法则。《诗》曰：“伐柯伐柯，其则不远。”

在上引《礼记·坊记》这个例子中，孔子更是直接受到了《伐柯》提到的男女之间伦理规范的影响。《伐柯》诗从制作斧子柄需要斧子来砍削这一手段和方式推论，男女之间的结合需要媒人的介绍这一途径。对《伐柯》诗的作者来说，男女之间不能以直接交往的方式达到结合，只有通过媒人这一中介，他们的结合才是正当的和合乎道德的。这在豳地是如此，在齐地也是如此。《诗经·齐风》中的《南山》诗有这样的诗句：“艺麻如之何？衡从其亩。取妻如之何？必告父母。”“析薪如之何？匪斧不克。取妻如之何？匪媒不得。”这说明在儒家学说诞生之前，至少在齐地和豳地，严男女之防的意识和规范已很明显。在男女交往规范上，孔子引用《伐柯》诗，说明儒家伦理也受到了周文化的影响。在孔子看来，男女之间有严格的界限，两者的结合必须以媒人做中介才能够避免淫乱。

在儒家的五伦关系中，“男女有别”是其中之一。儒家非常重视婚姻，把婚姻看成是人类其他人际关系的基础，认为有男女则有夫妇，有夫妇则有父子。在男女之别的意义上，男女如何结合才是良好的关系，儒家提出的标准之一就是要通过媒人，当然还有告知父母和赠送、交换礼物。《礼记·曲礼上》就记载有这一规范：

> 男女非有行媒，不相知名；非受币，不交不亲。故日月以告君，齐戒以告鬼神，为酒食以召乡党僚友，以厚其别也。

按照现代自由恋爱的观念，男女之间的彼此交往和相悦是两人之间的事，是属于他们私人的权利。一般来说，古代没有这样的观念。主张个性充分发展的孟子也没有这样的观念，他虽然认为男女建立家室都是自然的愿望，但如何做，他仍然以“男女有别”的观念为基础，即认为两者的交往和结合需要媒人的介绍，并听取父母的意见，否则就是不正当的。《孟子·滕文公下》说：

> 丈夫生而愿为之有室，女子生而愿为之有家；父母之心，人皆有之；不待父母之命，媒妁之言，钻穴隙相窥，逾墙相从，则父母国人皆贱之。古之人未尝不欲仕也，又恶不由其道；不由其道而往者，与钻穴隙之类也。

《孟子·离娄上》记载，淳于髡曾向孟子提出这样一个问题，即男女之间不允许亲自授予与接受东西，这是不是礼，孟子回答说是礼。淳于髡以善于讽谏与机智而闻名于战国时期的政界和思想界，他想让孟子陷入困境中而提出了这样一个问题。当孟子回答是礼时，他进一步质问说，按照这个礼，如果一个人的嫂子溺水他还能去救吗？在这种境遇中，孟子明确回答说，如果不去救助，那无疑是豺狼。按照孟子的逻辑，男女授受不亲是一般的道德原则，是“经”，但在特殊情况下，则要灵活掌握这一原则，这叫作“权变”。这段对话说：

淳于髡曰："男女授受不亲，礼与？"孟子曰："礼也。"曰："嫂溺，则援之以手乎？"曰："嫂溺不援，是豺狼也。男女授受不亲，礼也；嫂溺援之以手者，权也。"曰："今天下溺矣，夫子之不援，何也？"曰："天下溺，援之以道，嫂溺，援之以手。子欲手援天下乎？"

孟子这里的说法，同西方境遇伦理学把伦理和道德完全看成是境遇的产物是不同的。《周礼·地官·司徒·媒氏》对媒氏的职能有一个说明，其中有"中春之月，令会男女。于是时也，奔者不禁"这样一段话：

媒氏：掌万民之判。凡男女自成名以上，皆书年月日名焉。令男三十而娶，女二十而嫁。凡娶判妻入子者，皆书之。中春之月，令会男女。于是时也，奔者不禁。若无故而不用令者，罚之。司男女之无夫家者而会之。凡嫁子娶妻，入币纯帛无过五两。

这段话并不像有人认为的那样，是说在仲春之月，男女之间可以开放地相互自由接触、恋爱和私奔。[①] 按照婚礼的规定，男女结婚时，一般都要遵循纳采、问名、纳吉、纳征、请期、亲迎等六种礼仪，但如果不能严格按照这样的礼仪去做，缺乏其中的一、两项的叫作奔，不是指男女相悦而完全逾礼的私奔。在这里，婚姻礼仪规定的一般性与个别情况下的相对宽松对待是并存的。但《韩诗外传》卷二的一个记载则是对礼的超越：

传曰：孔子遭齐程本子于郯之间，倾盖而语终日，有间，顾子路曰："由来！取束帛以赠先生。"子路不对。有间，又顾曰：

---

① 程俊英：《诗经译注》，上海古籍出版社 1985 年版，第 4—5、164 页。

"取束帛以赠先生。"子路率尔而对曰:"昔者由也闻之于夫子,士不中道相见,女无媒而嫁者,君子不行也。"孔子曰:"夫《诗》不云乎:'野有蔓草,零露漙兮。有美一人,清扬婉兮。邂逅相遇,适我愿兮。'且夫齐程本子,天下之贤士也,吾于是不赠,终身不之见也。大德不逾闲,小德出入可也。"

按照这个记载,孔子引用《诗》说明士之间的交往跟男女之间的交往一样,只要是情投意合,似乎可以不拘泥于"礼"的形式。孔子引用的这句诗,属于《诗经·国风》中的《野有蔓草》:

野有蔓草,零露漙兮。有美一人,清扬婉兮。邂逅相遇,适我愿兮。

野有蔓草,零露瀼瀼。有美一人,婉如清扬。邂逅相遇,与子偕臧。

《诗经》中有不少诗是歌颂男女彼此相悦的爱情,这些诗看起来同男女之间的交往礼仪是不相称的。《野有蔓草》也是歌颂男女彼此相悦的。如果这个记载是真实的,那么孔子对此的赞赏,也许仍然可以理解为这是孔子在一种特殊情况之下的一时态度。所谓"大德不逾闲,小德出入可也",就是说人在大的节操方面不违背礼,在小的方面可以有所出入。按照《论语·子张》的记载,这句话是子夏说的。

不管如何,"男女有别"及其伦理规范是基本的,《豳风》的《伐柯》诗在这一点上确实影响了儒家。

三　儒家伦理与周族之德政

儒家伦理受周族先贤的另一个大的影响是政治伦理方面,这从

《诗经》中的诗也能看到。在早期文献记载中，周族先贤的拓荒既体现了他们的智慧，也体现了他们的人格和道德力量，这是周部族能够兴起和兴盛的内在根据。《国语·周语上》记载：

> （不窋）不敢怠业，时序其德，纂修其绪，修其训典，朝夕恪勤，守以敦笃，奉以忠信，亦世载德，不忝前人。

《国语》称赞不窋的“政德”包括了好几个方面，一是继承前祖的风范、遗志、训教和法典，并发扬光大，不辱先人；二是不懈怠，不偷懒，勤勤恳恳，兢兢业业；三是奉行忠信之道、敦厚和专一。迁徙和拓荒对于任何一个族群来说都是一个巨大的挑战，如果没有探险精神、智慧和美德，要成功地生存下来是不可能的。

按照《史记·周本纪》的记载，公刘也是“为政以德”的典范：

> 公刘虽在戎狄之间，复修后稷之业，务耕种，行地宜，自漆、沮度渭，取材用，行者有资，居者有畜积，民赖其庆。百姓怀之，多徙而保归焉。周道之兴自此始，故诗人歌乐思其德。

《史记》称道的公刘的主要政德，一是公刘继承后稷开创的农耕文明，并根据新的土壤和环境加以发展（“行地宜”）；二是公刘能够充分利用当地的自然资源。通过这两方面，公刘为族人带来了富裕的生活，赢得了族人的广泛信赖，特别是吸引了更多的百姓往这里迁徙（“百姓怀之，多徙而保归焉”），复兴了周族的文化。

之后的古公亶父如何呢？他承继了公刘的为政以德传统。在周民族遭遇到异民族不断骚扰的情形之下，他没有采取军事对抗的做法。他意识到政治本来是为人民考虑的，如果因为战事牺牲了人民的生命，这就失去了政治的本义，于是他选择了迁徙的办法。对此《史记·周本纪》记载说：

> 古公亶父复修后稷、公刘之业，积德行义，国人皆戴之。薰育戎狄攻之，欲得财物，予之。已复攻，欲得地与民。民皆怒，欲战。古公曰："有民立君，将以利之。今戎狄所为攻战，以吾地与民。民之在我，与其在彼，何异？民欲以我故战，杀人父子而君之，予不忍为。"乃与私属遂去豳。

这一感人的故事，也出现在《庄子·让王》篇中：

> 大王亶父居邠，狄人攻之。事之以皮帛而不受，事之以犬马而不受，事之以珠玉而不受。狄人之所求者土地也。大王亶父曰："与人之兄居而杀其弟，与人之父居而杀其子，吾不忍也。子皆勉居矣！为吾臣与为狄人臣奚以异。且吾闻之：不以所用养害所养。"因杖策而去之。民相连而从之。遂成国于岐山之下。夫大王亶父可谓能尊生矣。能尊生者，虽贵富不以养伤身，虽贫贱不以利累形。今世之人居高官尊爵者，皆重失之。见利轻亡其身，岂不惑哉！

《庄子·让王》篇塑造了一些推崇个人生命的人。对这些人来说，政治都是外在于生命价值的存在。古公亶父避开狄人的做法是"重生"的表现。事实上，孟子的王道观念，也是建立在充分尊重人民生命的基础之上。孟子甚至有杀一无辜得天下而不为的说法。孟子不会接受目的正当就可以不择手段的逻辑。他深感战争的残酷，他对有仁义之师的文、武征伐殷纣而导致的大量伤亡感到不可理解。孟子的仁政和王道理想，促使他要求统治者采取的政治行为都要考虑百姓的利益，要求统治者与民同乐。《孟子·梁惠王下》记载了孟子对齐宣王的规劝。在这个规观中，他就把周族先贤作为榜样：

> 齐宣王问曰："人皆谓我毁明堂，毁诸？已乎？"孟子对曰："夫明堂者，王者之堂也。王欲行王政，则勿毁之矣。"王曰："王政可得闻与？"对曰："昔者文王之治岐也，耕者九一，仕者世禄，关市讥而不征，泽梁无禁，罪人不孥。老而无妻曰鳏，老而无夫曰寡，老而无子曰独，幼而无父曰孤。此四者，天下之穷民而无告者。文王发政施仁，必先斯四者。《诗》云：'哿矣富人，哀此茕独。'"王曰："善哉言乎！"曰："王如善之，则何为不行？"王曰："寡人有疾，寡人好货。"对曰："昔者公刘好货，《诗》云：'乃积乃仓，乃裹糇粮；于橐于囊，思戢用光；弓矢斯张，干戈戚扬，爰方启行。'故居者有积仓，行者有裹囊也，然后可以爰方启行。王如好货，与百姓同之，于王何有？"王曰："寡人有疾，寡人好色。"对曰："昔者大王好色，爱厥妃。《诗》云：'古公亶父，来朝走马，率西水浒，至于岐下，爰及姜女，聿来胥宇。'当是时也，内无怨女，外无旷夫。王如好色，与百姓同之，于王何有？"

在这段对话中，孟子称赞了文王的美德，也称赞了公刘和古公亶父的美德。齐宣王说他喜好财物和美色，孟子说这没有什么不好，只是别忘记了百姓也有这样的喜好。在孟子看来，公刘和古公亶父就是与民同喜好的典型。说到公刘的"好货"，孟子引用《诗经·大雅》中《公刘》诗的第一大段加以论证。上已指出，《公刘》诗是《豳风》的一部分。对古公亶父的"好色"，孟子引用的是《诗经·大雅》中《绵》的第二段。《绵》这首诗是歌颂周人的，特别是古公亶父和文王。

根据以上两个方面的讨论可知，儒家伦理确实受到了周族先贤及其文化的影响。由于周人“为政以德”的传统源远流长，再加上其他条件，周人发展为一个强大的部族，积蓄了灭商的力量，终于征服了商人，建立起了周天下。周人的“为政以德”传统，被周公发展为“敬德保民”，这对后来的儒家政治思想产生了更深远的影响。

（原载《湖南社会科学》2012 年第 2 期）

从儒家“六经”的形成看经典的条件

我想从并非毫不相干的“信息”同“经典”的关系谈起。我们的时代被描述为信息时代（也被称为“知识爆炸”时代），它意味着我们不仅时刻能迅速获取大量信息，而且也意味着我们所获信息的迅速更替。“网络”是目前最典型的例子。以分秒计算的（“即时性”概念甚至都不足说明它的快捷）网络信息的粘贴和更替，在人类社会中所产生的一个影响是迅速同质化和同质化的不断复制。我们要谈论的“经典”，情形如何呢？“经典”是天才大脑艰苦创造的结晶，它恰恰是一种恒久性的精神存在，在不断经受时间的考验中，它耐心地开启异质性的世界。信息时代的状态（当然不要说是“市场”）是与经典所需要的不懈静观和沉思精神不合拍的，这也正是我们的时代难以产生经典的因素之一。如果说“信息时代”就是“经典危机”时代，人们也许不会感到惊讶。

在此，我们无意对经典做出严格定义。就其一般性来说，它是能够引起持续震撼力的那一类伟大的著作，最能体现人类“原创性”的东西基本上都凝结到了经典之中。经典普遍存在于人类几种伟大的文明中，它是一种“特殊”的贵优“珍品”，而且是不朽的。

在比较广泛的意义之下，“经典”可以划分为一些不同的类型。这里，我们关心的是与我们下列讨论有关的一种类型的经典。这种类型的经典，大概相当于Bible或Holy Bible，而不是Classics，在传统社会中，保证着世界观、真理观和价值观的统一，并获得了正统性的地位，因此可以称之为“神圣型经典”或“宗教型经典”。用来说明经典的条件而被我们作为个案的儒家经典，主要就属于这种类型的经典。中国是世界上几大文明体系中较早形成了经典传统并由“经典”引导的文明和文化。儒家经典及围绕它们而形成的经学，最为体系化、规模化和符号化，谁要说中国最具有经典传统和经典解释传统，我不会表示不同意见。我们所说的早期儒家经典，是指《诗》《书》《礼》《乐》《易》《春秋》这六部典籍，它们一般被称为“六经”。本文从儒家这六部书籍的经典化过程这一特殊的视角，试图对经典的条件这一一般性的问题提供某种一般性的理解。

一　经的书写和汇编过程

我们从不能回避的“六经”的书写、汇集、编纂、定型这一既非常复杂又论辩不已的问题谈起，不过这里只能简略地谈谈。在文字形成之前，口传无疑是保存知识经验、价值信念等历史记忆和传统的最重要方式。文字产生之后，记载和书籍就具有了口口相传所不具有的优越性（虽然口传仍然是保存传统的一种方式）。中国文字和书写传统起源很早，以记事记言为主要职能的史官，也具有悠久的传统。[①]说到

---

① 这一点即使是非汉学专家的韦伯也说对了：“直到近代，吠陀教育（Wedische Bildung）仍然是口口相传；它断然拒绝以文字将传统固定下来，而职业巫师的所有行会式的技艺（alle zunftmäßige Kunst）却与此相反，惯于以文字将传统固定下来。在中国，举凡礼仪之书、历表、史书的撰写，都可以追溯到史前时代。甚至在最古老的传说里，古老的文字也被看作为有魔力的东西，而精通它们的人被视为具有魔力的神性的代表者。”相比之下，Von Rosthorn 的说法完全是不正确的。他相信中国神圣经典一直是以口耳相传到汉代的。对此，韦伯虽然做了谦虚性的存疑，但他坚持相信：“至少编年史是不可能以口头传说为基础的，而且，正如日蚀的复算所表明的，史事编年可追溯到公元前2000 年。……严格的口头流传的原则，几乎在世界各处都只适用于神性的启示以及对这些启示的神性的诠释，而不适用于诗歌与教学论（Didaktik）。”（韦伯：《儒教与道教》，洪天富译，江苏人民出版社 1993 年版，第 128—129 页）

早期儒家的六部典籍，可以肯定，它们绝非一时一地一人的产物，它们本身就是一个不断书写、编纂、汇集和逐渐定型的过程。传统的一种说法（如今文经学派皮锡瑞等）是，“六经”出自孔子，或者至少与孔子有密切的关系（如司马迁）；与此相左的说法是，“六经”与孔子无关，它们只是古代的史料（如古文经学），或者像章学诚所说“六经皆史”，“六经”原本只是先王之政典。[①] 按照我们的看法，“六经”的大部分文本及其教授，在孔子之前已经有了或长或短时期的演变，并且基本成型，如《国语·楚语》记载楚庄王问申叔时（申公）教太子箴事，申叔时的回答是“教之《诗》”“教之《礼》”和“教之《乐》”等。庄王在位时间，是从公元前613年至公元前591年，太子箴共王前590年即位，孔子在40年之后的前551年诞生，这说明典籍的传授和教化传统，在孔子之前已经基本形成。《礼记·经解》记载孔子的话说“入其国，其教可知也”，所说的“教”应该就是指这种经典传授和教化传统。对春秋之后礼乐崩坏、斯文萎靡具有沉重忧患意识的孔子，把继承和复兴周文化和周礼作为自己的使命。孔子作为通常所说的中国第一个创办私人教育的教育家，他以《诗》《书》《礼》《乐》教所拥有的大量弟子，“身通六艺者七十有二人”。[②] 孔子所教授的典籍，就是在他之前已基本形成的六部典籍。但是，“六经”与孔子仍然具有密切的关系，单就他教授和保持典籍的传承这一意义上说，他就具有独一无二的重要性。如《庄子·天道》记载了他往见老子求“西藏书于周室”的事迹。司马迁认为孔子根据史记作《春秋》，“论次”《诗》《书》，“修起”《礼》《乐》，“序”《易》，并认为“中国言‘六艺’者折中于夫子”，从中至少可以看出孔子与“六经”传承的密切关系。

在六部典籍中，《书》的形成、不同传本和篇目真伪引起的争论最

---

① 有关孔子与“六经”的关系，请参阅周予同:《“六经”与孔子的关系问题》，《周予同经学史论著选集》，上海人民出版社1996年版。

② 参见《史记·孔子世家》。

为激烈。但合理的推测是，包括了《虞书》《夏书》《商书》和《周书》的《书》，都经历了很长时期的变化过程，即使不相信传说的《书》有三千多篇，也可以说是比较多的。孔子之时，《书》已经佚失了不少。据帛书《要》记载，孔子尝言“《尚书》多于（阙）矣，《周易》未失也，且又（有）古之遗言焉”。[①] 今本《尚书》，当是原《书》的部分传本，这从先秦引用的不在今本之内的《逸书》《逸周书》也可看出。[②] 在此只需强调一下《书》是经过很长时期的演变过程而形成的就够了。《诗》的汇集和编纂，虽然没有《书》所经历的时间长，但以周初和春秋初为上下时限，也历时五百多年，它是通过采诗官的采集与公卿列士的献诗逐渐汇集和编纂而成的，孔子之前《诗》的数量也许并不确定，孔子“论次”《诗》，可能是对《诗》进行了某种选择取舍和编排。但《诗》教传统，由来已久。孔子儒家对这一传统的承继和发展，集中体现在对《诗》的传授、阐发和运用上。被题为《孔子诗论》的战国楚竹书，[③] 是先秦儒家传《诗》系谱中一个非常重要部分。它是迄今我们所看到的先秦儒家述《诗》的既是第一个又是比较完整的文本，它使我们有幸认识到先秦儒家论诗的更多、更具体的面貌，使我们重新恢复了先秦孔子授《诗》和弟子记说的历史记忆。它不仅与通行的《毛诗》形成了对比，而且无疑也与既存的先秦儒家《诗》论构成了比较关系。根据研究，我们倾向于认为，此一记载有孔子论诗内容的作品是出自子夏，可题为《子夏诗传》。《易》的形成和传承也有很久的历史。记载中的夏曰《连山》、商曰《归藏》、周曰《周易》，由

① 《道家文化研究》第三辑（“马王堆帛书专号”），上海古籍出版社 1993 年版，第 434 页。

② 请参阅陈梦家的《尚书通论》（河北教育出版社 2000 年版）和杨宽的《论〈逸周书〉》（《西周史》，上海人民出版社 1999 年版）。

③ 参见马承源主编:《上海博物馆藏战国楚竹书》（一），上海古籍出版社 2001 年版。

于前两者没有保留传世，且没有可靠的证据，其真实性一直受到人们的怀疑。《归藏》的出土，确证了古文献记载的真实性。后来作为古经的《周易》，大致在西周已经形成。所谓文王从已有的八卦推演出六十四卦，所谓卦辞、爻辞亦是文王所作，或认为爻辞出自周公，大致可信。《易传》可以说是出自孔子及其弟子之手。《易大传》引用许多孔子的话这一事实，不能以假托一语一笔勾销。《周易》也是占筮之书，它与《连山》和《归藏》有所联系是自然的。但它与注重“象数”和筮占的《归藏》有所不同，而是慢慢发展出了“演德”和“义理”的传统。到了孔子儒家，这就成为主流。对文献中“加我数年，五十以学《易》，可以无大过矣”[①]“读《易》，韦编三绝”“假我数年，若是，我于《易》则彬彬矣”[②]等记载，一些研究者往往疑而不信。但帛书《三三子问》《易之义》，特别是《要》，证明了孔子晚年喜爱并研究《易》的真实性。[③]孔子对《易》的浓厚兴趣，不在筮占本身，而是通过筮占推阐德义。[④]《易》本以占筮的方式预测吉凶，但春秋时期强调吉凶由人说（也就是由人的德性和德行决定）。[⑤]孔子不重“占筮”而重德义，扩展了这一传统。[⑥]《荀子·大略》亦载“善为易者不占”。这表明，在孔子之前，以筮占为主的《易》，经过演变已大致定型。作为古经后称为《礼仪》的《礼》，如果说主要是成于西周或接受作者是周公的说法，那么到孔子之时，也经过了很久的传承。《礼》对夏商之礼

---

① 《论语·述而》。

② 《史记·孔子世家》。

③ 《要》载：“夫子老而好《易》，居则在席，行则在囊。”（陈鼓应主编：《道家文化研究》第三辑，上海古籍出版社 1993 年版，第 435 页）

④ 《要》载：“子赣曰：‘夫子亦信其筮乎？’子曰：‘吾百占而七十当，唯周梁山之占也，亦必从其多者而已矣。子曰：‘《易》，我复其祝卜矣，我观其德义耳也。’”（同上）

⑤ 参阅朱伯昆：《易学哲学史》上册，北京大学出版社 1989 年版，第 22—31 页。

⑥ 《论语·子路》载：“子曰：‘南人有言曰：人而无恒，不可以作巫医。’善夫！‘不恒其德，或承之羞’，子曰：‘不占而已矣。’”

当有所沿袭，但也许正如孔子所说已难求证。[①]我们倾向于相信本有《乐》经，正因为这样，先秦才有《乐》经与其他“五经”往往相提并论的情形。《礼记》有《乐记》,《荀子》有《乐论》,《史记》有《乐书》，广义上可以说都是对《乐》的传述。根据西周的“礼乐”传统，《乐》的出现也不会太晚。旧说孔子因鲁史而作《春秋》,《孟子》一书中几处都认为孔子作《春秋》,《史记》也如此记载。但如果根据《左传·昭公二年》所载的“观书于大史氏，见《易·象》与鲁《春秋》”和《国语·楚语》所说的“教之《春秋》”，那么孔子就不可能作《春秋》。在孔子之前,《春秋》当基本成型，孔子对《春秋》可能只是做了某种加工。

总之，“六经”是经历很长时间的书写、记载、汇集、编纂和传承逐渐定型的，经典的传统，恰恰又是漫长传统之下的产物。

二 从“书”“典”到“经”

上面对“六经”的书写、汇集、编纂和定型等过程做了非常粗略的讨论，只是为我们理解经典形成的条件提供了一个向度，儒家典籍的经典化还包括着与此相联系的其他一些重要过程。现在我们简要看一看经典名称的演变。

现在一般所说的“经典”,[②]在中国传统经学中主要称为“经”。众所周知，儒家“六经”本不称“经”,“六经”被称为“经”，本身就

---

① 《论语·八佾》载:“夏礼，吾能言之，杞不足征也；殷礼，吾能言之，宋不足征也。文献不足故也。”

② 当然，“经典”一词古已有之，且与“经”名接近,《汉书·孙宝传》载:“尚犹有不相说，著于经典，两不相损。”陆德明《经典释文》所说的“经典”，包括了儒家的主要“经”，也包括《老子》和《庄子》。

经历了一个演变的过程。[①]大致而言，应是先称为“书”，继之称为“典”，再后则主要称为“经”。“书”的本义是“著”“记”和“写”，《说文》解释为“箸”（箸通著），《广雅·释名》解释为“记”。《释名·释书契》云：“书，庶也。纪庶物也。亦言著也。著之简纸，永不灭也。”《墨子》中有“书之于策”“书之竹帛”“书于竹帛”“书其事于竹帛”等说法，“书”的意思皆为记载和著录。记载和著录的主要对象和内容是帝王的言行，如《左传·庄公二十三年》载：“君举必书。”具有记载和著录资格的是“史官”，他们专门担当着记言记事的职责，《左传·襄公十四年》载：“史为书，瞽为诗，工诵箴谏，大夫规诲，士传言，庶人谤，商旅于市，百工献艺。故《夏书》曰：‘遒人以木铎徇于路，官师相规，工执艺事以谏。’”《国语·楚语上》亦载：“地有高下，天有晦明……辨之以名，书之以文，道之以言。”又载：“临事有瞽史之导，宴居有师工之诵。史不失书，矇不失诵。”从“书”的记载义中引申出记载下来的东西，即“书籍”。《左传·襄公十年》载：“子孔当国，为载书，以位序听政辟。大夫、诸司、门子弗顺，将诛之。子产止之，请为之焚书。子孔不可，曰：‘为书以定国，众怒而焚之，是众为政也，国不亦难乎？’子产曰：‘众怒难犯，专欲难成，合二难以安国，危之道也。不如焚书以安众，子得所欲，众亦得安，不亦可乎？专欲无成，犯众兴祸，子必从之。’乃焚书于仓门之外，众而后定。”其中所说的“书”，就是指“书籍”。[②]许慎《说文解字序》区分“文”“字”“书”说：“黄帝之史仓颉……初造书契。依类象形，故

① 照章学诚所说，“六经”原来都只是记载先王政教典章制度的史实，它是史，也是事。参阅章学诚：《文史通义》上，中华书局1985年版。王葆玹提出了先秦从“典”到“经”的演变线索，参阅王葆玹：《今古文经学新论》，中国社会科学出版社1997年版，第31—34页。

② 对《易传》“上古结绳而治，后世圣人，易之以书契”的“书”，还有《书序》中的“古代伏牺氏之王天下，始画八卦，造书契，以代结绳之政，由是文籍生焉”中的“书”，一般解释为“文字”，但这应是后起义。

谓之文。其后形声相益，即谓之字者，言孳乳而浸多也。著于竹帛谓之书。书，如也。”上古主要限于政教的书籍虽然有限，但除了传说中的《三坟》《五典》《八索》《九丘》等外，当还有其他许多书而后来佚失了。“书”就是它们的共名。作为“六经”之一的《书》，直接以“书”作为“书名”。其所谓“书”，恰当的解释自然是“记载”而不是“书籍”。《虞书》《夏书》《商书》和《周书》等所谓的“书”，皆同此义。《书》作为“书籍”，仍只是上古“书籍”的一种。如果说《书》之“书”，即是“书籍”之“书”，其义颇为费解。在上古书籍非常少而且主要是关涉政教的情况下，只要是“书”应当都是比较贵重的，“书”就是当时的“经典”。

把书籍中的一部分书突出出来加以强调的意识，应该是书籍数量有了一定增加之后的事。“典”的名称，可以说就是适应这种需要产生的。按照《说文》的解释，“典”是指“五帝之书”，“从册，在丌上，尊阁之也”。“典”在形制上大于一般的书。《书·五子之歌》言“有典有册”，明确把“典”和“册”加以区分。“典”是特殊的简册，主要记载帝王之言行，并引申为“常”和“法”。《说文》释“册”为“符命”，应是引申义。《书》中的“典”“谟”“训”“诰”“誓”“命”之分，其“典”，即是指“常”(《尔雅·释诂上》云:“典，常也”)。《书·舜典》载:“慎徽五典，五典克从。”按照孔安国《序》的解释，有关少昊、颛顼、高辛、唐、虞的记载，称为“五典”，“典”指的是常道。类似意义的“典”，也延伸到指称其他帝王的记载中。如《诗·周颂·维新》所说的“文王之典”，虞注“典”为“法”。“法”义近“常”。也许正是由于“典”的这种“常”“法”性质，“典”就演变为“典籍”之典。按照《左传·昭公十五年》记载，周景王在向晋国使臣籍谈论他的祖先说:“司晋之典籍，以为大政，故曰籍氏。……女，司典之后也，何故忘之？”籍谈不能对。宾出，王曰:“籍父其无后乎！数典而忘其祖。”籍谈回去后把这件事告诉了叔向。叔向说:

“礼，王之大经也。一动而失二礼，无大经矣。言以考典，典以志经。忘经而多言，举典，将焉用之？”这里的“典”，即是指“典籍”。值得注意的是，这里出现了“典以志经”的说法。但这里的“经”，还不是后来“经籍”的意思，而是指典籍所载的先王的“纲纪”。《左传·昭公二十六年》所说的“奉周之典籍以奔楚”，《孟子·告子下》所说的“宗庙典籍”，与上所说一样，都是指一种珍贵和权威性的著作。

称“书”和“典籍”为“经”，称六部典籍为“六经”，开始于战国时代。《庄子·天运》载：“孔子谓老聃曰：‘丘治《诗》《书》《礼》《乐》《易》《春秋》六经，自以为久矣，孰知其故矣，以奸者七十二君，论先王之道而明周、召之迹，一君无所钩用。甚矣！夫人之难说也？道之难明邪？’老子曰：‘幸矣，子之不遇治世之君也！夫六经，先王之陈迹也，岂其所以迹哉！今子之所言，犹迹也。夫迹，履之所出，而迹岂履哉！’”这里非常明确地称《诗》《书》《礼》《乐》《易》《春秋》六部书为“六经”。《礼记》中有《经解》，《吕氏春秋》引用《孝经》，说明儒家之“经”在先秦已经确定。《荀子》一书中虽没有“六经”之名，但也明确地把儒家典籍通称为“经”。如《劝学》所说的“其数则始乎诵经”，其“经”很清楚即指儒家经典；又如《解蔽》所说的“故《道经》曰：‘人心之危，道心之微’”，其《道经》之名应该是荀子引用已有的定名。随着汉代儒家“经学”的兴起，一些儒家典籍就稳定地作为“经”而存在了，“六经”（还有“五经”说）就成为称谓儒家几部主要经典的代名词。当然，从“书”到“典”再升格为“经”，只是演变的大概趋势，而且它们之间也不是依次取代的关系。“经”名出现和稳定后，也仍有称儒家六部书籍为“书”和“典”（典籍）的情形，此外还有其他如“六艺”“经籍”“经卷”等称谓。

从先秦子学的整体趋势来说，书籍和文本被称为“经”，一是官师分化和私学的兴起，因传述而有经典，产生了诸如经与说、经与传、经与记、经与解等相对之名；二是为了强调和突出自家学派的地位，把本家重要的著作提升为“经”，以求显赫于世并与其他学派竞争。[①]这两方面的倾向，在儒家那里是这样，在墨家和法家等那里也是如此。但就儒家来说，它的书籍被提升为“经”，更具有传统的渊源和连续性。“经”的原意为丝织的纵丝，引申为“常道”“常法”和“根本”，与“典”的引申义接近。因此，儒家把自己的重要书籍称为“经”，过渡起来非常自然。“经”还引申为“治理”“经营”“经纶”，具有经世治邦的社会政治意义。儒家继承和传播的书籍，在悠久的历史渊源中，正如章学诚所认为的那样，它们原本只是政教和政事，它们一开始就与经世治国联系在一起。在它们之后越来越对象化的过程中，就非常容易把“经世”之“经”的意义和功能明确地赋予它们，使之成为经世治国的指导思想和行动指南。看看《左传·隐公十一年》所说的“礼，经国家”、《左传·昭公二十五年》所说的“夫礼，天之经也”、《国语·周语下》所说的“何以经国？国无经，何以出令”、《庄子·齐物论》所说的“《春秋》经世先王之志，圣人议而不辩”等，就不难理解了。儒家把常道、常法和经世的意义赋予六部典籍，实际上也就是将人间原理、原则、普遍规范和价值等体系同其所推崇的典籍稳定地联系在一起。如荀子称道说：“圣人也者，道之管也。天下之道管是矣，百王之道一是矣。……天下之道毕是矣。”[②]又如《韩诗外传》卷五载：“儒者，儒也。儒之为言无也，不易之术也。千举万变，其道不穷，六经是也。”

三　意义和价值的符号化

早期儒家经典的形成与儒家典籍的“符号化”过程相联系。这里

① 有关“经”名的产生，请参阅章学诚：《文史通义》，中华书局1985年版。

② 《荀子·儒效》。

所说的“符号化”，有两个方面的所指，一是指六部典籍排列顺序的“序列符号化”；二是指每部典籍整体上的“意义符号化”。

如前所说，六部典籍非一时一地之产物，因此它们排列的顺序也只能是一个演变的过程。在《国语·楚语上》的记载中，依次列出的是“教之《春秋》”“教之《诗》”（前面还有“教之《世》”）、“教之《礼》”和“教之《乐》”。在此，是《春秋》在前，《诗》在后，然后是《礼》前《乐》后。《国语·周语》还有“观之《诗》《书》”之语，《诗》排在前，《书》排在后。《左传·僖公二十七年》载：“说《礼》《乐》而敦《诗》《书》。《诗》《书》，义之府也；《礼》《乐》，德之则也；德、义，利之本也。”据此，《礼》《乐》相连，《诗》《书》同举，《礼》《乐》在前，《诗》《书》在后，分论时顺序则颠倒了过来。在《论语》中是《诗》→《礼》→《乐》或《诗》→《书》。在郭店楚简中，《性自命出》两次称《诗》《书》《礼》《乐》，排序都是先《诗》→《书》，次《礼》→《乐》；《六德》称引的顺序是先《诗》→《书》，次《礼》→《乐》，后《易》→《春秋》。《礼记·王制》的排列顺序是先《诗》→《书》，后《礼》→《乐》。但《礼记·经解》的排列顺序则是《诗》→《书》→《乐》→《易》→《礼》→《春秋》，这是一种少见的排序方式。[①]《庄子》一书好几个地方谈到儒家六部典籍时所使用的排列顺序，《天运》中是《诗》→《书》→《礼》→《乐》→《易》→《春秋》；《徐无鬼》中是《诗》→《书》→《礼》→《乐》；《天下》中则是《诗》→《书》→《礼》→《乐》→《易》→《春秋》，但除了《易》和《春秋》或有或无外，排序基本一致。荀子对儒家经典的排列顺序有两种方式，一种是先《诗》→《书》，次《礼》→《乐》，后《春秋》；另一种是先《礼》→《乐》，次《诗》→《书》，后《春秋》。

---

① 《商君书·农战》中有《诗》→《书》→《礼》→《乐》→《春秋》的排序。

荀子的第一种排序方式是比较一般的方式；[①]第二种方式是他自己使用的。在《荀子》中，没有《易》与其他五部典籍排列在一起的情形，这似乎表明荀子对《易》别有想法。

六部典籍排序的符号化和定型化，不只是一个形式上的先后问题。在今古文经学那里，不同的排序方式，体现着他们对经的不同看法。今文经学沿袭了先秦的《诗》→《书》→《礼》→《乐》→《易》→《春秋》的排序方式；与此不同，古文经学的排序方式是《易》→《书》→《诗》→《礼》→《乐》→《春秋》。按照周予同的说法，今文学家是按六部典籍内容上的深浅程度而定其先后顺序；古文学家则是以六部典籍产生时代的早晚而定。[②]问题是，在今文经学出现之前，排序方式已经形成。因此，需要讨论的是，先秦六部典籍排序方式本身包含着什么意识。如果把今文经学的说法看成是对已形成的排序方式的一种解释，那么，这种解释也许有一定的道理。我想强调的是，这种排序方式，实际上也同六部典籍受重视的程度相关。[③]在先秦，《诗》《书》《礼》《乐》受到了普遍的重视，代表了人文教养、教化和制度规范的基本方面。《诗》和《书》的引用率最高，"《诗》云"和"《书》曰"成了先秦引用《诗》和《书》的常用格式。我们知道孔子非常重视《诗》，如《论语·季氏》载："不学《诗》，无以言；不学《礼》，无以立。"《论语·泰伯》载："兴于《诗》，立于《礼》，成于《乐》。"[④]《论

---

① 有关"六经"的排序，另参考廖名春的《郭店楚简引〈书〉论〈书〉考》(《郭店楚简国际学术研讨会论文集》，湖北人民出版社 2000 年版）和《郭店楚简引〈诗〉论〈诗〉考》(《经学今诠初编》，辽宁教育出版社 2000 年版）

② 参阅周予同：《经今古文学》，《经学史论著选集》(增订本)，上海人民出版社 1996 年版。

③ 参阅廖名春：《郭店楚简引〈书〉论〈书〉考》，《郭店楚简国际学术研讨会论文集》，湖北人民出版社 2000 年版，第 123 页。

④ 在先秦子书中，作为书的《礼》与《乐》，与作为名的"礼"与"乐"，有混乱性的使用。此处的《礼》与《乐》，一般是当作"礼"与"乐"。

语·述而》载:“子所雅言,《诗》《书》,执《礼》,皆雅言也。”上海所藏竹简《孔子诗论》的整理和出版,更可看出孔子对《诗》的重视。《礼》和《乐》提供了规范和行为的标准,因此它们被排在前面也比较自然。《易》虽然来源较早,《春秋》虽然也有其重要地位,但其重要性比不上前四部典籍。

与排序相联的儒家典籍的符号化另一个过程是“意义”的符号化,即人们试图从整体上解释和概括每一部典籍的意义,以使每部典籍成为某种意旨和意义的符号。《左传·僖公二十七年》载:“《诗》《书》,义之府也;《礼》《乐》,德之则也;德、义,利之本也。”据此,《诗》和《书》整体上被看成是“道义”的府藏,而《礼》和《乐》则被看成是道德的原则。《国语·楚语上》载:“教之《春秋》,而为之耸善而抑恶焉,以戒劝其心;教之《世》,而为之昭明德而废幽昏焉,以休惧其动;教之《诗》,而为之导广显德,以耀明其志;教之《礼》,使知上下之则;教之《乐》,以疏其秽而镇其浮;教之《令》,使访物官;教之《语》,使明其德,而知先王之务用明德于民也;教之《故志》,使知废兴者而戒惧焉;教之《训典》,使知族类,行比义焉。”在这里,《春秋》旨在扬善抑恶使人自觉;《诗》的目的是扩展德性显明志向;《礼》是让人懂得上下等级的规则;《乐》在于清除秽邪,克服轻浮。孔子所说的“诗三百,一言以蔽之,曰:思无邪”和“兴于《诗》,立于礼,成于乐”,[①]是对《诗》《礼》和《乐》整体意义的一种概括。按照《史记·滑稽列传》的记载,孔子也有对每部经典整体意义的概括:“孔子曰:‘六艺于治一也。《礼》以节人,《乐》以发和,《书》以道事,《诗》以达意,《易》以神化,《春秋》以义。’”郭店楚简儒家简也有这种整体性的概括。如《性自命出》载:“《诗》《书》

① 《论语·为政》;《论语·泰伯》。《庄子·天道》记载孔子希望藏书于周室而往见老子,其中有孔子对典籍意旨的概括。

《礼》《乐》，其始出皆生于人。《诗》，有为为之也；《书》，有为言之也；《礼》《乐》，有为举之也。”这里论及了四部典籍。把《语丛》所论合起来，可以更清楚地看到对每部典籍整体意义的概括，即“《诗》，所以会古今之恃也者”“[《书》]，□□□……者也”“《礼》，交之行述也”“《乐》，或生或教者也”“《易》，所以会天道人道也”“《春秋》，所以会古今之事也”。若按司马迁所说，把《礼记》整体上看成是孔子七十子之说，那么《礼记·经解》不仅概括了各种典籍教化之旨，而且还指出了教化过程中容易发生的偏差及克服偏差的方法：“孔子曰：入其国，其教可知也。其为人也，温柔敦厚，《诗》教也；疏通知远，《书》教也；广博易良，《乐》教也；絜静精微，《易》教也；恭俭庄敬，《礼》教也；属辞比事，《春秋》教也。故《诗》之失，愚；《书》之失，诬；《乐》之失，奢；《易》之失，贼；《礼》之失，烦；《春秋》之失，乱。其为人也，温柔敦厚而不愚，则深于《诗》者也。疏通知远而不诬，则深于《书》者也。广博易良而不奢，则深于《乐》者也。洁静精微而不贼，则深于《易》者也。恭俭庄敬而不烦，则深于《礼》者也。属辞比事而不乱，则深于《春秋》者也。”《庄子》一书中保存着整体性解释儒家各部典籍意义的内容：“古之人其备乎！配神明，醇天地，育万物，和天下，泽及百姓，明于本数，系于末度，六通四辟，小大精粗，其运无乎不在。其明而在数度者，旧法、世传之史尚多有之；其在于《诗》《书》《礼》《乐》者，邹鲁之士、缙绅先生多能明之。《诗》以道志，《书》以道事，《礼》以道行，《乐》以道和，《易》以道阴阳，《春秋》以道名分。其数散于天下而设于中国者，百家之学时或称而道之。”[①] 这一概括，言简意赅。荀子所做的整体性解释也很有代表性。如《荀子·儒效篇》所说：“圣人也者，道之管也。天下之

① 《庄子·天下》。

道管是矣，百王之道一是矣。故《诗》《书》《礼》《乐》之归是矣。[1]《诗》言是，其志也；《书》言是，其事也；《礼》言是，其行也；《乐》言是，其和也；《春秋》言是，其微也。故《风》之所以为不逐者，取是以节之也；《小雅》之所以为小者，取是而文之也；《大雅》之所以为大者，取是而光之也；《颂》之所以为至者，取是而通之也。天下之道毕是矣。”又如《荀子·劝学》说：“《书》者，政事之纪也；《诗》者，中声之所止也；《礼》者，法之大分，群类之纲纪也。故学至乎《礼》而止矣。夫是之谓道德之极。《礼》之敬文也，《乐》之中和也，《诗》《书》之博也，《春秋》之微也。在天地之间者毕矣。”在此，荀子既概括了各部典籍的整体意义，又把儒家经典看成是完整和统一的体系，相信天地之间的真理、价值和规范等都包含在了其中（“在天地之间者毕矣”）。

根据以上所说，儒家典籍意义的符号化，并不等于各部典籍意义的固定化，虽然人们都试图对每部经典做出整体性的解释，把它们化为某种意义的专门符号（像“《诗》言志”那样），但这种整体性解释并没有成为“普遍性”的符号。也就是说，解释中的儒家的每部典籍的“整体意义”，往往仍是某一特殊视角之下的“整体意义”。

四　经典与阅读

儒家典籍的经典化过程，是一个不断被称引和传述的过程。“称引”是引用典籍，也就是后来所说的“引经据典”；传述是以经典文本为对象进行诠释和理解。上面谈到的典籍意义的符号化，也是一种传述。“称引”与“传述”是联结在一起的。在此，我们不讨论称引典籍的意图和传述的方法问题。由于儒家典籍具有久远的传统，所以在先

---

① 《乐》后应有《春秋》，疑脱漏。

秦子学中，称引典籍现象在儒家那里最为突出，其他像墨家、法家和道家也有称引儒家典籍的情况。在《左传》、《国语》、《论语》、郭店楚简儒家简、《礼记》、《孟子》和《荀子》等书中，可以看到六部典籍被称引的普遍现象。陈梦家在《尚书通论》中，详细列出了《论语》《孟子》《左传》《国语》《墨子》《礼记》《荀子》《韩非子》和《吕氏春秋》等九部书引用《书》的不同方式，引用次数共计168条，其中《孟子》引用《书》达17条;《荀子》引用《书》达15条左右。[①]与引《书》相比，称引《诗》的次数就更多了，仅以《孟子》和《荀子》为例，《孟子》称引《诗》有40多次，《荀子》称引《诗》更达到了80多次。先秦子书对其他典籍的称引要少些，但仍有不同的次数，我们不一一列举。儒家推重和称引“六经”，把“六经”看成是知识和价值的源泉，通过“六经”为自己的观念和价值寻求合理性与正当性根据，这是把“经典”权威化的一个重要方式。汉以后随着体制性经学的建立，儒家经典成了中国学术和知识统一体系的大本营，也成了保证意识形态、教学、教化和价值统一的基础。

孔子所说的“述而不作”，“述”主要就是阐述“六经”。孔子作为儒家学派的开创者和儒家经典解释传统的奠基者，在许多方面都具有创制的意义，因此，他的言行和学术也成为“传述”的对象。如孟子把学习孔子作为自己的愿望（“乃所愿，则学孔子也”），荀子也信奉孔子的权威。孔子之后，“传述”儒家六部经典及孔子言论，成为学问、规范和价值发展的一种基本方式。与“经典”相对应的“传”“说”“记”“解”“序”等词汇的出现，既意味着“经典”被“对象化”，也意味着“经典解释学”的产生。在先秦直接传述经典的著论，已有不少，如传述《易》的《系辞》、传述《春秋》的《左传》、

---

① 《荀子》中直接称引《书》的篇目有《修身》《王制》《富国》《君道》《臣道》《致士》《天论》《正论》《君子》《宥坐》等。

传述《诗》的《孔子诗论》、传述《礼》的《礼记》等。宽泛地讲，先秦儒家的著论大都可以看成是对经典的传述和阐释，从《论语》《大学》《中庸》，到郭店楚简儒家简，再到《孟子》和《荀子》，说他们都是从不同的角度传述和阐发经典的意义和旨趣，把他们都称为“传”，亦非完全不可。《荀子》一书中以“传曰”引用“言论”的方式，凡20处。我们需要重视《荀子》一书的这一现象。按照杨倞的解释（见《修身》），《荀子》一书中“凡言‘传曰’”，“皆旧所传闻之言也”，此解勉强。根据荀子引用《诗》、《书》（有例外）、《易》时使用的主要是经书本身之名，因此《荀子》一书中“传曰”的“传”，基本上可以归属为孔子及其后学的儒家传述类著作。荀子引用“传”也是为他的立论提供根据，而且在一些场合，是与《诗》《书》并列引用。传述和解释往往不乏创见，但解释者相信这些都是经典所蕴含的丰富内容。在经典权威占据主导地位的传统社会中，这是一种常态，儒学家总是不断通过经典诠释的方式来提出自己的见解和思想。

五　经典与体制

儒家典籍的经典化与体制也有关联。只要注意一下中国上古和先秦教育和教化的历史，就会看到这种关联。在春秋之前，学在“官府”、学即“官学”的一般说法，不仅意味着教学机构隶属于官府，而且也意味着学问本身具有正统的意义，“师”就是“官”，教和学的内容也是官方所确定的课程，目的是培养那个时代所需要的合格人才。按照孟子的说法，三代的教育机构虽然不同，但都是教人懂得人伦之道：“设为庠、序、学校以教之。庠者养也，校者教也，序者射也。夏曰校，殷曰序，周曰庠，学则三代共之，皆所以明人伦也。”[①] 荀子更

---

① 《孟子·滕文公上》。

具体地指出了教学的内容和目标：“立大学，设庠序，修六礼，明七教，所以道之也。《诗》曰：‘饮之食之，教之诲之。’王事具矣。”[①]《礼记》记载了上古教学的重要性以及因年龄而划分不同学习阶段的情况。如《学记》说：“玉不琢不成器，人不学不知道。是故古之王者建国君民，教学为先。《兑命》曰：念终始典于学。其此之谓乎！……古之教者，家有塾，党有庠，术有序，国有学。比年入学，中年考校。一年视离经辨志，三年视敬业乐群，五年视博习亲师，七年视论学取友，谓之小成；九年知类通达，强立而不反，谓之大成。夫然后足以化民易俗，近者说服，而远者怀之，此大学之道也。”值得注意的是文中提到了“经”。这里的“经”即“典籍”，“离经”即断句。《国语·楚语上》明确记载了教学中所要教授的典籍——《春秋》《世》《诗》《礼》《乐》《令》《语》《故志》和《训典》。《礼记·王制》更记载了作为体制性的经典教授：“乐正崇四术，立四教，顺先王《诗》《书》《礼》《乐》以造士。春秋教以《礼》《乐》，冬夏教以《诗》《书》。王大子，王子，群后之大子，卿大夫元士之适子，国之俊选，皆造焉。凡入学以齿。”[②]三代这种体制性的官学、官师合一的典籍教授，在春秋至战国时期虽然受到了很大的冲击，如“官师”分离、“私学”兴起，但具有悠久传统的体制性典籍教学，仍有相当大的空间。如孔子所说的“入其国，其教可知也”，他所说的“教”，就是教授儒家所推重的典籍。[③]儒家要继承和复兴的恰恰就是这一传统，《庄子·天运》记

---

① 《荀子·大略》。

② 这种制度性的经典教授，在《礼记》中还有类似的记载。如《礼记·文王世子》载：“凡学世子及学士，必时：春夏学干戈，秋冬学羽籥，皆于东序。小乐正学干，大胥赞之。籥师学戈，钥师丞赞之，胥鼓《南》。春诵夏弦，大师诏之；瞽宗秋学《礼》，执礼者诏之；冬读《书》，典书者诏之。《礼》在瞽宗，《书》在上庠。”又如《礼记·内则》载：“十有三年，学《乐》，诵《诗》，舞《勺》，成童舞《象》，学射御。二十而冠，始学《礼》，可以衣裘帛，舞《大夏》，惇行孝弟，博学不教，内而不出。”

③ 参见《礼记·经解》。

载："孔子谓老聃曰：'丘治《诗》《书》《礼》《乐》《易》《春秋》六经，自以为久矣，孰知其故矣，以奸者七十二君，论先王之道而明周、召之迹，一君无所钩用。甚矣！夫人之难说也？道之难明邪？'老子曰：'幸矣，子之不遇治世之君！夫六经，先王之陈迹也，岂其所以迹哉！今子之所言，犹迹也。夫迹，履之所出，而迹岂履哉！'"庄子是批评"书籍"的，在他看来，圣人不在了，圣贤之书不过是古人之糟粕。[①]儒家作为显学的原因之一，其中就体现在这里。正如《庄子·天下》所说："旧法、世传之史尚多有之。其在于《诗》《书》《礼》《乐》者，邹鲁之士、搢绅先生多能明之。……其数散于天下而设于中国者，百家之学时或称而道之。"在注重"师"和"学"的儒家那里，传授和学习典籍一直是教学的中心，《论语·学而》开头所说的"学而时习之"，《荀子·劝学》开头所说的"君子曰：学不可以已"，其所谓"学"，主要内容就是六经："学恶乎始？恶乎终？曰：其数则始乎诵经，终乎读礼。"[②]从韩非反儒家人文和教化的立场中，[③]也可以看出儒家典籍阅读传统在战国时期并没有中断，《韩非子·奸劫弑臣》说："且夫世之愚学，皆不知治乱之情，讘诶多诵先古之书，以乱当世之治。"《韩非子·难言》也说："时称诗书，道法往古，则见以为诵。"韩非的目的是取缔一切与严刑峻法相冲突的东西，其中主要就包括书籍和文本。《韩非子·五蠹》主张，"明主之国，无书简之文，以法为教；无先王之语，以吏为师"，并举出商鞅教秦孝公"燔《诗》《书》而明法令"的例子。[④]在百家纷争的战国时期，儒家在政治上受到了冷遇，在秦国

① 参见《庄子·天道》。

② 《荀子·劝学》。

③ 韩非对书籍本身采取了类似于庄子的否定态度。《韩非子·喻老》载："王寿负书而行，见徐冯于周涂。冯曰：'事者，为也；为生于时，知者无常事。书者，言也；言生于知，知者不藏书。今子何独负之而行？'于是王寿因焚书而舞之。故知者不以言谈教，而慧者不以藏书箧。"

④ 《韩非子·和氏》。

尤其被排斥，但在齐鲁之地还受到学者们的传授，[①]特别是还出现了像孟子和荀子这样的儒家重要传人。对儒家典籍的致命性伤害，是秦帝国体制造成的。秦始皇统一之后，以吏为师，接受了李斯提出的严禁书籍的专制性建议。虽然被禁止的书籍包括了百家私学，但主要还是儒家典籍，特别是《诗》《书》，“偶语”之，就要受到严厉的惩罚。[②]其结果，正如司马迁所说：“及至秦之季世，焚《诗》《书》，坑术士，‘六艺’从此缺焉。”[③]《韩诗外传》卷五亦载：“自周衰坏以来，王道废而不起，礼义绝而不继。秦之时，非礼义，弃《诗》《书》，略古昔，大灭圣道。”汉代体制性儒家经学的建立，使儒家典籍的教学、传授和注释重新得到了保证。可以说，早期儒家典籍的经典化过程，是与体制和制度联系在一起的。

六　经典诸条件

让我们总结一下，早期儒家六部典籍的经典化，主要都经历了什么过程：一、它大致经历了从“书”“典”到“经”等名称的确立过程；二、它经历了不流传、汇集、编纂和定本的漫长过程；三、它经历了排序和整体意义的符号化过程；四、它经历了不断被称引、理解和解释的过程；五、它经历了被体制化和制度化的过程。正是由于这些相互联系和互动的过程，早期儒家典籍才得以经典化和权威化。

根据以上我们对早期儒家典籍经典化相互联系的过程分别进行的讨论，下面也许可以对经典的条件这一一般性问题提出某种一般性的

① 《史记·儒林列传》载：“至于始皇，天下并争于战国，儒术既绌焉，然齐鲁之间，学者独不废也。于威、宣之际，孟子、荀卿之列，咸遵夫子之业而润色之，以学显于当世。”

② 《史记·秦始皇本纪》：“非博士官所职，天下敢有藏《诗》《书》、百家语者，悉诣守、尉杂烧之。有敢偶语《诗》《书》者弃市。”

③ 《史记·儒林列传》。

说明。正如一开始我们就强调指出的那样，这里所说的“经典”仍不是指各种类型的经典，而是主要限于正统的“神圣性经典”或“宗教性经典”。

第一，要强调的是“经典”依赖于不断地流传、编纂、汇集和定型。我想很少会有人用后来一般的著述行为和方式来想象早期神圣性经典或宗教性经典的形成。儒家六部经典，特别是《书》《易》《诗》《礼》等都经历了漫长的流传、编纂和汇集过程，到汉代才完全定型，期间至少经历了一千多年。在书简的书写、抄写、传播和保存都比较困难的古代社会，中国古代先贤需要为典籍的编纂、汇集和定型付出无限的艰苦工作。像《圣经》和《古兰经》等神圣性和宗教性经典，实际上也经历了很长时间的书写、编纂、汇集和定型过程。如果没有这些过程，它们就难以形成。神圣性和宗教性经典，是不断受到启示和适应的结果，它们难以通过一次性的书写和实践来完成。

第二，书籍的经典化，依赖于与书籍具有内在联系的经典名称的产生，没有经典之名，我们就无法把经典的性质赋予那些最重要的书籍。从时间上来说，书籍的出现当然早于经典名称，但我们要为书籍赋予经典的性质，就依赖于经典的称谓。当然，经典依赖于经典之名，主要是一种形式上的条件。单是为典籍贴上一种经典之名，典籍仍然不能成为经典。中国上古把“书”称为“典”再称为“经”，绝不只是称谓的变化，在这种称谓的变化中，包含着人们对儒家书籍赋予意义和价值的过程。

第三，也许是形成经典的比较重要的条件，它依赖于不断地传承、阅读、诠释和信仰。[①] 经典依赖于读者，它因不断地被阅读、理解和解释而获得权威性和神圣性，阅读、理解和解释也因经典而被鼓励和肯

① E. 希尔斯强调经文与诠释的关系说：“圣典本身也是传统。这种‘传统’就是对经文积累起来的理解；没有诠释，经文将只是一种物件。经文的神圣性使其与众不同，但若没有诠释，经文便毫无意义。”（《论传统》，上海人民出版社 1992 年版，第 22 页）

定。没有不断地阅读、理解和解释，就不可能有“经典”，它只不过是被尘封的“故纸堆”。典籍作为传统的事物，它是一种“流传物”，但它不同于器皿、器物等其他流传物，它是一种能够被不断和反复地加以阅读、背诵、引用和理解的流传物。反复对典籍进行注释性的传述，是典籍摆脱普通书籍的性质而获得超越的重要方式。典籍不断被阅读、引用和注解，也就是典籍不断地被赋予意义、价值和权威的过程。一般来说，作者自己不能把自己的著作称为经和经典，无论什么“经典”都依赖于读者和阅读，它是在流传和阅读过程中逐渐为自己赢得的意义。神圣性和宗教性经典的形成，对读者和阅读具有更高的要求，它伴随着在认同权威和敬信方式之下去阅读并反过来又加强权威和信仰的双向性。也就是说，经典权威的建立，同时也是认同已经为经典所赋予的某种权威。如果我们不为经典赋予任何权威性，经典的权威就建立不起来。已经建立起来的权威，在怀疑主义时代之下丧失权威就是如此。

第四，经典依赖于体制和制度化的安排。早期儒家经典之所以如此早成，之所以如此体系化和符号化，是与教育和政治生活对它的重视密切相联的。典籍教育从中国上古就被体制化了，在开始于上古的政教合一体制之中，典籍既是教化之典，也是政治经典。体制性的推重和安排，使典籍获得了保证世界观、价值观和秩序观统一的正统地位。儒家典籍在秦帝国时代受到致命性的毁灭，作为反证说明体制对经典的存在是多么重要。汉代建立起来并延续到晚清的经学和经典解释传统，后来之所以发生危机，其中一个原因就是保证经典权威的帝国体制发生了危机。体制的危机，伴随着经典权威和信仰的认同危机。彻底反传统的文化大革命，对经典权威的反叛，更是体制性的结果。《圣经》和《古兰经》等的经典化和权威化，无论如何都依赖于体制，其中教会制就非常关键。

至此，我们一直未谈构成经典条件的“经典”自身的性质。也许我们应该区分经典形成的内在条件和外在条件。我们上面所说的经典条件，也许可以说是经典形成的外在条件，即促成具有内在经典品性的书籍获得经典的资格。从一般意义上来说，书籍自身必须具有内在的超越性和原创性，必须具有打动人的内在魅力，它才有可能获得经典的美名。我们无法想象一部缺乏内在魅力的书籍，能够被赋予经典的性质。神圣型和宗教型的经典，当然也是这样。

最后，我们强调一下经典与时空的关系。经典是时空的产物，是在时间和空间中被反复考验、被反复选择和确认的产物。经受不住不同时间和空间考验的书籍，就与经典无缘。经典绝不同于一时一地的“流行物”，经典从不赶时髦。真正的名副其实的经典，在时间和空间中形成，反过来又超越时间和空间而存在，经典具有不朽的性格，经典是永恒的。

（原载《中国哲学史》2002 年第 2 期）

中国人文传统与解释意识

不言而喻，解释学作为一种系统的理论成为20世纪有影响力的思潮之一，是现代西方的产物，但是，这绝不意味着人类的解释意识只是到了现代才出现。事实上，无论在西方人文传统中，还是在中国人文传统中，都有着解释意识的历史。本文的目的，是想通过几个主要问题，展现一下中国人文传统中所包含的解释意识。

一　语言与意义

在中国人文传统中，解释意识首先体现为对语言与意义关系的把握。这并不奇怪。人类是具有语言性的存在，人与人的关系、人与世界的关系都储存在语言中。正像伽达默尔所说："拥有这个世界同时就是拥有语言。"既然如此，那么，语言肯定不是一种空洞的外壳，不是一种言之无物的装饰品或无病呻吟的方便替代者，而是一种永远昭示着意义、含蕴着无穷无尽趣味的实的生命。从肯定语言与意义的这种统一性出发，我们很容易想到中国人文传统中那古老而又经久不衰的两句熟语："文以载道"和"《诗》言志"。看起来，这两句话总共不过七个字，但它却深刻地表达了语言与意义统一或"本文"（text）与世界和人的心灵的内在一致性。正是由此，它产生了深远的影响。换句话说，强调语言和意义的统一，注重"文"与存在和人的生活的共鸣，构成了中国人文传统解释意识的重要层面。具体来说，如《周易》

的“易与天地准，故能弥纶天地之道”(《系辞传》)，孔子的“不言，谁知其志？言之无文，行而不远”(《左传·襄公二十五年》)，荀子的“《诗》言是，其志也;《书》言是，其事也;《礼》言是，其行也;《乐》言是，其和也;《春秋》言是，其微也”等等，这些说法，都表明了语言与意义的统一性。而且，自先秦开始的这种对语言与意义统一性的认识和肯定，在中国人文传统其后的发展中一直持续不断，如刘勰说:“人文之元，肇自太极，幽赞神明，易象惟先。庖牺画其始，仲尼翼其终。而乾坤两位，独制文言。言之文也，天地之心哉！”(《文心雕龙·原道》) 同时，中国人文传统也的确认为，语言是能够充分表达或承载存在的本性的。欧阳建的《言尽意论》是大家都熟知的。他在肯定语言对存在无施无加的前提下，指出“古今务于正名，圣贤不能去言”的原因就在于:“诚以理得于心，非言不畅；物定于彼，非名不辨。言不畅志，则无以相接。名不辨物，则鉴识不显……欲辨其实，则殊其名；欲宣其志，则立其称。名逐物而迁，言因理而变。此犹声发响应，形存影附，不得相与为二矣。苟其不二，言无不尽矣。”(《全晋文》卷一〇九)

正是基于这种认识，中国人文传统强调解释必须立足于本文或经典，必须通过本文来获得意义。在儒家经学中，汉学和清考据学最能体现通过语言文字的考释来把握意义的这种走向。面对义理学派和王学“束书不观”“向壁虚造”的学风，考据学派强烈要求回到“本文”中，回到“博学于文”的学术径路上。戴震把通“经文”与通道不可分地联系在一起，反对在经之外别求所谓义理。他说:“经之至者，道也。所以明道者，其词也；所以成词者，字也。由字以通其词，由词以通其道，必有渐。”(《戴震文集》卷九)“失所谓理义，苟可以舍经而空凭胸臆，将人人凿空而得之，奚有于经学之云乎哉！贤人圣人之义理，非它，存乎典章制度者是也。”(同上书，卷十一) 钱大昕主张一定要通过对经典语言的训诂来把握义理，认为离开经典训诂就没有义理的存在。他说："六经者，圣人之言。因其言以求其义，则必自训诂始。谓训诂之外别有义理，如桑门以不立文字为最上乘者，非吾儒之学也。"（《臧玉琳经义杂识序》，《潜研堂文集》卷二十四）当然，认为宋学义理派不就经言以说义理，并不符合事实，程朱也强调通过经典来解释义理。只是，义理派主张不能停留在本文的字面意义上，而应该透过语言的表义，深入它背后所传示的根本义理。所谓"微言大义"，就极好地代表了义理派对本文的解释方向。如果把义理派和考据派的不同解释方式同西方解释学比较一下的话，那么，他们就分别类似于施拉依马赫所说的"语法解释"和"心理学解释"。[①]

但是，正如任何事物都不会完美一样，语言也有它自身的局限。它作为存在的符号，作为心灵的声音，虽然基本上具有承载普遍意义的功能，但由于存在和生命不只是普遍的，它还是特殊的，特别是，语言总是分开说的，而存在和生命往往是整体的、相互联结的，因而它总是无法完整地表现存在和生命之全。由此，中国人文传统的解释意识在对语言与意义关系的看法上，除了上述所说的注重其统一性一面外，还认识到了二者紧张或不对称的那一面。这种倾向的极端是要求放弃语言。儒家经典《周易·系辞传》引用孔子的"书不尽言，言不尽意"的说法，较早地揭示了语言与意义之间的这种紧张关系。而孔子主张"行不言之教"就是基于对语言有限性的认识。但最能展示语言与意义对峙现象的则是道家哲学和复兴道家哲学的魏晋玄学。老子的名言"道可道，非常'道'；名可名，非常'名'"（《老子》一章），和"吾不知其名，字之曰'道'，强为之名曰大"（同上书，二十五章），说明老子已感到语言彰显本体的困难和不足。因而他指出："知者不言，言者不知。"（同上书，五十六章）而到了庄子，这

① 参阅伽达默尔：《真理与方法——哲学诠释学的基本特征》，洪汉鼎译，上海译文出版社 1992 年版，第 240—243 页。

种观点就更突出了。庄子认为语言所要传达的意义是不确定的："其所言者特未定也。果有言邪？其未尝有言邪？""今我则已有谓矣，而未知吾所谓之其果有谓乎，其果无谓乎？"（《庄子·齐物论》）因此，说到底，语言不能传达道，不能传达本体的真意，"道不可言，言而非也。道不当名"。"至言去言。"（《庄子·知北游》）庄子最后的结论是，圣人所留下的言论，只不过是"古人之糟魄已夫！"（《庄子·天道》）但是，庄子对这无能的语言又不能全放弃，他仍要用语言作为工具以勉强地传达道，于是有道难言、尝试言之和"言者所以在意"（《庄子·外物》）的说法。易学和道家对语言有限性的认识，在魏晋玄学中重又被凸显出来。荀粲认为"理之微者"，是不能通过语言来表现的，它所传达的只是粗迹。因而"六籍难存，固圣人之糠粕"（《三国志·魏书》卷十注引）。王弼用庄子的"得意忘言"揭示《易传》所说的言象与意义的不对称性，强调言象只能当作工具来使用，一旦得到了"意"，就必须"忘言"，否则就会陷入逐末（言）忘本（意）的困境。他说："立言垂教，将以通性，而弊至于湮；寄旨传辞，将以正邪，而势至于繁。"（《论语解疑》）为了拯救本（意），王弼最后要求"废言"，"是以修本废言，则天而行化。以淳而观，则天地之心见于不言"。玄学对语言有限性的看法，也影响到文学领域。如陆机《文赋》曰："恒患意不称物，文不逮意。"陶潜《饮酒》曰："此中有真意，欲辨已忘言。"对语言与意义不对称看法的极端是禅宗"不立文字"说。在禅宗看来，一落言诠，便成谬误；若经道破，已非真实。如谷隐禅师说："才涉唇吻，便落意思，尽是死门，终非活路。"（《五灯会元》卷十二）这样，那种执着经文、念念不忘的修证方式，就被禅宗一扫而光，问："为什么不念佛？"回答极其干脆："怕污人口。"（同上）既然语言在传达意义方面如此有限，那么对已有经典本文的解释和理解，自然就不能拘泥于文字所直接昭示给我们的意义，而应该善于去捕捉"言外之意""韵外之致"。张怀瓘这样说："深识书者，唯观神彩，不

见字形。”（《书断》）章学诚也说：“故善能文者，贵作者之意指，而不拘于形貌也。”（《文史通义·诗教下》）

二 解释与客观性

抛开伽达默尔所引发的解释学变革不说，西方解释学传统在很大程度上是与执着地追求客观性分不开的。这种要求的正当性一直被认为是不容怀疑的，犹如一条自明的真理，成为解释的前提或出发点。很明显，如果说对任何本文或人文现象的解释，只是解释者自己解释自己，或说到底只是把自己的“先见”（vorsichi，用中国哲学的术语说是“前识”）投射到所欲解释的对象中，那么，解释对象不就完全成了解释者可以随意处置的玩物而失去对象的意义吗？解释的内容不就完全成为个人的主观私见而没有任何可信性吗？如果不是糊涂的话，谁会愿意一开始就把自己推入不追求解释客观性的这种“私心”的境况中呢？因此，追求人文解释的客观性，并不偶然。即便不把它看作喜爱真理的表现，那至少也可以说是一种解释者寄托自己的解释尽可能被广泛认可或承认的强烈愿望。

同样，在中国人文传统中，我们也很容易观察到人们对解释客观性的执着追求。孔子强调“述而不作”（《论语·述而》），说明他已开始要求或相信他自己只是在忠实地传承周文化的真义，而不是在新的“语境”或时代氛围中对周文化做出新的阐明。尽管在孔子那里还有“损益”的概念，但它远不如孔子对已有人文意义“传承”的意识来得强烈。这样，孔子对“述”与“作”（可以从客观与主观来理解）二元化的设定和对前者的向往，就奠定了中国人文传统解释客观性要求的坐标。在此后的人文历史中，特别是在经学成为“显学”的传统中，不管众多经学家实际上多么富有“解释的创发性”，但他们都不愿承认这是自己的“新作”，而乐于肯定它仍是对原典的忠实的“叙述”。被儒家声扬的“道统论”极具象征意义。

孔子之后的孟子，就以祖述先圣之道的名目，来与杨墨的“邪说”对抗。尽管在很大程度上，孟子所说的对先圣真义的传承，实际上已不是原封不动的“原意”，而是孟子自己的“新意”，但孟子根本不愿在自己的解释上打上“自作聪明”的印记，而甘于以继承者自任。扩而言之，孔子所开创的儒学，限于先秦而论，在孔子之后通过解释所表现出的分化发展，是十分清楚的事。然而，这在当时那些对孔子的不同解释者看来，都认为是孔子的“原意”的再现。韩非早就对此提出了质问：“孔、墨之后，儒分为八，墨离为三，取舍相反不同，而皆自谓真孔、墨。孔、墨不可复生，将谁使定世之学乎？孔子、墨子俱道尧、舜，尧、舜不可复生，将谁使定儒、墨之诚乎？”（《韩非子·显学》）令人遗憾的是，韩非虽提出了非常有意义的问题，但他没有进一步追求人文的客观解释是否真的可能，而是直接从实证（“参验”）的立场出发，否认“前识”和自称的“客观性”（真）。换言之，韩非最后仍是毫不费力就肯定有通过“参验”的客观性解释。与此相关，管子和荀子则要通过对解释主体“先见”或“先知”（vorgrif）的清除（“虚一而静”），使主体达到“大清明”的无意识状态，以求切中“本文”的原意（见《管子·心术》和《荀子·解蔽》）。

自汉代始，随着以解释儒家经典为中心的“经学”的产生，先秦那种解释客观性的追求也就被纳入了具体的系统中。不管经学在其后的演变中多么复杂，也不管它前后反差有多大及如何决定了中国学术和思想的阶段特征，但要求解释的客观性，致力于展现“经典”原意的目标，则是贯穿经学始终的当然前提，并不断被表明和强调，看一看今文与古文经学之争、汉学与宋学之争或义理之学与考据之学之争，就可明白。说起来，无论是侧重于从语言文字来解释，还是注重从义理上解经，实际上都是通过“经文”来解释我们的生活，并以此成为我们的存在方式之一。但由于经学家们都试图把自己与对象严格区分开，反对主体与对象的“视界融合”，并最终换取客观真理的价值，因而，他们不从不同的境况来看待解释的不同路向或异己性，而总是要把自己的解释视为符合经典的原意，是再现了历史的本来面目，与此同时批评来自其他方位的解释方式，说他们悖离经意，是没有客观真理性的主观私见（“胸臆”）。宋学或理学这种“义理派”的主张受到清代考据学的批评是大家熟知的，但实际上“义理派”对解释的客观性要求绝不亚于“考据派”。义理派代表朱熹，不厌其烦地强调对经典的解释要摆脱传注以虚心直切经意，反对主观私见或“先见”对经意的置换，说：“今学者不会看文字，多是先立私意，自主张已说，在这里只借圣人言语做起头便自把已意接说将去。病痛专在这上，不可不戒。”“读书最忌以已见去说。但欲合已见，不知非本来意旨。”（《朱子语类》卷一一七）

传统经学对解释客观性的执着在近代随着康有为（今文）和章太炎（古文）这两位巨擘的去世而终结，但人文解释的客观性要求，由于西学科学主义或实证主义的传入而更是如鱼得水，成为整个人文历史研究势不可挡的思潮。在人文历史领域，不强调解释的客观性、科学性、实证性是不可思议的。人们虽然不断地看到人文解释对象总是被置于不同的“偏见”之下，却不愿为它寻找存在的“合理”根据（如“效果历史”、意义的开放性），而总是把它视为“非合理”“非客观”的产物。严复和梁启超这两位中国的科学主义者，前后都看到了在历史解释中孔子思想的多种面目，但是在他们的意识中，还是相信有一个一成不变的“原孔教”的存在。之后冯友兰要区分“孔子与孔丘”，蔡尚思讨论“真假”孔，[①]也都是要肯定一个对象性的孔子、真的孔子，把“他”同无数解释者视野下的孔子分开，以求最终得到一个完全客观化的孔子。不谈孔子便罢，一谈孔子就一定是解释者视野

---

① 见冯友兰:《关于孔子讨论中的一些方法问题》，载《文汇报》1962 年 11 月 13 日；蔡尚思:《关于真假孔子——孔学研究的几个主要问题》，载《人民日报》（海外版）1987 年 9 月 2 日。

之下的孔子，那么，在人文领域中被反复强调的“本来面目”和“客观性”，其意义究竟何在，就必须进一步思考。

尽管在中国人文传统中解释客观性的要求强大有力，但我们还是能看到对解释相对性的说明。《周易》中的“仁者见之谓之仁，知者见之谓之知”，早就肯定了在解释中“先见”或“偏见”的存在及其解释效应。《庄子》中“是非不定论”——“万物一也，是其所美者为神奇，其所恶者为臭腐；臭腐复化为神奇，神奇复化为臭腐”（《知北游》），揭示了同一对象在不同视野之下的极大反差。黄庭坚说的“文章大概亦如女色，好恶只系于人”（《豫章黄先生文集》卷二十六），说明同一“本文”在不同读者那里会有不同的欣赏情趣。陆九渊“六经注我，我注六经”，“先立乎其大”，[①] 在某种程度上，已承认了解释中的“视界溶合”和先见的存在。此外，章学诚的“夫书之难以一端尽也，仁者见仁，智者见智”（《文史通义·史德》），金圣叹评《西厢记》承认“文者见之谓之文，淫者见之谓之淫”（《读第六才子书西厢记法之二》）等说法，在不同程度上也注意到了人文领域解释所具有的相对性一面，注意到了解释者不能脱离自身的主观语境和特别关怀。

在西方，自从伽达默尔对人文领域中的解释客观性追求提出不同凡响的批评之后，他也受到了来自维护解释客观性要求的反批评。人文领域的解释究竟是客观的还是主观的，抑或既有客观性又有主观性，这是值得深入讨论的问题。而中国人文传统主要是强调客观性，但也看到了其主观性的一面，这是否能为我们对问题的讨论提供某种启发呢？

三　体验、直觉与理性尺度

在西方，自文艺复兴开始并在启蒙运动中被大大强化的“理性”

---

① 陆九渊：《陆九渊集》，锺哲点校，中华书局 1980 年版，第 399、400 页。

概念，取代了宗教和传统的权威，成为支配人们的思维方式和衡量一切事物的绝对尺度。的确，理性产生以后，不可否认它给人类思想和学术的发展所带来的巨大恩惠，它作为人类精神的一部分，必将持续地存在和释放出活力，但是，绝不能说理性具有无所不能的特性，可以无限地把它运用于一切方面。因此，随着理性不知自我约束而过分膨胀和溢出，成为人类新的执迷时，它受到怀疑和批评就势所难免。以卢梭、柏格森、尼采等为代表的浪漫主义和生命哲学，首先向理性发起了挑战。他们对理性的无限扩张和对人类生命的肢解、冷酷深感不满，转而强调生命的整体性，强调人类生活的真情实感和直接体验，反对理性认知对人的经验悟证和直觉把握的化解。现代解释学的兴起，承继并推进了这一取向。从狄尔泰到伽达默尔，尽管其解释学的倾向和具体内容都有很大的差异，但在抑制理性的无限扩张、强调生活经验和直觉在人文精神解释和理解中的重要性上，可谓前后呼应。即便不能说他们认为理性解释在人文领域中完全无效，也可以说他们所关心的是生命的直接感受性对人文理解的根本作用。如果说黑格尔所说的一句话（“老人讲的那些真理，虽然小孩也会讲，可是对老人来说，这些宗教真理包含着他全部生活的意义”）是一句真理，那么解释学，特别是伽达默尔的解释学则系统性地再现了这一真理。

有趣的是，中国人文传统的解释意识，同西方解释学强调经验和直接领悟在人文精神理解中的作用极其一致。在哲学中，老子区分了“为学”与“为道”的不同（见《老子》四十八章）。“为学”是知识上的掌握，它是不断从未知到有知的过程。而“为道”则是通过冥想或体验以领悟存在的真谛，是直接当下对大全的把握。在老子看来，悟道不能靠感官经验，而要靠心的直觉。圣人的高超就在于最能运用这种直觉，“圣人不行而知，不见而明”（同上书，四十七章）。因此，要悟道，必须保持直觉的纯洁性，“涤除玄览，能无疵乎？”（同上书，十章）与老子一样，庄子认为理性之知不足以把握道，对于“何思何虑则知道”的提问，庄子的回答是“无思无虑则知道”(《庄子·知北游》)。所谓“无思无虑”就是要求纯任直觉。庄子主张保持虚灵状态的“心斋”(见《庄子·人间世》)，主张“黜聪明，离形去知”的“坐忘”(见《庄子·大宗师》)，其旨趣都是强调直觉在悟道中的首要性。王弼继承老、庄所注重的直觉体验方法，提出了“圣人体无”的著名命题。照王弼的看法，把握本体“无”，不能通过名言之内的“认知”，而应用超名言的“体知”，即自己的体验。总之，在中国哲学中，哲学家所注重的把握意义的方法，往往不是理性的认知和抽象的分析，而是直觉和体验。

以体验和直觉把握意义的方式更为许多文人所推重。在他们看来，诗文多借文寄意，充满象征和隐喻，言有尽而意无穷，正如论者所言：“盛唐诸人唯在兴趣，羚羊挂角，无迹可求。故其妙处透彻玲珑，不可凑泊，如空中之音，相中之色，水中之月，镜中之象，言有尽而意无穷。”(严羽《沧浪诗话·诗辩》)因此，要把握诗就必须超越有限的文字去意会或神会诗的境界及妙致。同时，在中国诗人看来，生活的直接感受和体验，对诗的解读也极为重要，人缺乏生活的直接体验和实际感受，“本文”中所含蕴的甘苦滋味就不会与自己共鸣。袁枚说：“夫物虽佳，不手致不爱也；味虽美，不亲尝不甘也。”(《下仓山集·小仓山房文集·随园后记》)《脂砚斋红楼梦辑评》说：“使言《石头记》之为书，情之至极，言之至当，然非领略过乃事，迷陷过乃情，即观此茫然嚼蜡，亦不知其神妙也。”(第十七、十八回批语)中国文人对体验在解释和理解中作用的强调，概言之，也就是禅家所说的“如人饮水，冷暖自知”。但个人的体验总是有限的，为了克服这种局限，文学家主张设身处地，即把自己投入本文的语境中，去把握意义。如刘熙载说：“文文山词有‘风雨如晦，鸡鸣不已’之意，不知者以为变声，其实乃变之正也。故词当合其人之境地以观之。”(《艺概·词曲概》)从强调体验、直觉这种理解方式出发，自然就要反对以知识和理路的方式去解读本文，所谓“诗之至处，妙在含蓄无垠，思致微渺，其寄托在可言不可言之间，其指归在可解不可解之会。言在此而意在彼，泯端倪而离形象，绝议论而穷思维，引人于冥漠恍惚之境，所以为至也。若一切以理概之，理者一定之衡，则能实不能虚，为执而不为化，非板则腐，如学究之说书，闾师之读律，又如禅家之参死句，不参活句，窃恐有乖于风人之旨”（叶燮《原诗·外篇》）。

最后顺便指出，中国近代以来，在西方理性精神的影响下，开始大力强调理性，并对传统自身过分欣赏经验直觉的领悟而不注重理性抽象这一倾向进行了持续的批评。为了焕发理性、培植理性、建立中国思想的理性地盘，这种批评有其必要的一面。但是，理性在中国现代思想中所赢得的地位，却大大超过了它自身应有的地盘。在人文领域的解释和理解中，它成了唯一的尺度。而中国传统所拥有的感性直觉对人文现象同样有效的解释方式，也就惊人地被“淡化”了，这是很可惜的。

四 传统、权威与批判意识

唐宪宗元和八年，韩愈写《荐士》诗一首，其中一句是“曾经圣人手，议论安敢到”，极富象征性地表达了维护传统和权威的虔诚态度。由此，我们很容易联想到儒家的“复古论”和“道统说”。也许是来自天性，儒学（当然还有其他学派）一开始就具有了对传统和权威的偏爱。孔子的“吾从周”（《论语·八佾》）、“信而好古”（《论语·述而》），是人们熟知的儒家名言。孟子的“乃所愿，则学孔子”（《孟子·公孙丑》），可以说是对孔子权威的真心承认。由于此时儒家只不过是百家中的一家，因而在儒家的传统和权威之外，还存在着来自其他家的传统和权威，如道家和墨家。但是，这种情形随着董仲舒“罢黜百家，独尊儒术”的“对策”被政治意识形态化而终结。这样，在其后两千年的历史中，儒学的传统和权威就完全获得了“正统”的地位，并带有了神圣的威严。而维护和传承儒学的这种传统和权威，抑制与儒学相对抗的“异端”，也就成为儒学历程中的一项至关重要的使命。尽管事实上儒学在各个时代都有新的面貌，但这都被说成是原始儒学（“原道”）的复兴或嫡传。但到了宋明儒学，道统先后都有了新的化身。理学的道统是：“道之正统待人而后传。自周以来任传道之责者，不过数人，而能使斯道章章较著者，一二人而止耳。由孔子而后，曾子、子思继其微，至孟子而始著。由孟子而后，周、程、张子继其绝，至熹而始著。”（《宋史·道学传三》）而心学的道统则是：“自宋周、程二子始复追寻孔颜之宗，庶几精一之旨矣。自是而后，有象山陆氏，简易直截，直接孟子之传。”（《象山文集》）同时，在儒学中，历史的进步性往往是通过对远古盛世（“三代”）的复归来表现的。也就是说，儒家对现实要求的合理化尺度，都是来自曾经实现过的理想性“传统”。只要有一天能重现这种“传统”，不断倒退的历史就会被抑制住。因而，理想与现实的关系就不是表现为未来与现在的紧张，而是表现为现在对远古的背离。这从进化论的观点来说，也许是极其不合理的，但在把理想寄托在传统中的儒学那里，这却被认为是非常自然的。

说到儒家的传统和权威，人们当然不会忘记儒家的“经典”所扮演的角色。由于儒家的传统和权威强大有力，因而这在很大程度上就抑制了批判意识的成长，并免去了传统、权威同反传统和反权威之间的恒常紧张。但我们还是可以看到后者在历史中的微弱表现。针对汉代儒生神化“圣人”和孔子权威的做法（如“好信而是古，以为圣贤所言皆无非”），王充提出了挑战，他质问说：“追问孔子，何伤于义？”“伐孔子之说，何逆于理？”他还对汉儒是古非今、一味美化“三代”传统的历史退化论给予了回应，写出《宣汉》一文，称“汉代在百代之上”。面对儒学名教权威的异化，嵇康勇敢地站出来，“非汤武而薄周公”，说儒家神圣不可侵犯的“六经”，只不过是“圣人之糟粕”。李贽公开以“异端”自居，批判宋明理学家所强化的“孔孟”和“六经”的权威，他说：“夫天生一人，自有一人之用，不待取给于孔子而后足也。若必取待于孔子，则千古以前无孔子，终不得为人乎？”（《焚书·答耿中丞》）并指出，“六经”和《论语》以及宋儒所宣扬的“道统论”和“汉唐无道”都是靠不住的。

中国自近代开始，传统和权威同反传统和反权威之间的紧张，也就逐渐被突出出来，而到“五四”新文化运动时，更达到了空前激烈的程度。

那么，现在的问题是，传统、权威同批判究竟是什么关系呢？它们之间是否具有一种内在的紧张呢？照伽达默尔的说法，传统与权威具有一种不可超越的性质，它始终是我们理解的前提。他说：“在我们经常采取的对过去的态度中，真正的要求无论如何不是使我们远离传统和摆脱传统。我们其实是经常地处于传统之中，而且这种处于绝不是什么对象化的（vergegenständlichend）行为，以致传统所告诉的东西被认为是某种另外的异己的东西——它一直是我们自己的东西，一种范例和借鉴，一种对自身的重新认识，在这种自我认识里，我们以后的历史判断几乎不被看作为认识，而被认为是对传统的最单纯的吸收或融化（Anverwandlung）。”[①] 对伽达默尔来说，启蒙运动所谓传统、权威是迷信的产物，是与理性不相容的看法，实际上只是一种幻觉。在他看来，对权威的认同绝不是迷信的产物，而恰恰是理性的行为，“人的权威最终不是基于某种服从或抛弃理性的行动，而是基于某种承认和认识的行动——即认识到他人在判断和见解方面超出自己，因而他的判断的领先，即他的判断对我们自己的判断具有优先性，与此相

① 伽达默尔：《真理与方法——哲学诠释学的基本特征》，洪汉鼎译，上海译文出版社 1992 年版，第 361—362 页。

关联的是，权威不是现成被给予的，而是要我们去争取和必须去争取的，如果我们想要求权威的话。权威依赖于承认，因而依赖于一种理性本身的行动，理性知觉到它自己的局限性，因而承认他人具有更好的见解”。[①]的确，在历史过程中，我们不能割断同传统和权威的联系，而传统和权威的存在也不能归为盲目服从的结果。但是，历史如果只意味着已有东西永远的亘复或延续，或始终基于对已有传统和权威的维护，那么，历史的新鲜性、历史的变革和超越也就不会降临。事实上，历史的进程总是对已有传统和权威有所承继，但同时又伴随着批判性和超越性的一面。而且当传统和权威成为新事物和变革的阻止力量时，那么对已有传统和权威的批判意识也就格外激烈。特别是，当传统和权威一直是一种意识形态，而一旦有自由的契机，那么对它的反叛就会是空前和极端性的。当然，这时传统、权威也会被不遗余力地加以维护，从而形成一种恶性循环或彻底的对立。中国近代以来的传统与反传统的表现，就是如此。伽达默尔的局限就在于他把一切可能的东西或新的东西统统都化解到了传统和权威中，或者可以这样说，他的解释学过分注重对传统和权威的辩护，而忽略了批评和超越的张力，因而他受到哈贝马斯“意识形态批判”的挑战，是毫不奇怪的。霍埃（Dav Couzens Hoy）在谈到这一点时指出：哈贝马斯“早就在怀疑伽达默尔对传统之合法与必然权威的信念里掩藏着一种深深的保守主义，这种保守主义在政治上是危险的”。[②]

（原载《天津社会科学》1994年第3期）

---

① 伽达默尔:《真理与方法——哲学诠释学的基本特征》，洪汉鼎译，上海译文出版社1992年版，第358页。

② D.C.霍埃:《批判的循环》，兰金仁译，辽宁人民出版社1987年版，第15页。

“原意”“先见”及解释的“客观性”

——在“方法论解释学”与“哲学解释学”之间

由海德格尔奠基并由伽达默尔创建的“哲学解释学”或“本体解释学”，对由施莱尔马赫和狄尔泰等所代表的“方法论解释学”所提出的挑战和批评，[①] 总结一下可以集中到有关“原意”“先见”及与此紧密相联的“客观性”等问题上。作为方法论解释学的维持者，贝蒂和赫施对伽达默尔所作出的反批评，[②] 实际上也集中在这里。如果同中国经典解释学以及近代以来在科学实证主义影响之下的解释意识联系起来，这个问题在整个解释学中所具有的异乎寻常性，就更为清楚。由于中国“主流”解释学意识和观念，也可以归结到“方法论解释学”之中，因此它自然也处在“哲学解释学”的挑战和批评的范围之中。[③] 问题究竟出在何处呢？放弃伽达默尔所批评的历史主义和客观主义，是否就意味着连“原意”和“客观性”也要放弃呢？肯定“先见”“权威”和“传统”在解释中的合理性，是否也意味着对它们可以采取无反省和无质疑的立场呢？说起来，“哲学解释学”并没有把“先见”完全正当化，也没有完全拒绝“客观性”。既然如此，它与“方法论解释学”的

---

① 我希望用此语来概括传统解释学及其继承者的解释主旨，并与“哲学解释学”区分开来。幸好 R. E. 帕尔默在《解释学》一文中，也使用了“方法论解释学”一语，参见《哲学译丛》1985 年第 3、4 期。

② 参阅贝蒂的《作为一般解释理论的解释学》(蒂宾根，1962)；赫施的《解释的有效性》(耶鲁大学出版社 1967 年版；中文版，生活·读书·新知三联书店 1991 年版)。

③ 当然，在西方哲学解释学影响下，中国也出现了哲学解释学的接受者。参阅殷鼎:《理解的命运》，生活·读书·新知三联书店 1988 年版。

对立，是不是可以化解掉呢？何以方法论解释学又要对哲学解释学做出反批评呢？我希望站在中西解释学的视野之下，来考察一下中西解释学对“原意”“先见”和“客观性”所持的基本立场，并希望提供一个积极的反思。

一 “原意”和“对象”的设定是否成立

方法论解释学的一个基本设定，是肯定或者承认存在着一个解释的对象，相信文本具有意义或含义（meaning）。由于这种意义是原作品或原作者所有，因此，肯定文本的意义或含义，实际上也就是肯定了文本的本义（original meaning）和原意（original intention）。如赫施说：“一件本文具有着特定的含义，这特定的含义就存在于作者用一系列符号系统所要表达的事物中。”① 文本的含义与文本的“意义”（significance）不同。文本的含义是属于作者的或文本自身的，而文本的意义则是阅读者赋加给作者或文本的，也就是读者对作品所做出的评价。但是，在汉语世界中，“意义”一词把赫施所说的含义与意义都囊括了进去。因此，我们可以用“原意”和“本义”或这种意义上的“意义”，专门指称赫施所说的“含义”。对于具有悠久经典解释传统的中国方法论解释学来说，文本和经典具有“原意”，是作为一个“自明性”的前提而存在的。这种原意，或者是体现了最高真理和价值的“道”（“道在六经”），或者是寄托着抒发心灵、情感和理想的“志”（如“《诗》言志”），理解和解释，就是通过合理的过程和方法，把握住“道”和“志”。《庄子·天下》明确肯定儒家“六经”都有其意旨：“《诗》以道志，《书》以道事，《礼》以道行，《乐》以道和，《易》以道阴阳，《春秋》以道名分。”荀子把圣人和道统一起来，

---

① 赫施：《解释的有效性》，王才勇译，生活·读书·新知三联书店 1991 年版，第 16—17 页。

相信"五经"各从一个侧面言说圣道之意,《荀子·儒效》载:"圣人也者,道之管也。天下之道管是矣,百王之道一是矣。故《诗》《书》《礼》《乐》之归是矣。《诗》言是,其志也;《书》言是,其事也;《礼》言是,其行也;《乐》言是,其和也;《春秋》言是,其微也。"对于儒家来说,经典包含着深刻的固有的意旨,是不证自明的。后儒一直也相信这一点。如在儒家传统经典解释学中,虽然有所谓今文和古文之争,有所谓义理之学和考据学之争,但是,它们的对立主要发生在通过何种具体的方法去达到经典的原意,而不在于是否肯定经典的本义或原意。它们都自觉或不自觉、有意或无意地认定经典具有"本义",这构成了它们不厌其烦和顽固地"传注"经典的共同前提。不仅注重义理之学的朱子和被认为是束书不观的陆王相信"道"在经典,而且注重文字考证和训诂的考据学,也相信这种设定。如考据学家钱大昕说:"六经者,圣人之言。因其言以求其义,则必自训诂始。谓训诂之外别有义理,如桑门以不立文字为最上乘者,非吾儒之学也。"①不只是儒家经典解释学是如此,道家经典解释学亦复如是。

文本具有原意只不过是解释者的一个具体向度,从一般意义来说,牵涉到的是解释和理解的"对象"问题。在认识论上,有所谓"唯心"与"唯物"之争,争论的焦点是承认不承认有所谓外在的"客观对象"。唯物主义和新实在论,都肯定有不依存于认知者的客观对象,但唯心主义则不接受这种设定。我们不管它们之间的长久争论。与肯定文本具有原意一致,方法论解释学当然肯定一般所说的解释"对象",从这种意义上说,方法论解释学与唯物主义和新实在论的认识论设定是相通的。在人文领域,历史只是解释、理解和研究的"对象"之一。历史实证主义相信,对于研究者和解释者来说,"历史"首先是作为一个"对象"而存在的,即所说的历史的"本来面目"或"本来的历

---

① 《臧玉林经义杂识序》,《潜研堂文集》卷二十四。

史”，是历史研究者所欲追求和达到的目标，也是“历史学”的对象。比较能够说明问题的是，在习惯上，人们把对“历史”的记述和解释，也称为“历史”，但人们一直还相信有一个作为研究“对象”而客观存在的“历史”。以冯友兰为例，他对“历史”一直保持着两种意义的区分，从20世纪30年代的两卷本《中国哲学史》到晚年七卷本《中国哲学史新编》都是如此。在前者的绪论中，他明确地界定说：“历史有二义：一是指事物之自身；……历史之又有一义，乃是指事情之记述；……若欲以二名表此二义，则事情之自身可名为历史，或客观的历史；事情之记述可名为‘写的历史’，或主观的历史。”① 在后者的绪论中，他继续坚持说：“历史这个词有两个意义。就其第一个意义说，历史是人类社会在过去所发生的事情的总名；……就这个意义所说的历史，是本来的历史，是客观的历史。……历史家研究人类社会过去发生的事情，把他所研究的结果写出来，以他的研究为根据，把过去本来的历史描绘出来，把已经过去的东西重新提到人们的眼前，这就是写的历史。这是历史这个名词的第二个意义。”② 很明显，冯友兰所说的“本来的历史”，就是作为史学研究“对象”的历史，是被研究者“对象化”的存在。

无须多说，就中西方法论解释学整体而言，文本具有不依赖于解释者的先在原意，“对象”对于研究和理解者具有“独立性”，可以说一直是作为一个基本常识和前提而存在的。但是，哲学解释学及其接受者，恰恰对此提出了质疑和挑战。首先要谈到的是海德格尔。海德格尔对理解和解释的看法，对于哲学解释学来说具有革命性的意义。他把“前理解”和“先见”看成是解释和理解得以可能的条件这一重要观点待后谈，这里要说的是，由于他把理解和解释看作人的存在和

---

① 冯友兰：《三松堂全集》（新版）第二卷，河南人民出版社2000年版，第254页。

② 冯友兰：《三松堂全集》（新版）第八卷，河南人民出版社2000年版，第7—8页。

生存方式（或者说他是从存在论或生存论上观察理解和解释现象），所以，此在的人对文本和历史之存在的理解和解释，实际上也是人在对存在进行筹划的同时也对此在的自己进行了筹划，[①]"意义"就是这种筹划的产物，是此在的生存的状态。海德格尔告诉我们："严格地说，我们领会的不是意义，而是存在者和存在。意义是某某东西的可领悟性的栖身之所。在领会着的展开活动中可以加以勾连的东西，我们称之为意义。……先行具有、先行看见及先行把握构成了筹划的何所向。意义就是这个筹划的何所向，从筹划的何所向方面出发，某某东西作为某某东西得到领会。只要领会和解释造就是此在之在的生存论状态，意义就必须被理解为属于领会的展开状态的生存论形式构架，意义是此在的一种生存论性质，而不是一种什么属性，依附于存在者，躲在存在者'后面'，或者作为中间领域飘游在什么地方。"[②]按照此说法，作为文本和作品属性的"原意"，实际上就被化解掉了。意义是在对此在的理解和解释中，被建立和筹划出来的。同样，历史也没有所谓与此在无关的什么本来的历史，历史是在与此在的生存关联中被筹划出来的，"结果就是：历史是生存着的此在所特有的在时间中发生的历事；在格外强调的意义上被当作历史的则是：在相互共在中'过去了的'而却又'流传下来的'和继续起作用的历事"。[③]据此，作为与此在相对的独立存在的历史对象，也失去了意义。

再来看看伽达默尔的观点。建立了哲学解释学体系的伽达默尔，非常谦逊地承认海德格尔对他的重要影响。最突出的表现就是，他也把解释与生存论结合起来，也为"先见"和"前理解"正名，肯定其

---

① 有关这一点，请参阅倪梁康：《现象学及其效应——胡塞尔与当代德国哲学》，生活·读书·新知三联书店 1994 年版，第 179—180 页。

② 海德格尔：《存在与时间》，陈嘉映译，生活·读书·新知三联书店 1987 年版，第 185 页。

③ 同上书，第 446 页。

在解释中的首要地位。当然，伽达默尔大大扩展了这一核心学说（亦待后谈）。在“意义”和“对象”问题上，伽达默尔遵循了海德格尔所开辟的方向。对伽达默尔来说，意义是解释者和理解者“筹划”的结果，文本出现一种意义是因为解释者首先“期待”了某种意义，如果没有解释者所带有的某种“期待”以及由此对文本的筹划，“意义”就不会出现。伽达默尔这样说：“谁想理解某个本文，谁总是在完成一种筹划。当某个最初的意义在本文中出现了，那么解释者就为整个本文筹划了某种意义。一种这样的最初意义之所以又出现，只是因为我们带着对某种特殊意义的期待去读本文。”[①]对伽达默尔来说，只有这种筹划的意义才是真正的意义，而所谓文本的原意是已经死去的意义，相信能够发现它只不过是一种错觉。即使本文具有意义，这个意义也是超出作者意图的意义，“本文的意义超越它的作者，这并不只是暂时的，而是永远如此的。因此，理解就不只是一种复制的行为，而始终是一种创造性的行为”。[②]

伽达默尔反对把历史和文本“对象化”，反对把自己看作旁观者、把历史看作自己之外的“他者”来对待。因为一说到“对象”，就是被研究者的动机所规定了的对象，不存在所谓离开研究动机的本来的“对象”，用伽达默尔的话说：“研究的主题和对象实际上是由探究的动机所构成的。因此历史的研究被带到了生命自身所处的历史运动里，并且不能用它正在研究的对象从目的论上加以理解。这样一种‘对象’本身显然根本不存在。这正是精神科学区别于自然科学的地方。当自然科学的对象可以理想地被规定为在完全的自然知识里可以被认识的东西时，如果我们说某种完全的历史知识，就是毫无意义的，并且正因为这种理由，我们也根本不可能讲到这种研究所探讨的‘对象本

---

① 伽达默尔：《真理与方法——哲学诠释学的基本特征》上册，洪汉鼎译，上海译文出版社 1999 年版，第 341 页。

② 同上书，第 380 页。

身'。"[①]这里起决定作用的是，解释者本身的"历史性"，即他不能超出自身的历史状态而获得作为他者的历史对象，因此"一种真正的历史思维必须同时想到它自己的历史性。只有这样，它才不会追求某个历史对象（历史对象乃是我们不断研究的对象）的幽灵，而将学会在对象中认识他自己的他者。真正的历史对象根本就不是对象，而是自己和他者的统一体，或一种关系，在这种关系中同时存在着历史的实在以及历史理解的实在。"[②]在伽达默尔看来，历史流传物是我们能够经验之物，但不是一个"对象"，不是可以支配的事物，而是一个能够倾心进行交谈的真正的交往伙伴。

根据以上的讨论，我们如何看待哲学解释学和方法论解释学在"意义"和"对象"问题上的对立呢？问题的根本在于这两种解释学的出发点不同。正如哲学解释学一再声称的那样，它不是为解释提供方法和技术，也不是指导人们如何理解，[③]而只是描述理解和解释的实际情形。对它来说，理解是人的自我理解，是此在的人的一种生存方式。[④]因此，哲学解释学就是存在论，或者就是所说的本体论解释学。但是，方法论解释学则属于认识论或知识论的范围，因此，它自然要突出理解和解释的对象和目标，并进而强调理解和解释的方法问题。一个是存在论意义上的解释学，另一个是知识论意义上的解释学，出发点和兴趣泾渭分明，它们对"意义"和"对象"的关注点自然也不同。从这种意义上说，哲学解释学挑战方法论解释学，或者方法论解

---

① 伽达默尔：《真理与方法——哲学诠释学的基本特征》上册，洪汉鼎译，上海译文出版社1999年版，第365页。

② 同上书，第384—385页。

③ 如伽达默尔说："诠释学的任务根本不是要发展一种理解的程序，而是要澄清理解得以发生的条件。"（同上书，第378页）。另参阅陈艾伦：《伽达默尔的解释学和对传统的理解》，载《哲学译丛》1985年第4期。

④ 参见伽达默尔：《解释学与历史主义》，严平编选：《伽达默尔集》，上海远东出版社1997年版。

释学反击哲学解释学，都有点无的放矢。但是，从不同出发点和兴趣点去观察“意义”和“对象”，能够促使我们加深认识“意义”和“对象”。根据哲学解释学所强调的语言的复杂性和人的历史性等因素，我们就应该思考“意义”的复杂性。实际上，作品和文本的意义，是一个非常复杂的“意义体”，它包括着许多不同的层面，诸如基本意义和非基本意义、整体意义和部分意义、实际意义和联想意义、始源意义和引申意义、直接意义和言外之意等；说到“对象”，也许我们有必要区分“潜在的对象”和“显在的对象”。就广泛的历史而言，“潜在的对象”是一庞大的隐藏的世界，只有在我们的选择之下，这个“潜在的对象”才会进入我们的视野之内，成为我们实际上研究的显在的对象。因此，正如哲学解释学所说，选择研究的“对象”和问题，无疑同我们的兴趣相关，无疑受到我们主观动机的影响。我们的视野不同，我们所关心的对象也不同，就像生物学家和美学家眼中的花草不同一样。而且进入我们视野之内的对象，范围非常广泛，差别也很大，也有必要区分不同的方面。如一种属于事实的认定，这一类有年代记载、文字复原、事件过程、人物的生平等，此类对象，不需要做什么解释，实际上是确认的问题。另一种是属于解释和理解的，如文本的意义、事件的性质、评价等。笼统地谈论对象，容易掩盖对象的复杂性。但是，不能因为意义和对象的复杂性，就把意义和对象看成是完全随着研究者而变动的“主观”之物；也不能因为从存在论上看待意义和对象，就把认识论意义上的意义和对象消除掉。如果本来不存在什么“对象”，就不可能因我们的兴趣和选择而观察到什么“对象”。如果人们书写的作品和文本，没有自己所要表达的意义，我不知道谁还愿意从事书写。更严重的是，怀疑话语具有“原意”和我们基本上能够领会原意，将使作为人的存在方式的语言破产，我们连一个起码的“约定”都无法进行，更别说我们相互理解。靠不住的常识当然要纠正，但靠得住的常识需要继续保持。如果“原意”和“对象”不存在，我们就失去了谈论解释和理解"客观性"的基础。当然，我们还要充分认识到，"原意"和"对象"，都是一个复杂的和多层面的"复合体"。只有在理解和解释者也是复合体的时候，我们才有条件把握"对象"。这就牵涉到理解的可能性及其客观性问题。

二 "先见"的正当性及其限度

与上述歧见密切相关，发生在哲学解释学与方法论解释学之间的另一个争论，是如何看待"先见""偏见"在解释和理解中的作用。"先见"，即"先入之见"，"偏见"，即"一偏之见"，这样的"见"，一直是"方法论解释学"所欲清除的对象。因为，在方法论解释学看来，"先见"和"偏见"，是达到正确解释和理解的障碍。从认识论上说，"先见"和"偏见"往往被认为是"主观性"之物，它以先入为主、不识大体的方式去独断对象，使人无法虚心和冷静地倾听对象的真实声音。已有的权威、传统、习俗、惯例和常识等，一旦被我们接受和相信而不加反省，都容易成为妨碍客观认知的"先见"和"偏见"。因为当人们的心灵完全被已有的权威、传统、习俗、惯例等"先见"所左右时，他就不能"虚心"和"开放性"地面向对象，而不管合适不合适，都将一劳永逸地把"对象"纳入它的先见之下。这是人类认识中常常容易发生的现象之一，也是中西认识论一直要克服和清除的弊端。中世纪唯名主义者罗吉尔·培根就把"先见"和"偏见"看成是掌握真理的严重阻碍，他说："在掌握真理方面，现在有四种主要的障碍，它妨害每一个人，无论人们怎样学习，都无法弄清楚他所学的问题，而总是屈从于谬误甚多、毫无价值的权威；习惯的影响；流行的偏见；以及由于我们认识的骄妄虚夸而来的我们自己的潜在的无知。每一个人都被卷进这些困难之中，每一个等级都被它们困扰。再没有比人们无区别地从下述三个论据中作出的同一结论更糟糕的了，即：因为这是引证我们前辈的权威，这是习惯，这是一般的信念，所以是正确的。”[1] 众所周知的弗兰西斯·培根所揭发的扰乱人心和科学的“四种假相”，即“种族假相”“洞穴假相”“市场假相”和“剧场假相”，实际上也是占据着人的心灵的各种偏见和先见。启蒙主义批评传统和权威，是因为在它看来，不容怀疑的传统和权威，使人类丧失了运用自己的理智的勇气。方法论解释学对“先见”和“偏见”的态度，可以说是认识论这一整体倾向的自然延伸。

说起来，中国认知论并非完全否认“先见”和“偏见”在解释和理解中的作用，一个比较典型的说法是大家熟知的“仁者见之谓之仁，知者见知谓之知”，其中的“仁者”之“仁”、“知者”之“知”，就是解释者所具有的不同“先见”和“偏见”。《庄子·知北游》中所说的“万物一也。是其所美者为神奇，其所恶者为臭腐；臭腐复化为神奇，神奇复化为臭腐”，《庄子·秋水》中所说的“以道观之”“以俗观之”“以差观之”和“以功观之”，都是认为在不同的“先见”和“立场”之下，人们观察到的“对象”是不同的。但是，在中国认识论中，要求排除“先见”和“偏见”，则是一个基本的倾向。《老子》三十八章说：“前识者，道之华，而愚之始也。”这里的“前识”，即是“先见”。《韩非子·解老》做了具体的界定：“先物行先理动之谓前识。前识者，无缘而妄意度也。”荀子对认知中“蒙蔽”现象所做的批评，实际上也是对“先见”特别是“偏见”的批评。因为他所说的“蔽”，就是把所看到的对象一个方面即“一偏之见”和“一曲之见”，误认为就是对象的“全体”，并以此先入之见排斥它见，“私其所积，唯恐闻其恶也；倚其所私，以观异术，唯恐闻其美也”。[2] 中国经典解释学与中国认知论排斥“先见”和“偏见”的基本倾向一致。作为义理之学代

---

① 北京大学哲学系外国哲学史教研室编译：《西方哲学原著选读》上卷，商务印书馆1981年版，第285页。

② 《荀子·解蔽》。

表人物的朱熹，非常清楚地拒斥"先见"和"己意"："今人观书，先自立了意后方观，尽率古人语言入做自家意思中来。如此，只是推广得自家意思，如何见得古人意思！须得退步者，不要自作意思，只虚此心将古人语言放前面，看他意思倒杀向何处去。……且如孟子说《诗》，要'以意逆志，是为得之'。逆者，等待之谓也。如前途等待一人，未来时且须耐心等待，将来自有来时候。他未来，其心急切，又要进前寻求，却不是'以意逆志'，是以意捉志也。"[①]作为考据学代表人物的戴震同样也拒斥"先见"，并认为宋儒就是以先入为主的"先见"（即道家和佛家之言）去说经："宋以前，孔孟自孔孟，老释自老释。谈老释者，高妙其言，不依附孔孟。宋以来，孔孟之书，尽失其解，儒者杂袭老释之言以解之。"[②]又说："盖其学借阶于老、庄、释氏，是故失之。凡习于先入之言，往往受其蔽而不自觉。"[③]这表明，中国经典解释学在反对"先见"和"偏见"上也形成了共同的立场。

"先见"和"偏见"既然是正确理解和解释的障碍，那么处置它们的方式自然是设法加以清除，以保证理解和解释的客观性。狄尔泰提出的把握和重现文本原意的方法是，设身处地把自己直接置于文本当时的环境之中，重新体验和感受文本的意境、情境和作者的意图，以求最终领悟、重现和复制文本的意义。所谓"设身处地"，或者"同情的理解"，就是"悬搁"自己的实际处境、环境和时代，也就是自己的先见和偏见，把自己设定在文本作者及其所处的环境和时代之中，去体验和感受文本的意旨和情趣。[④]陈寅恪相信，只有这样才能获得对古人的真正理解。他说："所谓真了解者，必神游冥想，与立说之古人，

---

① 《朱子语类》（一）卷十一，中华书局1986年版，第180页。

② 《戴东原集》卷八《答彭进士允初书》。

③ 《孟子字义疏证·天道》卷中，中华书局1982年版，第24页。

④ 参阅H. P. 里克曼：《解释学和生命哲学的创始人——威廉·狄尔泰》，载《哲学译丛》1985年第4期。

处于同一境界，而对于其持论所以不得不如是之苦心孤诣，表一种之同情，始能批评其学说之是非得失，而无隔阂肤廓之论。”[①]这里的关键是克服“时间距离”，即今人与古人之间的遥远性，让理解者回到古代的时空之中，去感受古人的感受。但不管如何，我们无法同古人具有完全一样的感受，说到底这是一种模仿，是尽量拉近我们与古人的距离，把我们许多无关的东西撇开。在中国方法论解释学看来，清除“先见”和“偏见”、保证解释客观性的最有效方法，是“虚心”和“静因”。我们有必要具体地看一下。

庄子要求“接万物以别宥为始”。[②]“宥”通“囿”，即“局限”和“偏见”，“别宥”，即克服已有的偏见和局限。与此一致，庄子还提倡“心斋”，他说：“若一志，无听之以耳而听之以心；无听之以心而听之以气。听止于耳，心止于符。气也者，虚而待物者也。唯道集虚。虚者，心斋也。”[③]所谓“心斋”，即“虚心”向对象全部开放。《管子·心术上》强调“静因之道”和“虚己待物”。如说：“因也者，舍己而以物为法者也。感而后应，非所设也；缘理而动，非所取也。过在自用，罪在变化。自用则不虚，不虚则仵于物矣；变化则为生，为生则乱矣。故道贵因。……‘君子之处也若无知’，言至虚也。‘其应物也若偶之’，言时适也，若影之象形，响之应声也。故物至则应，过则舍也。舍矣者，言复所于虚也。”“静”是冷静地观察，不遽下结论，即“毋先物动，以观其则。动则失位，静乃自得”。“因”是舍去自己的先见和偏见，直接面向和顺应对象，也就是“无益无损”。在《管子·心术上》看来，只有“虚心”才能因，“虚”就是不存先见和偏见（“虚者无藏也”）。因此，“认知”的关键就是修持“主体”，使

① 陈寅恪：《审查报告一》，《三松堂全集》第二卷，河南人民出版社1988年版，第373页。

② 《庄子·天下》。

③ 《庄子·人间世》。

之“虚心”,《管子·心术上》载:“人皆欲知,而莫索其所以知。其所知,彼也;其所以知,此也。不修之此,焉能知彼?修之此,莫能虚矣。”前面我们谈到了荀子对障碍认知的“蔽曲”现象的批评,而没有涉及到他提出的克服“蔽”的方法。荀子的观点,与《管子·心术上》的说法比较接近,因此他可能受到了前者的影响。但根据荀子提出的“虚壹而静”的概念,他对“先见”和“虚静”的关系,提出了比《管子·心术上》更为周全的观点。荀子解释“虚壹而静”说:“人何以知道?曰:心。心何以知?曰:虚壹而静。心未尝不臧也,然而有所谓虚;心未尝不满也,然而有所谓一;心未尝不动也,然而有所谓静。人生而有知,知而有志。志也者,臧也。然而有所谓虚,不以所已臧害所将受谓之虚。心生而有知,知而有异,异也者,同时兼知之。同时兼知之,两也,然而有所谓一,不以夫一害此一谓之壹。……故心未尝不动也。然而有所谓静,不以梦剧乱知谓之静。未得道而求道者,谓之虚壹而静。……虚壹而静,谓之大清明。”[①] 荀子这里所说的“心”的“臧”“满”(“兼知”)和“动”,可以理解为一种“先见”“前理解结构”和“先行”,如果它们不妨碍将要接受的东西,对所有的东西保持开放性、不妄动,那么就是“虚”“壹”和“静”,也就是“大清明”(可以理解为“虚灵不昧”),否则就是“蔽”。因此,在荀子那里,“心”的“臧”“满”和“动”并不必然是“虚心”“全见”和“冷静观察”的障碍物,它们可以同“虚”“壹”和“静”兼容共存。还值得一谈的是邵雍的“以物观物法”。“以物观物”的反面是“以我观物”。“以我观物”,按照邵雍的说法,就是“情”,“情偏而暗”,因此,“任我则情,情则蔽,蔽则昏矣”。[②] 正确的观物方法是“以物观物”,也就是“观之以理”“反观”,邵雍说:“夫所以谓之观物者,非以目观之

① 《荀子·解蔽》。

② 《皇极经世·观物外》。

者，非观之以目而观之以心也。非观之以心也，而观之以理也。”[①] 又说：“圣人之所以能一万物之情者，谓其能反观也。所以谓之反观者，不以我观物也。不以我观物者，以物观物之谓也。既能以物观物，又安有我于其间哉！”[②] 张岱年先生把“以物观物法”解释为“直觉”的方法，[③] 如果我们把邵雍的说法，与柏格森在《形而上学导论》中所说的“直觉”方法联系起来看，这种解释也是有道理的。但是，把邵雍的说法统一起来来看，把它解释为一种“客观的理性方法”也许更准确。因为邵雍的“以物观物”，是“性公而明”的“性”，是“以理观物”。他所说的“物”，是包括了“自我”和“自心”在内的所有的“我”和“心”，是一种“客观的我”和“客观的心”。因此，“以物观物”，也就是以客观的“我”和“心”去观物，是克服以一己的“主观之我”和“主观之心”的观物。[④] 说到底，这种“以物观物”的方法，就是摆脱“主观性”和“己我”的局限性，以达到客观性。

根据以上叙述，我们可以清楚地看出方法论解释学对待“先见”和“偏见”的立场以及追求客观性的方法。现在我们需要倾听一下作为对立面的哲学解释学的立场。哲学解释学对于方法论解释学所一贯拒绝的“先见”和“偏见”进行了系统的辩护。对哲学解释学来说，“先见”和“偏见”不仅不是障碍，相反，它们恰恰是解释和理解得以可能的条件和前提。作为反叛的先声，海德格尔对“先见”进行了著名的辩护，并对哲学解释学产生了深远的影响。他说：“把某某东西作为某某东西加以解释，这在本质上是通过先行具有、先行见到与先行

---

① 《皇极经世·观物内》。

② 同上。

③ 参阅张岱年：《中国哲学大纲》，《张岱年全集》第二卷，河北人民出版社 1996 年版，第 572 页。

④ 邵雍说：“我亦人也，人亦我也，我与人皆物也。此所以能用天下之目为己之目，其目无所不观矣；用天下之耳为己之耳，其耳无所不听矣；用天下之口为己之口，其口无所不言矣；用天下之心为己之心，其心无所不谋也。”（《皇极经世·书传》）

掌握来起作用的。解释从来不是对先行给定的东西所作的无前提的把握。准确的经典注疏可以拿来当作解释的一种特殊的具体化，它固然喜欢援引‘有典可稽’的东西，然而最先的‘有典可稽’的东西，原不过是解释者的不言自明、无可争议的先入之见。任何解释工作之初都必然有这种先入之见，它作为随着解释就已经‘设定了的’东西是先行给定了的，这就是说，是在先行具有、先行见到和先行掌握中先行给定了的。”[①] 在海德格尔看来，解释从来都是奠基在“先行见到”和“先行把握”之中，它就像是“手术刀”或“箭”，以此向被解释的存在者开刀或瞄准射去，或者从中获得这个存在者的概念方式，或者迫使这个存在者进入另一些概念。海德格尔关注的是“先见”如何使解释成为可能的存在方式，他并不关心使解释成为可能的“先见”是否“正当”，也许对他来说，存在的就是合理的。

受到海德格尔重要影响的伽达默尔，对启蒙主义和方法论解释学顽强地要克服的“先见”和“偏见”，进行了有力的辩护，这也是伽达默尔的哲学解释学最诱人的地方。我们稍微具体地看一下。如同上面我们已经指出的那样，对伽达默尔来说，解释学绝不是提供如何理解和解释的程序和方法，而是探究理解和解释“得以发生的条件”，也就是作为存在者生存方式的理解和解释“如何”发生的情形。这是理解和解释问题的核心。对此，伽达默尔所做出的对于哲学解释学来说具有决定性意义的回答，是在对方法论解释学进行的纠偏中达到的。伽达默尔坚定地申辩说，理解和解释得以发生的条件，恰恰是方法论解释学所欲清除的“先见”“偏见”和“前理解”，“一切诠释学条件中最首要的条件总是前理解”。[②] 对文本本身的敏感性和切中，“既不假定事

---

① 海德格尔:《存在与时间》，陈嘉映译，生活·读书·新知三联书店 1987 年版，第 184 页。

② 伽达默尔:《真理与方法——哲学诠释学的基本特征》上册，洪汉鼎译，上海译文出版社 1999 年版，第 378 页。

物的‘中立性’，又不假定自我消解，而是包含对我们自己的前见解和前见的有意识同化。……一切理解都必然包含某种前见，这样一种承认给予诠释学问题尖锐的一击”。[①]在伽达默尔那里，“先见”也是理解者的“视域”，即“看视的区域”，它是理解者的“立足点”“观察范围”和“处境”，据此他看到了所能看到的一切。伽达默尔特意提到了理解中的“突出”现象。“突出”一种东西，正是前见所发挥的作用，也是“视域”的聚焦。因此，“一种诠释学处境是由我们自己带来的各种前见所规定的。就此而言，这些前见构成了某个现在的视域，因为它们表现了那种我们不能超出其去观看的东西”。[②]

“先见”“前见”和“视域”等都是一般性的原则，而不是构成理解条件的具体性的东西。在伽达默尔那里，作为这种具体性而存在的东西主要是“权威”“传统”“效果历史”“历史性”等。对于这些东西，启蒙主义和方法论解释学就像对待“先见”一样，力求加以消解，但是，伽达默尔则一一为他们辩护。在伽达默尔看来，真正的权威与理性并不对立，也与盲目的服从命令毫无关联。权威不是自封的，也不是现成被给予的，权威是基于争取和由此而来的理性承认，“理性知觉到它自己的局限性，因而承认他人具有更好的见解”。[③]传统与理性和自由也不存在截然的对立。传统的本质是保存，保存也是一种理性的行为。在作为精神科学的解释学中，传统具有重要的地位，因为我们经常处于非对象化的传统之中，“它一直是我们自己的东西，一种范例和借鉴，一种对自身的重新认识，在这种自我认识里，我们以后的历史判断几乎不被看作为认识，而被认为是对传统的最单纯的

---

① 伽达默尔:《真理与方法——哲学诠释学的基本特征》上册，洪汉鼎译，上海译文出版社 1999 年版，第 345—347 页。

② 同上书，第 392—393 页。

③ 同上书，第 358 页。

吸收或融化（Anverwandlung）"。[①]依据这种情形，伽达默尔强调指出："理解甚至根本不能被认为是一种主体性的行为，而要被认为是一种置身于传统过程中的行动（Einrücken），在这过程中过去和现在经常地得以中介。这就是必须在诠释学理论里加以发挥的东西，因为诠释学理论过多地被某个程序、某种方法的观念所支配。"[②]但是，在伽达默尔那里，置身于传统之中，并不是像方法论解释学所要求的那样，是通过克服自己的"历史性"和自己与历史的时间距离去"复制"和"再现"传统。我们自己当下的"历史性"和"时代性"，也构成了我们理解的"条件"，使我们能够以不同方式去理解，使我们在同一历史中发现不同的问题和意义，这也就是"效果历史"。历史理解总是在我们自身的"兴趣"和"动机"这种历史性与时代性之下的一种"效果历史"。这也许就是克罗齐所说的"一切真历史都是当代史"的意义。[③]伽达默尔还对方法论解释学所欲克服的历史和我们之间的"时间距离"进行了辩护。在他看来，正是因为我们同历史的"距离"，我们才能排除现在的主观干扰，而对历史只产生历史的兴趣并客观地认识它。

"先见"及"权威"和"传统"既然是理解与解释得以可能的条件，它肯定具有正当性，而不能像方法论解释学所认为的那样。但是，伽达默尔并没有把"先见"完全正当化，这是必须指出的。伽达默尔在反对把"先见"看成是一种错误的没有根据的判断的同时，也承认存在着与构成理解的"真前见"相对立的产生误解的"假前见"，存在着误解和不正确的理解。因此我们不能盲目和顽固地坚持我们自己对

---

① 伽达默尔：《真理与方法——哲学诠释学的基本特征》上册，洪汉鼎译，上海译文出版社1999年版，第362页。

② 同上书，第372页。

③ 参阅何兆武：《历史理性批判散论》，湖南教育出版社1994年版，第202—209页。

于事物的前见解，“谁想理解，谁就从一开始便不能因为想尽可能彻底地和顽固地不听本文的见解而囿于他自己的偶然的前见解中——直到本文的见解成为可听见的并且取消了错误的理解为止”。[①]但是，解决问题的办法，绝不能通过彻底清除“先见”来完成，而是对他人和本文的见解保持一种开放的态度，不断地筹划意义和不断地修正意义，使相互竞争的筹划彼此同时出现，使一种前把握被另一种更合适的把握所取代。伽达默尔强调，理解的任务就是做出正确的符合于事物的筹划。每一次筹划，都是一种预期，而预期应当由事情本身得到证明。“客观性”就是某种前见解被做了出来，就是所设定的前见解不是任意的，“这样，下面这种说法是完全正确的，即解释者无须丢弃他内心已有的前见解而直接地接触本文，而是只要明确地考察他内心所有的前见解的正当性，也就是说，考察其根源的有效性”。[②]由此，伽达默尔把“先见”与“客观性”统一了起来。

从我们压缩性讨论所展示出的哲学解释学和方法论解释学对“先见”及其解释“客观性”的各自立场，我们可以说，方法论解释学对于理解何以可能的条件（“先见”）缺乏应有的认知。这一点如此具有根本性，以至于我们无法想象没有任何“先见”的理解如何可能。举一个简单的例子，只有我们心灵中具有“树”的概念，我们看到一棵树时才能做出理解和判断，否则我们只能是茫然不识。从这种意义上说，没有“先见”，就没有理解，也无法理解。哲学解释学充分认识到了理解得以可能的条件，这是它对解释学所做出的贡献。哲学解释学还正确地认识到了“先见”的限度，即我们的“先见”并不总是合理的和正当的，它承认存在着导致误解的先见，反对囿于一种不合理的“先见”之中，要求“先见”的开放性和敞开性，相信通过“先见”与

---

① 伽达默尔：《真理与方法——哲学诠释学的基本特征》上册，洪汉鼎译，上海译文出版社1999年版，第345页。

② 同上书，第343—344页。

文本的不断"交换"和"交流",修正不合适的"先见",并获得对文本的理解。而每次理解都不是理解的永远完成,对文本"真正意义的汲舀(Ausschöpung)是永无止境的,它实际上是一种无限的过程"。[①]方法论解释学因整体上没有正确认识到"先见"在理解中的作用而要求清除"先见"虽然显得过于幼稚,但是,如果把它对"先见"的批评缩小到"不合理"的先见上,缩小到发生误解的先见上,那么,它要求清除"先见"的立场,仍然可以成立。而清除的主要办法,即"虚心",与伽达默尔所要求的开放性,也并不矛盾。但方法论解释学对达到"客观性"的过程,看得过于简单,对同一对象在解释和理解中存在的歧异性也没有做出具有说服力的解释。从哲学解释学强调通过对"文本"开放和倾听"事情本身"而求得"客观性"来说,它与方法论解释学所要求的"客观性"也并非格格不入。但是,哲学解释学对"原意"和"对象"的消解,同它所说的向文本开放和倾听"事情本身"的"客观性"存在着不协调。如果不承认原意和对象,"事情本身"是什么呢?而且,它有时又消解它所要求的客观性,如伽达默尔在《论实践哲学的理想》中说:"我要宣称:精神科学中的本质性东西并不是客观性,而是同对象的先在的关系。"[②]伽达默尔在为权威和传统正名的同时,忽视了相伴于权威和传统而来的惰性和对新见的抑制性(如同"曾经圣人手,议论安敢到"那样),带有保守主义的特性。因此,他受到哈贝马斯的批评是自然的。[③]理解绝不只是运用"先见"的过程,实际上它同时也是突破已有的先见并产生新的"先见"

① 伽达默尔:《真理与方法——哲学诠释学的基本特征》上册,洪汉鼎译,上海译文出版社 1999 年版,第 383 页。

② 同上书,第 811 页。

③ 有关伽达默尔与哈贝马斯的争论,请参阅利科尔:《解释学与人文科学》,陶远华等译,河北人民出版社 1987 年版。伽达默尔坦率地讨论了他与哈贝马斯的分歧,参阅《哲学解释学》,夏镇平译,上海译文出版社 1994 年版,第 26—43 页。

的过程；不只是一个“视域融合”的过程，也是一个“视域冲突”的过程。此外，“时间距离”在理解中的作用，也不像伽达默尔所说的那样令人乐观。方法论解释学所说的“设身处地”和“同情理解”，并非完全失效。

结 语

我想用两个具体的似乎又是极端的例子结束本文。一个例子是，南非洲新闻，说欧洲人用牛运东西入境，黑人看到牛后十分惊恐，先是把牛解释为可怕的鬼怪；后来觉得不对，又把牛解释成白人的妻子，并自鸣得意，以为善解。[①]另一个例子是，一位生活在巫术文化背景之下被巫术所误的澳大利亚土著病人，在他垂死的时候被送进了白人的医院，经过抢救后，他恢复了过来，并深有感触地相信白人的巫术最灵验。[②]我想，没有人会否认这两个例子都是在一种“先见”之下的“理解”和“解释”，但是，从白人的“先见”来说，也恐怕没有人不认为，这里的理解和解释实际上都是不正确的解释。如果误解始终存在甚至有时还非常严重，[③]那么把解释学作为一种“避免误解的学问”

---

① 此据严复所传并照录如下：“尝记英群学家鲁拨约翰为余言：南非洲新闻，欧人驱牛运致装物入境，黑人见之则大骇，私相议曰：‘是庞然大形而行于于者，非鬼物耶？白人力能使物，必遣此怪来残吾类；观其头各戴二利钩，可以知矣。’已而侦之，觉无他异，且牛甚驯伏，行稍迟，御者辄鞭之，或用利镊刺其骨，则大悟曰：‘此前非也。是特白人之妻耳，故为之负装；不力，虽则鞭刺，不敢叛怨。是特白人之妻耳。’盖彼俗以妇人任重也，遂相悦以解。通其语者，为记其实如是，嗟呼！智各囿于耳目之所及，彼黑人者，何尝不据其已明之理、相传之说以为推乎？不实验于事物，而师心自用，抑笃信其古人之说者，可惧也夫！”（严复：《严复集》第四册，中华书局1986年版，第1031—1032页）

② 参见列维-斯特劳斯：《结构人类学》，陆晓禾等译，文化艺术出版社1989年版，第2页。

③ 如在专制主义之下，赵高那种“指鹿为马”的强行宣称解释司空见惯。

并从方法论上探讨克服误解的有效方式就是正当的。人文和精神领域固然不能成为自然科学方法的附庸，但二者并非水火不容。尽管切中对象和原意、达到"客观性"是一个持续的过程，但如果不承认它们，历史解释中"此亦一是非，彼亦一是非"的相对主义就会大行其道。而且所谓"权威"又来自哪里呢？权威不正是因为它更接近"客观性"吗？但是，方法论解释学必须放弃生硬的"历史主义"和"客观主义"，应该真正反思解释中的"歧异性"现象，以消除人们因一直处在不同的解释之中而难以切中原意所产生的疑问；它也需要认真倾听哲学解释学对"先见"的积极的建设性思考，为"先见"赋予一种积极的意义。[①]

（原载《学术界》2001 年第 4 期）

① 有关方法论解释学和哲学解释学的得失，请参阅《编选者序》，严平编选：《伽达默尔集》，上海远东出版社 1997 年版。

儒家“圣人”理想的早期形态及其变异

一种常见的说法是，儒家哲学具有强烈的“现实性”“人间性”和“入世性”的品格。[①]或者可以说，儒家把注意力常常放在对现实或当下的社会政治和人生做出满意的安排和解决上，而不是劳心费神于不着边际的云霄或荒诞不经的事物。不过，儒家的“现实性”，绝不意味着儒家缺乏“理想性”。西方基于“上帝”的终极关怀同儒家基于“天”或“圣人”的终极关怀，只是关怀的方式不同罢了。以“上帝”为标准判定说儒家没有终极关怀，对儒家是不公平的。从儒家的标准说，它具有终极关怀和超越性是不成问题的。[②]儒家的“现实性”主要是指称理智所着眼的“对象”，而不是对既存现实的东西做出“肯定”，或者像黑格尔所说的“凡是存在的都是合理的”。与此相对，儒家的“理想性”，则主要意味着“现实性”的“对象”总有一个追求的理想目标或可望可及的“终极”。这样，在仿佛是“现实主义”的儒家那里，我们恰恰又能看到似乎是“反论”的儒家的“理想主义”。儒家的“理想主义”，具体到“社会政治”，就是“太平盛世”和“王道”；具体到“人”，就是“圣人”和“德性”。[③]有趣的是，在儒家的思想结构中，“太平盛世”和“圣人”，在内在的“关联性”中被统一了起

---

① 参阅冈田武彦（1983）『中国思想における理想と现实』. 東京：木耳社。

② 参见杜维明：《东亚价值与多元现代性》，中国社会科学出版社 2001 年版。

③ 儒家之外的墨家和道家，也具有“圣人”理想，此不论及。

来，“内圣外王”和“修齐治平”，都体现了这种统一的逻辑。[①] 按照这种逻辑，个人“修身”是社会政治理想得以实现和完成的起点和基础。由此我们不难理解，“修身成己”“自我完善”问题，何以会成为儒家的中心论域之一。儒家的“修身”目标，细言之，条目繁多，但从根本上说，就是要成就一个最理想的人格——“圣人”。正如儒家的其他许多观念在不断变化着的历史境遇中不断获得新的意义一样，儒家的“圣人”观念，也在变迁着的时空中展现着自己的不同风貌。

一　儒家“圣人”观念的诞生及其形态

在考察儒家“圣人”观念之前，适当地往前追溯一下“圣”“圣人”这两个符号的起源是必要的。在儒家思想及其演变中，“圣”“圣人”这两个符号，往往不加区分地被使用着，基本上都是用来表达相同的最理想的人格或人格境界。但从这两个符号的起源上说，作为单音词的“圣”，自然要早于作为合成词的“圣人”，而且意义上也有差别。甲骨文中已有“圣”字，写作，像一个人长着大耳，意为听觉敏锐；也写作，加“口”，表示善于说出听知，是一个会意字。金文“圣”字写作。按照许慎《说文解字》的解释，“圣”，说是“通”，“从耳呈声”。但“通”似乎并不是“圣”的本义。在郭沫若看来，“耶”就是古“圣”字，亦即是古“聲”字，从“口”从“耳”，是一会意字。“圣”以“壬”声，后起，而“聲”字更属后起。《春秋左传》中的“圣姜”，在《春秋公羊传》和《春秋穀梁传》中都作“声姜”，不别。后来“圣”“聲”分化。[②] 在郭沫若那里，我们还不能看到对

① 《中庸》和《大学》都揭示了这种关联。《中庸》载：“知所以修身，则知所以治人；知所以治人，则知所以治天下国家矣。”《大学》载：“欲治其国者，先齐其家；欲齐其家者，先修其身。……身修而后家齐，家齐而后国治，国治而后天下平。”

② 参见郭沫若：《卜辞通纂》，科学出版社 1983 年版，第 137 页。

"圣"字本义的明确解释。顾颉刚认为，"圣"与"听"相通，"圣"与"听"实为同字。从形体上看，"圣"的本义，就是"声入心通""入耳而出于口"。同时，对郭沫若所推断的"圣""声"相通，他做了解释。根据《太平御览·人事部四十二·叙圣》所引应劭《风俗通》所说的"圣者，声也，通也。言其闻声知情，通于天地，调畅万物"，顾颉刚肯定，"圣"就是"闻声知情"，它与"声入心通，人于耳，出于口"的本义完全一致。《说文解字》释"圣"为"通"，意谓"从耳闻的具体事物而通晓其根本"，这是从"闻声知情"的本义中演绎出来的。但顾颉刚在列举《尚书》《诗经》《左传》和《国语》等典籍中的"圣"字用例时，却不是继续论证"闻声知情"这一"圣"的本义，而是反复强调"圣"就是"聪明""聪明人"的意思。"闻声知情"当然可以说具有"聪明"的性质，但不能说"闻声知情"与"聪明"就是一回事。"聪明"勿宁说是"圣"的引申义。[1] 与中国学者的解释不同，日本学者白川静认为，"圣"字中的"口"写作"𠙵"，是收纳祝祷的器皿，本义是向神祝祷，聆听神的应答。[2] 与此类似，滓田忍也推断，"圣"字中的"𠙵"，是表示器皿，与祭祀有关。我们倾向于顾颉刚的解释。

在最早的几部典籍中，"圣"具有"聪"或"聪明"的意思。如果说这是"圣"的引申义，那么与之接近的"通达""智""能"等也都是引申义。可以说，"圣"字早期的普通意义，就是指"聪明"或"有智慧"。当然，"圣"字单独使用时，它一开始并非就是指一种"人"，而是用来描述"人"的特性的词。后来，这一描述人的"聪明""有智慧"的词，又用来指称人的一种类型——"聪明人"或"智者"。但这应该是随着"圣人"（明确指称一种特异的"人"）一词的出现、"圣"

---

① 参见顾颉刚:《"圣"、"贤"观念和字义的演变》,《中国哲学》第一辑，生活·读书·新知三联书店 1979 年版，第 81 页。

② 参阅白川静（2003）『字统』. 東京：平凡社，p.499。

开始混用为“圣人”的产物。例如，在《尚书》《诗经》《左传》和《国语》中，已不乏“圣人”的用例，但在指称上，“圣”与“圣人”仍有界限。“圣”混用为“圣人”的例子，如《国语·齐语》中所说的“不听国政，卑圣侮士”，把“圣”“士”对举，其“圣”显然是指称“圣人”。“圣”指称“圣人”，或作为“圣人”的同义语使用，到了儒家，就比较普遍了。

按照顾颉刚的看法，在儒家学派形成之前，圣和圣人还没有“神圣”“神秘”“崇高”的意味。①实际上可能不完全这样。《左传·昭公六年》引有“《书》曰：圣作则”；《墨子·尚贤》引先王之书《距年》有“传曰：求圣君哲人，以裨辅而身”，强调“圣”创造制度，“圣君”并举，圣具有大智慧之意。《诗》中所说的“圣”和“圣人”，已经有某种“崇高”的意义了。只是，儒家把“圣人”更加神圣化了，形成了“圣人”崇拜。如孔子称他自已没有见到过“圣人”：“圣人，吾不得而见之矣。得见君子者，斯可矣。”②对孔子来说，连“尧舜”似乎都还没有完全达到“圣人”的标准。但孔子的弟子认为孔子已经达到了“圣”：“太宰问于子贡曰：‘夫子圣者与？何其多能也？’子贡曰：‘固天纵之将圣，又多能也。’”③在儒家的推崇下，“圣人”成了最高智慧的化身。《孔子家语·五仪解》载孔子的话说：“所谓圣者，德合于天地，变通无方，穷万事之终始，协庶品之自然，敷其大道而遂成情性。明并日月，化行若神。”由此来说，孔子心目中的“圣人”，就是具有高超“智慧”的人（道家庄子“非圣”也是在“智慧”的意义上进行的）。孟子所说的“大而化之之谓圣，圣而不可知之之谓神”，④荀

① 参见顾颉刚：《“圣”、“贤”观念和字义的演变》，《中国哲学》第一辑，生活·读书·新知三联书店1979年版。

② 《论语·述而》。

③ 《论语·子罕》。

④ 《孟子·尽心下》。

子引孔子的话所说的“大圣者，知通乎大道，应变而不穷，辨乎万物之情性者也”，[①]《系辞》所说的“夫《易》，圣人之所以极深而研几也”，《中庸》所说的“天下至圣，为能聪明睿知”等，都是说“圣人”具有非凡的才能。圣人的这一意义层面，在儒家的思想演变中，仍被保留，有时还很突出。《韩诗外传》论“圣仁”说：“上知天，能用其时；下知地，能用其财；中知人，能安乐之。”由此来看，王充对儒家“圣人”所做的概括是有根据的。他说：“儒者论圣人，以为前知千岁，后知万世，有独见之明，独听之聪，事来则名，不学自知，不问自晓，故称圣则神矣。”[②] 后刘劭和王弼也以“智”和“神明”界定圣人。刘劭言：“圣之为称，明智之极名。”[③] 何劭《王弼传》载：“何晏以为圣人无喜怒哀乐，其论甚精，钟会等述之。弼与不同，以为圣人茂于人者神明也，同于人者五情也。”

“圣人”具有高超的“智慧”，自然也就能够担当起“文明”和“制度”创造者的角色和使命。实际上，儒家恰恰也把“文明”和“制度”的发明权赋予了“圣人”。[④] 如《左传·昭公六年》中所说的“圣作则”，就是这种思想的表现。荀子则做了具体的论述，他强调说：“古者圣王以人之性恶，以为偏险而不正，悖乱而不治，是以为之起礼

---

① 《荀子·哀公》。荀子把“圣人之知”同“君子之知”“小人之知”“役夫之知”做了区分，强调“圣知”的卓绝。《荀子·性恶》载：“多言则文而类，终日议其所以，言之千举万变，其统类一也，是圣人之知也。”

② 《论衡·实知》。

③ 《人物志·八观》。

④ 在圣人创制上，法家也采取了类似的立场。《韩非子·五蠹》载：“上古之世，人民少而禽兽众，人民不胜禽兽虫蛇。有圣人作，构木为巢以避群害……”韩愈的《原道》有更具体的说明：“古之时，人之害多矣。有圣人者立，然后教之以相生养之道。为之君，为之师，驱其虫蛇禽兽而处之中土。寒，然后为之衣；饥，然后为之食。木处而颠，土处而病也，然后为之宫室。为之工，以赡其器用；为之贾，以通其有无；为之医药，以济其夭死；为之葬埋祭祀，以长其恩爱；为之礼，以次其先后；为之乐，以宣其壹郁；为之政，以率其怠倦；为之刑，以锄其强梗。相欺也，为之符玺、斗斛、权衡以信之；相夺也，为之郭廓、甲兵以守之。害至而为之备，患生而为之防。”

义，制法度。……礼义者，圣人之所生也。……礼义法度者，是圣人之所生也。故圣人之所以同于众，其不异于众者，性也；所以异而过众者，伪也。”[①]根据《周易》所说的“圣人以神道设教而天下服矣”，圣人就成为教化的创造者。按照《易传》的说法，“圣人”“仰则观象于天，俯则观法于地”，“近取诸身，远取诸物”，“作结绳而为网罟”，“斫木为耜，揉木为耒”，“刳木为舟，剡木为楫”，“断木为杵，掘地为臼”，“弦木为弧，剡木为矢”，“易之以宫室”，“易之以棺椁”，“易之以书契”等等，圣人就成了工具和技术文明的发明者。而且，按照《周礼·冬官·考工记》的说法，所有的技术和工具都是圣人发明的：“知者创物，巧者述之。守之世，谓之工。百工之事，皆圣人之作也。烁金以为刃，凝土以为器，作车以行陆，作舟以行水。此皆圣人之所作也。”《礼记》干脆用“作”来界定“圣”，如说“作者之谓圣”。根据以上所说，人间一切文明的发现和发明，都属于“圣人”，这就使“圣人”获得了无所不能的性格。如果像儒家所说的那样，远古历史上的“圣人”就是尧、舜、禹、汤、文、武、周公，那么，根据已有的文献记载，他们究竟创造了多少文明工具，并不清楚，但很难把所有的技术文明都归为“圣人”的创制。[②]儒家如此膨胀“圣人”的创造力，当然是要竭力表明，“圣人”是“智慧”的化身，使圣人“神圣”起来。无论如何，儒家使“圣人”具有无与伦比的智慧，只不过是把“圣人”这一本来就是“智慧”“聪明”的意义符号大大加重了分量而已。

比起“智慧”层面来，儒家“圣人”观念所具有的实质性进展，是给本来主要是作为智慧性的“圣人”观念加上了“道德人格”的特征。换言之，儒家为“圣人”赋予了最高“道德境界”的品性，使

---

① 《荀子·性恶》。

② 庄子批评圣人，认为圣人发明“斗斛”“权衡”“符玺”等技术和工具，产生了许多弊害。但这些东西是否为圣人所发明，仍属疑问。

“圣人”在具有高超智慧的同时，也成为“道德”和“人伦”的化身或完美体现者。《左传·昭公七年》有“圣人有明德者”的说法，这是把“圣人”与“道德”联系起来的较早例证。但是，在《左传》那里，“圣人”的“德性”并不那么“崇高”，不过是“有德之人”罢了。把“圣人”作为道德和人伦的化身，可以从孟子所说的“圣人，人伦之至也”这句话中看出。① 与此类似，荀子所说的“圣也者，尽伦者也”，②《礼记·礼器》所说的“圣人至德”等，也极具象征性。这里的“圣人”，不仅被赋予了“人伦”和“德”的属性，而且是“德”的无以复加的体现者。使用“至”和“尽”这两个语言符号，独具匠心。在汉语中，“至”和“尽”，都是最高程度的描述词。也许我们会想到“极至”和“穷尽”这两个合成词，但这两个偏正结构的词，其核心还在“至”和“尽”上。在宋明理学中，我们容易看到用“极”“至”“极至”，把“圣人”的道德和人格境界提升到极高点的例子。但是，“圣人”是否像儒家所说如此尽善尽美，如此完好无缺，同样令人怀疑。实际上，这仍是把“圣人”理想化的结果。也就是说，“理想”的“圣人”，恰恰是人把他“理想化”了。尽管孟子心目中的“圣人”并非一模一样，而是各有特色，如《孟子·万章下》载：“伯夷，圣之清者也；伊尹，圣之任者也；柳下惠，圣之和者也；孔子，圣之时者也。”但他们至少在一个理想性上完美无缺，境界达到极至。

“圣人”既是超绝智慧的象征，又是道德境界上的理想人格，当然也能够成为政治统治者，即“王者”，如《大戴礼记·诰志》载：“古之治天下者必圣人。”这种“三位一体”的“圣人”，被作为崇高与神圣的偶像加以崇敬和信奉，自然合情合理。问题是，儒家是如何走到这一点的，也就是说，是什么因素促使儒家塑造出超凡的“圣人”来。

---

① 《孟子·离娄上》。

② 《荀子·解蔽》。

从一般意义上说，人类的优越性之一，是需要并期望理想，不管这种理想是什么（或人格或理念），也不管它来自何处。儒家当然也是如此。但恰恰是“圣人”而不是“上帝”成了儒家的人格理想，有两种因素可能起了关键的作用。一是历史的因素，一是现实的因素。传说和记载中的中国远古卓越历史人物（三皇五帝等），在中国文明和精神的历程中所发挥的作用，虽然不能肯定就像儒家所说的那样是无所不能，但至少可以说，这些历史巨人的确起到了非同一般的作用。这样，在他们自身中的确就具有了被理想化的可能。反过来说，儒家又需要解释和理解历史，它通过历史素材而获得的“圣人”观念，恰恰又能满足其对历史和文明来源的说明。儒家生成于春秋战国时期，此一时期，作为其思想根源的旧体制和价值观念，受到了极大的挑战，甚至被瓦解和颠覆。面对此情此景，儒家损益旧学，试图重建以“人伦”和“礼乐”为根基的社会，为此，它不仅需要设立理想盛世的标准，也需要塑造出建构理想盛世的理想人格主体，于是，他们塑造出了能够成为历史人格主体的“圣人”。我们一开始就说过，儒家具有现实的、入世的品格，对抽象的玄思和冥想，兴趣不是很高，这就决定了他们所找到的“圣人”，绝不会是类似于“上帝”那样的神格超越者，而只能是“活生生的现实中的人”。“圣人”来自世间，但他又极其理想和超凡，因而又完全可以是现实中芸芸众生模仿和效法的“偶像”，并成为塑造社会现实理想的无限人格力量。由此，我们也就容易理解儒家“圣人可学而至”的理论。

如上所说，儒家的“圣人”来自现实，但又高于现实，因此，在儒家的“圣人”观念中，根本不存在人与神、人与人（“圣人”）的紧张。“圣人”再“神圣”也是人，而不是非人格的神格。他虽然高于大众，但他却又是来自大众而与众不同的。也就是说，在儒家那里，“崇高的”“理想的”“完美的”“圣人”，不管如何惊人超常，都没有被“变异”为与“大众”格格不入的“人”。孟子明确指出圣人与我们同类（“圣人与我同类者”“圣人之于民，亦类也”），[①] 这就使一方面看起来高高在上、高不可攀的“圣人”，一下子缩短了同我们的距离，仿佛圣人就在我们身边，使我们倍感亲切。如果说“圣人”也是人，仍不足以鼓起我们“成圣”的信心，那么，孟子的“性善论”可以更充分地使人认识到“成圣”的可能。既然“人性”本来就包含着善良的道德品性，那么，把这种善良的道德品性扩展出来，又有什么困难呢？既然你自己就是人，你的天性本来也是善的，那么你与“圣人”之间，就没有不可逾越的鸿沟。在人的本性的预设上，荀子的“性恶论”与孟子的“性善论”，当然明显不同，但只是出发点不同罢了，而“圣人”与我同类，人能够“成圣”的落脚点，则完全一致。在荀子看来，人的先天本性虽然不善良，虽然带着与生俱来的劣根性，但它绝不是先天不可改变的东西，不是一成不变的东西，人只要通过积极的“行为”（“伪”），通过对礼义的不断学习和培养，就能成为“圣人”。从人性本来“恶”上说，“圣人”与普通人完全一样（“圣人之所以同于众，其不异于众者，性也”）。“圣人”与“众人”的不同或超过众人的地方，只在“圣人”“有所作为”（“所以异而过众者，伪也”）。一般人只要肯“为”，自然也能成为“圣人”。由此，我们就不会对孟子和荀子的以下说法感到大惊小怪。

孟子谦虚地说他自己不能成为“圣人”（“圣则吾不能”），[②] 但他却非常清楚地肯定说：“人皆可以为尧舜。”[③] 荀子也用几乎一样的口气说：“涂之人可以为禹”，“涂之人能为禹”。[④] 荀子还具体解释说：“凡禹之所以为禹者，以其为仁义法正也。然则仁义法正有可知可能之理，然而涂之人也，皆有可以知仁义法正之质，皆有可以能仁义法正之具，

① 《孟子·告子上》;《孟子·公孙丑上》。
② 《孟子·公孙丑上》。
③ 《孟子·告子下》。
④ 《荀子·性恶》。

然则其可以为禹明矣。”[①]“成圣”的大门已经向众人敞开，关键的问题是，你是否朝着那个大门勇往直前。也就是说，人人虽皆有“成圣”的可能性，但并不意味着他自然而然就能成为“圣人”。在此，“学”具有无比的重要性。荀子这样说道：

> 今使涂之人伏术为学，专心一志，思索孰察，加日悬久，积善而不息，则通于神明，参于天地矣。故圣人者，人之所积而致矣。[②]

> 学恶乎始？恶乎终？曰：其数则始乎诵经，终乎读礼；其义则始乎为士，终乎为圣人。[③]

对儒家来说，只要为学不懈，一切理想都近在咫尺，否则，一切都是枉然。儒家津津乐道地强调“学”“乐学”，其故就在这里。

儒家没有把“圣人”推到一般人可望不可即的遥远彼岸，而是主张“圣人”与人同类，主张“圣人可学而至”，这种观念非常耐人寻味。它充分体现了儒家对理想与现实能够统一的坚信。观察儒家学说，不难发现，它从来不把没有现实性的东西作为理想，也从来不认为理想性的不能实现。反过来说，在儒家那里，只有能被“现实化”的东西，才被认定为“理想”；只要是理想就具有现实性的可能。儒家根本上不需要那种缺乏现实可能性的“理想”，儒家也坚信理想总是可以实现的。在儒家意识中，没有现实性的“理想”，对现实的“人”来说是没有意义的。这样，儒家的“理想主义”就与“现实主义”统一了起来，并因此具有了乐观主义的性格。这种乐观主义，不仅在主张“性善论”的孟子身上

---

① 《荀子·性恶》。
② 同上。
③ 《荀子·劝学》。

弥漫着，而且也在强调“性恶论”的荀子身上回响着。他们的出发点不同，但结论一样：性善当然可以成圣，性恶通过改造同样可以成圣。他们殊途而同归，最终都走到了“圣人”那里，并为此而欢欣鼓舞。

二 “圣人”向“道德境界化”的偏转

自汉至唐，儒家“圣人”观念虽然不时被论及，但作为儒家最高人格理想而被召唤的声音，似乎变弱了。这并不奇怪。汉代经学之注重文字研究，魏晋玄学之注重玄想，道教之追求仙境，佛教之渴望成佛，在或大或小程度上，都是降低对儒家“圣人”观念兴趣的因素。甚至有人认为，“圣人”不可学而至，如唐代皮日休，对圣人是否可以通过修养而达到产生疑问，并做了否定性的回答：“圣人，天也，非修而至者也。……且尧为唐侯，二十而德盛；舜为鳏民，二十以孝闻，焉在乎修哉？后稷之戏，必以黍殖；仲尼之戏，必以俎豆，焉在乎修哉？盖修而至者，颜子也，孟轲也。若圣人者，天资也，非修而至也。”① 但是到了宋明理学，仿佛是柳暗花明，“圣人”观念一下子又响亮了起来，“成圣”“为圣”的诉求异常强烈，“圣贤气象”“孔颜之乐”被理学家们津津乐道。② 尽管理学家在理论构建上吸取和借助了佛、道形上学的思想资源，但所建立起来的则是一种新儒学的道德形上学，其精神和价值取向，则是对先秦儒家思想和价值的全面复兴和重构。道德或伦理只要是属于人的问题，那么说到底，它就一定要落实到人身上，落实到一种理想人格的塑造上。先秦儒家“圣人”观念，作为道德理想人格的重要符号，自然再次被推到了显要的位置。

如上所述，先秦儒家“圣人”观念，一方面继承了“圣人”观念

---

① 《鹿门子隐书六十篇》，《皮子文薮》第九卷。

② 参阅姜广辉：《理学圣人观漫议》，《理学与中国文化》，上海人民出版社 1994 年版，第 283—296 页。

本来所具有的“聪明”和“智慧”意义，并对之进行了大大强化，使“圣人”成为似乎是无所不知、无所不能的“化身”，但另一方面，先秦儒家又为“圣人”观念赋予了“道德境界”和“理想人格”的新内涵，使“圣人”又成为尽善尽美的完人。这种“智慧”和“德性”的结合，自然又使“圣人”能够作为“王者”或“治者”而担当“治国”“平天下”的政治角色。[①] 从整体上说，宋明理学并没有完全否定“圣人”的“智慧”意义，如朱熹说:“自古无不晓事情底圣贤，亦无不通变底圣贤，亦无关门独坐底圣贤。圣贤无所不通，无所不能，那个事理会不得？”[②] 同时，宋明理学也没有完全把“治者”或“王者”的意义层面从“圣人”观念中分离出去，如朱熹说:“天只生得许多人物，与你许多道理。然天却自做不得，所以生得圣人为之修道立教，以教化百姓，所谓‘裁成天地之道，辅相天地之宜’是也。盖天地做不得底，却须圣人为他做也。”[③] 然而在宋明理学中，一个突出的现象是，“圣人”观念却朝着“道德人伦”或“人格境界”一方急剧地偏转。换言之，在宋明理学中，“圣人”观念的“道德和人伦”层面开始占据主导性的地位，在有的理学家那里圣人甚至已完全被“道德化”了。这种情形在理学的先行者周敦颐那里已经初露出来。周敦颐把“圣人”与他思想中的“诚”这一核心的德性观念结合到一起，提出了“诚者，圣人之本”“圣，诚而已矣”这两个命题。[④] 照此所说，“诚”就是“圣人”之为“圣人”的根本，“圣人”就是“诚”的体现。朱熹的“圣人”观念，虽然还保持着智慧和才能的因素，但这已经变得无关紧要。对朱熹来说，“圣人”之为“圣人”，根本上是取决于“德”和“境界”，他批评太宰以多能为圣，认为圣主于德，不在多能。而且，在朱

① 参阅王文亮:《中国圣人论》，中国社会科学出版社 1993 年版，第 215—216 页。

② 《朱子语类》(七) 卷一一七，中华书局 1986 年版，第 2830 页。

③ 《朱子语类》(一) 卷十四，中华书局 1986 年版，第 259 页。

④ 周敦颐:《通书》。

熹看来，“圣人”还必须完完全全地具备“德”和“人伦”才行，有丝毫不足，就不够格，如他说：“圣人万善皆备，有一毫之失，此不足为圣人。……故大舜无一毫厘不是，此所以为圣人。不然，又安足谓之舜哉！”[①]在理学中，“天理”（纯善）和“人欲”（纯恶）往往被设定为针锋相对的两极，没有二者并存的中间地带，“存天理”“灭人欲”与“存人欲”“灭天理”，成了判断人是超越还是沉沦的唯一标准。把这种观念运用到“完美”的“圣人”身上，“圣人”自然就成了“天理”的纯粹体现者，成了“灭人欲”的最坚强斗士，朱熹说：“古之圣贤，别无用心，只这两者是吃紧处：明明德，便欲无一毫私欲；新民，便欲人于事事物物上皆是当。”[②]又说：“圣贤千言万语，只是教人明天理，灭人欲。”[③]说起来，心学与理学似乎有天壤之别，但是，在把“圣人”作为“道德”和“境界”的化身方面，或者视“圣人”为“天理”纯之又纯的体现者和“禁欲”的榜样之点上，心学沿着理学的路子走得更远，也更彻底。看一看王阳明的这段话就会明白：

> 圣人之所以为圣，只是其心纯乎天理，而无人欲之杂。犹精金之所以为精，但以其成色足而无铜铅之杂也。人到纯乎天理方是圣，金到足色方是精。然圣人之才力，亦是大小不同，犹金之分量有轻重。尧、舜犹万镒，文王、孔子犹九千镒，禹、汤、文武犹七八千镒，伯夷、伊尹犹四五千镒：才力不同，而纯乎天理则同，皆可谓之圣人；犹分两虽不同，而足色则同，皆可谓之精金……盖所以为精金者，在足色而不在分量；所以为圣者，在纯乎天理而不在才力也。[④]

---

① 《朱子语类》（一）卷十三，中华书局1986年版，第232页。
② 《朱子语类》（二）卷一七，中华书局1986年版，第379页。
③ 《朱子语类》（一）卷十二，中华书局1986年版，第207页。
④ 《传习录》上，《王阳明全集》（上），上海古籍出版社1992年版，第27—28页。

按照王阳明的说法，很明显，“圣人”虽然有才力，有智慧，但“圣人”之所以为“圣人”，只在于纯乎天理，只在于没有丝毫人欲，而与智慧和才力完全无涉。对于把“圣人”同智慧和才力联系在一起并试图在此求圣的做法，王阳明还特别提出了批评，他说：“后世不知作圣之本是纯乎天理，却专去知识才能上求圣人。以为圣人无所不知，无所不能，我须是将圣人许多知识才能逐一理会始得。故不务去天理上着功夫，徒弊精竭力，从册子上钻研，名物上考察，形迹上比拟，知识愈广而人欲愈滋，才力愈多而天理愈蔽。正如见人有万镒精金，不务锻炼成色，求无愧于彼之精纯，而乃妄希分两，务同彼之万镒，锡铅铜铁杂然而投，分两愈增而成色愈下，既其梢末，无复有金矣。”[①] 更有趣的是，对理学家和心学家都不满的戴震，在把“圣人”作为“尽伦”这一点上，也与他们没有什么差别：“圣人亦人也，以尽乎人之理，群共推为圣智。尽乎人之理非他，人伦日用尽乎其必然而已矣。”[②] 而且，他还特意强调，这种“尽”是“全尽”，不能是“半尽”或“不尽”，只有是“全尽”而无缺憾，才是圣人。清人张伯行在《圣人可学而至论》中说：“圣人之所以为圣，只此伦理之克尽而已。”[③] 自称接着理学讲的冯友兰，更与心学一致，断定“圣人”之为“圣人”，完全在于尽伦、尽德或高超的境界，与有无别的知识或才能毫无关系。如他说：“才人之入圣域凭其才，圣人之入圣域凭其学。才非人人可有，而学则人人可学。所以不能人人是才人，而可以人人是圣人。”[④] 他再次把“智慧”或“才智”与“圣人”分开。而且，冯友兰仍使“圣人”保持着“外王”的角色。如他说：“圣人不能专凭其圣人即能做事，但可以专凭其是圣人，即能做王。而且严格地说，只有圣

① 《传习录》上，《王阳明全集》（上），上海古籍出版社 1992 年版，第 28 页。
② 《孟子字义疏证》卷上，中华书局 1982 年版，第 12—13 页。
③ 《正谊堂文集》卷九。
④ 《三松堂全集》第四卷，河南人民出版社 1986 年版，第 201 页。

人，最宜于做王。所谓王，指社会的最高底首领。最高底首领并不需要亲自做什么事，亦不可亲自做什么事。……而是使用群才，令其自为。”[①] 但“使用群才”，仍是做事。没有高度的智慧，怎么能使用“群才”呢？“群才”又怎么会听任一个没有智慧的人的“使用”呢？因此就必然产生这样一个疑问，即一个“无能”的善良的“圣人”，仅凭其德和善良动机，怎能治理好一个国家呢？

总之，从理学家朱熹到心学家王阳明，从批评理学和心学的戴震到新理学冯友兰，他们沿着同一个方向，把先秦儒家带有高度智慧的“圣人”观念，根本上转变到了“道德”和“人伦”的方向上，使之成为“尽伦”和“尽德”的同义语。另一方面，理学家完全继承了先秦儒家“圣人可学而至”这一思想，只是论证方式略有不同罢了。周敦颐明确肯定“圣人可学”，并指出“学圣”的根本方法是“无欲”，《通书》载：“圣可学乎？曰：可。曰：有要乎？曰：有。请问焉。曰：一为要。一者，无欲也。”二程认为，人与“圣人”形质无异，是同类，只要自强不息，就能成圣。请看二程的说法：

> 人与圣人，形质无异，岂学之不可至耶？[②]

> 人与人同类……大抵须是自强不息，将来涵养成就到圣人田地，自然气貌改变。[③]

> 人皆可以至圣人，而君子之学必至于圣人而后已。[④]

---

① 《三松堂全集》第五卷，河南人民出版社 1986 年版，第 160 页。

② 《河南程氏遗书》卷十八，《二程集》第一册，中华书局 1981 年版，第 302 页。

③ 《河南程氏遗书》卷二十三，《二程集》第一册，中华书局 1981 年版，第 306 页。

④ 《河南程氏遗书》卷二十五，《二程集》第一册，中华书局 1981 年版，第 318 页。

这与孟子和荀子的说法基本一致。朱熹回忆说，他小时看到孟子说圣人“与我同类”喜不可言，以为圣人容易达到，但后来发现“为圣”却非常难。“为圣”虽然难，但仍是“可能”，仍是人能达到的目标。朱熹反对把“圣人”神化，因为如果这样，人们就难以企及。值得注意的是，程朱理学把“人性”分成“天地之性”和“气质之性”。“圣人”与“众人”的不同，在于所禀之气不同。“圣人”禀“至清”“精英”之气，众人所禀之气“有清有浊”。但是，理学家不把“气”视为一成不变的东西，使之具有随着现实环境而变化的弹性。这样，“圣人”虽然禀至清之气，但要在现实中保持它，仍需要“学”；“众人”如果能变化不善的气质，为学不懈，也能成为“圣人”。这种逻辑，可以说是改铸孟子的“性善论”和荀子的“性恶论”的结果。心学家陆九渊从人“心同”“理同”的观念出发，认为“圣人”可学、可成，如他说：“圣人与我同类，此心此理，谁能异之？”[①] 王阳明立足于“良知”，通过肯定“众人”与“圣人”所具有的“良知”皆同，肯定“众人”能够成“圣”，如他说：“自己良知原与圣人一般，若体认得自己良知明白，即圣人气象不在圣人而在我矣。”[②] 既然人人所具有的“心”和“理”都一样，人人同具“良知”，那么为“圣”的功夫，就是彰明“心”和“理”，就是“致良知”。在王阳明看来，即使是凡人，只要肯为学，使自己的心纯乎天理，也可以成为圣人。与被心学认为是“支离”的理学功夫不同，王阳明把“圣人”功夫变得易简易从：“圣人之学所以至易至简，易知易从，学易能而才易成者，正以大端唯在复心体之同然，而知识技能非所与论也。”[③] 更有甚者，王阳明

① 《陆九渊集》，中华书局1980年版，第171页。

② 王阳明：《启问道通书》，《传习录》中，《王阳明全集》（上），上海古籍出版社1992年版，第59页。

③ 王阳明：《答顾东桥书》，《传习录》中，《王阳明全集》（上），上海古籍出版社1992年版，第55页。

有时连这种“易简”“易能”的功夫也不需要了。在他看来，“人胸中”原已是“圣人”，因此，他和王艮同呼“满街都是圣人”。至此，儒家“神圣”的“圣人”境界，却在人人皆“能”的逻辑中完全“现实化”了。我们很容易联想到佛学的“放下屠刀，立地成佛”和禅宗的“佛性”即在心中的观念。要与之划清界限的心学“易简”功夫，恰恰受到了佛学和禅宗这种观念的影响。

通过以上分析，我们可以看到，理学的“圣人”观念，虽然对先秦儒家“圣人”观念有所继承（主要是“圣人可学而至”论），但变更和差别是显然的。如在理学那里，“圣人”所具有的智慧层面，在很大程度上被忽略了，所具有的“外王”或“平天下”的角色也被大大淡化了，“圣人”基本上成了“道德”和“人伦”的完美体现者，成了“人格境界”的最高象征。此外，在“为圣”的可能性论证和“成圣”的功夫上，与先秦儒家所说相比，也都发生了或大或小的变化。

（原载《中国哲学史》1999 年第 4 期）

儒家的“社会角色”意识

在东周诸子学中，儒家是对人的“社会角色”表现出最多关心和认知的一个学派，在这一方面苦行救世的墨家也无法同它相比。我这里使用的“社会角色”属于社会学术语，在儒家那里当然没有。但根据早期儒家就“人”“士”和“儒”在社会中应该扮演的角色、履行的职责进行的具体反思和认知来看，将这一术语作为一个大致的框架，对其在这方面留下的思想资源和内涵进行讨论应是可行的。

有关儒家“经世”“淑世”“修齐治平”和“外王”的说法已是老生常谈，它除了表明儒家对社会、政治等公共事务表现出强烈的关心和志向外，无法向我们展示早期儒家产生如此志向的社会学基础，也无法向我们说明渴望参与公共事务的早期儒家为什么反而常常会同公共权力之间有一种有形或无形的紧张。在这里，我们要讨论的是，早期儒家是如何认识“人”“士”和“儒”的社会角色的，是如何看待人的社会地位合理分配的？早期儒家在参与公共事务与道德信念之间是如何做出选择的，这种选择对他们来说意味着什么？

早期儒家在政治上给人的印象是不得意，但我们认为早期儒家扮演的成己、成人的人文教化和文化传承角色，同它想扮演的公共事务管理角色同样重要，它没有成为“哲学王”或者执政官亦不完全是悲剧，因为它在道德理性与政治地位不可兼得的情况下守护和坚持道德理性，恰恰反映了其人文主义的特色。如果儒家为了参与政治，而放弃道德理性和人文主义信念，这对儒家来说倒可能真是可悲的。儒家不是机会主义者，当他们“志于道”的理想同现实发生冲突时，他们选择自我隔离、“独善其身”而不同流合污，这不仅是明智的，而且也显示了其道德勇气。

一 社会角色担当者:“人”“士”和“儒”

早期儒家对人的社会角色的认知，首先是基于伦理学意义上的“人禽之分”和人的责任及使命意识。孔子在社会角色实践及体验中首先向我们展现了这种意识。《论语·微子》篇记载的一个故事是大家都熟悉的。按照这个故事，孔子和他的弟子子路等在周游中遇到过称为长沮和桀溺的两个人，桀溺批评他们说：

> 滔滔者天下皆是也，而谁以易之？且而与其从辟人之士也，岂若从辟世之士哉？

桀溺对孔子的批评有两项，一项是指向孔子的，意思是天下的混乱和无道像洪水一样到处弥漫着，孔子能够同谁一起改变这种状况；另一项是指向子路的，意思是，子路与其追随孔子躲避人（鲁国人），还不如像他们那样做隐士，躲避人世（社会）。这两项批评是有因果关系的。在隐者看来，天下的问题太严重了，没有哪一国的君主会接受孔子的主张，天下无道是孔子无法改变的。孔子和他的弟子们的明智选择，是放弃他们的不切实际的幻想，过一种像他们那样的宁静的隐居生活。孔子对不了解他的心志就非难他的桀溺感到失望，他以感叹的口吻为自己辩护说：

> 鸟兽不可与同群！吾非斯人之徒与而谁与？天下有道，丘不与易也。

孔子为其行为选择提出的辩护也有两个方面，第一个方面是，人之所以为人的本质是人与人之间的相互交往和共同行动，而不是隐居在山泽之间与鸟兽为伍；第二个方面是，如果天下清明，他就没有必要出来从事社会改革事业了。正是因为现在天下无道，他才需要站出来去谋求社会的改革。孔子的辩护，涉及了人的本性和人的社会责任问题。在儒家看来，人之所以为人在于人是一种道德性和社会性的存在，这是人同禽兽的不同。孟子从先天具有善良的道德本性来界定人，说这是人异于禽兽的“几希”；郭店竹简《五行》篇以人“知其好仁义”的本性同草木、禽兽相分别：“循草木之性，则有生焉，而无好恶。循禽兽之性，则有好恶焉，而无礼义焉。循人之性，则巍然知其好仁义也。”批评《五行》的荀子，又在其影响下以人有“义”而同水火、草本和禽兽等物相区分：“水火有气而无生，草木有生而无知，禽兽有知而无义，人有气，有生，有知，亦且有义，故最为天下贵也。”(《荀子・王制》)荀子还认为人所以为人“以其有辨”：

> 人之所以为人者，何已也？曰：以其有辨也。饥而欲食，寒而欲暖，劳而欲息，好利而恶害，是人之所生而有也，是无待而然者也，是禹、桀之所同也。然则人之所以为人者，非特以二足而无毛也，以其有辨也。今夫狌狌形笑，亦二足而无毛也，然而君子啜其羹，食其胾。故人之所以为人者，非特以其二足而无毛也，以其有辨也。夫禽兽有父子而无父子之亲，有牝牡而无男女之别，故人道莫不有辨。(《荀子・非相》)

正是立足于人的道德性和社会性立场之上，儒家认为人的角色和使命首先是修身养性，实现人格的自我升华，进而使自己承担起社会的责任。[①]孔子说“天下有道，丘不与易也”，强调的就是人的社会责任和使命。在孔子看来，人不能逃避一些人，更不能逃避社会，何况社会正处在无序和混乱状态中，迫切需要人们去改变，人怎能够熟视无睹、袖手旁观。《论语·阳货》记载说：

> 阳货欲见孔子，孔子不见，归孔子豚。孔子时其亡也，而往拜之。遇诸涂。谓孔子曰：“来！予与尔言。”曰：“怀其宝而迷其邦，可谓仁乎？”曰：“不可。”“好从事而亟失时，可谓知乎？”曰：“不可。”“日月逝矣！岁不我与！”孔子曰：“诺，吾将仕矣！”

今文经学家说孔子是一位改革家，至少从信念方面说这没有什么错。孔子力求使自己扮演好自己的社会角色，担当起改造社会的责任，虽然这条道路布满了荆棘。

早期儒家对人的社会角色的认知，其次表现为社会学意义上的“士”的阶层意识。“士”在西周社会中体制的低级贵族，享受着身份上的世袭和固定的官职及待遇。但到了东周时代，“士”作为一个社会阶层，类似于我们现在所说的知识人，[②]他们脱离了世袭贵族的体制，用《孟子·告子下》的话说是“士无世官”，在社会中自由流动，各自以自己的知识、智慧和价值观周游于当时的诸侯国中，扮演着“四民之首”的社会角色。《庄子·刻意》篇和《庄子·徐无鬼》篇列举出了不同类型的“士”，所谓“山谷之士”“平世之士”“朝廷之士”“江海之士”“导引之士”，或者所谓“知士”“辩士”“察士”“招

---

① 有关儒家对“人”的反思，参阅张岱年先生：《论传统中国哲学中“人”的观念》，《张岱年全集》第六卷，河北人民出版社 1996 年版，第 395—404 页。

② 有关知识人的传统和角色问题，参阅曼海姆：《知识阶层问题：对其过去和现在角色的研究》，《卡尔·曼海姆精粹》，徐彬译，南京大学出版社 2002 年版，第 161—228 页。

世之士""中民之士""筋国之士""勇敢之士""兵革之士""枯槁之士""礼乐之士"，等等。这些"士"超出了创立百家之学的"士"阶层。"百家之士"，是具有较高文化修养和教养的人士，他们用独特的眼光观察社会，以独特的品位、价值和信念衡量、评判社会，是中国最早的人文和思想学者，用现代的话说就是知识和信念的创造者、传播者和鼓吹者。儒家之"士"也是这种广义上的"士"之一。由于儒家对"士"有自己的反思和自觉，使得其"士"又有自身的特征。

对儒家来说，从事政治事务原则上是"士"的义务。《论语·微子》篇又记载，孔子和他的弟子在周游中还遇到过一位隐士，这位隐士可能以隐居和躬耕为人生的理想，他对孔子到处周游寻找执政的机会深感不满，说孔子是"四体不勤，五谷不分"，子路回击这位隐者的话也很著名：

> 不仕无义。长幼之节，不可废也；君臣之义，如之何其废之？欲洁其身，而乱大伦。君子之仕也，行其义也。道之不行，已知之矣！

子路是从"政治伦理"的角度看待"入仕"的。按照他的看法，君子和士原本应该履行政治伦理从事政治，否则就不合乎"义"。孟子同周霄和公明仪围绕士和君子"入仕"有一个问答：

> 周霄问曰："古之君子仕乎？"孟子曰："仕。《传》曰：'孔子三月无君则皇皇如也，出疆必载质。'公明仪曰：'古之人三月无君则吊。'""三月无君则吊，不以急乎？"曰："士之失位也，犹诸侯之失国家也。《礼》曰：'诸侯耕助以供粢盛，夫人蚕缫以为衣服。'牺牲不成，粢盛不洁，衣服不备，不敢以祭。惟士无田，则亦不祭。牲杀、器皿、衣服不备，不敢以祭，则不敢以宴；亦

不足吊乎？”“出疆必载质，何也？”曰：“士之仕也，犹农夫之耕也；农夫岂为出疆舍其耒耜哉！”（《孟子·滕文公下》）

从其中说的“士之失位也，犹诸侯之失国家也”“士之仕也，犹农夫之耕也；农夫岂为出疆舍其耒耜哉”可以看出，孟子是从社会阶层和角色的不同来看待“士”之“入仕”的。尽管子路和孟子的角度不同，但原则上他们都认为“士”应该积极“入仕”，不应该隐居“不仕”，这同孔子所说的“士而怀居，不足以为士矣”（《论语·宪问》）相一致。

仅从主张士人入仕还显示不出儒家之“士”的根本特征，因为法家也主张士要入仕。儒家之“士”的根本特征是追求真理和道德，孔子说的“士志于道”（《论语·里仁》）和“志士仁人，无求生以害仁，有杀身以成仁”（《论语·卫灵公》），是两个典型的例子。曾子说的“士，不可以不弘毅，任重而道远。仁以为己任，不亦重乎；死而后已，不亦远乎”，是对孔子思想的引申。在这一方面，孟子也传承了孔子的理念：

王子垫问曰：“士何事？”孟子曰：“尚志。”曰：“何谓尚志？”曰：“仁义而已矣。杀一无罪非仁也，非其有而取之非义也。居恶在？仁是也；路恶在？义是也。居仁由义，大人之事备矣。”（《孟子·尽心上》）

正是由于儒家为“士”赋予了追求真理、道德和道义的终极性使命，儒家的入仕就容易同现实之间发生冲突。也正因为如此，儒家不会无原则地“入仕”，不会为了目的而不择手段，这就是为什么希望入仕的儒家反而又很难“入仕”。对此，孟子有一个很好的说明：

曰：“士之仕也，犹农夫之耕也；农夫岂为出疆舍其耒耜哉！”曰：“晋国亦仕国也，未尝闻仕如此其急；仕如此其急也，君子之难仕，何也？”曰：“丈夫生而愿为之有室，女子生而愿为之有家；父母之心，人皆有之；不待父母之命，媒妁之言，钻穴隙相窥，逾墙相从，则父母国人皆贱之。古之人未尝不欲仕也，又恶不由其道；不由其道而往者，与钻穴隙之类也。”（《孟子·滕文公下》）

早期儒家对人的社会角色认知的第三个层次，是在更小范围中对属于自己一家身份的“儒”的意识。有关“儒”的起源有很多讨论，这有助于我们认识“儒”这一符号的来龙去脉及其特性。按照《汉书·艺文志》的说法，儒家是来源于“司徒之官”。“司徒”是周代六卿之一，属于地官，掌管教育。《周官·地官·司徒》说：司徒“掌邦教，以佐王安扰邦国”。大体上说，儒原是擅长“六艺”、司掌礼乐和备人咨询的人。① 在东周时代，作为悠久传统延续下来的一般所称的“儒”，可能是比较混杂的，即便是在儒家的故乡鲁国。孔子开创的儒家，在承继儒之传统的同时，也在转化和纯化儒，以使儒符合他自己的理想尺度。儒有自己的服装和装束，鲁哀公会见孔子时问孔子的着装是不是儒服，孔子回答说：“丘少居鲁，衣逢掖之衣；长居宋，冠章甫之冠。”② 宽大之袖，章甫之冠，也许就是一般所说的儒服的样式和装束。但孔子强调，君子的根本特征是“博学”，服装穿着只是遵从世

① 有关“儒”的起源的讨论，参阅陈来：《古代宗教与伦理——儒家思想的根源》，生活·读书·新知三联书店1996年版，第328—354页。《说文解字》解释说：“儒，柔也。术士之称。”段玉裁注引称：“儒行者，以其记有道德所行。儒之言，优也，柔也，能安人，能服人。又儒者濡也，以先王其道能濡其身。”《周礼·天官·太宰》说儒是“以道得民”，更反映孔孟之儒同西周之儒之间的关联。

② 《礼记·儒行》。如果说儒者起源于殷，宋是殷的遗民，宋人的“章甫之冠”是很著名的。《荀子·哀公》记载：“鲁哀公问于孔子曰：‘吾欲论吾国之士，与之治国，敢问何如取之邪？’孔子对曰：‘生今之世，志古之道；居今之俗，服古之服，舍此而为非者，不亦鲜乎！’哀公曰：‘然则夫章甫絇屦、绅带而搢笏者，此贤乎？’孔子对曰：‘不必然，夫端衣玄裳、絻而乘路者，志不在于食荤；斩衰菅屦、杖而啜粥者，志不在于酒肉。生今之世，志古之道；居今之俗，服古之服，舍此而为非者，虽有，不亦鲜乎！’哀公曰：‘善！’”

俗，穿不穿儒服不是根本。[①] 由此我们不难理解孔子为什么要区分君子儒与小人儒，荀子为什么对儒者有更多的区分：腐儒、贱儒、陋儒、俗儒、雅儒和大儒。由于社会中存在着低俗之“儒”，人们对儒留下了不好的印象。《礼记·儒行》指出：“今众人之命儒也妄，常以儒相诟病。”这说明当时“儒”的称呼混乱，鱼目混杂，因此相互指责和批评。这就难怪鲁哀公也是在孔子对“儒行”做了一番充分说明之后，才改变了对儒的不好印象。《礼记·儒行》记载：“孔子至舍，哀公馆之，闻此言也，言加信，行加善，终没吾世，不敢以儒为戏。”从这种意义上说，《礼记·儒行》是儒家对“儒”的澄清，以避免社会上对儒的误解和滥用。荀子访问秦国时，接见他的秦昭王从实用主义出发，对儒家不客气地评论说：“儒无益于人之国。”荀子当然不会接受秦昭王的断言，他为儒者也做了一番有力的辩护，还赢得了昭王的高度称赞（昭王曰：“善”）。

在《礼记·儒行》篇和《荀子·儒效》篇中，早期儒家对自我身份“儒者”进行的精神反思是非常系统的。按照这一反思，真正的“儒者”是一个从主观内心到身体外表、从言论到行动、从在朝到在野、从通达到穷困，都合乎道德标准和理想人格的全面发展的人。《礼记·儒行》篇以十七个排比的段落从各个方面描述了“儒”的形象，实际上也可说是儒家对自身的“全面塑造”和“自许”。其中有的条目重复，如第一段和第七段的内容，都被概括为“自立”；第五段和第十三段的内容都被概括为“特立”。有些内容也有交叉。归纳起来，儒是自立向上、特立独行和刚毅的人；是做好了为人服务的各种准备和忧思人民疾苦的人；是以德而仕并以德抗势的人；是对人宽厚、善于交友和谦让的人；是礼遇贤能和任劳任怨的人；最后一段说：“儒有不陨获于贫贱，不充诎于富

① 当然，孔子也不否认服饰对人的意义。《荀子·哀公》又记载：“鲁哀公问于孔子曰：‘绅委章甫有益于仁乎？’孔子蹴然曰：‘君号然也！资衰苴杖者不听乐，非耳不能闻也，服使然也。黼衣黼裳者不茹荤，非口不能味也，服使然也。且丘闻之，好肆不守折，长者不为市。窃其有益与其无益，君其知之矣。’”

贵；不溷君王，不累长上，不闵有司，故曰儒。”这段话中用“故曰儒”来界定“儒”，也可以说是对儒的一个总体概括。郑玄《礼记目录》揭示此篇的要旨说：“名曰《儒行》，以其记有道德者所行也。”

荀子在秦昭王面前以辩护的姿态所塑造的“儒”，一层是说儒者如果获得了政治上的最高权力（“人上”），他将用道德和规范治理天下，他不会“行一不义，杀一无辜”而得天下，他推行的是“荣誉”和“信誉”政治，人民会因为他的高度信赖而心悦诚服地接受他的领导，他是人民的最高导师（“人师”）；另一层是说，儒者如果辅佐君王，他将是君王的忠实伙伴，如果在民间，他将潜移默化地改善世俗并深得百姓的尊敬，即“儒者在本朝则美政，在下位则美俗”。从以上设想的“儒”出发，荀子反问说：“夫其为人下也如彼，其为人上也如此，何谓其无益于人之国也！”荀子心目中理想的“儒”是“大儒”，其代表人物是孔子和子弓（仲弓）。《荀子·儒效》篇说：

> 彼大儒者，虽隐于穷阎漏屋，无置锥之地，而王公不能与之争名；在一大夫之位，则一君不能独畜，一国不能独容，成名况乎诸侯，莫不愿得以为臣；用百里之地，而千里之国莫能与之争胜，笞捶暴国，齐一天下，而莫能倾也，是大儒之征也。其言有类，其行有礼，其举事无悔，其持险应变曲当，与时迁徙，与世偃仰，千举万变，其道一也，是大儒之稽也。其穷也，俗儒笑之，其通也，英杰化之，嵬琐逃之，邪说畏之，众人愧之。……通则一天下，穷则独立贵名，天不能死，地不能埋，桀、跖之世不能污，非大儒莫之能立，仲尼、子弓是也。①

① 《荀子·儒效》篇在同俗儒和雅儒的区别中界定大儒说：“法先王，统礼义，一制度，以浅持博，以古持今，以一持万，苟仁义之类也，虽在鸟兽之中，若别白黑，倚物怪变，所未尝闻也，所未尝见也，卒然起一方，则举统类而应之，无所儗怍，张法而度之，则晻然若合符节，是大儒者也。”

早期儒家对其自我身份“儒者”的形象塑造，同《史记·太史公自序》和《汉书·艺文志》中所概括的儒家相比，是非常理想化的。《史记》强调的“儒家”，是以“六艺”为法和以礼建立起合理的社会秩序;《汉书·艺文志》在此基础上，又强调儒家对“仁义”道德价值的追求和对圣王传统的尊重。比较起来,《汉书·艺文志》的概括又比《史记》全面些。当然,《史记》和《汉书》都指出了“儒家”在演变过程中产生出的流弊。但从荀子的立场来看，这都与“真儒”无关。真正的儒者则是具备“六艺”基本技能、通晓“六经”的真理、用仁义道德练就了自身、能够担当天下道义的高度完美的“人格”。这样的“儒”实际上也是儒家期望的圣人境界。

不管儒家在什么层次上对人的社会角色进行反思，它的基本主张是，人首先必须自我完善、成就自己的人格，使自己成为“贤人”“君子”“圣人”，进而承担起治国平天下的社会历史使命。按照现代的社会角色分工，从事政治的官僚也只是在复杂的社会生活中担当了一项专门的事务。但儒家将政治看成是一项综合的高等事务，这样的事务只能由具有综合素质（德和能）的人来担当，这就是孔子为什么会说君子不能像器具那样只具有某一方面的用处（“君子不器”)。《论语·子张》记载子夏的话说:“虽小道，必有可观者焉；致远恐泥，是以君子不为也。”儒家作为社会性的“人”、阶层性的“士”和身份性的“儒”，都必须承担社会责任，而成为“贤人”“君子”等理想人格，就是他们能够承担起社会责任的前提。

二　社会分配正义：德能与地位的统一

一般所说的分配是指社会经济利益的分配。如何使经济利益的分配合乎正义，使社会成员获得他应得的物质和经济利益，这是每个社会共同体都必须面对的问题。在这一方面，早期儒家的基本看法是，经济利益的分配要符合公平的原则，以保证每一个社会成员都有基本的生活条件。但我们这里要讨论的儒家分配原则，不是一般意义上的直接经济分配，而是社会政治地位和职位上的分配，虽然这种分配同一个人的实际待遇、俸禄密不可分。

在社会政治地位的分配上，儒家有明显的精英主义色彩，而且给人一种等级和不平等的印象。因为儒家不忌讳区分人在智能和道德上的差别以及社会分工的不同，一般将之简化为“智”-“愚”“贤”-“不肖”“君子”-“小人”“劳心”-“劳力”之二分。在习以为常的现代人眼里，这种区分太显眼了，但究其实又不能简单说儒家是主张人的不平等的。孔子虽然有“唯上知与下愚不移”(《论语·阳货》) 和“生而知之”(《论语·季氏》) 的说法，但这只是对于极个别人而言，而且孔子也不以此主张等级制和社会不平等。孔子自认自己是学而知之的人，他相信一般的人通过学习都可以成为贤能之人。因此“知愚”“贤不肖”等之区分，在孔子那里主要不是先天性的，而是后天性的。正如荀子所说：“我欲贱而贵，愚而智，贫而富，可乎？曰：其唯学乎。”(《荀子·儒效》) 整体而论，儒家不认为人天生有尊贵或卑贱之分，也不认为人天生有“君子”和“小人”之别。在儒家看来，人的后天实际具有的品行和获得的能力是不相同的。正是基于此，儒家区分君子与小人、贤智与愚不肖，并以此为根据来进行分工和社会地位的分配。这样的主张和倾向同现代社会所说的人的平等并没有根本上的矛盾。现代社会的平等观，也不认为人的智力和能力都是一样的，或者试图使之都一样，它只是主张所有的人都有享受平等教育的权利；现代的平等观也不要求所有人的社会地位和待遇都是一样的，它只是主张人要有公平的机会，人人都有自由选择职业和从事工作的权利并从中获得报酬。至于一个人实际上能够获得什么机会，能够从事什么职业和获得多少，这又是很不相同的。即使是高调的平等观，也无法使人都获得完全一样的机会和待遇。当代正义论者罗尔斯提出的“没有人应得他在自然天赋的分配中所占有的优势”这一主张，是相当激进的平等观。这种把人的先天智力及由此而来的收入差别纳入分配领域中重新分配，真正实践起来几乎是不可能的，最多只能像他所说的那样，对处于不利社会地位的人给予一定补偿（如对因先天或后天因素造成的残疾人给予社会救济），以构成社会的整体合作。[①]

人的德行和能力不同，他获得的社会地位相应也应该不同，这就是为什么儒家要“尚贤”“尚德”。具体来说，在儒家看来，“贤人”“君子”和真正的“儒者”，都应该是社会政治地位的拥有者。尽管孟子和荀子的思想在某些方面有很大差别，但在主张德能和社会地位的统一上他们的看法是一致的。如孟子说：

> 贤者在位，能者在职。(《孟子·公孙丑上》)

> 尊贤使能，俊杰在位，则天下之士皆悦而愿立于其朝矣。(同上)

> 惟仁者宜在高位。(《孟子·离娄上》)

按照孟子的说法，贤能和仁者，不仅应该有社会政治职位，而且应该有很高的职位。在荀子那里，我们同样能够看到社会政治地位要根据德能来分配的主张：

> 图德而定次，量能而授官，皆使民载其事而各得其宜。(《荀子·正论》)

> 上贤禄天下，次贤禄一国，下贤禄田邑，愿悫之民完衣食。(同上)

---

① 参阅罗尔斯:《正义论》，何怀宏、何包钢等译，中国社会科学出版社 1988 年版，第 95—98 页。

与孟子有所不同的是，荀子强调贤能获得地位的高低、大小，应该相应于他的贤能的高低。

反过来说，“无德”“无能”之人，自然不应该享有社会政治地位，用荀子的话说就是“无德不贵，无能不官，无功不赏”（《荀子·王制》）。在荀子那里，“礼”就是将建立在贤-愚、君子-小人基础之上的社会政治地位分配制度化：

> 礼者，贵贱有等，长幼有差，贫富轻重皆有称者也。故天子袾裷衣冕，诸侯玄裷衣冕，大夫裨冕，士皮弁服。德必称位，位必称禄，禄必称用。（《荀子·富国》）

在荀子看来，如果社会政治地位的分配不是依据德能而进行的，那就是最不吉祥的行为：“凡爵列官职赏庆刑罚皆报也，以类相从者也。一物失称，乱之端也。夫德不称位，能不称官，赏不当功，罚不当罪，不祥莫大焉。”（《荀子·正论》）儒家合情合理地设想了愚者事奉智者、不肖者事奉贤者、卑者事奉贵者、小人事奉君子的逻辑，而不是相反，用孟子的话说是“天下有道，小德役大德，小贤役大贤”（《孟子·离娄上》）；用荀子的话说是“贱事贵，不肖事贤”（《荀子·仲尼》）、“少事长，贱事贵，不肖事贤，是天下之通义也”。① 如果说这是主张不平等，那么我们也不能反过来说让贤德之人处于小人和愚者的管理之下就是平等的。在世袭社会中，人的社会政治地位是按照贵族身份进行分配的，这就造成了人的先天不平等。儒家相信只有根据人的实际德能进行政治地位的分配才是合理的，由此而形成的尊卑、贵贱和贫富等级差别也是自然的。

在农业本位的中国古代社会中，从事农业生产的人被认为是真正的劳动者。商人之所以常常受到批评或轻视，甚至被看成是社会的寄

---

① 《荀子·仲尼》。《荀子·非相》还说“幼不事长，贱不事贵，不肖不事贤”是一个人的“三不祥”。

生虫，就是因为他们只是在流通领域中活动而没有直接产出。儒家为士和儒者赋予的修养道德、参与政治生活的角色，同农业生产也没有直接的关系，其行为同样受到怀疑，在一些务农者看来他们也是不劳而获者。樊迟可能是一位有务农倾向的人，他似乎不十分清楚他的老师希望他担当的角色。他向孔子请教农业生产和种植蔬菜瓜果方面的知识，孔子在坦承他不擅长这方面事情的同时，批评樊迟是“小人”，言外之意是他应该关注如何从事政治事务。①上面说到的子路在陪同孔子周游中遇到过的一位丈人，也是主张人应该从事生产劳动和躬耕，因此他批评孔子“四体不勤，五谷不分”。②孟子以“仕”为“士”的职责，以平天下为自己的使命，带着许多人和车辆游说统治者，他的弟子彭更认为这种做法显得太奢侈了，说“士”不可以不劳而食，这同陈良的弟子陈相接受许行的看法说贤者应该与民“并耕而食”的看法一样。孟子对此的回答，一是认为社会必须通过分工来满足相互需要；基于此，二是认为社会有两种基本的阶层和分工，即“劳心与劳力”。他有一段著名的话说：

> 有大人之事，有小人之事。且一人之身，而百工之所为备。如必自为而后用之，是率天下而路也！故曰：或劳心，或劳力；劳心者治人，劳力者治于人；治于人者食人，治人者食于人，天下之通义也。③

---

① 《论语·子路》记载：“樊迟请学稼，子曰：‘吾不如老农。’请学为圃，曰：‘吾不如老圃。’樊迟出，子曰：‘小人哉，樊须也！上好礼，则民莫敢不敬；上好义，则民莫敢不服；上好信，则民莫敢不用情。夫如是，则四方之民，襁负其子而至矣；焉用稼！’”

② 《论语·微子》记载：“子路从而后，遇丈人，以杖荷蓧，子路问曰：‘子见夫子乎？’丈人曰：‘四体不勤，五谷不分，孰为夫子！’”

③ 《孟子·滕文公上》。有关劳心与劳力之分，在《左传》和《国语》中已经有了。《左传·襄公九年》说：“君子劳心，小人劳力，先王之制也。”《国语·鲁语下》亦说：“君子劳心，小人劳力，先王之训也。”

孟子对陈相的批评还有更深层的文明与野蛮之别，在他看来，社会分工是文明的进步[①]，应该"用夏变夷"而不是"变于夷"。陈良早就学习周公和仲尼之道，陈相跟随陈良学习多年，现在却违背师道而追随许行，这无异于"下乔木而入于幽谷"。孟子的另一位弟子公孙丑好像也觉得君子是"不耕而食"，因为《诗》说"不素餐兮"。孟子认为君子在国家社会政治中扮演着重要角色，他获得的一切待遇都是应得的：

> 公孙丑曰："《诗》曰：'不素餐兮。'君子之不耕而食，何也？"孟子曰："君子居是国也，其君用之，则安富尊荣；其子弟从之，则孝悌忠信。'不素餐兮'，孰大于是？"（《孟子·尽心上》）

墨子主张最低限度的消费，认为君主应该像大禹那样辛苦劳动。墨子的主张受到了荀子的批评，荀子认为最高的统治者不能像一般人那样去辛苦地劳动，社会是通过分工满足相互需要的，"君主"的职责是"恭己"治天下：

> 人主者，以官人为能者也；匹夫者，以自能为能者也。人主得使人为之，匹夫则无所移之。百亩一守，事业穷，无所移之也。今以一人兼听天下，日有余而治不足者，使人为之也。大有天下，小有一国，必自为之然后可，则劳苦耗悴莫甚焉。如是，则虽臧获不肯与天子易势业。以是县天下，一四海，何故必自为之？为之者，役夫之道也，墨子之说也。论德使能而官施之者，圣王之

---

① 有关社会分工理论，请参阅涂尔干：《社会分工论》，渠东译，生活·读书·新知三联书店2000年版。

> 道也，儒之所谨守也。传曰：农分田而耕，贾分货而贩，百工分事而劝，士大夫分职而听，建国诸侯之君分土而守，三公总方而议，则天子共己而已。出若入若，天下莫不平均，莫不治辨，是百王之所同也，而礼法之大分也。(《荀子·王霸》)

如果我们再回过头来看一下儒家参与政治生活的目的，那我们就会知道儒家真正关心的是什么。对儒家来说，社会政治地位以及相应的待遇的获得都不是目的，目的是建立人间理想的社会秩序，这就是孔子所说的“君子谋道不谋食”“君子忧道不忧贫”“君子喻于义”。政治地位和待遇对儒家来说，都是手段而不是目的。在这一点上，韦伯对儒家的评论是恰当的：

> “君子不器”这个根本的原理告诉我们，君子是目的本身，而不只是作为某一特殊有用之目的的手段。……儒家高尚的等级理想，与禁欲的耶稣教会的职业概念形成更加强烈的对立，因为前者主张培养出具有通才的绅士（Gentmet）或译为“德沃夏克”（Dvorvak）的“贵人”（君子）。这种建立在全才基础上的“美德”，即自我完善，比起通过片面化知识（Vereinseitigung）所获得的财富，要来得崇高。即使是处于最有影响地位的人，若不具备来源于教育的这种美德，在世上便会一事无成。因此，“高等”的人所追求的是这种美德，而非营利。①

下面我们要讨论的是，在目的与手段发生冲突时，儒家是如何做出选择的。

---

① 马克斯·韦伯:《儒教与道教》，洪天富译，江苏人民出版社 1993 年版，第 187 页。

三 “以德抗势”：尊严和隔离

儒家参与公共事务的特征太鲜明了，以至于将这一部分去掉儒家是否还是儒家，就会成为疑问。但孔子从未打算过为了获得参政的机会而给自己的政治理想打折扣，更别说是放弃了，这一点给后人留下的印象也非常强烈。他升至代理鲁国相职（摄相位）更有条件施展自己的政治抱负时，引起了邻国齐国的不安，他们担心富庶和有秩序的鲁国会对自己构成威胁，他们采取了离间鲁国君臣关系的进献美人和财物的腐蚀计谋。孔子知道这是齐国不怀好意的圈套，因此他规劝拒绝。孔子如果采取变通策略或容忍的办法，他就可以在鲁国继续从事政治事务。齐国已经知道孔子的道义精神和正直，也知道鲁国不会接受孔子忠诚的劝告。因此，孔子离开鲁国是为了坚持道义的“自我放逐”，这是他的政治理念同现实直接冲突的一个典型例子。还有一个例子是孔子意识到他在卫国无法发挥作用时，他决定到西部的晋国访问执政的赵简子。他和他的弟子到了黄河南岸，但在这里他听说赵简子杀害了窦鸣犊和舜华。在孔子看来，这两位原来都是晋国的贤良大夫，在赵简子没有得志的时候，他依靠他们支持自己，他一得志就杀害他们，这是非常不义的行为，他要避开这种人。于是毅然决定返回。[①] 在现实主义决定政治生活的时代，坚持政治伦理和原则的人，就很难找到政治上的机会。事实上，孟子和荀子同样如此。

---

① 《史记·孔子世家》记载说：“孔子既不得用于卫，将西见赵简子。至于河而闻窦鸣犊、舜华之死也，临河而叹曰：‘美哉水，洋洋乎！丘之不济此，命也夫！’子贡趋而进曰：‘敢问何谓也？’孔子曰：‘窦鸣犊、舜华，晋国之贤大夫也。赵简子未得志之时，须此两人而后从政；及其已得志，杀之乃从政。丘闻之也，刳胎杀夭则麒麟不至郊，竭泽涸渔则蛟龙不合阴阳，覆巢毁卵则凤皇不翔。何则？君子讳伤其类也。夫鸟兽之于不义也尚知辟之，而况乎丘哉！’乃还息乎陬乡，作为《陬操》以哀之。而反乎卫，入主蘧伯玉家。”

相比之下，法家、纵横家甚至名家一些人物之所以能够在政治上获得显赫的地位，是因为他们基本是现实主义者，他们都善于迎合现实政治的需要，而不受政治伦理的严格约束。商鞅是这方面的一个恰当例子。他通过孝公的一个嬖臣把自己引荐给孝公，他先后两次向孝公讲述帝道和王道，都引不起孝公的兴趣，最后他又转变为向孝公讲述霸道，一下吸引了孝公并赢得信任。后来批评商鞅的儒家式人物赵良毫不留情地批评他，说他是政治投机而无道德原则。李斯在政治伦理与现实之间产生冲突之际，他不时想到荀子的道德教诲，但他的实际选择都是以放弃前者为代价的，他完全被现实的功名利禄所左右。孟子批评公孙衍、张仪"以顺为正"，这是"妾妇之道"(《孟子・滕文公下》)。对实用主义者来说，现实的利益是优先的。为了眼前的利益，这些人明知许多行为和做法不合道德，乃至于不合法，他们仍然以无可奈何的微弱叹声而选择这样的行为。一个社会一旦失去了道德和伦理的底线，同流合污就不是少数人的行为了，而是集体的共同行为。

但对于儒家来说，这是不可想象的，更是不能接受的。儒家信奉道德和人格的尊严，不迎合权势，也不会屈服于权势。如孟子说："古之贤王好善而忘势；古之贤士何独不然？乐其道而忘人之势，故王公不致敬尽礼，则不得亟见之。见且由不得亟，而况得而臣之乎？"(《孟子・尽心上》)在曾子看来，具有道德价值("仁义")的人，就是最大的自我满足："晋楚之富，不可及也；彼以其富，我以吾仁；彼以其爵，我以吾义；吾何慊乎哉！"(《孟子・公孙丑上》)子夏贫穷，仍然不愿"入仕"，他要对那些虚骄的权势者保持自己的人格尊严："子夏家贫，衣若县鹑。人曰：'子何不仕？'曰：'诸侯之骄我者，吾不为臣；大夫之骄我者，吾不复见。'"①一般来说，要受到别人的尊重，首先要

① 《荀子・大略》篇也说："古之贤人，贱为布衣，贫为匹夫，食则饘粥不足，衣则竖褐不完；然而非礼不进，非义不受，安取此？"

自我尊重，如同《孔丛子·居卫》篇所说：“不自高，人将下吾；不自贵，人将贱吾。”对于儒家来说，具有道德价值的人，这本身就是他的尊严和优势，他无愧于天地，更何况是世俗的权势。孟子说：“以位，则子君也，我臣也，何敢与君友也？以德，则子事我者也，奚可以与我友？”（《孟子·万章下》）孟子想投入政治是不用说的，但他在那些君主面前，从不迎合他们而是直抒自己的政治见解，批评君主的不良行为。“威武不能屈，富贵不能淫，贫贱不能移”的说法，在孟子那里绝不是口号，而是孟子正直行为的记录。起源于柔弱的儒家，通过转化产生出了以德抗位、以德抗势、敢于向权势说真话的风骨和气节。余英时、杜维明都强调儒家的这种道德勇气和自我认同精神。[①] 儒家之所以会受到一些批评，就是体制化下的儒家容易同权势妥协让步，甚至被权力腐化，这同现代知识人容易被腐化一样。[②] 儒家成为正统的意识形态后，产生了一些腐儒、俗儒，这些人往往向现实让步以获得实际上的利益。但正如钱穆先生所看到的那样，历史上真正有影响的大儒都是一些有良知和骨气的人。他说：“然则在中国，真为士，即不得大用。获大用者，或非真士。”[③] 原则上，儒家自身一直要求自律，以避免变质。孔子、孟子和荀子都是早期儒家敢于向权势说真话的代表人物。

从早期儒家的耿直、原则性和不妥协精神，我们可以理解儒家何以不能获得政治上的机会，也可以摆脱对儒家救世行为的消极评论。如果用一般世俗的成败、得失标准来衡量，孔子周游天下的历程是失败的，他遇到的一连串挫折和打击都是这种失败的见证。事实上，以

---

① 参阅余英时的《士与中国文化》（上海人民出版社 1987 年版，第 90—106 页）；杜维明的《杜维明文集》（第五卷，武汉出版社 2002 年版，第 28—56 页）。

② 有关这一方面，请参阅萨义德：《知识分子论》，单德兴译，生活·读书·新知三联书店 2002 年版。

③ 钱穆：《国史新论》，生活·读书·新知三联书店 2005 年版，第 167 页。

此来评判孔子的做法很常见。但伟大的事业之所以伟大，正是在于它的理想性，因而实现起来非常艰难。孔子确实像罗素说的那样想为人类服务，他又有自己心目中的理想社会（“天下有道”），模型是三代特别是“西周”时代。按照他的标准衡量，他当时所处的社会是“无道”。以“无道”和“有道”将社会二元论，说明了孔子的社会理想带有乌托邦主义的色彩，墨子刻曾讨论过孔子的“乌托邦主义”。[①]孔子可能抱有黑格尔所说的“存在的就是合理的”信念，相信应该做的就是能够做的，能够做的就做得到。但在隐者看来，他想做的实际上是他无法做到的，所以这些隐者就嘲讽他，规劝他不要不识时务、自讨苦吃。《论语·微子》篇记载了他们对孔子的嘲讽：

> 楚狂接舆，歌而过孔子，曰：“凤兮！凤兮！何德之衰？往者不可谏，来者犹可追。已而！已而！今之从政者殆而！”孔子下，欲与之言。趋而辟之，不得与之言。

孔子可能很想听听这位“狂人”究竟是如何想的，但这位“狂人”不近人情，拒绝同孔子做更多的交流。孔子的超凡精神和魅力正在于，他坚定不移地守护自己的道德良知。他虽然不断遇到挫折和打击，但他始终不放弃他的理想和责任，不为自己的选择而感到后悔（“不怨天，不尤人”；“不知老之将之”），一直坚持他的信念，坦然面对一切不幸和遭遇。罗素在《社会改造原理》（*Principles of Social Reconstruction*）一书的最后提出一个问题：“什么是我们能够做的？”开头他说：“当我们活着的时候我们能为这个世界做些什么？有许多男女要想为人类服务，但是他们迷惑不解，而且他们的力量似乎非常渺小。他们为失望

---

① 参阅墨子刻：《乌托邦主义与孔子思想的精神价值》，国际儒学联合会编：《纪念孔子诞辰2550周年国际学术讨论会论文集》（中），国际文化出版社公司2000年版。

所控制；热情最高的人，因为感觉到自己的无力，痛苦最深，而且因为缺乏希望的缘故，最容易造成精神的衰败。"[①]但孔子始终没有为他的热情"造成精神的衰败"，虽然有时也有点无奈和悲观，但他确实又是一位"知其不可而为之者"(《论语·宪问》)，而不是庄子所说的那样"知其不可奈何而安之若命"(《庄子·人间世》)。杜维明对孔子周游世界的意义有一个说明，认为孔子的追求不能用通常成功与失败的标准加以评判。[②]在罗素看来，有四个人比任何人都更有力量，他们是释迦牟尼、耶稣、毕达哥拉斯和伽利略，其实至少应该加上孔子。他们生前都没有获得很大的成功。如果他们都以追求现实权力为目的，他们后来就不可能对人类产生巨大的影响：

> 先知和圣贤（很少有例外）看重权力以外的东西，例如智慧、正义、博爱等，并且使很大一部分人相信这些东西比自身的成就更值得追求。[③]

孔子之后，墨子在救世苦行上，实际上也是很典型的。[④]他和他的弟子"备世之急""日夜不休，以自苦为极"(《庄子·天下》)。《孟子·尽心上》记载："墨子兼爱，摩顶放踵利天下，为之。"墨子及其信徒的精神和社会责任感，是通过最为辛苦的劳动和最低限度的消费来体现的。《墨经》中有一个词叫"任"，指"士损己而益所为也"。《墨

---

① 罗素：《社会改造原理》，张师竹译，上海人民出版社1959年版，第132页。

② 参阅杜维明：《儒学创新的宗教反思》，国际儒学联合会编：《国际儒学研究》，九州出版社2006年版。

③ 罗素：《权力论》，吴友三译，商务印书馆1991年版，第178页。

④ 《墨子·耕柱》记载："巫马子谓子墨子曰：'子兼爱天下，未云利也，我不爱天下，未云贼也，功皆未至，子何独自是而非我哉？'子墨子曰：'今有燎者于此，一人奉水将灌之，一人掺火将益之，功皆未至，子何贵于二人？'巫马子曰：'我是彼奉水者之意，而非夫掺火者之意。'子墨子曰：'吾亦是吾意，而非子之意也。'"

子·经说上》进一步解释说："任，为身之所恶，以成人之所急。"墨家就是真正的"任士"。《庄子·秋水》说"任士之所劳"，其"任士"指的就是墨家。墨子的救世苦行当然就受到了质疑，实际的结果也许不能根本改变世界，但他不袖手旁观，他只做他良知所允许的事。同样，儒家也是"任士"，孔子在陈蔡之地受到围攻，连续数日被困，忍受着饥饿，有的弟子开始怀疑和动摇了，但孔子仍"讲诵弦歌不衰"。孔子询问颜渊的看法，颜渊的评论使孔子感到非常满意，因为他说出了孔子的超凡境界："颜回入见。'回，《诗》云：匪兕匪虎，率彼旷野。吾道非邪？吾何为于此？'颜回曰：'夫子之道至大，故天下莫能容。虽然，夫子推而行之，不容何病，不容然后见君子！夫道之不修也，是吾丑也。夫道既已大修而不用，是有国者之丑也。不容何病，不容然后见君子！'孔子欣然而笑曰：'有是哉颜氏之子！使尔多财，吾为尔宰。'"（《史记·孔子世家》）

当然，坚持寻求实现政治抱负的儒家，面对无奈的现实也不是完全没有放弃的考虑。在周游列国经历了一连串的挫折之后，孔子也到了晚年。他说："道之不行也，我知之矣。"（《中庸》）他甚至还产生了做隐者的念头："道不行，乘桴浮于海。"（《论语·公冶长》）因此，孔子说的"用之则行，舍之则藏"，不能从一般意义上的善于变通来变通，它是决断意义上的追求，也是决断意义上的隔离和放弃。而且隔离和放弃也绝不意味着沉沦，它只是将直接的"淑世"变为"洁身自好"。我们知道孔子和孟子分别都有一个很著名的自许：

> 危邦不入，乱邦不居，天下有道则见，无道则隐。邦有道，贫且贱焉，耻也。邦无道，富且贵焉，耻也。（《论语·泰伯》）

> 故士穷不失义，达不离道。穷不失义，故士得已焉；达不离道，故民不失望焉。古之人，得志，泽加于民；不得志，修身见

于世。穷则独善其身，达则兼善天下。(《孟子·尽心上》)

儒家的隔离和退隐，同他们选择参与政治的一般倾向并不矛盾。“入仕”是为了他们的道德信念，同样“不仕”也是为了他们的道德信念，差别在于他们认为前者可以直接产生普遍的道德效果，而后者则是直接保持一个人自身的道德行为。由于屈原只能以直接的淑世的方式存在，当他的这种愿望破灭之后，他就只能选择自杀。但儒家还有一个选择，即通过“自我隔离”而保持自我的道德理性和价值，并在潜移默化中产生出间接淑世的意义。对此，金岳霖有一个恰当的说明：

> 儒家讲内圣外王，认为内在的圣智可以外在化成为开明的治国安邦之术，所以每一位哲学家都认为自己是潜在的政治家。一个人的哲学理想，是在经国济世中得到充分实现的。由于儒家思想在中国成了不成文的宪法，国家的治理多半用柔和的社会制约，而不大用硬性的法纪；在这样的国家里，杰出的哲学家和大师的地位即便不高于在野的政治家，至少与在野的政治家相等，同法治国家的杰出律师一样。一位杰出的儒家哲人，即便不在生前，至少在他死后，是无冕之王，或者是一位无任所大臣，因为是他陶铸了时代精神，使社会生活在不同程度上得到维系。①

（原载《国学学刊》2009 年第 2 期）

① 金岳霖:《道、自然与人》，生活·读书·新知三联书店 2005 年版，第 58 页。

“天人之际”与“仁爱”

在儒家仁爱精神和学说的讨论中，我们常常为一般所说的两个方面的“限制”感到困惑，一个是儒家的“仁爱”同“孝”和“礼”结合在一起产生了“爱有差等”的差异意识，它不像墨家的“兼爱”和基督教的“博爱”那么普遍和一视同仁；另一个是儒家将人看成是万物之灵和天下最为可贵的存在，这种人类的优越感产生了“人禽之辨”和“人物之辨”意识，这使儒家具有了人类中心主义，而不像道家特别是庄子那样是倾向于宇宙中心主义。按照第一个说法，儒家“仁爱”的人类普遍性不够；按照第二个说法，儒家的“仁爱”缺乏“崇高性”和“终极性”。前者一直使儒家“仁爱”的普世性受到怀疑；后者则使儒家的“仁爱”面对生态危机难以做出积极的回应。这两种看法，都不符合儒家对仁的思考和认识。在此，我们讨论一下儒家的仁爱意识同儒家“天人关系”认知的关系。

儒家是将“仁爱”精神置于它的天人关系之下来思考的。儒家的“天人关系”具有两个层面，一个层面是“天人相分”；另一个层面是“天人合一”。天人“相分”与“合一”，看起来是相反的，但在儒家那里却是可以相容的。儒家的“仁爱”意识也因其天人观是两个层面而分为两个层面。第一个层面，儒家的“仁”是基于将人从万物之中分离出来的这种“天人相分”之下的人类之爱；第二个层面，儒家的“仁”是基于将人类统一到万物之中的这种“天人合一”之下万物一体的宇宙万物之爱。鉴于人类赖以生存的地球生态危机，儒家的“天人合一”受到了我们的高度关注和讨论，儒家的“天人相分”受到忽视，而且常常从荀子和西方近代哲学所说的人对自然的改造意义上来理解。但儒家的“天人相分”不限于此，甚至也不限于新出土简帛文献《穷达以时》所说人的行为结果和天命相分的立场。孟子谈到事物的多样性时说的“夫物之不齐，物之情也”(《孟子·滕文公上》)，意思是说各种（“类”）事物皆是不同的（不是说一类事物的各个个体是不同的），这是事物的真实情况。每一种或每一类事物都有各自的本性，这就使事物具有了各不相同的多种多样性（“不齐”）。但同一种类的事物则是相同的，孟子称之为“类似性”。

儒家的许多信徒都一再宣称，人是万物之灵，人是天下最尊贵的存在。在郭店竹简《五行》篇中，人类以其“知其好仁义”的本性同草木、禽兽相分别：“循草木之性，则有生焉，而无好恶。循禽兽之性，则有好恶焉，而无礼义焉。循人之性，则巍然知其好仁义也。”批评《五行》的荀子，又在其影响下以人有“义”而同水火、草本和禽兽等物相区分：“水火有气而无生，草木有生而无知，禽兽有知而无义，人有气，有生，有知，亦且有义，故最为天下贵也。”(《荀子·王制》) 根据孟子的说法，人同禽兽的相异虽然并不很多，但人不能将自己混同于禽兽。孔子面对隐士的批评而给予的回答，同样是以“人类”的“类性”而同鸟兽加以区分：“鸟兽不可与同群！吾非斯人之徒与而谁与？天下有道，丘不与易也。”(《论语·微子》) 对儒家来说，人之所以为人的本质是人的“道德性”。儒家的“人禽之辨”“人物之辨”或者广义的“天人之分”，主要是立足于“人”不同于其他自然物，他是有意识、有目的的道德性存在，而“仁爱”就是其中最重要的道德价值。总而言之，儒家常常把“人”作为“万物”之“秀者”“灵者”和“贵者”加以赞颂，要求“人”最大限度地发挥他的独特本性，完成天赋予他的使命。儒家的人格理想论、尽心尽性论和修养论等，目的都是让人按照他的真正本质而存在。这种把人与万物区分开的意识和要求，有时让儒家产生一种人类优越感和中心感，[①] 但这都属于儒家的“人类认同”意识，是把人类与万物区分开的界限意识。[②] 这种“天人之分”不是为了让人征服客观自然，让人充分占有外物，而是让人知道他作为人的道德使命和道德价值。

在“天人之分”之下的儒家“仁爱”精神，首先是人类之爱。“仁爱”是一个压缩性的说法。在儒家传统中一般是以“仁”而言，与“爱”结合在一起的“爱人”是“仁”的基本内涵。许多例子表明，儒家是以“爱人”界定“仁”的，这是儒家之“仁”的最一般意义。正如我们所熟悉的那样，儒家特别是仁的学说创立者孔子，将“仁”同血缘亲情中子女对父母的“孝”以及人际之间区别长幼、上下、尊卑等差异的“礼”结合在一起，说“孝悌”是“仁之本”，说“克己复礼”为“仁”。这样的说法和意识，使儒家的仁爱精神看起来有了因人而异的“等差”和“差异”烙印。但我们需要指出的是，儒家的仁爱与孝结合在一起，同时又存在着仁爱的实践从什么地方开始的问题。正如姚新中解释的那样，孔子说的“孝悌”是“仁之本”的“本”，是指实践仁的起始点，而不是指仁的本质。

人类为什么能够仁爱，为什么能够爱人，儒家是如何说明的，它提供了什么样的根据呢？过去一般都从《说文解字》对“仁”字的解释出发进行推测和引申。按照《说文解字》的解释，“仁”字的构造是“从人二”，意思是“亲”，段玉裁、阮元推测说，在人与人、你和我接触之中就会彼此发生相亲相爱之情。[③] 但现在能够断定的是，“从人二”的“仁”字不是“仁”字的初形。在郭店竹简中，“仁”字都写

① 如孟子的“人禽之辨”，主要是强调人要保持人之所以为人的本质，当然也确有贬低禽兽的东西。

② 如孔子说：“鸟兽不可与同群，吾非斯人之徒与而谁与？”（《论语·微子》）

③ 参阅段玉裁的《说文解字注》（上海古籍出版社 1988 年版，第 365 页）、阮元的《〈论语〉论仁论》（《揅经室集》，中华书局 1993 年版，第 176 页）。

作“𢖻”。根据学者和我自己的研究，这个上身下心的“𢖻”字，其本义是“心里存着自己”，或者是自己对自己的关心和关爱。“𢖻”字这种“爱自己”的原意同它“爱人”看起来是不相容的，但这恰恰就是“𢖻”字的奥妙之处。正是因为我们知道“爱自己”，才能走向“爱人”“爱他人”，这就是儒家所说的“同情心”的作用。大家知道孟子以“恻隐之心”为“仁爱”的发端，也知道“恻隐之心”就是我们现在所说的“同情心”。先于孟子，孔子已经将仁看成是“同情心”的表现，《礼记·表记》记载：“子言之：仁有数，义有长短小大。中心憯怛，爱人之仁也。”《中庸》有“仁者，人也”的说法，朱熹《四书章句》的解释是：“人，指人身而言，具此生理，自然便有恻怛慈爱之意。”

一般所谓“同情心”是一个人对他人的同情，是自己对他人的遭遇、处境和状况（主要是别人不幸的痛苦或者幸运的欢乐）在自己心灵和感情上产生的一种感应和共鸣。对此，韩非子解释老子的“上仁”有一个很恰当的说明：“仁者，谓其中心欣然爱人也；其喜人之有福，而恶人之有祸也；生心之所不能已也，非求其报也。”（《韩非子·解老》）但“同情心”之所以能够发生，正是以人自己对自己身心的痛痒、喜怒、哀乐的体验、关心和爱为基础的。由于自己对自己的痛痒、喜怒、哀乐感受亲切，当他人出现与自己类似的感受和体验时，人就会设身处地地产生“同情心”，也就是“仁爱之心”。一个身心都麻木的人，是不可能产生爱人之同情心的。《孔子家语·三恕》记载，孔子分别向子路、子贡和颜回问到智和仁。这三位弟子分别有不同的回答，我们看一下这段话：“子路见于孔子，孔子曰：‘智者若何？仁者若何？’子路对曰：‘智者使人知己，仁者使人爱己。’子曰：‘可谓士矣。’子路出，子贡入，问亦如之。子贡对曰：‘智者知人，仁者爱人。’子曰：‘可谓士矣。’子贡出，颜回入，问亦如之。对曰：‘智者自知，仁者自爱。’子曰：‘可谓君子矣。’”孔子最欣赏的是颜回的回答，而颜回所理解的“仁”正是“自爱”。“自爱”的一种可能解释是，一个人只有自尊、自爱、自重，才能获得他人的尊重和爱戴。与“同情心”结合在一起考虑，一个知道自爱的人，就会知道他人也需要爱护。

儒家的人类之仁爱是发端于“同情心”，而“同情心”则是根源于人的“自爱”，这从儒家的“仁爱”是立足于“推己及人”也能够得到进一步的求证。孔子说的“己欲立而立人，己欲达而达人”“己所不欲，勿施于人”被认为是儒家“仁爱”的实质，或者被看成是道德上的“黄金律”和儒家伦理最具有普世性的东西。按照孔子的说法，作为爱人之仁表现的“立人”“达人”“勿施人”，都是从“己欲立”“己欲达”和“己不欲”之中推移的结果，就如同是“同情心”是自己情感的“移情”一样，这里的关键是“推己”。因为人人都知道对自己关心和爱护，都知道自己的喜怒哀乐之情感，用这种好心肠和情感去对待别人就是“仁爱”。《韩诗外传》卷三的说法，对此是一个很好的注解：“昔者不出户而知天下，不窥牖而见天道，非目能视乎千里之前，非耳能闻乎千里之外，以己之情量之也。己恶饥寒焉，则知天下之欲衣食也；己恶劳苦焉，则知天下之欲安佚也；己恶衰乏焉，则知天下之欲富足也。知此三者，圣王之所以不降席而匡天下。故君子之道，忠恕而已矣。”习惯上说的“爱人如己”，之所以被认为是非常高尚的道德境界，就是因为人人知道爱自己，而且爱的程度既高且深，将这种情感推移到他人身上，其爱人之心也就既高且深。孔子所说的“仁爱”是“恕道”，“恕”就是用自己的心去推想别人的心。孔子只说出了“己所不欲，勿施于人”这一面，后来儒家又说出了“己所欲，施于人”的另一面。[①]

在个人中心主义之下，不可能有“四海之内皆兄弟”的想法；在人类中心主义之下，不可能有“万物一体”的意识。儒家“天人之分”

---

① 早者如孔安国在《论语》注中所说：“己所欲，而施之于人。”

虽然表现出“人类主义”的特征，但这种人类主义的核心是以人为道德的存在，它没有走向与天地和万物对立的人类中心主义，相反在将人类放在宇宙、天地和万物之中去考虑的时候，儒家的“天人之分”就很容易转化为“天人合一”。在以人为贵的同时，儒家又谦虚地把人类“同化”到了“万物”之中，把人“化”为万物之“一”的存在。儒家绝不宣扬占有和征服性的个人中心或人类中心，相反它拥有人与自然统一、人与万物合一的“天人合一观”和“有机宇宙观”，表现出同情万物、包容万物的“万物一体”境界。在这一点上，金岳霖有一个很好的分析，他说：“作为动物，人是不同于某些客体的；作为人，他又不同于某些动物；作为自我，他又不同于他人。但如果他认识到被认为是自我的东西是渗透于其他的人、其他的动物和其他的客体的时候，他就不会因为自己的特殊自我而异常兴奋。这一认识会引导他看到他自己与世界及其世界中的每一事物都是紧密相联的，他会因此而获得普遍同情。”①

相比于墨家的兼爱、基督教的博爱，儒家“仁爱”精神超出了“人类”的界限，它被扩展到宇宙、天地和万物之中，这就是儒家在“天人合一”意识之下的“成物”“爱物”和“万物一体之仁”。《中庸》说：“唯天下至诚，为能尽其性；能尽其性，则能尽人之性；能尽人之性，则能尽物之性；能尽物之性，则可以赞天地之化育；可以赞天地之化育，则可以与天地参矣。”《中庸》有“成物”这一重要观念，它是相对于“成己”提出的。“成己”被界定为“仁”，“成物”被看成是“知”。直接来说，“成物”是“成就事物”，不同于“成己”的仁，但究其实，“成物”也可以说是对“物”的仁，它与“成己”之仁一样，都是“性之德”。荀子心目中理想的君王，不只是建立起人间礼乐圆融、包容共存的政治秩序，而且还要让万物各得其宜，如说：

---

① 金岳霖：《道、自然与人》，生活·读书·新知三联书店 2005 年版，第 161 页。

“君者，善群也，群道当则万物皆得其宜，六畜皆得其长，群生皆得其命。”(《荀子·王制》)在孟子的“亲民”“仁民”和“爱物”三个层次中，虽然看起来“民”是“仁爱”的对象，但从“亲亲”是仁、爱物也是仁爱来说，这三个层次并没有严格的界限，这是“爱”的对象包括“物”的一个明确例子。《庄子·天地》说“爱人利物之谓仁”，认为利于物的成长和保存也是仁，这当是来自儒家的思想。在现代急功近利和实用主义价值观念主宰下，人们忽视物质的整体关系和能源的良性转化和循环，为了“成物”却造成了对他物的严重毁坏（如河流被工业废水污染），为了造就一些物却以破坏许多物（如森林的过度砍伐）为代价；在产品迅速更新换代和消费主义价值观念主宰下，“新物”以加速度的方式取代“旧物”，好端端的“旧物”都被遗弃、毁掉。这不仅造成了物质的浪费，也是对“物”的不仁不爱。爱物就是不能损坏物，要爱惜物，让物各得其用，各得其“尽用”。

在初期儒家中，还看不到明确的“万物一体”的说法。根据《庄子·天下》的记载，惠施较早使用“一体”之语，不过这不是直接说“万物”的“一体”，而是说“天地一体”(“泛爱万物，天地一体也”)，但与“万物一体”的意思接近，尤其是把“天地一体”与“泛爱万物”相提并论而主张“万物之爱”，儒家“万物一体之仁”的说法与此未必没有关系。《吕氏春秋·情欲》中所说的“人与天地也同，万物之形虽异，其情一体也”，十分清楚地表达了“万物一体”的思想。《孟子·尽心上》说的“万物皆备于我”，《孟子·公孙丑上》说的“夫志，气之帅也；气，体之充也”，主要是指“主体性”的自我与万物及气的关系，不过其中也蕴含了自我与万物和气相统一的意义，或者我与万物一体的意义。“万物一体之仁”多为宋明新儒家所阐发。张载基于自我来自天地之气和本性（更具体说是“气质之性”和“天地之性”），提出了“民吾同胞，物吾与也”的著名论断。按照这个论断，自我与他人的关系都变成了血缘性的兄弟同胞关系，自我与他人同类的人类意识就化为人类与万物的同类意识。在张载看来，人如果能无限地扩充和发挥自己的心性，他就能够“体天下之物”。程颢解释“万物一体”说：“所以谓万物一体者，皆有此理，只为从那里来。……放这身来，都在万物中一例看，大小大快活。”[①]“学者须识先仁。仁者，浑然与物同体。”[②]对宋明新儒家来说，“万物一体”既是基于万物的共同根源和整体的统一，[③]又是基于人类心灵对万物的整体体认。如王阳明说：“夫圣人之心以天地为一体。”（《拔本塞源论》）又说：“大人者，以天地万物为一体者也。”（《大学问》）一个人达到了以万物为一体的精神境界，他就打破了自我与万物之间的隔阂，就会将自己的爱转化为对万物的仁爱。在地球生态系统受到严重破坏和万物失去平衡的今天，儒家的“万物一体之仁”，对于思考我们的文明和价值观存在的问题，无疑能够提供重要的参照。按照儒家的仁爱精神，不仅人类之间没有陌生人，而且万物之间也没有陌生物。站在这种世界观、价值观上去观察世界和宇宙的时候，我们就会同情地面对一切，最大限度地让一相亲相爱、和谐地共生共存。

（原载《福建论坛》2009年第4期）

---

① 《河南程氏遗书》卷第二上，《二程集》第一册，中华书局1981年版，第33—34页。

② 同上书，第16页。

③ 如王阳明说：“盖天地万物与人原是一体，其发窍之最精处是人心一点灵明，风雨露霜、禽兽草木、山川木石，与人原是一体。”（《传习录下》）

“适度”思想及适用范围的扩大

——从人间伦理到生态伦理

在相互遥远的中西方的早期，或者说在雅斯贝斯所称的“轴心时代”，先哲们不约而同地都提出了以“中”为中心的高度近似的“适中”“适度”的德性伦理，为我们提供了不同文明之间具有可公度甚至是心同理同的适切例子。

我们先从文化翻译方面看一下中西译介“中庸”的简要情况。亚里士多德加以系统发挥的作为其伦理学关键词的“中”（mean）观念，中文一般译为“中庸”和“中道”。出自严复之孙严群之手并被认为是国内第一部系统研究亚里士多德伦理学的著作——《亚里士多德的伦理思想》，都是用“中庸”来翻译和理解亚里士多德的“mean”的；20世纪50年代出版的周辅成先生主编的《西方伦理学名著选辑》、90年代出版的苗力田先生翻译的《尼各马科伦理学》，则都采用了“中道”的译名。作为中国传统哲学的术语，“中道”虽然没有“中庸”影响大，但二者在意义上的接近使二者的互换成为可能，这就使用“中庸”和“中道”翻译与理解亚里士多德的“中”观念，都具有正当性并各具特色。但是，在把中文的“中庸”译成英文时，问题就似乎复杂了。辜鸿铭曾译为“central harmony”，即“中心的和谐”。与此不同，詹姆斯·莱格译为“docrine of mean”；E. R. 休斯译为“mean-in-action”。由于休斯类似于辜鸿铭，把“中”也理解为“central”，因此他的译语的意思就成为“生活中功能的中心”。此外，埃兹拉·庞德则译为“持守中道”和“永不晃动的枢纽”。[①]

以上译法的微妙差异，集中在“中间”和“中心”之异。按照许慎的解释，“中”的本义是“内”，它与外相对。与这种位置和空间意义上的“中”相关，“中”还有“中间”的意思。现代汉语所使用的“中”，一是指一个范围的内部；二是指与四周的距离相等。与“中”的意思相联系，“中间”的主要意思，一是指内，二是指中心，三是指事物两端之间或事物之间的位置。“中心”一是指与四周距离相等的位置；二是指事物的主要部分和主导性因素。由于在“中间”的意思中包括有“中心”的意思，所以用“中心”去理解“中间”并非空穴来风。但把“中间性”转换成“中心性”（central），整体上就偏离了“中庸”之“中”即“事物两端之间”或“事物之间”的基本意义。“中庸”更深层次的意义，恰恰也是从这一基本意义引申出来的。因此，把“中庸”或“中道”的“中”，译成“中心”则不够恰当。

对照中西的“中道观”和“适度”思想，以下几个方面是可以明确指认和强调的。一是双方都有一个启示性的源头，它肇始和铺垫了未来。希腊诗人潘季里特（公元前6世纪）在一首祈祷诗中说出了中道和适度的经典性名言：“无过不及，庸言致祥。生息斯邦，乐此中行。”毕达哥斯认为“中庸”是一切事情的最佳境界，他在《金言》中所说的一句金言就是“一切事情，中庸是最好的”；梭伦在肯定“自由”和“强迫”的正当性时，对之所加的限制是自由不可“太多”，“强迫”也不应“过分”；德谟克里特意识到两个极端和过度都不是有益的选择（“从一个极端到另一个极端的动摇不定的灵魂，是既不稳定，又不愉快的”；“当人过度时，最适意的东西也变成了最不适意的东西”）。由此来看，古希腊人有“凡事不要过度”的名言和亚里士多

---

① 有关这一点请参阅杜维明：《论儒学的宗教性——对〈中庸〉的现代诠释》，《杜维明文集》第三卷，武汉出版社2002年版，第388—391页。

德何以推重“中道”和“适度”，就不难理解了。在中国，中道和适度的思想也有很早的起源。《尚书·洪范》有“皇极”，传统释“皇”为“太”和“大”，释“极”为“中”，“皇极”就意味着“大中”之道。《正义》说：“施政教，治下民，当使大得其中，无有邪僻”；“凡行不迂僻则谓之中”。《洪范》更有“无偏无陂，遵王之义；……无偏无党，王道荡荡；无党无偏，王道平平”的名言，《正义》亦从“中道”加以理解，说此句是“更言大中之体”“若其行必得中，则天下归其中矣”。即使是《洪范》篇有后来甚至是春秋战国时代加入的内容，但由于《左传·襄公三年》有引用《商书》曰“无偏无党，王道荡荡”之文字，故可证其来久远。《尚书·大禹谟》有“允执厥中”，这里的“中”所讲的就是“中道”。《大禹谟》被认为是伪《古文尚书》部分，接受这种判断，“执中”的思想自然就要往后推。但有趣的是，《论语·尧曰》载：“尧曰：‘咨！尔舜！天之历数在尔躬，允执其中！四海困穷，天禄永终。’”把这句话与《大禹谟》所说的“天之历数在汝躬”和“允执厥中”相比，值得玩味。即使说《大禹谟》是晚出，但《论语》所记载的“执中”的思想恐怕也有很早的起源。

二是亚里士多德和孔子儒家都以“中间”或“中”为根本来建立自己的“中道观”和“适度”思想。“中间”或“中”原是表示具体可指的空间及东西所处的位置。“中间”或“中”要通过尺度来加以衡量，因此它一开始就与量度分不开。“中道观”和“适度”把这种具体的“中间”和“中”转化为衡量和判断人处事待物是否合理和正当的抽象尺度和原则。符合“中间”或“中”是合理的和正当的，否则就是不合理的和不正当的。不符合“中间”或“中”，又以与之相对立的“两极”（或两端）而分为两种情况：一是“一极”的“过度”，一是另“一极”的“不及”。“中间”或“中”与“两极”彼此互为前提，三者构成了处事待物的三种方式，其中的“中”是最好的，而作为过度和不及虽然彼此相反，但都是不好的。这是亚里士多德所强调的，如他这样说：“凡行为共有三种倾向；其中两种是过恶，即过度和不及；另一种是德性，即遵守中道。三者互相反对。其间，两过恶是两极端，它们彼此相反，但它们又都和中道的或适度的倾向相反。”①同样，这也是孔子儒家所主张的，如孔子称赞舜时说的“执其两端，用其中于民”，其“两端”和“中”就构成了三种不同的方式。又如孔子评价子张和子夏，说他们一个是“过”，一个是“不及”，“过”如同“不及”都不理想，只有“不过”又“及”的“中”才是理想的。再如孔子所说的“不得中行而与之，必也狂狷乎？狂者进取，狷者有所不为也”(《论语·子路》)，其中的“中行”是最好的，而作为两极的“狂”和“狷”都失之于偏。一般来说，在二元对立的价值结构中，善恶、好坏、美丑等这些截然相反的两极，虽然它们有程度上的“比较级”，如比较好、比较坏，是处在善恶之间，但它们却不是相对于两极的“中间”。在二元结构中，其中的一元是最好的，越朝向这一元则越接近于理想，但在三元结构中，“中间”则是最好的状态，越接近“中间”则越理想。中西“适度”思想正是不约而同地建立在三元对立结构中。

三是亚里士多德和孔子儒家从与两极相对的“执中”中，更进一步走向了一般性的“适度”和“适当”的观念，这也正是一般所说的“恰到好处”“恰如其分”的意思，如宋玉描写的美人，增之一分则太长，减之一分则太短，就是说不高不低、不瘦不胖，达到了一种最美的境界。亚里士多德说：“若是在适当的时间和机会，对于适当的人和对象，持适当的态度去处理，才是中道，亦即最好的中道。”②这里所说的“中道”，强调的就是“适当”，它不再拘泥于往往带有一定机械性的“中间”，而是在时空等多重关系中达到了“正好”的境界。亚里

---

① 周辅成编：《西方伦理学名著选辑》上卷，商务印书馆 1987 年版，第 301 页。
② 同上书，第 297 页。

士多德谈论消遣和娱乐的中道说:“消闲和娱乐是一种交往,这里显然存在着过度、中道和不及。把玩笑开得太过分就变成为戏弄,而一点玩笑也不开的人实属呆板。对那些玩笑开得有分寸的人,这种中间品质称为圆通或机智。它所以为机智,因为有触景生情、见机行事的本领。……它所以为圆通,因为不论说什么、听什么都合乎分寸,都中人意。”[①] 合乎“分寸”,就是“适度”,就是不令人难堪,使人身心都感到愉悦。《中庸》说的“喜怒哀乐之未发谓之中,发而皆中节谓之和”,把“中”与“和”并列起来,“中”在这里是指人的自然情感在天然状态下的不偏不倚和适中,“和”是指自然情感在表现出来时都合乎“节度”,用朱熹的解释就是“应物之处,无少差谬,而无适不然”。孔子注重“礼”的“和谐”(“和为贵”)和恰当,反对教条化的一味讲究形式和格式,强调君子对于天下的事务如何去做,没有“具体的”一成不变的规定,如何“适宜”和“适当”(“义”)就应该如何去做。《论语·里仁》载:“君子之于天下也,无适也,无莫也,义之与比。”这是要求人们根据各种不同的情况来做出恰当的判断和安排。孟子称孔子是“圣之时”(还有孔子所说的“君子之中庸也,君子而时中”),称“可以仕则仕,可以止则止,可以久则久,可以速则速”(《孟子·公孙丑上》),这里所说的“时”和“可以”,也是强调“适时”和“可行”。史伯和晏婴以及孔子所说的“和而不同”“质胜文则野,文胜质则史,文质彬彬,然后君子”,重点也在于主张不同因素的合理调和及互补,以求达到一种恰到好处的“平衡”。朱熹也这样来解释“中道”:“所谓中道者,乃即事物自有个恰好底道理,不偏不倚,无过不及。”(《答张敏夫》)与“适度”和“适当”相反的是一般所说的“过度”“过分”“极端”“偏激”“偏颇”等,所谓“尺有所短、寸

---

① 亚里士多德:《尼各马科伦理学》,苗力田译,中国社会科学出版社1990年版,第85页。

有所长"，所谓"竭泽而渔"，所谓"贪得无厌""得寸进尺"等，都超过了应有的限度。据此，作为从"中间"或"中道"状态衍化出来的"适度"和"适当"，反而也有了一个相反的对立面，即"过度"和"过分"。"过度"的"度"和"过分"的"分"，就是肯定有一个恰当或恰好的限度和分际，越过了就是"过"。如"过火"，就是没有掌握好恰当的火候。《老子》二十九章讲"夫物或行或随，或嘘或吹，或强或羸，或载或隳"，认为"甚爱必大费，多藏必厚亡"，主张"去甚，去奢，去泰"，孟子讲"仲尼不为已甚者"，这里的"甚"，都是指"过度"和"过分"。在此，"中道"已经不限于一种三元结构中，它可以是多种因素和条件之下达到的和谐、平衡和恰到好处的"适度"。

四是亚里士多德和孔子儒家的中道观，都有比较宽泛的适用范围，但中心则是指人的德性和品质。正如人们所知的那样，亚里士多德的中道观也是一种政治观。按照这种政治观，最好的政体只有以能够"顺从理性的指导"的"中产阶级"为中心才能组织起来，因为处在极富和太贫两个极端的阶级都不能"顺从理性的指导"。但亚里士多德"中道观"所说的那些合乎中道的东西，主要还是指伦理和道德方面："事物有过度、不及和中间。德性的本性就是恰得中间。德性作为相对于我们的中间性、中道，是一种决定着对行为和情感的选择的品质，受到理性的规定。并非全部行为和情感都可能有个中间性。德性就是中道，是最高的善和极端的正确。"[①] 如勇敢、节制、乐施、慷慨、温厚、公道、荣誉、大方等，在亚里士多德那里，都是合乎中道的美德和善良的品质。孔子儒家的中道观，所指涉的范围当然也不限于伦理道德，它也是为政的原则和处事的合理方式，但主要是一种德性，正如孔子所说："中庸之为德也，其至矣乎！民鲜久矣。"(《论语·雍

① 亚里士多德：《尼各马科伦理学》，苗力田译，中国社会科学出版社 1990 年版，第 32 页。

也》）“中道”作为一种“德性”，在亚里士多德那里，是后天修养的结果，而不是人的先天自然本性：“人们自然具有的是接受德性的能力，先以潜能的形式被随身携带，后以现实活动的方式被展示出来。”[①] 孔子所说的“性相近也，习相远也”，这里的“性”也不可简单地理解为先天的善良本性，它与亚里士多德所说的潜能（或潜在的“才质”）类似，这种才质提供了为善的可能，但它并不等于现实的“善”；“习相远”也与亚里士多德所说的后天的习惯和实践类似。

整体上说，亚里士多德和孔子儒家以“中道”为核心的“适度”思想，是人间伦理，是主要适应于社会生活而被阐发的，但现在我们应该扩展它的应用范围，把它推广到生态伦理之中。现在人们已经比较强烈地意识到了资源枯竭、生态失衡和环境破坏等严重危机。一般认为西方立足于“人类中心主义”和“自我中心主义”之上的“主客”二分和分裂，是造成这种危机的深层原因。科学和知识一方面增加了我们控制和驾驭自然的信心和力量，另一方面也使我们相信自然就像是自己手中的玩物那样可以任意摆布。人类在从自然中获得巨大力量的同时，也把自己潜伏的无限欲望刺激了起来。最大限度地满足这些欲望，也就是最大限度地开发和使用自然资源。进步和发展被作为头等大事来谋划，经济的速度和效率被作为根本目标来追求，获得利润、利益和财富是最大的动力，这不仅是合理和正当的，而且通过科学的力量也是可及的。在这种情况下，我们还有什么办法能让环境轻松，让生态复苏，让大地安静？我们居住的地球空间没有丝毫增大，但我们让地球变化的时间大大加速了。我们强迫稳定的环境空间跟得上飞速的时间之轮，就像我们不停地敲击仿佛是静态的乌龟，要它赶上永不睡觉的兔子那样。可以肯定，人类对自然和生态采取的无限制的开

---

① 亚里士多德：《尼各马科伦理学》，苗力田译，中国社会科学出版社 1990 年版，第 25 页。

发甚至是掠夺性行动，远远超过了自然和生态所能承受的程度，自然和生态已经用它们的方式在回敬人类的霸权行为。

问题越来越受到人们的关注。西方在"自然与人"的关系问题上所发生的深刻变化之一，就是建立起了"环境伦理学"和"生态伦理学"。中国的学者们也加入了"环境伦理"和"生态伦理"的讨论之中。中国哲学的研究者开始从中国传统中寻找与"生态"及"环境"有关的思想和智慧。人们强烈意识到不能再蛮横和粗暴地对待"自然"和处置"自然"，需要"尊重自然"，需要尊重自然的"权利"，需要承担起对"自然"的"义务"。这就把"权利"和"义务"这种原本属于人类社会的观念扩展到了"自然"之中，"自然"不再是一个被动的客体，它同时也获得了主体的意义。

有人认为，人类对环境和生态的尊重和保护，说到底仍然是人类出于自身的安全和生存考虑，"自然"最终也仍是我们功利性和手段性意义上的对象。有这种看法并不奇怪，因为我们已经非常习惯了"人类中心主义"的思维方式。从人类的立场出发，保护和尊重"自然"，当然也是尊重和保护人类自身；但从自然的立场出发，尊重自然确实就是尊重自然，就是肯定自然自身的内在"价值"和"目的"。人类不能只站在"人类的立场"上来考虑问题，就像个人不能总是站在"自我的立场"上来考虑问题一样。

有一些观念也需要改变。如，经过达尔文的动物世界的"生存竞争"再到市场经济中的"市场竞争"，"竞争"的思想和价值观，对近代以来的人类文明影响是非常大的。它不仅使人与人之间具有了强烈的竞争感，而且也使人与自然变成了一种生存竞争关系。现在我们需要从"生存竞争"的观念中走出来，实现人与自然的"和谐"及"合一"，与自然"共生""共存"。再如，世俗化之下的"消费文化"，以自然资源和能源的大量开发和使用为条件，但存在于"自然"中的资源和能源却不是无限的。我们的"消费文化"如果继续要求无限的消费，自然最终将倾家荡产，人类也将无以生存。这就要求我们建立一种与自然的可承受性相适应的合理和健康的“消费观念”。要求有限消费实际上就是要求节制人类的无限欲望。这不是主张对人的生理“自然”进行压制，而是反对“放纵”人的生理“自然”。现在我们往往注意的是人与外部自然和生态的关系，而忽视了人与自身生理性“自然”的关系。

问题集中在如何调节我们的自然欲望，如何建立合理的消费观念，说到底即如何化解人类与自然的冲突，如何使人类与自然共生共存。我们需要引入新的观念，“适度”就是其中之一。如果说近代以来人类对自然的行动往往表现为不知收敛的“过度”和“过分”，那么克服过度和过分行为的最恰当方式就是“中道”和“适度”。因为对自然的“过度”和“过分”行为，显然不能用另一个极端即“不及”和“不足”来代替，否则人类的基本生活条件和需求，就得不到应有的保证和满足。现代文明对自然类似于竭泽而渔和杀鸡取卵式的掠夺，迫切需要我们把“适度”的人间伦理扩展为生态伦理。根据“适度”生态伦理，人类要节制对自然的过度开发行为，使自然本身得到休养生息；人类的消费观念应该从高消费走向适度消费，人类的自然欲望满足，应该从纵欲走向“适欲”。可以相信，“中道”（或“中庸”）和“适度”对于人类处理与生态和环境的关系来说，是非常适用的。

总之，如果我们不想继续受到自然和生态的报复，我们就必须承担起对自然和生态的义务，对我们的行为有所节制，“适度”地开发和利用自然资源。人类如果能够以“适度”的美德对待自然，那么他就能够维持自然及生态的良性循环和平衡，自然和生态也能够承受起人类可持续发展的愿望。

（原载《孔子研究》2005 年第 3 期）

“和”的原理和价值

在我们的时代，全球化、资讯化（亦可称为“网络化”）的趋向和潮流，第一次以最大规模和最便捷的方式将人类及不同地域的族群联系在一起，这是人类彼此突破许多隔膜和界限的结果，同时又是促进人类彼此更多、更深入接触的方式；与此同时，我们又面临着不同地域乃至不同文明之间的紧张和冲突，并由此而表现出不同文明之间的对话和相互理解的强烈愿望。人们越来越意识到，全球化和资讯化在使人类获得越来越广泛联系并共享资源和机会的过程中，人类遇到的风险和危机也成为整体性的和全球性的。事实上，由于人类一些越来越多类似的或共同的活动，反过来造成了人类自身生存环境的恶化和生态的失衡等一系列问题。谈论人类面临的这些问题已经变得司空见惯，为解决这些问题的各种途径和方式也都在尝试之中。哲学家们也没有袖手旁观，环境伦理学和生态伦理学等是他们试图通过改变人们对环境和生态的深层意识而做出的努力。征服自然的这种主导人类行动的人类自我中心主义，已经逐渐让位于人类如何同自然和万物和谐相处的宇宙中心主义。人类正在用文明对话、相互沟通和相互理解的方式来缓和、克服不同文明之间的隔阂和冲突。不同文明传统的研究者们，也有责任担当这方面的部分事务。我相信，这次“通过对话研究横向价值”的国际会议，就是这方面的一个很好的例证。在这个非常适合的场合，我十分乐意以“和的原理和价值”为题，谈谈中国古典哲学中有关“和”的一些问题。

这些年来，“和”的概念在我们所从事的中国哲学领域中已经有一些讨论了，“和谐”甚至变成了流行的文化符号和政治符号。大家一般注重的都是“和”的价值，而对其作为原理的基础性探讨相对则不够。我们现在要问的是，在中国古典哲学中，“和”是如何作为原理被思考和领悟的？中国哲学家对于“和”都贡献了什么样的重要见解和智慧呢？我打算从以下几个方面来谈谈我的一些看法。

一 “差异”与“活力”：作为“生成原理”的“和”

限于我们的所知，“和”的观念在中国也许比在其他地方受到的关注要多，这当然不是说，中国古典哲学中围绕“和”有许多“系统化”和“专门化”的讨论，就像专业化时代我们对任何问题都进行专门处理那样。在中国古典哲学中，没有人围绕“和”写过专门的论文，更别说著作。如同其他许多概念那样，“和”在中国哲学中也是一个很古老的概念，许多中国哲学家都谈到过“和”。一位生活在公元前 8 世纪的周朝太史官史伯（他的生平事迹，我们所知甚少），是最早对“和”发表过高明见解的人。郑桓公忧虑周朝的衰落，他咨询史伯周朝衰落的原因，史伯在从政治上做出解释的同时，又从自然观的高度给予说明。我们要提出的“和”的第一个意义，就是由他首先提出的。他有一个著名的论断，叫作“和实生物”，它的意思是，调和不同的事物就能产生出新的事物。在这里，“和”是一个动词，这也正吻合史伯为“和”做出的一个明确界定：“以他平他谓之和。”按照这个界定，“和”是用一些事物去平衡另外一些事物，这是事物结合的方式，也是新事物产生的方式。

我们现在说到“和”，譬如说“和为贵”，一般指人与人之间的关系，然而“和”还有更高层次的意义，它是一种宇宙观，而且同“生”的概念密不可分。“生”是一个象形字，它的本义是草木从土中生出。中国的宇宙观一般称之为“宇宙生成论”，其中“生”是一个核心性的概念。人类出于对宇宙和自然的好奇及惊异，产生了解释宇宙和万物的强烈冲动，先后出现了不同的宇宙观，一种是"神话式"的，一种是"宗教式"的，一种是"哲学式"的。在中国传统的宇宙观中，神话式和宗教式的宇宙观相对比较薄弱，哲学式的宇宙观比较发达，而且这种宇宙观的一个最重要特质，是相信宇宙是通过自身的力量"生成"的。这种"生成性"的宇宙观，同古希腊哲学家相信宇宙万物是由某种最基本元素构成的宇宙观明显不同。中国的宇宙生成观，要到老子才算有了基本的模型。中国新出土文献《太一生水》和《恒先》，则是老子之后有关宇宙生成论的重要作品。单就宇宙生成论模式而论，两者都比老子所说的要细致和具体。在老子之前，人们已经意识到了万物的起源和人的起源问题，我们在更早期的文献（如《书》和《诗》等）中，可以看到上天生出众物（"天生庶物"）和上天产生众民（"天生烝民"）的说法。据此，不管是"众民"还是"众物"，都是由上天产生出来的、就像草木从土中生出、人由父母生出一样。这里的"生"，构成了中国宇宙观的基本内核。

抽象地看，"和实生物"这一论断是对万物起源的一种解释。中国三国时期的吴国，有一位著名的注释家韦昭（204—273），他对这句话的解释是，阴阳的相互调和产生了万物（"阴阳和而万物生"）。"阴阳"原是指太阳照射之下的阳面和阴面，引申为宇宙和世界中两种相反而又相互作用的力量，与"气"结合之后，演变为阴气和阳气两种不同的相互作用的气。如果说"和"就是"阴阳之气"的相互调和作用，并由此而产生了万物，那么"和实生物"就是对万物起源的一种哲学普遍性解释。中国宇宙生成论中的"天地"，广义上也被包括在万物之内，但由于它们的特殊性，两者往往又成为产生万物的母体，即所谓天地的聚合产生万物（"天地合而万物生"）。由此来说，"和实生物"的"生成论"，可以是包括了天地在内的万物的生成和起源，也可以是不包括天地而只是解释了天地之间万物的生成。如果是前者，

"和实生物"的论断，就称得上是一种宇宙生成论了，否则它说明的恐怕就只是天地之间万物和万物之间的相互生成了。也许后者更接近于"和实生物"的意思。这样的意思我们可以在《庄子》的《田子方》篇中找到根据。其中说："极阴寒冷，极阳炎热，寒冷出于天，炎热出于地，两者相互交通调和产生万物。"（"至阴肃肃，至阳赫赫，肃肃出乎天，赫赫发乎地，两者交通成和而物生焉。"）这里就将万物的产生看成是天地阴阳二气的相互作用的结果。《管子·内业》篇对人的生命的解释也是如此："大凡人的生命，是通过来自于天的精气和来自地的形质这两者的聚合而产生的，两者和谐则造就生命，不和谐就不能造就生命。"（"凡人之生也，天出其精，地出其形，合此以为人，和乃生，不和不生。"）这里同样是用"天地"两种力量的聚合和调和来解释人的生命。主张自然与人事相分也认为万物都是通过和谐而得以产生的（《荀子·天论》"万物各得其和以生"）。

事实上，"和实生物"关注的正是万物的多样性和万物之间的相互作用和相互生成关系，特别是将这种关系作为统治者从事人间活动的指南。"和"之所以能够造就新的事物，一是因为它以事物的多样性为前提，这是它与"相同"（"同"）的根本性区别。史伯正是在与"相同"的不同上认识"调和"的。"同"是说"相同事物"的重复性累积。这种重复性累积在数量上对我们会有不同的意义，但不管如何累积它都不能产生出新的事物，譬如"用水掺水"最终还是水，这就是所谓"相同不能相生"（"同则不继"）。因此，"和"与"同"的不同，首先是多样性与单一性、差异性与同一性的不同。相信只有通过不同事物的结合才能产生出不同的新事物，也就是相信多元和差异本身就具有一种生成能力。以多元与差异为特征的"和"，还意味着它是不同事物相互作用而达到的恰到好处的结合，或者说它是不同事物的相辅相成而获得新的事物和机能，即所谓"以他平他"。中国春秋时期齐国一位著名政治家晏婴，用美味的"羹"这一恰当例子说明"和"是不同材料和元素的合理搭配和调和。汉语“和羹”一语，就出自他。富有智慧的晏婴还用大臣分别向君主陈述相反的意见以成就和完善君主的意见，来说明“和”是不同事物之间的相互促成和相互成就。音乐是能够说明“和”的又一个很好的例子。“和”的本义就是“音乐的和声”。单一的音声无法构成和谐的音乐，音乐是多样音声的巧妙的结合而形成的。总而言之，作为万物相互生成的“和”，它的第一个重要意思是认为宇宙和世界是一个“多样性”和“差异性”的存在；第二个重要意思是认为事物之间是相互作用和相辅相成的。这两者为我们现在所说的“多元价值观”和“文化差异性”提供了世界观的根据。

二 事物的秩序和状态：作为存在原理的“和”

尽管有时候我们喜欢整齐划一，但我们也不能将宇宙看成是由单一事物构成的世界；尽管有时候我们总想割断事物之间的联系，但我们也不能认为宇宙万物彼此是没有关系的。“和”的智慧不仅洞察到了万物的多样性以及万物之间相济相生的关系，而且也洞察到万物之间如何存在才是合理的，这就是作为万物存在原理的“和”。中国的宇宙观一般被称为有机性的和整体性的。中国哲学家不假定柏拉图坚持的理念与现实、本质与现象的对立，也不假定莱布尼茨所说的彼此不进入对方窗子的封闭式的“单子”。既然“和”总是意味着事物的多样和关系，那么继而就要追问，事物以什么样的关系和状态存在才是合理的？“和”也提供了这一方面的说明。

作为事物存在原理的“和”，是说事物要以相互平衡及和谐的方式和状态而存在。正是由于事物的相互平衡、有序与和谐，才使万物得以生存和存在。如果事物之间失去了它的平衡性、有序性，就会引起各种自然的变故。公元前 780 年（周幽王二年），中国西周时期，在泾、渭、洛三条河流一带发生了一场大地震，这次地震严重破坏了那个地区的自然生态和环境，也给人们带来了精神上的恐慌。为什么会发生如此巨大的地震，人们有种种猜测。周朝的一位大夫伯阳父（亦作伯阳甫）则用“阴阳之气”的“失序”来解释这次大地震的发生，他还以此来预测周朝的命运。伯阳父解释说，天地之间运行的阴阳之气自身具有一种和谐的秩序，由于人间不良活动破坏它的平衡，结果就产生了地震。中国人很早就相信天与人之间有一种相互感应关系，有关这种关系的看法，在汉代被发展为一种很系统的“天人感应论”。按照天人感应论，人类行为和活动的好坏，在“天”那里会得到不同的反映。“天”以显示吉祥之物的方式鼓励和称赞人的善良行为，以显示不祥之物的方式警告和惩罚人的恶行。照伯阳父的解释，西周三川地区发生地震的直接原因是“阴阳之气”的失序，间接原因是人们的“乱行”。现在我们已经清楚工业生产这种人类活动对自然秩序造成的巨大影响，但即使是生产力不高的农耕社会，人类的活动同样会对自然造成一定的影响，譬如大量的树木砍伐和捕捞，就会导致生态的失衡。在道家创始人老子看来，万物都包含着相反的“阴阳”之气两个方面（“万物负阴以抱阳”），两者通过相互交感和相互平衡以使事物得以生存，整个宇宙也是以这种方式和状态存在的。

宇宙最高程度的“和”，注释《周易》的《彖传·乾》称之为“太和”，“太”是“至高无上”，“太和”即“最高的和谐”。按照中国明末清初另一位著名哲学家王夫之的解释，在宇宙未经分化的太虚状态中，聚合着彼此浑然一体的阴阳之气，这是宇宙本来的最高和谐状态。万物产生之后，宇宙仍将保持着最高的和谐。这就是说，不管是宇宙产生之前还是产生之后，“太和”都是宇宙的一个常态。中国哲学家的通常看法是，天地、日月、星辰、四时，都是以固有的和谐秩序和节奏运行的。中国汉代一位名叫公孙弘的人物，也相信世界的和谐状态是风调雨顺、五谷丰登、家畜肥壮、草木茂盛和山清水秀美好状态（《汉书·公孙弘传》“阴阳和，风雨时，甘露降，五谷登，六畜蕃，嘉禾兴，朱草生，山不童，泽不涸，此和之至也”)。按照中国的“生育式”宇宙观，“育”是指万物的共存和共生。儒家作品《礼记》中有一篇重要的《中庸》，其中一句名言说“万物并育而不相害，道并行而不相悖”。它的意思是，万物的发育和成长是和谐而不相妨害的，事物的法则是同时普遍适用而不相冲突的。唐代非常哲理化的佛教华严宗，是有影响的宗派之一。这一宗派的教义认为，事物之间、事理之间都是圆融无碍的。这一教义同《中庸》的看法高度类似。许多哲学家和科学家都惊叹宇宙的秩序，追问是什么促成了宇宙的秩序。基督教传统给出的答案是，上帝创造了万物并保证万物的有序性，但中国哲学家相信宇宙和万物本来就是和谐有序的，他们还相信万物是一体的，大宇宙就是一种超级有机体。

中国在20世纪下半叶的一段时期里，曾经信奉“斗争”哲学。按照这种哲学，事物充满了“对立”和“矛盾”。正是由于事物的对立和矛盾，促进了事物的变化和发展。“和谐”和“平衡”都是要不得的消极性东西。但中国北宋哲学家张载认为，虽然事物的对立是存在的，对立产生了事物之间的怨恨和争斗，但怨恨最终要以“和顺”来化解。中国哲学家并不回避万物之间的对立，但他们不认为对立和斗争促进了事物的成长和发展，他们关心的是如何消除万物之间的冲突和对立，而使万物之间保持和谐的状态。按照《中庸》的说法就是，促成事物的平衡、和谐，天地就能保持其秩序，万物就能变化和生长（“致中和，天地位焉，万物育焉”)。“太和”和万物的共生、共存正是中国哲学家追求的世界理想化状态。

三　从“治国”到“平天下”：作为人类相处方式的“和”

人类从来就是以各种不同的共同体和族群而存在和生活的。人类为什么选择共同体来生活，按照古希腊哲学家亚里士多德的说法，这是因为人生来就是政治性的动物。中国战国晚期的哲学家荀子认为，人作为万物之灵，不同于其他动物的一个主要特质是他能够“合群”，当然我们也知道一些动物也是高度合群的。人类为什么能够“合群”，在荀子看来并不是人的先天本性，而是人后天“习得”的“义”和“分位”的结果。不管是传统社会，还是现代社会，我们都有各种类型的人类共同体。现代社会的人类共同体最有影响力的是民族国家共同体，在这种共同体之上则是由各个国家组成的国际性共同体。中国传统的政治理性，一直以天下和国家作为两种最大的人类共同体。国家是由一些人组成的共同体，天下则是由所有的人或所有的国家组成的共同体。对于中国哲学家们来说，“和谐”不仅是理想国家和天下的目标，而且也是建立理想国家和天下的方式。

在早期儒家的代表人物之一孟子看来，对于一个国家和统治者来说，风调雨顺的天时、优越的地理条件和丰富的自然资源，都比不上人民的齐心协力，即“人和”。按照儒家的政治理念，赢得民心和民意的统治者，就能够得到天下。“民心”之向背决定统治是否正当和合法，因为天意也来自民意。中国哲学家一直教导政治家们说，治理国家乃至平定天下的根本之道，就是要在统治者与他的人民大众之间建立起良好的关系，即“与民和谐”。我们当然不能要求古人建立类似于现代的民主政治形态，但如果说民主政治主要以反映和体现“民意”为特征的话，那么中国古代哲学家始终要求政治统治要符合人民的愿望和要求。中国古代哲学家设想出来的办法是以理想的政治人格——“贤人”“君子”和“圣人”等来保证“民意”的实现。孟子非常浪漫地设想惩罚和选拔人才如何充分地反映出人民的意愿和呼声。按照他的设想，选拔一个贤人不能只是听取身边大臣和一些大夫的意见，还要普遍征求国人的意见，最后再通过试用来证明确实是贤良的人才可以任用。同样，要诛杀一个人，也要普遍听取民意并如实查证最后再定加以刑。孟子“王道”政治的核心，可以说就是“民意政治”。齐国的一位君王坦率地告诉孟子说，他有一些个人方面的爱好，如喜好姿色、财富等，但孟子说如果他能与百姓一起共同来满足这些爱好又有什么不可以。孟子的整个政治思路，就是如何使统治者同他的人民之间建立和保持“和谐”的关系。

对儒家来说，夏、商、周“三代”的政治提供了善政和恶政正反两个方面的典型。腐朽的统治者同他的人民对立起来，他们用他们掌握的权力压制他的人民。如西周末期的幽王，为了禁止人民对政治的议论和批评，他派人监视人们的言论，他还得意地认为他能够消除人们对他的批评（“弭谤”），但后来他被他的人民抛弃了。衡量一个社会稳定性程度和治理的好坏，是看这个社会摩擦和冲突的大小。一个和谐的社会，也是最为稳定和安宁的社会。这当然不是消除了差异与多样的死气沉沉的稳定和安宁，而是充满了活力和创造性的和谐。在中国传统的政治构造中，“君臣关系”被看成是整个政治秩序的核心，理想的“君臣关系”是和谐而不是一味地赞同（“和而不同”）。齐国的政治家晏婴最早阐述了这种关系，这是他在政治实践中总结出来的。齐景公一位名叫据的大臣常常附和景公，而晏婴则常常表示不同的意见和看法。齐景公对着晏婴感叹说只有据与他是“和顺”的。晏婴当即指出，据只是赞同他，而不是“和”于他。他举了君臣决策中的例子，当君主肯定一项决策而又不完满时，他的大臣不是迎合君主的决定，而是提出否定性的意见，以发现这项决策的漏洞和问题，使之更加完善。当君主否定一项决策时，他的大臣则提出相反的意见，以使君主的否决不会带来问题。晏婴告诉齐景公，通过相反的意见以成就决策这是“和”。也许是人性先天的弱点，人们一般都喜欢别人赞同自己的言行，庄子认为这是普通大众的习性，《庄子·在宥》篇说：“世俗之人，皆喜人之同乎己而恶人之异于己也。”一般称之为“党同而伐异”。人的这种心理容易被一些人利用，以达到别有用心的目的。中国古代政治生活中的宠臣，往往都是善于投君所好的人，而真正的忠臣，则是提出相反忠告和不同意见的人。这就容易理解，孔子为什么以选择“和”还是选择“同”来划分君子与小人（“君子和而不同，小人同而不和”）。

每一个族群和国家不仅要面对和处理自身内部的各种关系，而且还要面对和处理同其他族群和国家的关系。在同一政治共同体内部，“和”是处理君臣上下关系的最佳方式，也是共同体秩序的最好状态。同样，在不同的政治共同体之间，中国哲学家也以“和”为最高的原则。我们现在一般称之为“和平”和“和睦”的国际关系，在中国就具有悠久的历史。中国最古老的一部经书《尚书》，它的开篇《尧典》，就有“协和万邦”的说法，意思是让众多的族群和国家协调、和睦地相处。在处理和理解内外族群的关系中，中国传统有“华夷之辨”的思维方式，但这个思维方式主要不是以种族区分内外关系，而是以文明与野蛮区分内外关系。按照这种区分，中国始终用“文明”的立场建立“天下秩序”，它不是诉诸武力和强权，它是“安抚”和“柔和”的外交，“怀柔远人”被作为对待外部世界的一个基本原则。对于习惯于用“和”思考国际关系的中国来说，以“和亲”的方式谋求睦邻关系是自然的。像孟子那样，中国哲学家反对“霸道”和“征服”，在他们看来，“以力服人”带来的只是表面上被迫地服从，只有“以德服人”才能赢得人们心悦诚服地接受。按照《左传》的记载，《周书》谈论文王的品德说，相对于一个大国来说，武力对于维护自己的安全是需要的；相对于一个小国来说，则要使其感受到道德和正义的价值（“大国畏其力，小国怀其德”）。中国哲学家坚持用“和平”“和睦”的原则处理国际关系，这样的原则在全球化时代的国际关系中，是更加必要的。国家之间不能完全避免冲突，但如果真正认识到“协和万邦”的价值和意义，国家之间不仅可以化解冲突，而且还能够建立起和睦相处的国际关系。

四 “身体”和“心灵”的修炼：作为健全生活之道的“和”

相对于无限广大的“大宇宙”，“人身”常常被称为“小宇宙”，中国哲学家相信这是一个万物之灵和万物之贵的小宇宙，并一般将之简化为“身心”或“形神”两大部分。在中国哲学中，作为有机体的身体和作为有机体机能的精神，整体上被认为是统一的。人的身体和精神的运行、活动和存在依赖于人身整体的高度协调和统一。即使是人身其中一个部位出现了问题，注重整体和有机的中国医学也不会只是考虑那个单一的局部来进行治疗。中国哲学家注重“身心双修”，以求身体、心灵的平和及安宁。

道家老子十分赞美“婴儿”的品德，认为婴儿纯真，身心处在一种最和谐的状态。为什么婴儿一直哭泣，他的嗓子也不会嘶哑，因为他的身体是最“柔和”的。老子崇尚“柔和”，他相信柔和比刚强更有活力和生命力。年轻人血气方刚，有好勇斗狠的倾向性，孔子认为这是他们要警惕的。荀子教导说，要用“柔和”来平衡自己的血气方刚之性，这是修炼自己身心的方法。在中国哲学家看来，“气”充满于宇宙之中，它不仅是万物生命的本质，也是维持万物生存的活力。人的生命也来源于“精气”，生命的持续和活力就是气的保持和平衡。“心平气和”是人的“身心”平衡的一个非常恰当的说法。在庄子看来，一个有“德”的人，就是身心达到了“和谐”的人（《庄子 · 缮性》“夫德，和也”），“修德”就是养成人身的和谐（《庄子 · 德充符》“德者，成和之修者”）。

老子要求人克服过分（“去甚”）和极端（“去泰”）的行为，过一种“节制”和“适度”的生活。在他看来，人如果过度地消费，就会损害他的身体的机能和身心的平衡。他提醒人们说，目不暇接的华丽色彩，震耳欲聋的激昂旋律，应有尽有的美味佳肴，竞奔追逐的射击，令人垂涎三尺的财物和珠宝等，都会损害人的身心健康（《老子》十二章“五色令人目盲；五音令人耳聋；五味令人口爽；驰骋畋猎，令人心发狂；难得之货，令人行妨”）。人们喜欢和追求美好的生活之物，但美好之物也是长着“爪牙的”，也会伤害人。在老子看来，合理的养生之道，就是善于使用美好的事物，避免因过度使用而产生有害的结果。老子追问说，为什么自然天赋长寿的人反而不能长寿呢？这是因为他们享有的生活物品太丰厚了，远远超出了实际的需要。鲁哀公曾咨询孔子说，是仁爱的人长寿呢，还是有智慧的人长寿。孔子没有直接回答他的问题，他先是讲述了咎由自取死于非命的三种情形：一是无节制的生活；二是触犯刑律；三是自不量力的争斗。但仁人智士都是长寿的，因为他们都能够选择合理的生活和行为方式。《孔子家语·五仪》记载孔子的回答说，一些人不按时起居，饮食没有节制，过度地工作或休息，疾病就会杀害他们；处于下位的人冒犯君王，贪得无厌，刑罚就会杀害他们；以少数侵犯多数，以弱小侮辱强大，不控制自己的情绪，自不量力，兵士就会杀害他们。但明智之士和贤人善于节制自己，按照正义的原则而行动，懂得调节自己的情绪，不伤害自己的身心，他们享受天年是很自然的（“人有三死而非其命也，行己自取也。夫寝处不时，饮食不节，逸劳过度者，疾共杀之。居下位而上干其君，嗜欲无厌而求不止者，刑共杀之。以少犯众，以弱侮强，忿怒不类，动不量力，兵共杀之。此三者死非命也，人自取之。若夫智士仁人，将身有节，动静以义，喜怒以时，无害其性，虽得寿焉，不亦宜乎！”）。按照孔子的看法，合理的生活，就是身心和谐和平衡的生活。

为了达到了身心的和谐和平衡，中国哲学发展出了一套修身养性的修炼方法。一些哲学家注重精神的修炼，他们称之为“心术”（“养心的方法”）。在儒家那里，“养心”主要体现为道德上的自我充实和自我完善。《大学》说，财富可以滋润房屋，道德可以滋润身心，心灵广大人就会发福（“富润屋，德润身，心广体胖”）。在道家那里，养心主要体现为精神上的自由和超然，如庄子提倡的逍遥自在和净化自我的心斋。但也有一些哲学家注重人的形体的修炼，以至发展出了道教徒追求肉体成仙和不死的信仰。道教徒相信，通过形体的不懈修炼，可以使人体达到一种最好的状态并永远保持下去。不管如何，对中国哲学家来说，安顿身心的最好方式就是过一种适度和平衡的生活。现代社会不仅造成了生态的失衡，而且也造成了人的心灵和精神的失衡。人的许多心理疾病就是现代生活不平衡、不和谐的产物。中国哲学家的“身心”和谐学说对于医治现代人的精神和心理缺陷应该也有所启示。

最后，让我们引用刘向《说苑·敬慎》记载的一段话来结束本文的讨论：“桓公曰：‘金刚则折，革刚则裂；人君刚则国家灭，人臣刚则交友绝。’夫刚则不和，不和则不可用。是故四马不和，取道不长；父子不和，其世破亡；兄弟不和，不能久同；夫妻不和，家室大凶。《易》曰：‘二人同心，其利断金。’由不刚也。”

（原载《河南社会科学》2010年第5期）

公私之辨

“公”“私”及其关系的辩论，是中国思想中的一个重要问题之一，这不仅是因为此一辩论源远流长，经久不衰，构成了中国思想的话语中心之一，而且因为它在塑造中国传统文化的性格和价值取向上，也扮演了举足轻重的角色。[①]

一　公与私的意理结构

“公”与“私”的最初意义（本义）究竟是什么，还不容易说清。比较早明确把公私作为一对概念加以规定的是韩非，他说：“古者苍颉之作书也，自环者谓之私，背私谓之公，公私之相背也，乃苍颉固以知之矣。”[②]《说文》接受了韩非的说法，把公私视为对立的观念，如解“公”说：“从八从厶，八犹背也。韩非曰：‘背厶为公。’”在具体意义上，《说文》对公私的规定是，“公”指“平分”，“私”指“禾”，“从禾。名禾主人曰私主人”。照此规定，公私的相背，就应是“平分禾”还是“独占禾”的对立。但是，一种说法认为，“公”“私”两字为后起字，因为甲骨文中的“公”和金文的“公”与《说文》的“公”都不相干，而且上古也没有“厶”字，经典只作“私”。“公”字的本

① 在这方面，有学者已进行了一定的研究，如沟口雄三的《中国における公私概念の展开》(《思想》669号)；《中国の〈公・私〉》上下（《文学》59号、60号）。

② 《韩非子・五蠹》。

义，也不是平分，而是对一种特殊身份或阶层的人的称呼。[1]一般的说法，仍是把甲骨文的“公”、金文的“公”和《说文》的“公”联系起来，认为都是“公”字。但是，对其本义解释不一。日本《广汉和辞典》解释甲骨文的“公”字，说是一指事字。八是开之意，与行的上部相同，是通路的象形。“口”表示场所，从举行祭事的意义中，引出了“公”意。[2]《甲骨文字典》解释说，“公”像瓮口之形，当为瓮之初文，卜辞借为王公之公。[3]我初步以为，公字的本义，可能是对人的尊称，最早是称呼部落的首领，后称贵族和诸侯。而“私”一开始并不与“公”相对，它出现较晚，应是随着私有权（允许“占有”禾）的产生而产生的。

撇开公私的起源及其本义不说，在中国较早的几部典籍中，我们已经能看到公私在对待意义上使用的例子，如《诗经》中所说的“雨我公田，遂及我私”，[4]“言私其豵，献豜于公”。[5]这里的“公”和“私”，显然是两个相对的不同的领域，表明土地和财产所有权的分属，即“公共所有”和“私有”的关系。[6]有所有权，自然就有所有权的主体。这种主体，也有公私之分，即把国家或政治共同体本身以及与此相关的东西称为“公”，把个人及其相关的东西称为私。在中国哲学中，有时虽然把君主个人与国家及其法律混为一谈，但基本上也有天下、国家、法律等是公共之物而不属于君主和统治者私有的意识。道家特别反对统治者“私天下”的行为，坚持认为天下为公共所有，不能据为个人私有。法家则更为典型。法家确有把君主绝对化的情形，

---

① 参阅张觉:《甲骨文探源及其它——读康殷〈文字源流浅说〉》，载香港《中国书评》1995 年 3 月总第 4 期，第 96—97 页。

② 参见《广汉和辞典》上，大修馆书店 1981 年版，第 287 页。

③ 参见《甲骨文字典》，四川辞书出版社 1990 年版，第 71 页。

④ 《诗经・小雅・大田》。

⑤ 《诗经・豳风・七月》。

⑥ 见顾炎武《日知录・言私其豵》。

但强调天下、国家和法律是公，不能化为私有。《商君书·修权》认为，统治者“为官于天下”，不是为了把天下私有，而是为天下而为官，“尧、舜之位天下也，非私天下之利也，为天下位天下也……故三王以义亲，五伯以法正诸侯，皆非私天下之利也，为天下治天下。”《慎子·威德》强调，国家立天子和国君的目的，不是为了把天下和国家给予天子和君主，使之据为一人、一家之私有，而是为了天下和国家之公：“古者立天子而贵之者，非以利一人也。曰：天下无一贵，则理无由通，通理以为天下也。故立天子以为天下，非立天下以为天子也；立国君以为国，非立国以为君也。”《管子·法法》明确指出，“君不私国”，“世无公国之君，则无直进之士”。这些说法，都是主张天下和国家是公，不是君主的私有物。这种公天下的观念，后来发展为中国思想中的一个传统，延续在不同的时代中。《吕氏春秋·贵公》说的“天下非一人之天下也，天下之天下也”，《汉书》卷八十五说的“去无道，开有德，不私一姓。明天下乃天下之天下，非一人之天下”等，都明确地把“天下”视为“公”，主张天下乃天下之人共同所有，不属于一个人之专有和私有。黄宗羲继承了这一思想，强调天下、国家、法律都是公：“我之出而仕也，为天下，非为君也；为万民，非为一姓也。”“盖天下之治乱，不在一姓之兴亡，而在万民之忧乐。”[①]黄宗羲对历史上君主把公共所有者加以私有化的行为进行了激烈的批判，说君主“视天下为莫大之产业，传之子孙，享受无穷”，[②]“视天下人民为人君囊中之私物”。[③]到了近代，中国哲学一方面接续了古代公天下的传统，同时又吸收了西学的民主思想，形成了还天下于公的要求。[④]因

① 《明夷待访录·原臣》。

② 《明夷待访录·原君》。

③ 《明夷待访录·原臣》。

④ 参阅《谭嗣同集》，中华书局1981年版，第179—180页；《严复集》第一册，中华书局1986年版，第36页；《梁启超选集》，上海人民出版社1984年版，第140页。

此，从观念上说，“普天之下，莫非王土，率土之滨，莫非王臣”的说法，并不是主流思想家的价值观。

与上述意义相联，公是指从事政治共同体事务时，行为正当、正义、公正。所谓正当、正义、公正，就是官吏阶层真正按照自己的角色和职务，排除私心，从事公共事务和政治实践。如果在官职的任用上，在法律的执行上，都能根据人的才能，根据事实本身，不夹杂亲情、人情关系，撇开个人的恩怨得失，哪怕是自己的亲属，就是公，否则，就是私，即偏邪、奸邪、偏当等。《尚书·说命中》有“官不及私昵，唯其能”的命题，《国语·晋语八》载，官员行使自己的权利不能隐藏私心：“行权不可以隐于私……行权隐于私，则政不行。”《墨子·尚贤上》要求用人避开私怨，行公义，唯才是举，“有能则举之，无能则下之。举公义，辟私怨”。政治行为中的这种公私观，法家论之最多。法家把政治活动中的按功过奖罚、以法论罪、任人唯贤等，都视为公，把与之相反的思想和行为，都断为私。在法家看来，儒家的主要问题之一就是公私不分，把人际关系中的私情和仁义道德，都浸透到政治之中，使国家难以治理。

除了政治行为以外，公私的意义还体现在经济行为上，即如何分配利益和财富。分配公平、均等，就是公，分配不公平、不均等，就是私。利益分配上的这种公私之别，也是中国思想中强有力的观念。《说文》解“公”为“平分”，就是把经济利益的平均分配作为公的实质。《礼记·礼运》所说的“天下为公”的大同思想，其根本之点也在于强调经济利益和财富要由全体社会成员共同（天下公）占有，而不是被个人所私有。康有为的《礼运注》，更强调了财富共同所有的“公”：“公者，人人如一之谓，无贵贱之分，无富贵之等……平等公同，此广大之道也。”他所说的大同之世，也是“人人皆教养于公产，而不恃私产。……唯人人皆公，人人皆平，故能与人大同也”。在这一方面，道家早就表达了一种非常超越的理想。如老子主张“生而不有，为而不恃，长而不宰”（《老子》第五十一章），认为“天之道，损有余而补不足”（同上书，第七十七章），“圣人不积，既以为人已愈有，既以与人己愈多”（同上书，第八十一章）。进一步，老子使利益的共同所有者，超出于人类之外，扩展到天地自然。《吕氏春秋·贵公》记载：“伯禽将行，请所以治鲁。周公曰：‘利而勿利也。’荆人有遗弓者，而不肯索，曰：‘荆人遗之，荆人得之，又何索焉？’孔子闻之曰：‘去其荆而可矣。’老聃闻之曰：‘去其人而可矣。’故老聃则至公矣。”

从政治和经济行为中的公私来看，公私已经从“存在物”和“实体”的意义层面转向了道德的意义。不过在早期，公私的道德意义，主要表现为政治和经济行为中的道德。到了宋明理学，公私虽然还保持有这种层面，但在很大程度上已经被泛化为一般的道德概念，而且主要被限制在个人行为的修养上。宋明程朱陆王之学中的“公”主要是指“天理”，“私”主要是指违背天理的人的各种欲望，即“人欲”。如《北溪字义·义利》说：“天理所宜是公，人情所欲是私。”从本体论上说，理学的天理，当然是一种超越性的自然法，但是，当它落实到具体的人类社会生活中时，则是指一系列道德原则和规范，如仁爱、义等。如程伊川把父子之间的爱看成是公，“父子之爱本是公”，认为“仁”就是“公”，“仁者公也”。[①] 在这一点上，朱子有不同的见解。他说：“公不可与仁比并看。公只是无私。”[②]“谓之无私欲然后仁则可，谓无私欲便是仁则不可。”[③] 与天理相对的是私欲，它被看成是来源于形上的气，落实到现实的具体人，就是人的气质之性。作为欲望或人欲的私，具体是指追求名、利、好色、好利等欲念和行为。陈淳说：“如货财、名位、爵禄等，此特利之粗者。如计较强弱多寡便是利，如取己之便宜亦是利，如求名觊效，如徇己自私，如徇人性而为之，如有

---

① 《河南程氏遗书》卷九，《二程集》第一册，中华书局 1981 年版，第 105 页。
② 《性理三》，《朱子语类》卷六，中华书局 1986 年版，第 117 页。
③ 《训门人五》，《朱子语类》卷一一七，中华书局 1986 年版，第 2833 页。

外慕底心，皆是利。”[1]

如果注意一下道德领域中的公私同开始所说的共同体领域中的公私的连接关系，那么，可以这样说，公私的道德意义，首先是从共同体与非共同体本身派生出从事共同体事务的行为，即政治中的道德与不道德，进一步又走向一般意义上的道德与不道德。

在公私义理结构中，还有一个层面不能忽视，这是认知意义上的，即把是非、真假、客观性主观性等称为公和私。公往往代表了是、真实和客观性，而私大都被看成为非、虚假和主观性。如程颢说：“君子之学，莫若廓然而大公，物来而顺应。……人之情各有所蔽，故不能适道，大率患在于自私而用智。”[2]对此，朱子解释说：“廓然大公，只是除却私意，事物之来，顺他道理应之。”章学诚的《文史通义》有《言公》上中下三篇，集中讨论了“立言”中的公与私，他说：“通古今前后，而相与公之之言，与私据独得，必欲己出之言，其难易之数，又可知也。立言之士，将有志于道，而从其公而易者欤？抑徒竞于文，而从其私而难者欤？公私难易之间，必有辨矣。呜呼！安得知言之士，而与之勉进于道哉？”[3]这就是说，在立言中，追求客观性的道是公，迷执主观性的虚则是私。

二 “公”的本位化及其根据

如上所述，“公”与“私”是一相对观念，在意义上，二者是相反的。那么接下来的问题，就是如何处理二者的关系，这是中国哲学“公私之辨”的中心所在。通观起来，中国哲学对公私关系的处理，占主导性的观念，是以公为本位，把公的确立和推行作为社会政治生活

---

① 《北溪字义·义利》，中华书局 1983 年版，第 53 页。
② 《答横渠张子厚先生书》，《二程集》第二册，中华书局 1981 年版，第 460 页。
③ 章学诚：《文史通义校注》上，中华书局 1985 年版，第 182 页。

和理想的价值目标，并不断地加以优化。反过来说，就是把私看成恶，毫无保留地要求清除和消灭。最典型的说法就是“大公灭私”。《尚书·周官》篇较早地把公私对立起来，认为公私不兼容，要求以公去消灭私的存在，照它的说法就是“以公灭私”。我们习称的“公而忘我”“公而无私”“天下为公”和“大公无私”等，可以说集中体现了中国的“公本位”文化。

在先秦诸子中，法家提出了许多内容一致的命题，如《慎子·威德》所说的“凡立公，所以弃私也”，《商君书·定分》所说的“自治奉公”，《管子·任法》所说的“任公而不任私”，《管子·版法解》所说的“有众在废私”，《韩非子·饰邪》所说的“居官无私，人臣之公义也”，《韩非子·外储说左下》所说的“私怨不入公门”等等，这些命题，都是强调“存公去私”。道家也是如此，它对公的强调，不限于政治领域。如《老子》十六章所说的“容乃公，公乃全”，《庄子·秋水》所说的“严乎若国之有君，其无私德；繇繇乎若祭之有社，其无私富”，《庄子·则阳》所说的“道者为之公”，《庄子·天下》所说的“公而不当，易而无私”等，就是如此。说到儒家，它的主张是围绕个体的道德关系展开的。儒家所重视的无疑是道德原则和规范，道德就是公，反道德就是私。在群体和个体的关系上，儒家重视的是群体，即社会共同体。儒家对个体道德关系之公的注重，往往又冲淡了群体之公。如在忠孝不能两全的情况下，孝往往更受推重。先秦之后，公仍是本位，如《淮南子·修务训》所说的“公正无私”，《说苑·至公》所说的“不私自身”“不以私事害公义”等。

公私的对立和紧张，在宋明理学中最为峻严，二者没有共存的余地，存公就得灭私，而且必须彻底、完全，不能有一丝一毫留下。只有这样才算达到了公的境界，否则就仍是私，而不是公。朱子虽然承认，在现实生活中，天理和人欲往往是交错并行的，但是他认为，作为人的理想目标的圣人，则必须是存天理之公，而尽灭人欲之私：“若论其本然之妙，则唯有天理而无人欲。是以圣人之教，必欲其尽去人欲而复全天理也。”[①]“盖圣人者，金中之金也。学圣人而不至者，金中犹有铁也”[②]。“天理流行，无丝毫之私，正类是。”[③]这都是说，圣人这一理想人格，与天理是完全合而为一的，不能有任何个人的私欲存在。陈淳也说：“凡处父子、君臣、夫妇、兄弟、朋友之间，才有一毫自私之心，而不行乎天理之当然，皆是利。”[④]说起来，心学与理学是有冲突的，它把理内在化为人的本心，强调人的“良知”，想让人具有一种主观活动精神。但是，心学在禁欲上比理学走得更远，对人的要求也更为严格。具体到公私同样如此，它把二者完全对立起来，认定公私水火不兼容，要求大公灭私。如王阳明说：“尽夫天理之极，而无一毫人欲之私。”[⑤]“必欲此心纯乎天理，而无一毫从欲之私，此作圣之功。”[⑥]“人到纯乎天理方是圣，金到足色方是精。”[⑦]而且，对私的否定，绝不是只限定在人的行为上，而是已扩展到人的一切动机和意识活动中，要求绝对的善良意志，不能有任何私心杂念，否则，就不是公，而是私。在这一点上，王阳明与其弟子的谈话，颇具代表性。当被问及“好色、好利、好名等心，固是私欲。如闲思杂虑，如何亦谓之私欲”时，王阳明的回答是：“毕竟从好色、好利、好名等根上起，自寻其根便见。如汝心中，决知是无有做劫盗的思虑，何也？以汝元无是心也。汝若于货色名利等心，一切皆如不做劫盗之心一般，都消灭了，光光只是心上本休，看有甚闲思虑？此便是寂然不动，便是未发之中，便是廓然大公！自然感而遂通，自然发而中节，自然物来顺

① 《晦庵先生朱文公文集》卷三十六《答陈同甫》。
② 同上。
③ 《晦庵先生朱文公文集》卷四五《答廖子晦》。
④ 《北溪字义·义利》，中华书局1983年版，第55页。
⑤ 《传习录》卷一，《王阳明全集》上，上海古籍出版社1995年版，第2页。
⑥ 《传习录》卷二，《王阳明全集》上，上海古籍出版社1995年版，第66页。
⑦ 《传习录》卷一，《王阳明全集》上，上海古籍出版社1995年版，第27页。

应。”[①] 显然，心学的这种“禁私论”也是很严格的。

近代以来，公私的冲突有所缓和，但强调“公”仍然是一个基本的价值倾向。严复、梁启超、梁漱溟、鲁迅等一些著名学者，都反复指出，中国人缺乏公共精神和团体意识，人各怀其私，没有凝聚力，如一盘散沙，这是中国落后挨打的主要原因。在他们看来，为了复兴国家，必须树立起“公”的观念，放弃“私”的意识。[②] 一个署名瑶林馆主的，曾作有《贵私贵虚论》，批评“贵私”之论，指出，私无任何可贵之处，商子主贵私，是历史的罪人，因为正是这一贵私之论造成了如下的局面，即“天下皆私”，人人“各怀其私，各行其私，各是其私，而中国四万万私人，遂成四万万私国，任听他人欺凌狎侮，鞭笞捶扑，而俯首帖耳，无可如何矣”。[③] 他从物极必反这一“天地公理”出发，认为“私之极矣，将成大公”。蔡锷认为，那些在私心支配下以倾轧他人为能事的人，在他们的心目中根本没有“公利公害公益”的意识，他正告全国志士：“破私心而赴公义，亡私利而存公利，则庶足担负荷天下之任矣。”[④] 也许难以理解的是，一直是以公为本位的价值系统，竟然没有实现公的价值目标。

从以上论述来看，公是中国哲学和文化传统中的一种牢固价值信念。这一信念，绝不只是情感的产物，它还有理性的基础。也就是说，对于为什么要存公灭私，为什么要不断地优化公，使其成为根本的价值追求，反过来，也就是对于为什么要一味地抑制私，把它作为非合理性的东西完全加以清除，中国哲学提供了论证。

---

① 《传习录》卷一，《王阳明全集》上，中华书局 1995 年版，第 22 页。

② 参阅《严复集》第一册，北京，中华书局 1986 年版，第 3 页；《梁启超选集》，上海人民出版社 1984 年版，第 213 页；《陈独秀文章选编》上，生活·读书·新知三联书店 1984 年版，第 516 页；《鲁迅全集》第三卷，人民文学出版社 1981 年版，第 567 页。

③ 《时务报》(2)，中华书局 1991 年版，第 1235 页。

④ 《瀛海纵谈》，《清义报全编》卷八，沈云龙主编：《近代中国史料丛刊三编》143，文海出版社 1991 年版。

这种论证，首先是把公与天道、天理联系起来，使其具有超越性的根据。在中国哲学家看来，人类社会的公是内在于天、天道、天理的。因为人类社会是天、天道的一部分，是天、天道的外化。如《老子》十六章说："夫物芸芸，各复归其根，归根曰静，是谓复命，复命曰常……知常容，容乃公，公乃全，全乃天，天乃道。"庄子的逻辑，也是把社会政治或人类之公与天、道联系起来，认为作为天或自然一部分的人，要效法"公道"："四时殊气，天不赐（私），故岁成；五官殊职，君不私，故国治。……万物殊理，道不私，故无名。……是故天地者，形之大者也；阴阳者，气之大者也；道者为之公。"[①]《管子·形势解》载："天公平而无私，故美恶莫不覆；地公平而无私，故小大莫不载。无弃之言，公平而无私，故贤不肖莫不用。故无弃之言者，参伍于天地之无私也。"《礼记·孔子闲居》载："天无私覆，地无私载，日月无私照。"《吕氏春秋·去私》把自然法的范围更加以扩展，说："天无私覆也，地无私载也，日月无私烛也，四时无私行也，行其德而万物得遂长焉。"这都是认为人类社会之公源于天道和自然之公。

其次，公又是一种值得追求的普遍价值，即选择公是一种"善"，它能使我们实现社会政治的理想。在中国哲学家那里，无论是就公所代表的事物本身而言，还是在社会政治行为中，只要以公为本位，出于公心和公正的态度，就能达到人们始终所向往的社会政治的治理和天下太平。先秦诸子，尽管在政治理念上各有其别，其所需要的具体手段也不一，但都强调选择"公"、实践"公"，是最明智的。因为通过公的落实，能达到他们所希望的目标。《庄子·应帝王》对政治家的要求是："汝游心于淡，合气于漠，顺物自然而无容私焉，而天下治矣。"《吕氏春秋·贵公》说得更为清楚："昔先圣王之治天下也，必先公，公则天下平矣。平得于公。尝试观于上志（即古记），有得天下者

① 《庄子·则阳》。

众矣，其得之以公，其失之必以偏。”在此，社会政治的理想“太平”，直接来源于“公”这一普遍价值，所以失去太平，就是由于丧失了公，“偏私”盛行。在此，《吕氏春秋》还揭示了“公”本位的历史根源。这就是下面要说的。

再次，公是远古的历史经验和实践。照中国哲学的思维方式，某一事物和观念是否合理、合法，往往诉诸历史的经验，而所说的历史经验，大都特别定位在文明的初期，即心目中的黄金时代（古昔和夏商周三代）。那么，公的信念，有历史经验吗？按照《礼记·礼运》的说法，在历史过程中，先行来到的恰恰是“大道之行，天下为公”的“大同”时代，但是，不幸得很，历史退化了，大道隐去，天下为公的大同社会，被后来的“天下为家，各亲其亲，各子其子，货力为己”等各求其私的“小康”社会所取代。《吕氏春秋·贵公》也描述了古先王的这样一种公德，即天地为人提供了共同的利益（公物），人人都能得到享用，共承恩泽，而不知道其中的缘故：“万物皆被其泽、得其利，而莫知其所由始，此三皇、五帝之德也。”照此论证，历史是起源于公，退化而为私。

三 “私”的抬头及其合理化倾向

与把“公”绝对化、一味抑制“私”的主导性观念相对抗，在中国哲学中还有一种强调“私”、为“私”辩护并使之合理化的层面，这种要求主要开启于明清之际，并在中国近代得到加强。如果说无限制地提升“公”抑制“私”，是中国哲学中公私之辨的一个侧面，那么，把“私”的存在正当化、合理化，则是中国哲学中“公私之辨”的另一个侧面。当然，与前者相比，后者的知识资源要小得多。

与存公灭私相对抗的，首先是认为私不能灭、难以灭。面对朱熹和王阳明的存天理（公）、灭人欲（私）的观念，一些人提出了怀疑和挑战。他们强调，欲不可去，如毛奇龄《折客辨学文》引用当时一个人的话说："阳明有存理去欲之说，不知欲是去不得的。耳目口体，与生俱来，无去之理也。"① 为什么欲不可去呢？因为在他们看来，欲本身也是公和理，它是一种普遍性的存在，胡宏说："夫人目于五色，耳于五声，口于五味，其性固然，非外来也。……夫可欲者，天下之公欲也，而可蔽之使不见乎？"② 戴震认为，理不在欲之外，就存在于欲之中，"理者存乎欲者也。"③ 当然，胡宏和戴震对欲的辩护不能等同于对私的肯定。他们只是强调欲不是私，使欲合理化，而对私本身，他们仍不持直接的肯定态度，戴震说："圣贤之道，无私而非无欲。谓之'私欲'，则圣贤固无之。"④ 只是，从理学和心学灭"私欲"这一意义上，他们为欲辩护，体现了某种对私的认同，因为欲也不能等同于公，它确有私的一面。与以上的说法有别，有人则完全超出了公的限制，直接通过把"私"内在化为人的本质，使其合理化。照李贽的说法，私就是人心，人有私是必然的，若无私，就没有人心："夫私者，人之心也。人必有私，而后其心乃见。若无私，则无心矣。"⑤ 到了近代，在西方的"天赋观念"影响下，有人则把"私"视为人的先天本性，而不是后天的作为，而且认为这种先天本性，并不局限于某一特殊的人种，而是人类整体的普遍性。"盖私之一念，由天赋而非人为者也。故凡可以入人类界中者，则无论为番、为蛮、为苗、为瑶，自其生时，已罔不有自私自利之心存。"⑥

---

① 《西河集》卷一百二十。

② 《胡宏集·知言·阴阳》，中华书局1987年版，第9—10页。

③ 《孟子字义疏证》卷上，中华书局1982年版，第8页。

④ 同上书，第56页。

⑤ 《德业儒臣后论》，《藏书》卷二四。

⑥ 《公私篇》，张枬、王忍之编：《辛亥革命前十年间时论选集》第一卷下册，三联书店1960年版，第494页。

在公本位者看来，公是一种普遍价值，私只是恶，毫无价值可言。这种观念也受到了挑战。陈确提出了“有私所以为君子”这一颇为独特的说法，肯定“私”有积极的价值：“唯君子而后能有私，彼小人者恶能有私乎哉！”① 因为，君子之交真实坚定，能真正推己及人，达到天下之爱，“唯君子知爱其身也，唯君子知爱其身而爱之无不至也”。② 对于陈确来说，历史上的圣贤皆是这样，“彼古之所谓仁圣贤人者，皆从自私之一念，而能推而致之以造乎其极者也。而可曰君子必无私乎哉！”③ 在近代，私的价值和积极意义被推进一步强调。按照一般的说法，中国近代的困境与中国缺乏公共意识和团体精神密切相关，但是，一种相反的逻辑出现了，这就是，认为中国近代的困境恰恰不在于中国没有公观念，而在于私意识不足：“吾身一私人也，吾国一世界公国也，世界大矣，何患无君。夫是以其视中国也，恒不以我之中国视中国，而以君主之中国视中国；且不以中国人之中国视中国，而以天下人之中国视中国。遂乃以顺民之资格，实行公天之主义，箪食壶浆以迎来者，以靳为奴为隶于异姓异种之箝制之下而不自愧惜。……而要其原因，则一言以蔽之曰：唯公之故，唯无私之故。”④ 这是说，把中国公为天下所有，遂使人们失去了爱国的私心。按照这种推论，中国要走向富强，所需要的不是公心，而恰恰是私心：“及今而人人挟其私智，出其私力，奋其私一国、私一省、私一府、私一州县、私一乡区之热心，以图救起私一国、一省、一府、一州县、一乡区之私人，励独立之气，复自主之权，集竞争之力，鼓爱国之诚，以与暴我者相抗拒、相角逐，以还吾中国真面目，则中国

---

① 《私说》，《陈确集·文集卷十一》。

② 同上。

③ 同上。

④ 《公私篇》，张枬、王忍之编：《辛亥革命前十年间时论选集》第一卷下册，三联书店 1960 年版，第 492—493 页。

虽弱，未有艾也。”[①] 因为，在竞争激烈的世界中，私是一种原动力：“盖既立国于世界上，即不得不有界，即不得不有争，私也者，争之原动力也。”[②] 世界各国能不遗余力地进行竞争，以求生存，都是出于私念的作用：“是岂有他哉，亦由于自私自利之一念，磅薄郁积于人人之脑灵、之心胸，宁为自由死，而必不肯生息于异种人压制之下之为之力也。可爱哉私也！”[③] “凡能私者，必能以自私者私国，必能以自利者利人。”[④] 这是对私所做的最为彻底的肯定。

照前所说，公私是完全对立的，犹如水火不兼容，要确立起公的价值方位，就必须灭私。但是，对于为私辩护的人来说，私与公并不是一种对立的关系，无论是在构成上，还是在作用上，私都是公的基础。冯斯栾说：“积私成公，积我便成无我。合众私而成一大私，是公之极也；合众为而成一大我，是无我之至也。”[⑤] “夫私之云者，公之母也；私之至焉，公之至也。”[⑥] 在传统观念中，“不偏不党，王道荡荡”，一直被作为公而大加推崇，相反，结党则被视为私加以否定，而秦猛的《政党说》，则试图改变这种看法。他认为，结党是出于自然，人人都有结党之心，除非人类无彼我之分，才会不结党。扩而大之，有家就有党，有国就有党，要不结党，就必须先取消家族和国家：“是非之心，人皆有之，即分党之心，人皆有之。时曰不党，必天下无是非而后可。天壤间有人斯有我，有我斯有人。人人各具形

① 《公私篇》，张枬、王忍之主编：《辛亥革命前十年间时论选集》第一卷下册，三联书店 1960 年版，第 496 页。

② 同上书，第 495 页。

③ 同上。

④ 同上。

⑤ 《学校课卷》，《清议报全编》卷八，沈云龙主编：《近代中国史料丛刊三编》143，文海出版社 1991 年版。

⑥ 《公私篇》，张枬、王忍之主编：《辛亥革命前十年间时论选集》第一卷下册，三联书店 1960 年版，第 493 页。

色，则躯壳各异，人各具思想，则脑筋各异。然则彼我之分，出于天然，即党派之分，亦出于天然。时曰不党，必人类无彼我而后可。且也，人各有父子，各有夫妇，各有兄弟，各家其家，即各党其党也。时曰不党，则必废家族之制，以妻女为公有，如希腊学士柏拉图之言而后可。一国有一国之政治法律，而他国则异；一国民有一国民之公权私权，而他国人则异，各国其国，即各党其党也。时曰不党，则必废国防，毁国约，以天下为一家，名地球曰一国，如哲学家所倡大同之说而后可。故曰天下者，党派之天下也；国家者，党派之国家也。"① 这是强调结党是一种普遍现象，它有其内在的必然性。但是，由此还不能说结党就是一种应该肯定的价值。秦猛承认，结党是一种私，而私本身并不正当，但是，通过各党的相互作用，能产生出一种社会的公正："甲党怀私，则乙党攻之；乙党怀私，则甲党又攻之，则党与党之间，均无所容其私。君主有失，则党与党共攻之；大臣有失，则党与党又攻之，则自有党而君主与大臣均无所容其私。……互相监察，互相箴规，即率君臣上下全国之人无所容其私，是非天下之至公者乎？"②

公本位者从历史中寻求根据，与此一样，对私的肯定者，也诉诸历史。顾炎武认为，《诗经》中所说的"雨我公田，遂及我私"和"言私其豵，献豜于公"，分别体现了公私何者优先的两种不同关系：前者说的是"先公后私"，后者说的是"先私后公"。顾炎武肯定，从历史的源头看，是先公后私，后来才演变为天下为家，各有其私，先私后公，但这是历史趋势所不能免的。因此，先王就适应这种新的历史现实，不但不禁止人们的私有欲，相反使之满足，通过各个人私有欲的实现，以成天下之大公："自天下为家，各亲其亲，各子其子，而人

① 《清议报全编》卷二，沈云龙主编：《近代中国史料丛刊三编》141，文海出版社1991年版。

② 同上。

之有私，固情之所不能免矣。故先王弗为之禁，非唯弗禁，且从而恤之，建国亲侯，胙土命氏，画井分田，合天下之私以成天下之公。”[①] 顾炎武更明确指出了历史经验的时间坐标：“天下之人，各怀其家，各私其子，其常情也。为天下、为百姓之心，必不如其自为，此在三代以上皆已然矣。”[②] 当时，圣人并不禁欲，他们所做的只是汇合天下的大私，以成就天下的大公。于是，私成了实现公的基础和途径，而不再是公的对立物。对于以公灭私的主张，顾炎武指出，这只是后代的美言，并非历史上先王的至训，因此，不足为训：“至于当官之训，则曰以公灭私，然而禄足以代其田耕，足以供其祭，使之无将母之嗟，室人之谪，又所以恤其私也，此义不明久矣。世之君子必曰有公而无私，此后代之美言，非先王之至训矣。”[③] 当然，如果把前后联系起来，可以看出，顾炎武对历史经验采取了两种方式，即一方面，用后来的历史演变（“先私后公”），论证私的必然性；另一方面又用历史的本源经验，说明有公无私，没有历史上的根据。黄宗羲同样从历史源头寻找“私”的根据。他认为生命一诞生，人就是自私自利，并不关心公共利益：“有生之初，人各自私也，人各自利也，天下有公利而莫或兴之，有公害而莫或除之。”[④] 但后来的统治者，把自己的私合法化为公，剥夺了民众自私自利的权利：“后之为人君者不然，以为天下利害之权皆出于我，我以天下之利尽归于己，以天下之害尽归于人，亦无不可；使天下之人不敢自私，不敢自利，以我之大私为天下之大公。”[⑤]

如果把私合理化的根据同强调公的理论基础比较一下，可以看出，

---

① 《日知录》卷三《言私其豵》。

② 《亭林诗文集·文集·郡县论五》。

③ 《日知录》卷三《言私其豵》。

④ 《明夷待访录·原君》。

⑤ 《明夷待访录·原臣》。

二者的要求和价值取向虽然格格不入，但在理论上则具有一种相似的论证方法，只不过一个论证目标在于“优化公”，另一个论证的目标在于“合理化私”。

四 “公私之辨”的问题性及其超越

从以上中国哲学中公私之辨的总体态势来看，公私之间明显存在着对抗和紧张。那么，问题的症结何在呢？从公私相对待的意义上说，公与私之间，确实存在着发生矛盾的可能性，如公共利益（公）和个人利益（私）有时不能兼得，在这种情形下，无论是选择公，还是选择私，都不能说是圆满的。从公共立场来说，选择公是明智的，因为个体的利益与公共的利益相比，在量上要小得多，以个人的利益换来整体的利益，体现了一种道德精神。同时，还有一种特别的关系，容易使公私之间出现矛盾，这就是，公共利益和共同体事务都是通过私的个人去完成的，社会群体也是由私的个体组合起来的，由于这种割不断的孪生关系，如果作为私的个体不能明确自己的角色关系，并在活动中约束自己，那么，作为私的个人，就会产生一种私的行为，从而影响到公共事务和公共利益。从这种意义上说，法家竭力强调“公私之分”，反对把“私的行为”浸透到公共事务中，是值得肯定的。但法家的问题在于，它把公的意义集中在国家政治领域中，特别是法上，而所说的国家与法，又没有同君主的权限区分开，实际上又陷入了公私不分的困境。而且，法家把仁义道德作为私加以否定，采取了一种非道德主义的态度。岂不知在政治领域中，检视和评价行为如何的方式，除了强制性的法律尺度外，还有道德的观念，如公正和正义等，用现在的说法，就是政治职业道德，而这是不能作为私加以处理的。

置开公私容易发生矛盾的场合，公私在一般情况下，是可以作为一种各自相对独立的领域而分别存在的。在此，可以引入“公共领域”和“私人领域”的范畴加以说明。所谓“公共领域”，主要是指公共的事物、公共的空间以及与此相关的一系列公共制度和规范，如社会组织、国家、政府、法律等，都属于公共领域。所谓个人领域，主要是指个人本身及其拥有的东西和活动空间，如个人的财产、婚姻、家庭、隐私、人际关系等，这些都属于私人领域。虽然这两个领域根本上是不能完全分开的，如私人领域的存在及其自主性，要通过公共的法律形式加以保障。但是，二者确实可以在一个相对的意义上，具有各自的独立性和自主性，谁也不对谁总是或一贯拥有优先权。换言之，由于公共领域和私人领域分别是两个不同的领域，就像井水与河水的关系一样，是可以而且应该共存共生的。中国公私之辨的最大问题，就是不能把握和确立公共领域和私人领域的分立和分位。由此，就出现了公与私的二律背反和恶性循环。以公为本位者，不断地优化公的价值，不断地要求大公灭私，甚至连私的念头和心理活动都不能出现（如在理学那里，如所说的“狠斗私字一闪念”），这样，私就成了完全不合理的存在。但是，私作为一个与公相对的独立领域实际是不能灭而且也灭不掉的，它的存在确有其社会历史的基础和正当性。因此，为私进行辩论，当然是有根据和理由的。但是，由于私的辩护者，同样不能确立公私各自的领域性，而且由于是在强大的公本位面前为私申辩的，所以，就出现了一种相反的极端，即把私优先化。如果说前者是以公代私，以公犯私，那么，后者则是以私代公，以私犯公。这样，就使公私的关系成为一种剪不断理还乱的公案，二者不能各得其所。中国近代知识分子诊断中国文化传统，一方面认为它缺少个人精神，是整体主义的；另一方面又说它没有团体精神，是极其个人主义的。这两种说法，都有其根据，即根源于中国传统中公私两个领域的混乱，不能使二者都得到合理的发展。可以这样说，公与私两个领域，分则两立，合则两伤。因此，要超越中国哲学中公私之辨的问题性及其价值困境，最好的安排，是严格区分公私的界限，既要克服任何形式的假公济私、损公肥私，同时也要防止任何形式的以公代私、灭私存公。只有如此，才能使公共领域和私人领域都得到健康的成长。

（原载日本《中国研究》1996 年 12 月号）

汉代“人性不平等论”的成立

根据古代中国哲学家对人类是否具有共同“人性”的看法，可以将东周、汉唐和宋明三个不同历史阶段上建立和发展起来的错综复杂的“人性”理论、学说划分为两大类型：一是认为人类的本性天生是相同的，是无差别和无等级的；二是认为人类的本性天生是不相同的，是有差异和有等级的。[①] 在不仅指称事实而且也指称价值的意义上，将“平等”（“无等级”）和“不平等”（“等级”）运用在这两种迥然不同的“人性论”上，前者的人性论可称为“平等的人性论”，后者则可称为“不平等的人性论”。[②] 撇开古代中国“佛性论”不说，也不管不同的人性论是原生形态还是次生形态，是影响大还是影响小，东周子学和宋明新儒学的人性论，主要是“平等的人性论”；而在汉唐时期的人性论中，“不平等人性论”（即一般所说的“性三品”，还有“性九品”）则影响较大。[③] 我们这里关注的是汉代的“人性不平等论”是如何被建立起来的，虽然我们对这种人性论本身已有不少说明和解释。面对东周子学复杂多样的人性论，汉代哲学家做出的综合性回应

① 张岱年先生以三种标准对中国人性论的类型做了很精到的划分。参阅张岱年：《中国哲学大纲》，中国社会科学出版社 1985 年版，第 250 页。

② 孟旦较早将东周子学的“人性论”概括为“自然平等论”。参阅孟旦：《早期中国“人”的观念》，上海古籍出版社 1994 年版。

③ 参阅池田知久的《性三品说的形成与发展》（见王中江主编：《新哲学》第六辑，大象出版社 2006 年版，第 113—124 页）、渡边一浩的《九品中正制度与性三品说》（见王中江主编：《新哲学》第八辑，大象出版社 2008 年版，第 163—175 页）。

有很强的折中性和调和性，但正是在这种看似缺乏“原则”的综合中，他们却孕育出了一种原则显明的人性不平等论，从而对东周子学主流的“人性平等论”进行了外表温和而实际上剧烈的改变和逆转，使“人性不平等论”一转成为同“人性平等论”相对的一种人性论重要类型。

一 改装东周时期的主流“人性论”

严格而言，“人性不平等”的思想并不是在汉代哲学家中才出现的，在《孟子·告子上》的记载中，我们已经看到了“人性不平等”的说法。其中说的“有性善，有性不善”，直接将人类的本性分为两种：一种人的本性天生是善的；还有一种人的本性天生是恶的。这是“人性不平等论”的明确主张。但这种“人性不平等论”，是分人性为“两等”的不平等论；而汉代的“人性不平等论”，则是分人性为“三等”的不平等论。从认为人性不同来说，人性两等和人性三等都是人性不平等论；但就人性不平等论而言，分人性为两等和分人性为三等，又是两种不同的“人性不平等论”。也许正是因为这样，汉代哲学家建立“人性不平等论”与此没有发生直接关系，他们反而是改造、改装其他“人性论”以作为建立其人性不平等论的方式之一。董仲舒和王充似乎都不在意以往有影响的人性论同他们所主张的人性不平等论是两种不同的人性论。他们一方面批评这些人性论，一方面又对之进行适合自己需要的改造和改装。

董仲舒的“人性不平等论”有两个表述，一个表述是：“名性，不以上，不以下，以其中言之。”（《春秋繁露·深察名号》）另一个表述是：“圣人之性不可以名性，斗筲之性又不可以名性，名性者，中民之性。”（《春秋繁露·本性》）既然董仲舒断定，只有“中（人）”、“中民”的“性”才能称得上是“性”，我们说他主张“性三品”的人性不平等论，可能是他不接受的。[1]不过，他使用“圣人之性”“斗筲之性”的称谓，又说人（身）有善恶之性情，这实际上就是在一般意义上肯定了人性有不同的等级，即上等人的性善、中等人的性有善有恶和下等人的性恶。对此，张岱年的评述是恰当的：

> 前汉之董仲舒，实已有分人之性为三等之意，不过以为所谓人性者，应以中等为表准。……董子专以中民之性为人性，于是认为性有善有恶。推其意，似以为圣人之性近于全善，而斗筲之性则近于全恶。[2]

董仲舒改造早期的“人性论”，从中转化出“中民之性论”和“性三等”，主要是采用“正名”和“辨名”的方法。他的做法是，首先为“名”定义，说“名”的真正意义，是指事物的真实情况，有其“名”必有其实和真，否则不可命名。这是名称实在论的看法。

从“名”的这种定义出发，董仲舒去衡量“性”的说法，认为人们对性的说法不同，是由于没有弄清“性”之名的真实意义。他批评的“人性论”，主要是孟子的“性善论”。他竭力要论证的是，“性”的真实意义不是像孟子所说的那样是“善”，而只是指人先天的“素质”（“质”）。为此，他提出了一些论证。第一个论证是类比。为了说明人先天素质中包含的成为“善”的可能性绝不等于善，他将人性同一些自然事物进行了对比。人性的质能成为善但不等于善，就如同说禾、卵、蚕分别能产生出米、雏和丝而不能说它们就是米、雏和丝一

① 董仲舒的“人性论”至少从直观上看是有矛盾的，这是董仲舒“人性论”在理论上的缺陷。苏舆在《春秋繁露义证》中，列出了在他看来董仲舒一些说法的彼此矛盾。参阅《春秋繁露义证》，中华书局1992年版，第308—309页。

② 张岱年:《中国哲学大纲》，中国社会科学出版社1985年版，第204—205页。唐君毅有与此类似的看法。参阅唐君毅:《中国哲学原论·原性》，中国社会科学出版社2005年版，第81页。

样。人性的质不是善，董仲舒所做的第二个论证是区分不同程度的善。他认为孟子所说的“善”，是人不同于禽兽的“动之爱父母”之“善端”的低标准的善（“善于禽兽，故谓之善”），而他所说的“善”则是指“循三纲五纪，通八端之理，忠信而博爱，敦厚而好礼”的高标准的圣人的善。董仲舒的第三个论证，是对“民”这个“号”进行辨析，说“民之号”，是依据“瞑”而产生的，“瞑”是未觉，说性是善，就等于说民已觉。这是与“民之号”相矛盾的。董仲舒的第四个论证，涉及他对人的先天性的看法。他认为，人的先天性包含着性和情两个方面，而且这两方面“相与为一瞑，情亦性也”。“情”是不好的，如果说“人性是善的”，那就无法解释“情”的恶。董仲舒的第五个论证，是说圣人之言都是“正言”“正名”，但在圣人之言中并没有“性善”之名。他说的圣人之言，是指孔子的“善人吾不得而见之，得见有常者斯可矣”这句话。董仲舒推论说，如果说民性先天都是善的，为什么孔子说在现实中他不能看到善人。

董仲舒通过对性和善的“正名”和“辨名”，最终将“人性”之名限于“中民”身上。如上所述，“中民之性”的“性”，对董仲舒来说，就是具有“善质”的性。这种善质的性要通过后天的“教化”（后面将详细讨论）表现出来。但在董仲舒那里，“性之质”中还有不好的“情”，这也需要用教化去克服。这种包括了善恶两种不同自然素质的“中民之性说”，与其说是世硕的“性有善有恶”的翻版，不如说是孟子的“性善论”和荀子的“性恶论”结合在一起的混合物。

同董仲舒相比，王充改造和改装东周人性论以构建自己的人性不平等论的做法更为明显。虽然王充对各家人性说都给予了“有缘”的同情，但整体上他认为它们都“未得为实”：

> 由此言之，事易知，道难论也。丰文茂记，繁如荣华，恢谐剧谈，甘如饴蜜，未必得实。（《论衡·本性》）

以往的一些人性论为什么会“未必得实”，王充给出的理由是“事易知，道难论也”。王充认为唯一比较合乎实际（“得实”）的人性论，是世硕、公孙尼子的人性有善有恶论。我们知道，世硕等人提出的人性有善有恶，是指所有的人都是既有善的一面，也有恶的一面，而不是说人类有不同的人性，有的人性善，有的人性恶。前者是人性平等论，后者是人性不平等论。不知道王充是故意的，还是无意的，他将世硕的人性平等论改变为人性不平等论。王充对告子人性论的评论，更表现了他改装早期人性论的特征。王充在批评告子的人性论（性无善无恶）时，已引出了他的人性等级说。告子用“水性”喻“人性”，来说明人性没有固定的善、恶，善恶是人后天形成的。王充从告子的人性如同水性出发做出了一个推论和一个断定。他的一个推论是，如果可以用水性来类比人性，那就如同说水之所以为水是由于水的本性就是水，金之所以为金是由于金的本性就是金。同样，人性之所以是善和恶，是由于人的本性就是善的、恶的。王充说：

> 初禀天然之姿，受纯壹之质，故生而兆见，善恶可察。(《论衡·本性》)

从这个推论中，王充导出了天生的善人和天生的恶人两种人的概念。王充的一个断定是，认为告子说的人性如同决水，决之东则东流，决之西则西流，指的只是“中人”之性，而不是指生来就极善、极恶的人。中人之性无分于善恶、不善不恶。王充的推论是强加给告子的，因为告子所说的水性不是指水之所以为水的本质，而只是指水的“决之东则东流，决之西则西流”之性。王充用前者推出世界上有天生是善或恶的两种不同的人，将后者断定为是指无善无恶的“中人”。

王充论证人性不平等，还采取了类比的方法。他使用的一种类比，是将人性同人的其他方面的性质比较。王充相信人的才能有高下，也相信人的命运有贵贱。从这里出发，他认为人性有善有恶，就如同人的才能有高下、命运有贵贱一样：

> 实者人性有善有恶，犹人才有高有下也。高不可下，下不可高。谓性无善恶，是谓人才无高下也。禀性受命，同一实也。命有贵贱，性有善恶。谓性无善恶，是谓人命无贵贱也。(《论衡·本性》)

王充说的人的才能有高下、人的命运有贵贱，当然都是说人与人是不同的，有的人才能高，有的人才能低；有的人命运高贵，有的人命运卑贱。将人性有善有恶，类比为人的才能不同、人的命运不同，就得出了人性不平等的结论。为了说明有的人性善、有的人性恶，王充还在人性与自然之物之间进行类比。他选择的类比对象有土壤、水源。九州各个不同地区的土壤是不同的，有好有坏，有上中下等差；不同的水源，水质也不同，有的清，有的浊。同样，人性也是不同的，其不同不仅表现在人的德性上，也表现在人的形体面貌上。这些东西“至老极死不可变易，天性使然”(同上)。

王充通过类比要论证的是，既然在其他“一类事物”中，“个体”有所不同，“人”这一类事物，各个个体也是有所不同的，人性不同就是其中之一。就一类事物本身来说，如果一些个体都属于一类事物，那么这些个体自然就具有“一类”的共同属性，用孟子的话说，就是“故凡同类者，举相似也，何独至于人而疑之？圣人，与我同类者”(《孟子·告子上》)。孟子为了论证人有共同的人性，他注重的是人类中不同个体的“共同性”；王充为了论证人有不同的人性，他关注的是人类个体中的差异性。但人性的差异性，在他那里就变成了“三种人”的不同，即“中人”、同“中人”相对的“中人以上者”及“中人以下者”。跟董仲舒一样，王充划分的人性“三类”，在价值上同时也是人性优、良、劣的三个等级。王充通过类比确立的不同人性，跟已有的人性论结合起来，他将其中的三种分别作为人性不平等论中的一种人性：

余固以孟轲言人性善者，中人以上者也；孙卿言人性恶者，中人以下者也；扬雄言人性善恶混者，中人也。(《论衡·本性》)

很明显，孟子的人性善、荀子的人性恶、扬雄的人性善恶混被王充分别限制为中人以上者、中人以下者和中人者三种人身上。结果，原来的三种平等人性论的“平等”，就只能是人类中每一种人中的平等，而不是人人的平等。这是王充对不同人性论的改装，甚至可以说是“偷梁换柱”了。

二　对孔子言论的“挪用”

孔子除了说出“性相近也，习相远也”这一句著名的话外，他对人性问题几乎没有其他说法，[①]这同《论语·公冶长》记载的子贡的话“夫子之文章，可得而闻也；夫子之言性与天道，不可得而闻也”是一致的。王充和荀悦评述东周不同的“人性论”，都没有提到孔子。在理论上，孔子的“性相近”，可以是孟子的“性善论”和荀子的“性恶论”的共同出发点，但事实上，孟子和荀子都没有从孔子的这一说法中寻求支持。汉代的“人性不平等论”，在理论上就同“性相近”相矛盾，除非主张者也将“性相近”的“性”做特殊化的处理，限定到“中人之性上”(“相近”)。确实，王充就是用这种方式

① 贾谊《新书·保傅》篇引用孔子的话说：“孔子曰：少成若天性，习惯成自然。”此话不见于《论语》等早期儒家典籍。

在孔子的“性相近”上做文章。汉代哲学家建立人性不平等论，还在孔子的其他言论中寻找根据。这主要是大家熟悉的《论语》中记载的以下几句孔子言论：一句是“中人以上，可以语上也；中人以下，不可以语上也”（《论语·雍也》）；另一句是“唯上智与下愚不移”（《论语·阳货》）；还有一句是“生而知之者，上也；学而知之者，次也；困而学之，又其次也。困而不学，民斯为下矣”（《论语·季氏》）。池田知久指出，不仅东汉哲学家以孔子这里的言论为“性三品”的根据，而且汉代以后的《论语》的著名注释家也从人性等级上解释孔子的这几句言论。[①] 但是，我们知道，孔子的这几句言论，不是从人性上立论的，东周子学也没有以此去理解。汉代哲学家将之作为“人性不平等论”的根据，这是对孔子思想的一种“挪用”。他们是如何“挪用”的，彼此之间又有什么差别，为什么说是挪用，这是需要我们探讨的。

董仲舒没有挪用孔子以上的说法，他只是借用孔子说的“善人吾不得而见之，得见有常者斯可矣”来论证“善”指的只是“圣人”之善，而不是善于禽兽的意义。如同上述，王充从告子的人性论中引申出了他的人性不平等说。与此同时，王充在《论衡·本性》中又引用孔子的言论来佐证他的这一主张。他引用孔子说的“中人以上可以语上也；中人以下不可以语上也”，认为有“中人之性”，说“性相近也，习相远也”，指的正是“中人之性”因修习不同而表现出的人性的不同可能，即“习善而为善，习恶而为恶也”。王充又引用孔子的“唯上智与下愚不移”，认为与“中人”相对的是上智、下愚之人，这两种人是极善、极恶，对于这两种人来说，后天的修习和培养都是无用的：“性有善有不善，圣化贤教，不能复移也。”王充批评孔子的信

---

① 参阅池田知久：《性三品说的形成与发展》，王中江主编：《新哲学》第六辑，大象出版社 2006 年版，第 121—122 页。但汉代以后的《论语》注释家主要是从“才识”的意义上注释孔子的这些言论。

徒神化孔子，但他仍然承认孔子在道德领域上的权威，说孔子是“道德之祖，诸子之中最卓者”。既然孔子都说“唯上智与下愚不移”，这就表明告子说人性就像水那样可东可西是“未得其实”。王充用孔子的言论批评告子的“性无善无恶”，实际上是用孔子的言论来论证、建构他的“性三品”说。在此，孔子的“中人”概念起着关键的作用。既然告子的无善无恶之性被认为只是指“中人”之性，那么中人以上、中人以下或上智、下愚者，就顺理成章地代表了善恶分明的另外两种人。

下面我们看看班固和其他人的做法。班固首先将人性分为三等，在此基础上又将每一种分为三等，合起来共有九等。班固没有像董仲舒、王充等那样批评东周时期的人性论，也没有为人性“三品”提出其他论证，他直接以孔子的言论为依据主张“性三品”。他除了引用孔子的“中人以上，可以语上也”“唯上智与下愚不移”外，还引用了孔子另外的言论，如“若圣与仁，则吾岂敢”“何事于仁，必也圣乎”“未知，焉得仁”，等等。班固将孔子的这些言论都看作“中人”“上智”和“下愚”三种人性的根据。“中人”是“可与为善，可与为恶”；“上智”是“可与为善，不可与为恶”；“下愚”是“可与为恶，不可与为善”。依据人性三等的划分，班固列出了三种人的代表：尧、舜，禹、稷、卨为上智；桀、纣为下愚；齐桓公为中人。但班固没有局限于“性三品”，他从“性三品”又排列出“性九品”，分“上智”为上上（圣人）、上中（仁人）和上下（智人）；分中人为中上、中中、中下；分下愚为下上、下中、下下（愚人）。根据“性九品”，班固对历史人物进行了归类。从他的归类中可以看出，上古和中古，上智和中人多；而近古则中人和下愚多。“性九品”可能是班固第一次列出的。与班固类似，荀悦不仅主张性三品，也划分性九品。他直接使用孔子的上智和下愚之分得出人性两等，又在上下之间得出“中等”，从而主张“性三品”，又细分为“九品”。荀悦可能是最早在人性意义上使用“性三品”“九品”词语的人。此外，王符的《潜夫论·德化》、范晔的《后汉书·杨终传》等也是直接使用孔子的上智、下愚来主张性三品，而且两者还都使用“中庸之民”一词。[①]

以上我们展示了汉人是如何借用孔子的言论来论证其“性三品”的。为什么我们说这种借用又是挪用呢？“挪用”指不正当地使用。说汉人挪用孔子的言论，是指他们将孔子的“智力”范畴挪用到了“道德”范畴上。我们先看看孔子说的“中人以上，可以语上也；中人以下，不可以语上也”这句话。《论语集解》引王肃注：“上，谓上知之所知也。”邢昺《正义》解释此句话说：“此章言授学之法，当称其才识也。语，谓告语。上，谓上知之所知也。”皇侃的《论语义疏》亦是从人的“品识”的高低解释人的“上”“下”的。以人的“才识”“品识”不同分人为上、中、下“三品”，又从“三品”分成“九品”，这可以说是“才三品”和“才九品”，它同汉代哲学家从孔子的话引出“性三品”和“性九品”是不同的。朱熹《四书集注》也是在人的不同智力意义上解释“人”的“上”和“下”。朱熹说，孔子的这句话是告诉我们教育人的方法：“言教人者，当随其高下告语之，则其言易入而无躐等之弊也。”朱熹所说的“高下”，不是指人性善恶上的优劣，而是指人的智力上的“材质”。孔子说的“唯上智与下愚不移”，直接使用了“智”和“愚”，其指人的智力高下是比较明显的。何晏《论语集解·阳货》引孔安国注释说：“上知不可使为恶，下愚不可使强贤。”这里虽然将先天“智力”的高下同行为的恶和贤结合起来，但不是直接以上智和下愚为人性的善恶。与此不同，皇侃《论语义疏·阳货》则认为上智的圣人禀受的是善良的“清气”，下愚之人禀受的是不好的“浊气”，结果上智与下愚就被当成了人性上的善和恶。他说：

---

① 王符说：“上智与下愚之民少，而中庸之民多。”（《潜夫论·德化》）

故上圣遇昏乱之世不能挠其真，下愚值重尧叠有舜不能变其恶。

朱熹注上智与下愚为人的“气质”，程子解释为“才”(《四书集注·阳货》)。孔子说的“生而知之者，上也；学而知之者，次也；困而学之，又其次也。困而不学，民斯为下矣”(《论语·季氏》)，同样是就人的才识而言的。邢昺《正义》将生知、学知、困学和困而不学，解释为现实上的圣人、贤人、次于贤人和下愚之民四种人，而不是解释为四种人性。《四书集注》则解释为人的气质有四等，而没有涉及人性的善恶。

将孔子上面的言论放在孔子的整个思想中来认识，我们也能够说孔子的这些言论不是讨论人性在道德上的善恶问题，而是讨论人的先天才智高低的问题。尽管在孔子那里，人的才智、才识同人的道德修养、学习和道德价值是不能完全分开的，但它们仍然有相对的界限。人先天才智的高低，不是人先天人性的善恶。正因为如此，东周子学的人性论，并没有从孔子的这些言论中为自己的人性论寻找根据。孔子使用的“智”“知”和“愚”“中人以上”“中人以下”等概念，主要是指人的才智方面的先天禀赋。这些禀赋当然可以用来认识和学习道德价值，但它们本身不能说就是道德价值。刘敞《公是先生弟子记》记载：

永叔问曰：“人之性必善，然则孔子谓上智与下愚不移，可乎？”刘子曰：“可。愚智非善恶也，虽有下愚之人，不害于为善。”

汉以后的《论语》注释者，不轻易将孔子的话解释为主张“性三品”，这说明孔子的言论确实说的不是人性善恶，而是指人的才识的高低。汉代哲学家在概念上是非常不严谨的，尽管董仲舒要“正名”，王充要“知实”。但王充等轻易地把孔子的人的先天才智高低的概念，挪用为人性先天善恶的概念，使之服务于自己的“性三品”。从孔子的“性相近”来说，孔子实际上是主张一种先天人性平等论，这同后来孟子和荀子等东周哲学家主张的主流人性论是一致的。但经过汉代哲学家的挪用，孔子一下子就变成了主张人性不平等论的权威者了。

三　诉诸阴阳之气和元气

在古代中国人性论中，人性从人自身来说是人的内在自我问题，从来源上说是外在超越实体问题。人性为什么能够平等？在东周哲学家看来，是因为天为人赋予的人性是统一的、共同的，不管“天”是孟子的理性和正义的“天”，还是荀子的纯粹的自然的“天”，天对于每个它产生的人来说都是一视同仁的，它从来不偏爱一些人而歧视一些人。但在汉代哲学家看来，“天”为人赋予的东西是不同的，或者说人从天那里获得的东西是不同的。董仲舒和王充的“天”，是截然相反的，一个是拟人化的意志之天，一个是自然的天，但他们各自都设法从“天”那里寻找人性不平等论的根据。由于汉代的天论和宇宙生成论都是同阴阳之气和元气紧密结合在一起的，因此，在董仲舒和王充那里，“人性”同“天”的渊源关系，就被具体化为人性同天之阴阳二气和元气的渊源关系。这是汉代哲学家诉诸超越性的实体论证人性不平等的两种类型。

在董仲舒那里，人性被认为是根源于天之阴阳二气。根据我们前面的讨论，董仲舒通过正名方法要端正的“人性”之名被限制为“中民之性”。而“中民之性”包括两个方面，一个是性，一个情。性是善的，情是恶的。为什么性善、情恶？董仲舒从天和天之阴阳二气寻找根据。董仲舒沿袭东周子学“天生人”“人本于天”的形而上学思维，认为人根源于天。不仅如此，董仲舒更将人的整个构造都看成是天的构造的翻版，认为天与人是完全统一的。天之所以能够将两种不同的东西赋予人，董仲舒认为这是由于天有阴阳两种性质相反的气：一是善的，一是恶的。董仲舒没有把“天”完全正义化和道德化，他还让天扮演着变通性造恶的角色：

> 恶之属尽为阴，善之属尽为阳。阳为德，阴为刑。刑反德而顺于德，亦权之类也。虽曰权，皆在权成。(《春秋繁露·阳尊阴卑》)

天之阳气和天之阴气，既然是善恶两种力量的源头，人性禀受了天之阴、阳两气，它自然同时就具有了善恶两方面的本性。基于这种逻辑，董仲舒质问说，如果说人性没有情，就如同说天只有阳而没有阴一样不可理解；如果说人性纯然是善的，那么我们就无法处置人情的恶。从形式上看，董仲舒说的人禀受天之阴阳二气，适用于所有的人。但实际上，他认为这只适用于“中民之性”的“人”。董仲舒通过阴阳二气确立了“中民之性”，就为他确立另外两种人性奠定了基础。从古代人性论史来看，董仲舒是第一次将“阴阳”引入人性论中的人，他以此为基础将人性二分为性善和情恶两个方面。这是汉代人性论的一个基本形态。不仅汉代意识形态化的辞典《白虎通》如此解释情性，就是许慎的《说文解字》也是这样。[①]

王充为人性不平等寻找的超越根据是“气禀”。在王充的哲学中，天作为自然是一个能够产生万物的实体，天的实体性是元气或气：

> 俱禀元气，或独为人，或为禽兽。(《论衡·幸偶》)

---

① 《白虎通·情性》说：“性者阳之施，情者阴之化也。”《说文解字》说：“情，人之阴气，有欲者。”“性，人之阳气，性善者也。”还有，《孝经钩命决》说：“情生于阴，欲以时念也。性生于阳，日以就理也。阳气者仁，阴气者贪，故情有利欲，性有仁也。”《孝经援神契》说：“性生于阳，以理执情。情生于阴，以系念。”

在王充看来，人从天那里禀受的“气”或“元气”是不同的，有的人禀受的气丰厚，有的人禀受的气稀薄，人性的善恶就是由此决定的。《论衡·自然》说：

> 至德纯渥之人，禀天气多，故能则天，自然无为。禀气薄少，不遵道德，不似天地，故曰不肖。不肖者，不似也。不似天地，不类圣贤，故有为也。天地为炉，造化为工，禀气不一，安能皆贤！①

人禀气“多少”“厚薄”之不同，在王充那里同时也是所禀之气的质量、优劣之不同。王充《论衡·命义》中提出“正”“随”和“遭”“三性说”。“正”和“遭”相当于中人以上之性和中人以下之性，因为“正者”禀受的是“五常之性”，与此相反的“遭者”禀受的则是“恶物象”。人禀天地之气直接说是禀受父母之气，特别是母亲之气。母亲之气如何直接影响到子女的人性如何。在此，王充提出了建立在“胎教”基础上的“优生”概念：

> 性命在本，故《礼》有胎教之法：子在身时，席不正不坐，割不正不食，非正色目不视，非正声耳不听。……受气时，母不谨慎，心妄虑邪，则子长大，狂悖不善，形体丑恶。(《论衡·命义》)

---

① 孔颖达用人禀气之清浊不同来解释圣愚的不同。《礼记正义·中庸》说：“得其清气备者则为圣人，得其浊气简者则为愚人。除圣以下，愚人以上，所禀或多，不可言一，故分为九等。孔子云：‘唯上智与下愚不移。’二者之外，逐物移也。故《论语》云：‘性相近，习相远也。’亦据中人七等也。”由于王充的天是自然无为的，因此天施气产生的人性不同，也完全是自然的。《论衡·幸偶》说：“非天禀施有左右也，人物受性有厚薄也。”

在王充那里，禀受“五常之性”的人，他的性自然是善的。如果他禀受的是“天地气和”，他生来就成了“圣人”。《论衡·齐世》说：“天地气和，即生圣人。”这是把“气和”看成是最好的“气”。但人的禀性有差异（君子与小人、贤与愚），并不意味着人的“禀性”是“异类”。人性有善恶，只是因为禀气厚薄之不同，而不是因为禀受的“东西”是另一类。从禀受的都是“气”说，禀受的东西是“同类”，禀受的多少、厚薄不同，只是数量上的差异。《论衡·率性》说：

> 小人君子禀性异类乎？譬诸五谷皆为用，实不异而效殊者，禀气有厚泊，故性有善恶也……人受五常，含五脏，皆具于身。禀之泊少，故其操行不及善人，犹酒或厚或泊也。非厚与泊殊其酿也，曲蘖多少使之然也。是故酒之泊厚，同一曲蘖；人之善恶，共一元气；气有少多，故性有贤愚。

在这里，王充是想淡化先天禀赋对人的后天的影响。

对王充来说，人禀气如何，不仅决定了“人性的等级差异”，也决定了人先天许多方面的不同，其中包括形体、面貌方面。如《论衡·本性》说：

> 人禀天地之性，怀五常之气，或仁或义，性术乖也；动作趋翔，或重或轻，性识诡也；面色或白或黑，身形或长或短，至老极死不可变易，天性然也。

王充甚至还认为，人的禀性不同，还表现在他的“骨相”上。王充区分人之性与人之命，说性是指人在道德上的善恶，命是指人在社会中的吉凶、贵贱、寿夭、祸福等。其“命”也是禀受“气”的结果。

《论衡·命义》说：

> 人禀气而生，含气而长，得贵则贵，得贱则贱。

而且，人的禀性和禀命是同时发生的：

> 人生受性，则受命矣。性命俱禀，同时并得。非先禀性，后乃受命也。(《论衡·初禀》)

王充以“禀气”的多少来说明人性的等级，同样也以禀气的厚薄来解释“命”的好坏。如他说：“强寿弱夭，谓禀气渥薄也。”(《论衡·气寿》) 既然人禀受气的多少、厚薄都一样，为什么一种成了性的等级，一种成了命的等级？王充有时又引用“星象”来解释。[①] 王充将人的禀性同禀命进行特别的对比，可能是他发现人的道德与世俗幸福之间的反差，既不合情也不合理，而试图通过形而上的东西来作出说明。

王充为了维护他的人性气禀说的普遍性，他批评了当时的两种说法。一种说法认为，圣人是禀受各种“特异之物”的产物，这可称之为“特禀说”。《论衡·奇怪》说：

> 儒者称圣人之生，不因人气，更禀精于天。禹母吞薏苡而生禹，故夏姓曰姒。卨母吞燕卵而生卨，故殷姓曰子。

---

① 徐复观比较王充的性与命所受气之禀赋，列了一个图表，从中看不出两者的差异。参阅徐复观：《两汉思想史》第二卷，华东师范大学出版社 2001 年版，第 388 页。《论衡·命义》说：“至于富贵所禀，犹性所禀之气，得众星之精。众星在天，天有其象。得富贵象则富贵，得贫贱象则贫贱，故曰在天。在天如何？天有百官，有众星。天施气，而众星布精，天所施气，众星之气在其中矣。人禀气而生，含气而长，得贵则贵，得贱则贱；贵或秩有高下，富或资有多少，皆星位尊卑小大之所授也。”

王充批评这一观点，采用的是“类同”的立场，即“同类”同性，也同好、同用，这在天和人那里是完全一样的：

> 天人同道，好恶均心。人不好异类，则天亦不与通。人虽生于天，犹虮虱生于人也。人不好虮虱，天无故欲生于人。何则？异类殊性，情欲不相得也。天地，夫妇也，天施气于地以生物。人转相生，精微为圣，皆因父气，不更禀取。如更禀者为圣，禼、后稷不圣。如圣人皆当更禀，十二圣不皆然也。黄帝、帝喾、帝颛顼、帝舜之母，何所受气？文王、武王、周公、孔子之母，何所感吞？（《论衡·奇怪》）

王充更从一般意义上认为，万物都生于气，万物之间也是同类相生：“因气而生，种类相产。万物生天地之间，皆一实也。”（《论衡·物势》）另一个说法认为，社会是退化的，古今之人禀受气的多少不同。上世之人禀受的气厚，因此他们的素质美好，下世之人相反。《论衡·齐世》认为这种看法是不真实的。在历史观上，王充批评退化论，赞美汉代（“宣汉”）；在人的性命气禀上，他也不会接受“今不如古”的看法，他的主张是“齐世”，即上世与下世的气禀都是一样的。他论证说：

> 夫上世治者，圣人也；下世治者，亦圣人也。圣人之德，前后不殊，则其治世，古今不异。上世之天，下世之天也。天不变易，气不改更。上世之民，下世之民也，俱禀元气。元气纯和，古今不异，则禀以为形体者，何故不同？夫禀气等，则怀性均；怀性均，则形体同；形体同，则丑好齐；丑好齐，则夭寿适。一天一地，并生万物。万物之生，俱得一气。气之薄渥，万世若一。

四 与之相应的教化

如果说“人性”如何是一个人的先天实然存在的话，那么人后天的自我修养、来自社会政治的教化就是相应于实然而产生的追求应然——道德价值的活动。人性如何，修养功夫和教化就如何。在孟子和荀子那里，人的后天道德学习、修养功夫和社会教化都是基于性善或性恶而提出的。汉代哲学家在建立人性不平等论的时候，除了提出以上我们已经讨论过的论证外，他们也表现出这种一般的思维方法，即人类的道德修习和教化是相应于人性的实际情况的。研究者注意到汉代哲学家在人性后天塑造上强化了教化者圣王的主导性和责任，① 这确实同东周子学强调人自身的道德主体和道德修养形成了很大的反差。但我们还需要注意的是，汉代哲学家强调圣王教化还有反过来论证他们的人性不平等论的作用。

汉代哲学家把“教化论”与“人性论”联系起来的一般说法是，教化是相应于人性而存在的。如董仲舒在《春秋繁露·正贯》中说：

> 故明于情性乃可与论为政。不然，虽劳无功。夙夜是寤，思虑惓心，犹不能睹，故天下有非者。

又如，王充在《论衡·本性》一开始就提出，礼乐教化是相对于人的性情而创制的，人有什么样的情性就需要制作什么样的礼乐。如果把汉代的教化论更具体地同汉代的人性不平等论放在一起来观察，我们就能看到两者之间的特殊对应关系，这就是认为“教化”主要

---

① 参阅徐复观的《两汉思想史》第二卷（华东师范大学出版社 2001 年版，第 248 页）、池田知久的《性三品说的形成与发展》（见王中江主编:《新哲学》第六辑，大象出版社 2006 年版，第 120 页）。

是相应于“中民之性”的。在一点上，董仲舒的说法最为典型。董仲舒要论证的“人性”，归根结底是“中民之性”，这是我们上面已经讨论的。按照他的说法，先天纯善的“圣人”，生后不需要教化；先天纯恶的“斗筲”之人，生后无法教化；只有“中民之性”，生后才有可塑性，这种人性正是圣王教化的前提。《春秋繁露·实性》说：

> 性者，天质之朴也；善者，王教之化也。无其质，则王教不能化；无其王教，则质朴不能善。质而不以善性，其名不正，故不受也。

董仲舒诘问说，如果人有善质就已经是善，圣王为什么还会受命于天而对人性进行教化？天命圣王对民进行教化，这正好说明中民之性实际上不是善的。《春秋繁露·深察名号》说：

> 天生民性，有善质而未能善，于是为之立王以善之，此天意也。民受未能善之性于天，而退受成性之教于王。王承天意，以成民之性为任者也。今案其真质，而谓民性已善者，是失天意而去王任也。万民之性苟已善，则王者受命尚何任也？

董仲舒把圣王的教化建立在天意的基础之上，不仅赋予了圣王教化的权威性，而且也用来反证人性只是指“中民之性”的“善质”。董仲舒的这一论证，类似于荀子批评孟子的“性善论”的方法，人后天既然有不善，就说明人性原本就有问题。只是，荀子用“圣王”及其礼义要论证的是他的“性恶论”。

王符、荀悦的“教化论”，同样也是相对于“中民之性”而说的。[①]

---

① 《后汉书·杨终传》记载杨终劝诫马廖的话说：“上智下愚，谓之不移；中庸之民，要在教化。”

在王符看来，处在“中民”之上下的上智和下愚之人，在社会民众的总数中只占少数，而占大多数的则是“中民”。圣王能够教化的就是这大多数之人，而且也只有通过君王才能教化这些人：

> 德者，所以修己也；威者，所以治人也。上智与下愚之民少，而中庸之民多。中民之生世也，犹铄金之在炉也，从笃变化，唯冶所为，方圆薄厚，随镕制尔。是故世之善否，俗之薄厚，皆在于君。(《潜夫论·德化》)

王符还将“教化者”分为三种等级，最高的是“上圣”，其他的是两个“其次”。在荀悦那里，“不移”的上智和下愚都不是教化的对象，教化（他称之为“人事”）的对象只是位于两者之间（“中”）的人。《申鉴·杂言下》说：

> 或问“天命、人事”。曰：“有三品焉。上、下不移，其中则人事存焉尔。命相近也，事相远也，则吉凶殊也。”

但在“九品”之中，荀悦的“教化”范围被扩大到两倍。其中四分之三者因畏惧法律惩罚而自行消除了自己的恶，剩下的九分之一“不移者”，又有少量是可移的。据此，荀悦的“教化”概念只是对应于“性善者”，同“性恶者”相对的是法律。他是如何计算这种比例的，我们不得而知，但很可能只是一种想当然的说法。

与以上的教化论主要是相对于“中民之性”有所不同，王充的教化论对应于整个“性三品”，它既对应于善，也对应于恶。其中的“善”既是上智者的善，也是中民中的“善”；“恶”既是下愚者的恶，也是中人中的“恶”。按照王充的思考，先天的善，也需要后天的教化来保持；而先天的“恶”，通过后天的教化也能改变。《论衡·率性》

的这一看法改变了《本性》中“上下不移”的主张：

> 论人之性，定有善有恶。其善者，固自善矣；其恶者，故可教告率勉，使之为善。凡人君父，审观臣子之性，善则养育劝率，无令近恶；恶则辅保禁防，令渐于善。善渐于恶，恶化于善，成为性行。

在王充看来，人的后天环境如何，人就如何。人性是完全可塑的，它实际上是善是恶，取决于它受到什么影响。这就意味着不仅“中民之性”后天性可变化，就是先天的性善者、性恶者，其“性”后天都是可移的。这说明，王充的“人性”与“命”不同，虽然人性也来源于先天的“气禀”，但它不能决定一个人后天的操行如何，而“命”则能够决定人后天的社会状况如何。

考察王充的《论衡·率性》，他的“教化论”的中心是相对于“性恶之人”而发。他想方设法要证明的是，“性恶者”是完全可以教化的。在此，他又引入了“类”的观念，不仅认为同类相通，而且认为异类也可以相通。由此出发，他得出结论说，不管性恶之人、性善之人是否属于同类，他们都是可以教化的：

> 今夫性恶之人，使与性善者同类乎，可率勉之令其为善；使之异类乎，亦可令与道人之所铸玉、随侯之所作珠、人之所摩刀剑钩月焉，教导以学，渐渍以德，亦将日有仁义之操。

王充举出了两个例子，一个是通过人与禽兽异类都可相通证明人与人更可相通，说与人不同类的禽兽，还可以受人的指挥，何况性恶者与性善者都属于人；另一个例子是人与木石的对比。王充说既然木石可以为人用，性恶者即使性如木石，也是可以教化的。根据这两种类比，王充强调，人的问题不在于性是否恶，而在于接受不接受教化：

> 不患性恶，患其不服圣教，自遇而以生祸也。

一个人只要能够接受教化，即使性恶也可以经过教化变得“善良”。由此来说，王充的“人性不平等论”，就只有人先天禀赋的不同的意义了，在教化面前，后天的人就又变成平等的了。

余 论

从汉代开始为什么一些思想家热衷于主张人性不平等（“性三品”），这不是一个容易回答的问题。从人性论自身演变的角度来说，东周的人性论模式已经不少了，汉代思想家为了在已有基础之上提出新的人性论模式，他们必须寻找新的出路。伴随着汉帝国的建立，汉代思想家产生了寻求思想综合和统一的倾向，他们通过对东周时代多样化的思想进行融合、调和和折中来建立自己的学说，人性论则是其中之一。汉代思想家调和东周的人性论，从社会上有善恶不同的人，设想人的先天本性就可能是不同的，有的人性善，有的人性恶，而大部分的人则是善恶相混，进而认为东周时代的人性论分别揭示的就是这种不同的人性。与此同时，汉代统一帝国要求高度统一的政治秩序和权威，东周时代的多元信念和平等化社会取向不适合它的需要，它需要的是约束和规范，它要区分不同的人并分别不同对待，人性等级论就是为此而建立起来的。东汉之后中国社会衍生出了贵族阶级（如豪族、世族）和社会，它是否强化了区分不同人的人性和分别对待的意识及思想，尚待研究。

在不同地域的思想传统和历史中，程度不同地存在着人类不平等的意识和思想，其中一部分也是以人的先天出身和本性来划分人的等级。如印度的四种姓说和制度，坚持认为人一出生就有不同的种姓和贵贱等级，而且这是一个人后天不能改变的世袭身份。相比之下，汉代哲学家的人性不平等论要温和得多，它还没有同贵族身份论和贵贱等级制相结合。古希腊哲学家柏拉图和亚里士多德，都有人类不平等的观念。柏拉图认为不同等级的人由不同的元素构成，有的人用金子做成，有的用银子做成，有的人则由铜和铁做成，而奴隶根本就不算人。亚里士多德认为人天生就有自由人和奴隶之分，那些在本性上不属于自己而属于他人的人，天生就是奴隶，就要由自由人支配。汉代哲学家没有人天生就是奴隶的概念，圣人的权利也不在支配他人，他主要是用他的道德和人格感化人。汉至唐的人性不平等论，看上去没有刻意去为贵族和门阀世族等级制提供论证。这说明中国的“人性不平等论”，最终仍然是旨在为人的道德教化和完善提供理论基础。

（原载《孔子研究》2010 年第 3 期）

明清之际“私”观念的兴起及其社会史关联

有关中国“公私”这一思想史上的问题，海内外学者已经进行了一些讨论。我在前文《公私之辨》中，从宏观上讨论了中国哲学中“公私”观念的基本意义及其演变；其中第三部分的标题是“‘私’的抬头及其合理化倾向”，我简要地考察了明清之际作为与“公”相对的“私”是如何被自觉并被合理化的。作为结论性的东西，最后我指出了中国“公私之辨”的问题性及其克服的途径，强调要形成良性互动的“公私关系”，就需要划定“公私”的界限，因为“大公无私”就容易成为其反面的“大私无公”。[①] 与这篇论文具有一定的关联，后我又发表了一篇小文章，题目是《化解“公共领域”与“私人领域”的矛盾》。[②] “公共领域”和“私人领域”，是新近中国知识界逐渐使用起来的一对观念，它具有西方知识界的背景，阿伦特的《公共领域和私人领域》及哈贝马斯的《公共领域》《公共领域的社会结构》，已经成为讨论这一问题的具有代表性的言说。在一定的意义上，我认为中国传统所说的“公私”与“公共领域”和“私人领域”的用法，具有相互

---

① 例如，《吕氏春秋·贵公》记载，荆地有人丢失了一把弓，他不愿再寻找，并说“荆人丢失了，荆人捡到了，为什么还要去找呢？”孔子听到后说，只要人得到即可，何必是荆人呢？老子听到后则说，只要是天地得之即可，何必是人呢？老子被认为是“至公”。这样的“公”的确非常动人，但在实践上如何可能呢？

② 载《中国国情国力》1999 年第 4 期。

理解和解释的可能。因此，中国传统社会中公与私的紧张，也可以说是公共领域与私人领域的紧张。“我们过去过分强调整体主义的‘公’。这种从‘公’出发的文化现象看似公正，其实它最不利于公共领域的保护。在忽视、损害私人领域的同时，也是对公共领域的一种间接摧残。”[①] 为了化解它们的紧张，就需要划定公私不同领域的各自界限，防止“越位”和“替代”。

这里我要具体考察的明清之际的“私”观念，恰恰就是对久居中心地位的“公”的一种逆反。我用“私”的“抬头”来描述它在这个时期特有的一种反弹状态。常常作为正面性“公”的对立物而存在的反面性的“私”，在这个时期，不甘于再受到压抑和束缚而理直气壮地要求自己的正当性和名分。我们可以简单地举出此前“公”被哄抬和“私”被否定的事实。在互相争鸣的诸子之学中，不同意义上的“公”都受到了他们的各自推崇。《吕氏春秋》有《贵公》和《去私》两篇，嵇康有《释私》，在它们的作者看来，“私”是要加以克服的不正当的东西。作为具有背反性的程朱理学与陆王心学，在他们的各自逻辑中，抽象而论，都张扬和坚奉被作为“天理之善”的“公”，贬损和压抑被作为“人欲之恶”的“私”。难道只有“公”才是合理的和正当的，“私”只能是负面的东西因而必须加以根除吗？明清之际的一些思想家们没有再安居于这种思维方式和价值观中，他们理直气壮地为“私”进行辩护，伸张“私”的存在权利。他们首先破坏“天理与人欲”的二元化逻辑，使天理与人欲统一起来。如，他们或者通过把“人欲”提升到“天理”的位置（如李贽说的“穿衣吃饭即是人伦物理”、吕坤说的“其欲亦是天理人性”等），或者把“天理”放在“人欲”之中来把握（如陈确所说的“天理正从人欲见”），使“人欲”获得正当

---

① 王中江：《化解“公共领域”与“私人领域”的矛盾》，载《中国国情国力》1999年第4期。

性。由于“欲”获得了“理”的资格而不再是“理”的异己物，这就不仅使“理”与“欲”的各自的意义发生了转变，[①]而且也消解了作为两极性的“理→←欲”的对立性关系结构。其次，他们直接从“自然”的意义上为“私”赋予合理性的基础，反对剥夺作为人的“本性”的“私”。

下面我们就来稍微具体看看明清之际的思想家们是如何为“私”申辩的。作为几个个案性人物，可以举出李贽（1527—1602）、陈确（1604—1677）、黄宗羲（1610—1695）、顾炎武（1613—1682）等。这些思想家或被称为反理学思想家、前近代思想家，甚或被称为启蒙思想家，这些说法都欲强调他们在中国思想史上的“新颖性”。一般来说，他们在不同程度上都意识到了“私”的意义和价值，并通过不同的逻辑为“私”寻求存在的正当性。他们对“私”的分别言说，构筑了一个思想史上从未有过的“私”的风景线，使被压抑和潜意识中的“私”，得到了一种从未有过的宣泄和申诉。这是可以肯定的。我这样说，当然不希望造成一种“私”好像就是他们各自言说中心的错觉，比较他们的各自大量著述来看，他们对“私”的言说，又是非常有限的。这就告诉我们，当把“私”的抬头作为明清之际的一个独特风景线时，是需要加以限定的。他们之间既没有约定和共同的宣示，也没有大张旗鼓，但却都注意到了“私”，对“私”产生了过去所没有的“兴趣”，各自为“私”进行了也许他们认为不需要长篇大论的申辩。他们可能有互相影响的地方，他们的言说出现在那个时期，在社会的条件中也将得到一定的解释（后面谈）。

李贽为“私”的申辩是彻底的。他毫不顾忌地把“私”规定为“心性”的本质，使“私心”和“心私”具有同质性。由于“心性”是

---

① 参见沟口雄三:《中国前近代思想的演变》，索介然、龚颖译，中华书局1997年版，第25页。

人之所以为人的根本，所以把“私”纳入人的“心性”之中，不仅使“私”获得了正当性，而且“心性”也在与“私”的结合中得到了新的意义。李贽所说的“心私”的“私”，就是每个人对自身利益的考虑和追求。他坚持认为，“私”既是自然的法则，也是实际的趋势。李贽反驳说，那种“无私”的主张，只是虚妄之论。可以看一下李贽的说法：“夫私者，人之心也。人必有私，而后其心乃见。若无私，则无心也。如服田者私有秋之获，而后治田必力；居家者私积仓之获，而后治家必力；为学者私进取之获，而后举业之治也必力。故官人而不私以禄，则虽召之必不来矣；苟无高爵，则虽劝之必不至矣。虽有孔子之圣，苟无司寇之任、相事之摄，必不能一旦安其身于鲁也决矣。此自然之理，必至之符，非可以架空而言说也。然则为无私之说者，皆画饼之谈、观场之见，但令隔壁好听，不管脚跟虚实，无益于事，只乱聪耳，不足采也。”[①] 按照李贽这种“朴实”的逻辑和真理，“私”是人心所固有，而且是“必然性”的，人只有通过私才能显现出他的“本心”，一个人没有了“私心”，也就失去了他的“本心”。李贽所举的例子是强有力的，按照这些例子，人的行为的动机和出发点，都是建立在人对自身利益的要求之上。只有人能够“占有”他的所得和实际利益，他才会具有劳动及工作的热情和积极性。显然，这不是那种所谓损人利己的“自私自利主义”，而是基于劳有所得的对自身“利益”的正当性要求；剥夺了这种“私”，实际上也就是剥夺了个人的正当利益和生存权。由此我们不难理解，李贽所说的要求人放弃他对自身利益考虑的“无私”是超越人们生活实际和需要的空想这一结论。从更一般的意义上说，李贽所辩护的人的利己、利我之私心，也就是人的各种欲望及其满足要求。从李贽所说的“就其力之所能为，与心之所欲为，势之所必为之以听之，则千万其人者，各得其千万人之心，千万

① 李贽：《德业儒臣后论》，《藏书》卷二四。

其心者，各遂千万人之欲”来看，[①]他没有为“人欲”设定限制，他要求“最大限度”地满足人的能力所能达到和人心所欲达到的愿望，这有点像亚当·斯密反对干涉、允许人们自由地追求个人利益的逻辑。被理学家们视为禁忌的人的欲求和利益心，李贽坚持认为是不能压制的，因为它是基于人的“自然”生存要求而产生的趋势，圣人只有顺应这种趋势，才能为社会带来秩序和安宁。李贽自设疑问并回答说：“寒能折胶，而不能折朝市之人；热能伏金，而不能伏竞奔之子。何也？富贵利达所以厚吾天生之五官，是势然也。是故圣人顺之，顺之则安之矣。”[②]倾听16世纪中国李贽的这种声音，仿佛隐约听到了欧洲近代自由市场和自由竞争的声音。李贽这种为“私”辩护、伸张“私”的权利的观念，是与他有关“个人”的意识和自觉联系在一起的。这种自觉在他那里，是通过对孔子权威的挑战表现出来的。他认为那种人人都要学习和效法孔子并以此来成就自己的说法，无异于是说没有孔子就无以做人：“若必待取足于孔子，则千古以前无孔子，终不得为人乎？”[③]李贽与此相反的推论是，每个人要成就自己，就是按照每个人的自我特性来发展自己，而不是都去效法孔子，况且孔子也从来不要求人们去学习他：“夫天生一人，自有一人之用，不待取给于孔子而后足也。”[④]有趣的是，李贽还以孔子所说的“为仁由己”“古之学者为己”和“君子求诸己”等说法为根据，来要求每个人的“自立性”和“自足性”。他乐观地设想，如果每个人按照自己的性情来满足每个人的欲求，每个人也就获得了他的存在意义和价值：“各从所好，各骋所长，无一人之不中用。”[⑤]被正统儒家视为“异端”的李贽，伸张“私”

---

① 李贽：《明灯道古录》卷下，《李氏文集》卷十九。

② 李贽：《答耿中丞》，《焚书》卷一。

③ 同上。

④ 同上。

⑤ 同上。

的权利和人的自然欲求的满足，要求个体和自我的自立，主张恢复作为人的本真的“童心”，是对压抑私欲的“道学”虚假意识形态的一系列抗争。

撰有《私说》的陈确，把“私”与理想人格“君子”结合到一起，甚至认为君子之所以为君子，恰恰是通过“私”来规定的。这样的看法，肯定让正统的儒家惊讶不已。因为君子与小人的区别，原来一直是以他们分别拥有“对立性”的“公”与“私”来划分的，而现在君子也被赋予了“私”的属性。把原来只与“小人”同流合污的“私”也变成“君子”的特性，那么君子与小人的界限何以划分呢？按照陈确的逻辑，“小人”因不能具有真正意义的“私”被定位为小人，反之，能够具有真正意义的“私”的才是君子。这样，君子与小人的对立，就不再是因为他们分别拥有了“对立性”的“公”与“私”，而是因为他们具有“对立”的“私”。陈确理直气壮地设问说：“或复于陈确子曰：‘子尝教我治私矣。无私实难。敢问君子亦有私乎？’确曰：‘有私。’‘有私何以为君子？’曰：有私所以为君子。唯君子而后能有私，彼小人者恶能有私乎哉！”[①]这种移位无疑是空前的，它改变了“私”的原有所属关系。陈确以“爱”为例所作的论证好像是说，君子具有普遍的爱心，但这种爱心因与自己关系的远近而有差别。爱自己的儿子要超过爱自己兄弟的儿子，爱自己的家和爱自己要超过爱别人的家和别人。君子正是由于知道爱自己，他才能把爱扩展到广大的范围中（即从“自爱”和“爱己”推及到对他人乃至社会的爱）；他才能把“齐家”“治国”和“平天下”这种伟大的使命看成是自己“私人”的责任（“私诸其身”）。这种意义上的“私”，被陈确认为是一种从利己到利人的“私”，是合乎道的“私”。陈确说：“孝子之所以私其父，忠臣之所以私其君，贤友之所以私其友，恭弟之所以私其兄，贞夫

① 陈确：《私说》，《陈确集·文集卷十一》。

之所以私其妇，亦必有道矣。”[①] 这里的关键是陈确重新界定了“私”，把“私”建立在“道”和“合理性”的基础之上。譬如，真正“私爱”自己子女的父母，一定是以合理和恰当的方式去爱。如果采取不合理和不恰当的方式去爱，他的主观愿望虽然是“私爱”其子，但实际上的结果却是有害于他的子女。因此，真正的“私”，就是合乎其道的“私”。不合乎其道的“私”，则是虚假性的“私”。陈确告诉我们：“君子之心私而真，小人之心私而假；君子之心私而笃，小人之心私而浮。彼古之所谓仁圣贤人者，皆从自私之一念，而能推而致之以造乎其极者也。而可曰君子必无私乎哉！”[②] 陈确的思维方式是非常有趣的，他区别了真假之“私”，区别了正当与非正当之“私”。这样，上面所说的君子与小人因是否具有“真正性”的“私”而对立，更进一步说则为他们以是否具有“合乎道”的“私”而对立。陈确对“私”的申辩，与他对“欲”的重新解释具有同构性。按照他的解释，“欲”是人的共同本性（心性），普通人和圣人都具有欲求。人的心性本来没有什么先验的超然的“天理”“义理”，“天理”和“义理”只能在“人欲”中表现出来。“欲即是人心生意，百善皆从此生，止有过不及之分，更无有无之分。”[③] 由此来说，“天理”不仅不再是“人欲”的异己者，恰恰成了人欲的附属者而存在于人欲之中（“理在欲中”）。“理在欲中”的“欲”，是一种什么样的“欲”呢？就是欲的恰到好处的表现，也就是“适欲”，用陈确的话说就是“寡欲”。“寡欲”是欲的中间状态，与他对立的两极，一极是“绝欲”和“无欲”，另一极是“纵欲”。陈确的这种恰到好处的“欲”，也可以说就是他的合乎其“道”的“私”。

比较起来，顾炎武为“私”的辩护方式则更为有力，它是由以下

① 陈确：《私说》，《陈确集·文集卷十一》。
② 同上。
③ 陈确：《无欲作圣辨》，《别集》卷五。

方面构成的多层次性的辩护。第一，"私"是人的自然性情，也可以说是人的基本存在方式，如说："天下之人，各怀其家，各怀其私，其常情也。"[①]"自天下为家，各亲其亲，各子其子，而人之有私，固情之所不能免矣。"[②]第二，既然"私"是人所具有的自然"属性"，那么就不能通过外在的手段加以禁止，而是让他有实现的途径。顾炎武相信，远古的先王或三代理想的社会恰恰就是这样加以实践的。顾炎武所说在多大程度上是一个历史事实，不是这里的问题。这里的问题是顾炎武诉诸这一"历史"的目的在于通过历史的经验证明"私"的正当性。既然历史上的理想状态就已经这样实践了，我们当然也应该如此实践。这样，"私"的合理和正当，在历史的"先例"和经验中就得到了肯定。第三，与此相联，这种"历史"是处在"天下为家"阶段上的"历史"，它是从"先公后私"的历史阶段上延伸下来的。由于这种延伸是历史"情势"的产物，所以就没有必要再回头去逆求"先公后私"这一历史阶段的社会实践，而是顺应历史的趋势选择与之相应的"先私后公"历史阶段的社会实践。在"先私后公"的实践中，"公"不是通过灭私来实现，而恰恰是要通过以"私"为起点去达到"公"，即"合天下之私以成天下之公"。没有作为起点的天下之"私"，也就没有后继的"天下之公"。第四，实践作为起点的"私"，在制度上，是要于郡县体制中加进封建制的意义，即建立稳定和可靠的地方和基层政治共同体。这种政治共同体，就是让县令"私有"（类似于封建）他所管辖的地区，激发他的责任心，通过对每个"私有"地区的高度治理，以使庶民的利益得到保证。顾炎武相信，通过郡县制与封建制的结合，就能够克服郡县制所容易产生的中央"集权"的弊端，吸收封建制"专于下"的优点。他这样设想说："夫使县令得私其百里之地，则县

① 顾炎武：《日知录》。
② 顾炎武：《郡县论》五。

之人民，皆其子姓；县之土地，皆其田畴；县之城郭，皆其藩垣；县之仓廪，皆其囷窌。为子姓，则必爱之而勿伤；为田畴，则必治之而勿弃；为藩垣囷窌，则必缮之而勿损。自令言之，私也；自天子言之，所求乎治天下者，如是焉止矣。一旦有不虞之变，必不如刘渊、石勒、王仙芝、黄巢之辈横行千里，如入无人之境也。于是有效死勿去之守，于是有合从缔交之拒，非为天子也，为其私也；为其私，所以为天子也。故天下之私，天子之公也。公则说，信则人任焉。此三代之治可以庶几，而况乎汉唐之盛，不难致也。"[①] 实现这种设想的关键，不仅在于县令之私是否能够成为"天子之公"的一部分，而且在于县令是否能够与他的子民建立起一种信赖关系。

从常常被誉为反君主集权的黄宗羲的《明夷待访录》来看，"私"主要是在两种意义上得到肯定的。首先，黄宗羲相信，从人类的"原初状态"（"有生之初"）开始，人人都是自私自利的，他们并不去考虑和谋求人类共同体的公共利益（"公利"），也不去试图排除人类共同体的公共危害（"公害"）。人类这种从自我出发而对自身利益的追求，当然也是自然的"人情"。据此来说，黄宗羲实际上是把"自私自利"看成是人与生俱来的一种固有属性，这种属性自从人类诞生起就体现在人的生活中。人类历史的开端，也就是人类自私自利的开端。其次，黄宗羲又断定，与一般人的自私自利不同，有一种人超出了一己的利害，而是以天下的利害为利害。这种付出一切不求任何回报的行为，自然完全超出了一般的"人情"，这只有个别伟大的君王才能做到。在黄宗羲看来，就连许由、务光、尧、舜和禹，他们都曾为此而进行了艰难的选择。黄宗羲把为天下兴公利除公害设定为君主的"职分"，就是基于理想的君王曾经出现在早期历史之中这种信念理性。与此相对，私天下的暴君恰恰就是背离"立君"和为君之道的后来（今世）之君。

---

① 顾炎武:《郡县论》五。

君主的“古今”之异，也就是本来的理想之君与丧失本旨的暴君之别。黄宗羲说：“后之为人君者不然，以为天下利害之权皆出于我，我以天下之利尽归于己，以天下之害尽归于人，亦无不可；使天下之人不敢自私，不敢自利，以我之大私为天下之大公。……古者以天下为主，君为客，凡君之所毕世而经营者，为天下也。今也以君为主，天下为客，凡天下之无地而得安宁者，为君也。……为天下之大害者，君而已矣。向使无君，人各得自私也，人各得自利也。呜呼，岂设君之道固如是乎！”[①] 总之，在黄宗羲那里，古今之君的公天下和私天下的冲突，对于大众来说，就是他们能够自私自利与不能自私自利的对立。黄宗羲设定了一个“无私”的以公共利益为最高利益的君主，同时也设定了不需要“大公”的自私自利的大众，二者被统一在个人利益的目标和实现上。这种以个人自私自利为出发点并由此来规定作为公共角色的君主的职分，一般仍被称为中国传统的“民本主义”，但也许更应该称为“利己主义”。

现在让我从若干侧面总结一下明清之际所说的“私”的意义及其合理性根据。就其基本点来看，“私”一是指人的自然心性或自然本性；二是指人思考和追求自身利益（也就是欲望和欲求）的动机和行为；三是指获得所有物及其对财产的所有权；四是指作为所有权主体的“私”。这种“私”并非像沟口雄三所说的那样“只是”中层官僚阶层和富有地主阶层，他同时也包括了下层庶民。这样的“私”因其是自然的、与生俱有的，因而它就“应当”得到满足和保证；这样的“私”因其是历史上曾经被保证和实现的历史经验和传统，因此它继续得到保证和实现就是正当的；君主和政治统治的目的，就在于使他的庶民的利益得到保证和满足；政治是否合法，就取决于它是否服务于“天下之利”的公共利益和为百姓带来福祉。

---

① 黄宗羲：《明夷待访录·原君》。

作为一种新的价值理性，这种意义的“私”及其辩护出现在明清之际，我们可以通过一些显而易见的因素进行解释。正如本文一开始就指出的那样，从思想史的脉络特别是理学和心学的脉络来看，明清之际“私”观念的抬头，是作为反叛理学和心学中对“理欲”和“公私”所设置的“异己物”而出现的。这是一个整体性的知识背景。按照这个背景，“理”恰恰就在“欲”中，就像“道在器中”那样。这是对“理欲”及其关系的一种新的理解。“私”的彰显，也就是要摆脱作为压抑人的欲求和追求自身利益的“公”和“天理”。人们常常拿朱熹所说的“饮食者，天理也。要求美味，人欲也”来证明朱熹并不禁欲。实际上，要求美味的“人欲”，仍是“欲”，禁止这种欲，当然也是“禁欲”。明清之际反道学的一个基本方面，就是从天理自然合理到人欲自然合理。

明清之际“私”的抬头，与明朝中叶的手工业和商品经济的发展相呼应。这一社会条件曾被描述为资本主义的萌芽。人们常常从农作物特别是经济作物的种植等农业生产的变化，从冶铁、铸铁、制瓷、丝织和棉纺织等手工业的发展，市场和商业货币经济的扩大，工商业城镇的兴起等许多方面，来说明不同于以往的当时社会经济的新生因素和新趋势。河北遵化、山西阳城、广东佛山、福建龙溪等地区代表了冶铁和铸铁业的发展，江西景德镇的民窑制瓷业超过了官窑，以苏州为代表的丝织业非常繁荣，称为徽商、西商、江右商、闽商、粤商、吴南商等的从事商业活动的商人大量增长，江南特别是以苏州、松江、杭州、嘉兴和湖州为代表的城市及其镇市相当繁华。随着这种新的经济发展趋势，人们的观念也在发生着变化。黄省曾在《吴风录》中告诉我们说：“至今吴中缙绅大夫多以货殖为急。”汪道昆《太函集·明故处士溪阳吴长公墓志铭》（卷五四）谈到了人们根据自己的才力在儒商之间进行流动性选择的情形：“古者右儒而左贾，吾郡右贾而左儒。盖诎者力不足于贾，去而为儒；羸者才不足于儒，则反而归贾。”《拍案惊奇》(二刻卷三七)载:“徽州风俗以商贾为第一等生业,科第反在次着。”我们上面举出的为“私”申辩的四位人物(李贽、陈确、顾炎武和黄宗羲),都具有江南生活的背景,我想他们大概或多或少会受到以追求经济利益为动机的商品经济的影响。黄宗羲强调“工商皆本”可以作为一例。

以强调和重视个人利益为中心的“私”观念的兴起,也是一种对明代中叶以后的政治腐败和腐朽做出的反应。以中央集权为特征的明代政治非常专制,宦官更是危害剧烈。在君主和宦官的高度专制统治之下,形成了最大的利益集团。这种利益集团大肆掠夺中下层的利益,使中下层大众的利益根本得不到保证。《明史·食货志二》载:“万历以后,营建织造,溢经制数倍,加以征调、开采,民不得少休。迨阉人乱政,建第营坟,僭越亡等,功德私祠遍天下。盖二百余年,民力殚残久矣。”《食货志三》载:“南京内库颇藏金银珍宝,魏忠贤矫旨取进,盗窃一空。内外匮乏,遂至于亡。”唐甄批评君主,要求抑制君主的权尊,也是为了富民。《潜书·富民》揭露上层的掠夺,造成了中下层的贫穷:“是以数十年以来,富室空虚,中产沦亡,穷民无所为赖,妻去其夫,子离其父,常叹其生之不犬马若也。”户部侍郎张国彦在万历十四年(九月)进言说:“苏杭之织造,江西之陶器,公主之广求珠宝,得无与汉文百金之费相类乎?”[①] 上层不接受他的进言。中央利益集团对中下层利益的占有和剥夺,引起了人们的反抗。比如,全国性城市居民对宦官沉重商业征税的反抗暴动,据称在中国历史上还是第一次。这说明城市居民对维护个人经济利益自觉意识的增加。东林党人反对宦官利益集团的殊死斗争是大家都熟悉的。顾炎武撰写《郡县论》,要求建立类似于封建的县级政治共同体,目的就是要保证中下层的利益。黄宗羲对君主和宦官的批判非常激烈,这在《明夷待访录》

① 谷应泰:《明史纪事本末》(三),中华书局1977年版,第1006页。

中是能够清楚看到的。

以上这些因素，整体上可以看作明清之际“私”观念的自觉意识的社会史背景。

（原载刘泽华、张荣明等著:《公私观念与中国社会》，
中国人民大学出版社 2003 年版）

现代新儒学的视域限制

在现代中国思潮中，新儒学无疑占有突出的位置，甚至可以说它已成为20世纪末的“显学”。与其相应，对它的研究，亦显得格外活跃，取得了一些值得注意的成果。但是，如果我们不愿停留在已有的水准上，我们一定有许多事情要做。其中之一就是要增加观察它的视角，即在目前已确定的主要是表彰它的方位之外，建构起反省和批评的方位。这不仅对未来中国文化的整体发展是必要的，而且对新儒学自身亦有益处。因此，在此，我们不从正面继续对新儒学的价值做出鼓励，而是从反面试图系统地揭示出它所存在的一些视域限制，以为它的超越和突破提供参照。

一　经济与伦理

我们可以从韦伯的资本主义解释范式说起。在韦伯看来，西方资本主义的成长在很大程度上是与西方的文化价值，即新教伦理观念联系在一起的，而世界其他国家所以没有自发生长出资本主义，则与它们缺乏这种观念有关。[①] 但是，随着东亚资本主义的兴起和惊人发展，人们一方面是从韦伯那里得到启示，一方面则对韦伯所说的非西方价值不能生长资本主义的说法开始提出怀疑。他们试图把东亚资本主义

---

① 参阅马克斯·韦伯《新教伦理与资本主义精神》（于晓、陈维纲等译，生活·读书·新知三联书店1987年版）和《文明的历史脚步——韦伯文集》（黄宪起、张晓琳译，上海三联书店1988年版）。

与东亚儒学文化圈的伦理价值观念对应起来，从正面的肯定来回应韦伯的反面否定。[①]对此，我们不展开讨论，而要指出的是，东亚资本主义都不是自发成长起来的，它们都是在西方资本主义的影响下而出现的，人们完全有理由说，它们是西方资本主义移植的结果。因而，韦伯的论断仍未被直接推翻。[②]由此出发，我们所关心的就不再是用儒家伦理来解释东亚资本主义的起源，而是从一般意义上来看看传统儒学伦理，特别是新儒学伦理是否能适应或助推经济的发展。

很明显，传统儒学伦理是一个包含着许多内容的非常复杂的整体，因而，谁都不会否认，在它那里会有与经济相适应或有利于经济成长的因素。这从孔子开创的儒学初始智慧中就可以看出。孔子伦理观根本上是鼓励人们追求财富和物质利益，他明确提出了“因民之所利而利之”的命题。[③]他与冉有在卫国的一段对话清楚地表明他要推行的是一种富民政策：“子适卫，冉有仆。子曰：‘庶矣哉。’冉有曰：‘既庶矣，又何加焉？’曰：‘富之。’”[④]他自己对财富就有强烈的愿望：“富而可求，虽执鞭之士，吾亦为之。”而且，孔子把富本身看成一种伦理行为，认为在一个有道的社会中，贫贱是可耻的。[⑤]同时，孔子把富的追求纳入了合理的伦理轨道中，要求“仁而富”或“义而富”。这种观念，不言而喻就是一种经济伦理。日本近代大实业家涩泽荣一（1840—1931）通过自己对《论语》的研究和致富实践，写出了著名的《论语与算盘》一书，这是很自然的。[⑥]

---

① 参阅杜维明：《新加坡的挑战——新儒学伦理与企业精神》，生活·读书·新知三联书店1989年版。

② 参阅余英时：《士与中国文化》，上海人民出版社1987年版，第441—449页。

③ 《论语·尧曰》。

④ 《论语·子路》。

⑤ 《论语·泰伯》。

⑥ 书中《仁义与富贵》等节充分说明了孔子的伦理观念与经济的关系。见涉沢栄一（1985）『論語と算盤』. 東京：国書刊行会。

但是，孔子之后，儒学却朝着两个不同的方向发展，一是以孟子为代表并在宋明程朱、陆王儒学中达到了顶点的排斥经济利益的心性学派，二是以荀子为代表并在宋明叶适、陈亮儒学中又被大力强调的经济伦理学派，而在这两个方向中，前者成了中国儒学发展的主流和中心。与此相应，追求经济利益的“经济人”（商人），就被完全排斥在伦理价值之外，成为社会的“卑贱者”，而不参加经济活动并享受着大量社会福利的“士”，却成了体现最高伦理价值的“高贵者”。这种伦理价值取向显然是“非经济性的”或“反经济的”，它与韦伯所说的“新教伦理”背道而驰。

那么现代新儒学是沿着传统儒学的什么方向发展呢？很明显，不是经济伦理的方向，而是心性伦理的方向。新儒学中的人物，不是程朱派，就是陆王派，而没有一位功利派。他们所追求的仍然是那种没有欲望（包括经济财富欲望）的纯洁的人格境界，如冯友兰《新原人》中的“天地境界”，牟宗三《心体与性体》中的“内圣”。按说，在西方资本主义的压迫下，他们应该清楚，拯救中国的根本路径应在于经济的现代化或工业化（富强），为此，就必须提供追求经济利益和富强的伦理道德基础，即一方面把获得财富、不断地增值本身视为伦理和道德上的应当，同时又视它在具体活动过程中合理化（按照规则和法律）和道德化（如信誉、公平等）。但是，新儒家既没有把赚钱和追求利润的行为视为一种伦理行为做出应有的鼓励，也没有提出一些经济过程所应遵守的道德伦理规范或原则，以促使它健康地发展。他们所关心的是人的道德行为，是内在于形上或本体上的应当，而在这种形上或本体中，并没有追求财富和经济的应当根源，相反，它却是必须通过道德伦理行为去净化掉的非应当的“私欲”。如梁漱溟强调说最与仁相违的生活就是算账的生活。所谓不仁的人，不是别的，就是算账的人。人只是生趣盎然，才一算账则生趣丧矣！[①]这是把经济行为彻底

---

① 梁漱溟:《东西方文化及其哲学》，商务印书馆 1987 年版，第 21、134 页。

非伦理化的典型表现。

新儒学对经济和富强的冷漠，看一看近代以来在中西文化冲突中它对待西方文明的整体态度就能有更直接的了解。以张之洞为代表的洋务派，主张“中体西用”，强调引进西方工业文明和经济增长的积极愿望。但是，新儒学（冯友兰的特别之处，下面再说）在这一点上，甚至还不如洋务派。洋务派的片面性在于排斥西方的精神价值，而新儒学的观念既想抵制西方的精神价值，也对西方的工业文明和经济持消极态度。他们整体上仍要通过传统的道德中心主义（文化主义）的复兴来寻求中国的道路，他们的观念与“物质文明”和“工业化”的进程是不合拍的，至少是把工业化和经济仍放在社会的非核心地位上。贺麟说：“中国近百年的危机，根本上是一个文化上的危机。文化上有失调整，就不能应付新的文化局势。”[①] 梁漱溟说：“民族复兴本质上是民族文化的复兴。”[②] 这就是说，新儒学把解决中国问题的重点仍置于道德和人文的重建上，而不重视经济发展这一现代化的中心。因此，我们可以说，新儒学的价值方向整体上没有代表（甚至反对）中国要求工业化和经济发展这一进步方向。

当然，我们不否认新儒学中也有人对中国发展工业文明和经济的强烈要求，如冯友兰。冯为此专门写了一部《新事论》，他从哲学中的“共相论”的高度，论证“工业化”是现代世界文明的本质，认为中国要摆脱被压迫被剥削的“乡下人”处境，成为“城里人”，与西方平起平坐，就必须实现工业化，大力发展经济。冯的这种观念，在新儒学中独树一帜，极为珍贵。但是，冯只是提出了一个民族运动的大方向，而没有具体地把他的追求富强观念同伦理道德观念结合起来，以使个人的经济行为伦理化。因而，在他那里，经济行为与伦理道德仍然是

---

① 贺麟：《儒家思想的新展开》，载《思想与时代》1941 年第 1 期。

② 梁漱溟：《中国民族自救运动之最后觉悟》，上海书店出版社 1942 年版，第 96 页。

没有联系的两极，而后者的内容又完全是传统性的。

正是由于新儒学更片面地发展了中国传统的“心性”伦理和道德，而没有在西方价值观念影响下把中国非主流的经济伦理推进一步，因而，在中国经济发展的大潮中，虽然人们追求经济的欲望已被大大激发起来，但这种行为仍未被伦理化，特别是在经济活动中，除了法律等硬性尺度不健全外，伦理道德等软性尺度，也惊人地缺乏。我们从哪里去找呢？在新儒学这一代表了中国传统伦理文化的“新一时期”发展中，我们却根本找不到这种“新”的经济伦理，而只有那种“旧”的不被经济利益污染的心性之体。这是一件极为遗憾的事。

二　政治智慧的盲点

与在经济和伦理上的关系相反，新儒学在政治与伦理之间，持续着传统中那种以“内圣外王”观念所表现出来的伦理与政治的连续性，如果说前者是过分地隔离二者或设置了二者的对立，那么，后者则是极端地去密切双方的外在联系或消融双方的差别。不管实际上如何，在理路上，传统儒学都是要把政治理想的实现视为道德理想人格（圣人）外化的结果。而新儒学在这一点上，也完全是传统的。而且它还认为传统儒学做得不够（“内圣强，外王弱”），如牟宗三说宋明儒者的成就和贡献，毕竟偏重于内圣一面，外王事功方面，则缺少积极的讨论和表现，此即所谓“内圣强而外王弱”。[①] 因而，新儒学特别要求平衡二者的关系，使内圣强而外王也不弱。但是，不管新儒学多么喜爱传统儒学的“内圣外王”观念，我们都不得不煞它的风景。因为，在我们看来，“内圣外王”观念，基本上属于要放弃的那一类旧的不适合现代社会政治生活的东西。如果在现代道德领域中还可以谈论“内圣”

① 牟宗三：《历史哲学》，台湾学生书局1984年版，第191—192页。

的问题，那么在现代政治领域，我们却不需要“帝王”。封建的“帝王”只能出现在历史的意识中，而不能表现在现代政治意识中。同时，“内圣外王”论者把伦理道德领域与政治领域看成不可分割的内在联系。这种做法，在学理对象，在具体内容及操作上，都是不可采取的。从学理对象上说，伦理学或道德学同政治学，分别研究不同的对象，“内圣”是属于伦理学的对象，“外王”则是政治学的对象。把“外王”视为“内圣”的衍化，就是把政治学的对象变成了伦理学的附属物，从而取消了政治学的独立性。从具体内容和操作上说，“内圣”并不是“外王”的充分条件，至多是必要条件。也就是说，“外王”有必要是“内圣”，“内圣”并不意味着就一定要“外王”，因为，政治家的充分条件是政治智慧或领导管理才能。但是，新老儒学不仅把“内圣”看成“外王”的必要条件，而且还把它看作充分条件。如果照新儒学的愿望，只要内圣就应外王。那就肯定给政治带来无穷的祸害。因为，在儒学的初始阶段，圣人还是智慧和天才的象征，他们都有治理国家的政治才能。但是，被视为儒学高潮的宋明理学，却把圣人彻底道德化和伦理化，而不再与智慧有重要的联系。在他们的视野中，愚昧无知都不妨碍成为“圣人”，陆象山的名言说“若某则不识一个字，亦须还我堂堂的做个人”。[①] 现代新儒家冯友兰解释说：“说到圣人，一般人总想到一个全知全能的人，讲到学问，圣人一定是，上自天文，下至地理，无所不通，无所不晓；讲到本领，圣人一定是所谓‘文能安邦，武能定国’。其实圣人并不是如此全知全能底人，实际中亦没有如此全知全能人。孟子说：‘圣人，人伦之至也。’‘人伦之至，即是圣’，至于其有无在别方面底知识本领，则与其是圣人与否无关。”[②] 难道我们能把我们的政治理想再寄托在这种“圣人”之上吗？但是，新儒学却

---

① 《语录》下，《陆九渊集》，中华书局1980年版，第447页。

② 冯友兰：《新理学》，《三松堂全集》第四卷，河南人民出版社1986年版，第210页。

认为他们心目中的“圣人”最宜做“王”，而他们这些高谈阔论伦理道德的哲人，自然就应当是新的“帝王师”。正是由于儒学这种把政治完全伦理化的传统根深蒂固，中国政治之走向现代化就格外困难，始终难以超越道义上的“人治”。当然我们不是说政治和伦理没有关系，也不是说政治家可以不讲道德，而只是说政治与伦理是两个不同的领域，政治不能是伦理的外化，而政治家的根本属性在于其政治智慧和业绩，而不在于他在道德上应是最好的人。

除了“内圣外王”这种观念轻视政治智慧外，现代新儒学对推进现代中国新的政治思想和观念，也没有什么积极的建树。自由、民主和法治等这些现代国家的政治智慧，是中国政治现代化必不可少的东西。但是，现代儒家尽管阵容庞大，但他们没有向中国人传播这种新的政治观念。说起来，新儒家是最关心社会政治的，但他们却不在这些方面去教化和引导大众。他们如此冷漠自由、民主和法治，这是为什么？那就是他们的思想完全被传统窒息住了。他们从人的先天善性出发，乐观地认为，只要人人都善善恶恶，就能齐家、治国、平天下。因而，他们把社会达到善的基点始终放在个人的道德修养上。由于个人修养的目标，是只有在持续和不间断的长期过程中才是可能的（中途退却就会前功尽弃），因此，为了保持这种过程的持续，新老儒学在此都花费了无穷的苦心。但是，新老儒学的个人道德理想，从来都没有像他们所希望的那样实现过，说到底都只能是一种道德乌托邦。这并不奇怪，人所存在的恶的一面是永远不能剔除干净的。在这种情况下，要保持社会的秩序，就需要硬性的法律尺度来约束人的行为。而自由民主的政治，则更利于人性的发展。但是，新儒学却总是以个人的道德为出发点，去外化社会的善和政治目标，而不以社会的善与政治目标为基础，去造就个人的道德和人格。这造成的一个严重的后果，就是个人与社会和政治的隔膜。说来也许令人难以理解，新旧儒学对社会和政治从来都是关心的，但是并没有培养出中国人对社会整体善和参与政治的热心，“绝大部分的社会群众对政治是陌生的、冷漠的。因此，韦伯说中国人有一种浓厚的‘非政治’态度，他们实际上是‘非政治动物’。他们对政治不仅无‘投入取向’，抑且无强烈的‘产出取向’，几乎处于一不闻不问的状态下”。[①]如果从思想上找根源，这就是新旧儒学对社会和政治的关心方式。这种方式不是直接性的，而是要通过自我的独善来间接实现。由于独善是永远难以完成的，而间接性的对社会与政治的关心和参与，也就无法达到。

如果说新儒学完全不关心现代政治智慧，那也太冤枉它了。我们能看到牟宗三对民主和法治政治的渴望。他承认民主和法治是中国传统政治文化缺少的东西，而这又是中国走向现代化所必需的。[②]同时他也承认伦理道德与政治是两个不同的领域，应有所区分。[③]那么，如何使民主和法治在中国成为现实呢？政治与道德区分应是什么意义呢？按照牟的说法，道德良知经过“自我坎陷”（自我限制），就能从道德主体转出政治实践主体，并开出民主政治。在牟看来，传统儒学以内圣直接推出“外王”是不够的，现代化意义上的外王，应经过“一曲折”，“转一个弯”，通过建立起政道和制度来间接地实现。[④]至于道德与政治的区分，牟认为这只能从名言的方便性来说，即在政治“独立境遇内，不牵涉那形上的道德理性而使民主政体内各种概念清楚确定，这种清楚确定亦不过是为名言的方便，名言上的清楚确定，即不必牵涉那么多，只在民主政治大括弧下就对等平列的事实而确定地说出就够了”。[⑤]从

① 金耀基：《中国的现代化》，《港台及海外学者论近代中国文化》，重庆出版社1987年版，第31页。

② 牟宗三：《理性之运用表现与架构表现》，《道德理想主义的重建》，中国广播电视出版社1992年版，第170—172页。

③ 牟宗三：《历史哲学》，台湾学生书局1984年版，第191—192页。

④ 参阅牟宗三：《历史哲学》，台湾学生书局1984年版，第192页。

⑤ 牟宗三：《理性之运用表现与架构表现》，《道德理想主义的重建》，中国广播电视出版社1992年版，第170、170—171、172页。

牟所提供的答案来看，他虽然想发展中国的政治智慧，想使政治纯正一点，但他根本上还是没有超出通过“内圣”来开“外王”的模式，没有超出“泛道德主义”或“道德中心主义”（尽管他说他的“曲贯”不是泛道德主义，也不是泛政治主义）观念。① 因为，不管有多少“曲折”，不管转多少“弯”，牟的出发点仍是要通过道德主体来开出政治主体。但是，为什么人不能是直接的政治主体呢？为什么不能直接通过确立人的政治主体性来建构民主政治，而却要大绕弯子呢？如果亚里士多德的“人生来就是一个政治动物”的说法有一定道理的话，我们当然可以直接通过新的政治智慧的传播和教化，使人人都具有现代化的政治智慧，并最终使民主政治在中国生根结果。

三　对科学的反应

同样，在中国传统向现代化的转变中，科学和技术以及与此相关的认识和逻辑方法等工具理性，也是必须大力推进和发展的，否则中国的现代化仍是不可能的。那么，现代新儒学对在西方近代得到了惊人发展的科学等工具理性是如何反应的呢？从他们的言论中，我们不难看到，他们对科学并没有采取拒斥的态度，而是赞成中国发展科学。梁漱溟尽管对西方文明有不少严厉的批评，但是，他认为科学方法则是西方的特长之一，他说我观察西方文化有两样特长，所有西方文化的特长都尽于此。我对这两样东西完全称许，所以我的提倡东方文化与旧头脑的拒绝西方文化不同。所谓两样东西是什么呢？一个便是科学的方法，一个便是人的个性伸展，社会发达。前一个是西方学术上特别的精神，后一个是西方社会上特别的精神。② 梁认为，这两种精

① 牟宗三:《理性之运用表现与架构表现》,《道德理想主义的重建》, 中国广播电视出版社 1992 年版，第 170、170—171、172 页。

② 梁漱溟:《东西方文化及其哲学》, 商务印书馆 1987 年影印本，第 21、134 页。

神都是对的，中国只能无条件地接受。在20世纪20年代科学论战中，站在科学派对立面被称为“玄学鬼”的张君劢，也认为中国应拥有科学实验方法，他说西方人生观中如个人独立精神，如政治上民主主义，如科学上之实验方法，应尽量输入。如不输入，则中国文化必无活力。① 牟宗三把怎样在中国开出以科学为重要内容的“新外王”，作为新儒学第三期发展的责任。他说：“儒家学术第三期发展，所应负的责任即是要开这个时代所需要的外王，亦即开新的外王。”②

从新儒家对发展中国科学的这些愿望来说，我们当然不能简单说他们是反科学的。问题在于，新儒学的这种愿望，在很大程度上又被他们的另一个更强大的愿望，即承继中国传统文化的使命感所淹没。他们不希望在西方文化的冲击下，中国文化丧失其主体的地位，因而，他们在西方文化面前，大力强调中国传统文化的固有价值或整体的优越性，反过来就是申告西方文化的有限性和不足性。由于他们这种方式发生在两个特别的文化氛围中：一是“五四”那种激烈反传统的氛围，一是“一战”所引发的西方文化的危机，所以，他们对中国传统文化固有价值的肯定和辩护，对西方文化不足的揭示，就显示出强烈的保守性和夸大性。他们把西方文化危机看成是一种整体性的危机，因此他们就对科学本身有了深深的怀疑。在“科玄”论战中，以新儒学为代表的“玄学派”，竭力削弱科学的权威，是很典型的。无须讳言，“科学派”也有夸大科学的片面性，但他们的动机是为了推进中国的科学，因而尽管他们有片面性，而他们的要求则符合中国现代化的需要，有突出的实践意义。但是，“玄学派”同样有片面性，因为他们不承认科学能解决人生的所有问题，却不积极肯定科学实在能解决人

① 张君劢：《欧洲文化之危机及中国文化之趋向》，载《东方杂志》1922年第19卷第3期。

② 牟宗三：《从儒家的当前使命说中国文化的现代意义》，《时代与感受》，鹅湖出版社1984年版。

生的许多问题，而且，在中国科学根本上还极为落后的情形下，就急于限制科学，这极不利于中国的现代化目标。

新儒学对科学的限制，除了来自对科学本身的怀疑外，还来自他们对中国文化的保护意识。他们担心科学的发展会伤害到中国传统文化，如唐君毅说："而自中国文化来说，科学如何在中国文化中立根，而又不至伤害到中国文化，亦是一大问题。这个问题，实在并不简单。"① 梁漱溟对中国文化的优越意识，使他认为中国文化是世界文化的未来发展方向。因此，他尽管要求中国有科学，但他却要抽掉促进科学发展的意欲向外的西方这一内在精神价值，以保持中国意欲向内的固有精神方向。在牟宗三那里，与他开出"民主政治"的思路一样，他也要通过中国道德主体的确立，来开出以"科学"为主的知性主体。也就是说，在科学面前，牟宗三仍要确定中国传统文化的基础地位。他反对"加添法"来使中国直接拥有科学。因为在他的意识中，这种方法会把中国文化弃在一边。但是，科学完全可以通过加添法的方式来获得。如果人们缺少适应科学的精神素质，那就直接通过培养来达到。人不只是一个道德意义的人，他也是一个智慧意义的人，或者其他什么。道德和智慧在人那里，是一种并列关系，而不是一种主从关系，它们分别处理价值和事实这两种性质不同的东西。即便我们承认价值和事实有联系，我们也没有理由认为价值是事实的基础，换句话说，就是智慧心并不是建立在道德心的基础上。牟的问题就在于为了确立中国传统道德主体的地位，把价值和事实混为一谈，使道德心继续高于智慧心。

因此，我们可以说，新儒学对科学的好感，完全隶属于他们对中国传统文化的强烈保护意识。他们试图既引进科学，又希望它不与中

---

① 唐君毅:《科学对中国文化之价值》，载香港《民主评论》1955年第6卷第14期。

国文化发生冲突。但这是不可能的，因为科学的引进虽然不会使中国文化完全失去存在余地，但它肯定会改变一些传统的观念。新儒家把科学可能使一些传统价值观念的改变，夸大为科学会对整个中国传统文化构成威胁，这样，他们对科学的好感，就往往伴随着一种不安和戒心。为了使自己不失重心，他们所津津乐道的就只能是传统的价值，而不是科学的精神和价值。在他们那里所能有的自然就是大量的心性之谈，而与科学方法紧密相关的知识论和逻辑学，最终就处在他们的视野和关心之外。

四　文化民族主义

从西方世界现代化的发展道路来看，它一般伴随着建立现代民族国家的目标，中国的现代化也不例外。但与西方自发的过程不同，中国建设现代民族国家的目标，是在西方帝国主义的侵略之下开始的。西方帝国主义的冲击虽然为中国走向现代民族国家提供了转折的契机，但是西方帝国主义却又要把中国殖民地化，阻碍它发展成为现代化民族国家，所以这一目标的实现，首先就表现为反对和摆脱帝国主义的侵略压迫，争取民族解放和独立。同时，由于西方又是先进的发达国家，我们的现代化又不得不表现向西方学习的过程。在这种情形下，如何既保持反帝国主义的民族主义张力，又能以开放的心灵虚心学习西方的现代化文化，是中国现代化过程所面临的一个至关重要的问题。那么，现代新儒家在这一点上，向我们展现了什么呢？

人们大概都承认新儒家不缺乏民族主义意识，我们也不否认这一点，但是，我们应该清楚新儒家民族主义意识的特性。一般来说，新儒家的民族主义意识主要表现为文化民族主义。他们致力于对传统文化价值的阐明和维护，以使它在西方文化面前仍有优越的地位。这种文化民族主义，无疑能使国民通过民族文化的认同，产生出一定的反帝和救亡的民族凝聚力，但是，从建设现代民族国家的意义来说，政治民族主义则显得更为重要，因为它直接强调建立政治上独立和自由的现代化民族主权国家，并认为每位国民都有义务为这一目标的实现而做出贡献。而文化民族主义，虽然通过民族文化的认同，能产生出一定的民族凝聚力，但它又容易只是停留在民族文化认同上，而不指向政治民族国家的建设目标上。中国传统“华夷之辨”所体现的民族意识，就是这种文化民族主义。它主要是保持文化上的优越感。而现代新儒家的民族主义，并没有走向政治民族主义，而基本上还是传统的文化民族主义的继续。

同时，新儒家的文化民族主义，也没有向国民提供一种虚心学习西方现代化的开放心灵。他们主要是以维护传统文化的优越感为己任，而不是以大力推进学习西方为使命，因而说他们是文化保守主义者是很恰当的。从一般意义上说，“全盘西化”是有毛病的，显然，西方文化不是一切都好，中国传统文化也不是一切都坏，但是，文化保守主义也有很大的局限性，它过分夸大旧识，而忽略外来的“新知”。站在新的理论高度，我们现在主张用“全盘现代化”来代替“全盘西化”和“文化保守主义”，以避免误解。同时强调中国的现代化绝不能只是经济的、军事的和科技的，它还必须是政治的和思想文化的。

以上对现代新儒学视域限制的揭示和批评也许是很刻薄的，但是我们认为，这是希望新儒学获得突破性发展的发自内心的“忠言”，虽“逆耳”，可又值得仔细倾听，否则“新儒学”的“新”，就继续不会有实质上的意义，它关心现实却又会与现实极不相干，如同论者所说：“新儒家整个活动，在现代化过程中……可能是变成不相干的现象。”①

---

① 金耀基:《从现代化观点看新儒家》，载台湾《中国论坛》1982年第15卷第1期。

20世纪末"中国"的"儒学观"

——类型、范式和方法

正如大家直观上看到的那样，20世纪末的中国儒学研究比之于"中国学"的其他领域来，显得尤其活跃和繁荣。[①]在儒学研究领域中，十年来中国集中了许多专门性和非专门性的学者，在世界汉学研究者的构成中，恐怕是最多的。十年来，中国围绕儒学展开的研究，成果数量十分惊人。据统计，单是20世纪90年代上半期，所出版的著作就多达300部。据此估算，如果后半期也在这一数目左右，合起来就应该有600部左右。这样，平均每年就应有约60部儒学研究著作问世。所发表的论文，其数量之多当然就更不说了。根据《国际儒学联合会简报》刊登的儒学研究论文目录，仅就1997年、1998年、1999年三年来看，每年就有800余篇。即便1997年前每年没有如此之多，但十年合起来其数目也有七八千。由此来说，中国的儒学研究成果，在世界汉学界中，应该也是最多的。20世纪末中国儒学研究的这种大规模复兴，在十年前特别是在二十年前，是难以想象的，难怪人们把20世纪末（90年代）中国学术思想和文化界的整体状态，称为"国学热"和"儒学热"。"热"这个词也许过于现象化，但它确实反映了曾经是"显学"的儒学在20世纪末受到普遍关切和研究的一般情形。儒学研究何以在20

---

① 对20世纪90年代的中国儒学研究，人们已经进行了一些有益的回顾和总结，如郭齐勇先生的《中国大陆地区近五年来（1993—1997）的儒学研究》（见刘述先主编：《儒家思想在现代东亚：中国大陆与台湾篇》，台湾"中央研究院"中国文哲研究所1999年版），就是如此。

世纪末从升温到重获“显学”地位，不是这里所要讨论的问题。要而言之，它是多种因素促成的结果。从客观条件说，中国新时期的改革开放把儒学从作为“批判的对象”中解放了出来；20 世纪 90 年代带有意识形态性的弘扬传统文化导向，客观上为作为中国传统文化主体的儒学提供了更为有利的空间，如果我们可以把这也叫作东风的话，正是这股直接的东风成为儒学研究迅速扩展的契机。从这种意义上说，儒学研究的复兴与意识形态的劝诱有某种微妙“合流”的地方，这是毋庸讳言的。此外，海外的儒学研究、海外新儒家（特别是像杜维明先生的工作）对中国本土的儒学复兴也起到了推波助澜的作用。①

在我列举了 20 世纪末中国儒学研究兴盛的现象和影响这种现象的客观因素之后，我想进入作为本报告中心的“中国”的“儒学观”上。

一　两种类型

20 世纪末中国儒学研究的学术取向、立场和方式，具有以往所没有的多样性和丰富性。从其基本或主要的学术目标和价值立场出发，可以把错综复杂和令人眼花缭乱的中国的儒学研究划分为两种类型：一种是“历史性”的类型；另一种是“价值性”的类型。我们先说“历史性”的类型。

“历史性”的类型整体上是把儒学作为一种客观化或对象化的历史存在来对儒学进行多方位的研究。属于这种性质的研究占据了 20 世纪末中国儒学研究的大部分，也是 20 世纪末中国儒学研究复兴的一个主要标志。

我们先看一下有关这方面的具象。按照中国大学的学科设置，有

① 有关中国大陆儒学从衰落到复兴的原因，牟钟鉴先生进行了比较全面的考察。参阅牟钟鉴:《二十世纪儒学的衰落与复苏》(上、下)，载《孔子研究》1998 年第 3、4 期。

关儒学的研究和教学，往往是哲学系的中国哲学史、历史系的中国思想史、政治系的中国政治思想史、法律系的中国法律思想史、经济系的中国经济思想史等专业中的一部分，而在哲学系的中国哲学史专业中则尤为突出。按照中国研究院的学科设置，“儒学”领域将在类似于大学院系的哲学研究所、历史研究所、经济研究所、政治研究所、法律研究所等各所下属的中国哲学史研究室、中国思想史研究室、中国经济思想史研究室、中国政治思想史研究室、中国法律思想史研究室等机构中同时出现。按照这种专业分工，我们对“整体性”的儒学，的确进行了“各取所需”的切割，难怪人们不时抱怨“专业化”的零敲碎打，抱怨对象的整体性越来越从我们的视野中消失了。但以“分化”和“细化”为特征的“专业化”仍然不可避免，而且“专业化”也确实非常有效地深化了我们的研究，使我们拥有越来越多更具体、更精细的知识和信息。

既作为客观化的历史性对象又作为分布在不同专业之内的“儒学”研究，在20世纪90年代成果最密集的地方是各种专题研究、专人研究和各种范畴研究等。专题如“易学哲学”“儒家德治”“理学”“心学”“现代新儒家”“郭店楚简儒家简”“儒家经学”“儒学比较研究”等；专人研究比较集中的是孔子、孟子、朱熹、王阳明、康有为、梁漱溟、熊十力、冯友兰等；范畴如“道”“天人”“理”“圣”“德”“仁义”“礼乐”“民本”“中庸”“和”“诚”“心”“性”等。在此，要特别强调的是“现代新儒家研究”“郭店楚简儒家研究”“中国经学思想史研究”和“东亚儒学比较研究”。这几项大的专题研究，体现了整体合作和优势集中的特点，因此产生了广泛的影响力。在中国，或者保持儒学“整体”形象的愿望很强，或者喜欢宏观但宏观上的“儒学”研究仍显不够，因此“通史性”的“儒学史”受到关注。据我所知，20世纪90年代撰写多卷本“儒学史”的意愿，在北大哲学系中国哲学史教研室、中国社会科学院宗教研究所的儒教研究室先后被酝酿。其他通史性的儒学史成果也先后诞生，一是由刘蔚华、赵宗正先生主编的《中国儒学学术思想史》(山东教育出版社1996年版)，这是一部以儒家“学术”为主的通史；一是由李申先生独自完成的三卷本《中国儒教史》，这是一部以儒家、儒学为“宗教”而撰写的一部“儒学史”；还有一部是由多人合作的七卷本《中国儒学史》，这是更一般意义上的“儒学史”。值得一提的还有刘宗贤先生等主编的《中国儒学》(四川人民出版社1993年版)和庞朴先生主编的四卷本《中国儒学》(东方出版中心1997年版)。这两部书的共同地方是按专题分类对儒学进行描述。

我不再列举这方面的其他论著，让我们回过头来看看这类研究的“性质”。如上所举，对于儒学不管是进行“分门别类”的研究，还是整体性或综合性的研究，这类研究大致可以说是一种把“儒学”对象化和客观化的“历史性”研究。按照不同的价值观，不管是相信“儒学”已经“终结”，还是希望“儒学”在未来的“新发展”，但与这里所说的“儒学”作为“客观化”“对象化”的“历史性”存在都没有什么关联。即使儒学真的“终结”(当然不会，这里只是假设)了，曾经存在过的“儒学”仍是“历史”；即使儒学有了“新发展”，它同样也会在时间之流中成为“历史”。而作为“历史性”存在的儒学研究，它关心的重点在于儒学“是什么”和“为什么”，也就是儒学存在的所有“事实”以及这些“事实”之间的关联。它既是“描述性的”，又是“解释性的”。这种研究一般是把“对象”加以“客观化”，以“旁观者”和价值“超然者”的“立场”面对“儒学”(“我注六经”)。它不把“儒学”研究作为推行所需“价值”的手段，也不让“儒学”直接成为一种“价值”和“应该”的注脚(“六经注我”)。这一点使我们联想到中国古代学术中的“古文经学”和“考据学”，也使我们联想到胡适曾经把“考据学”同注重证据和事实根据的科学方法相提并论。现代学术中有所谓从“信古”(“传统的”)到“疑古”(“古史辨派”)再到“释古”（冯友兰提出）的依次转变。然而，撇开信仰，如果是根据“事实”的“信古”和“疑古”，就没有什么问题，问题出在缺乏事实，仅从“价值”信仰出发“信而好之”或“怀而疑之”。“释古”照样要以“事实”和“文献”为基础。根据一系列考古新发现，以地下文物为主要依据的“证古”已经成为中国“历史”研究的新趋势。我不想陷入“历史方法论”的争论中。有人可能反对“历史主义”，甚至否认“历史学”中的“客观性”，但儒学的研究如果不注重“历史事实”和文献根据，儒学是否能构成一门“学问”，首先就成为一个问题（庆幸的是20世纪90年代中国儒学研究具有严格意义上的“学问性”）。

这里牵涉到一个把儒学作为“历史性”存在研究的“背后动机”问题。我们为什么要研究儒学？根据“为知识而知识”这一大家习惯的说法，“历史性”地研究儒学，根本上可以说是“为儒学而儒学”，而不是“贯穿”其他“非学术”的要求。[①] 这不仅符合作为学术基本规范的“学术自律”，而且也是一个“学术常识”。但是，大家不会忘记，在相当长一个时期中，对于中国学者来说，这种“学术自律”却是一种“学术奢望”；这一“学术常识”却被认为是极其“反常”的。有趣的是，被视为“反常”的尺度，不仅仅是“阶级性”，而且是“科学性”与“阶级性”的“统一”。这样，以“客观性”为特征的“科学”恰恰又成了扼杀学术“客观性”的助手。20世纪90年代中国的儒学研究，从学术的一般意义上说，不仅告别了80年代以前的“非学术”的“学术”（如“批孔”），而且也有别于80年代以“文化主义”表现为“文化热”）为背景的“大而化之”的“学术”。比之于80年代，90年代中国学术走向深沉，也越来越精细。王国维、陈寅恪等国学大师受到推崇、“学术史”受到关注、“学术规范”被讨论等，都是这种倾

① 这不是说“价值”和“兴趣”对我们选择研究的问题与对象没有关系，而是说不把“价值”和“兴趣”输入“对象”之中。

向的表现。无疑，在从“非学术”走向“学术”的过程中，20 世纪 80 年代是一个重要的过渡。这一过渡的主要特征之一，就是摆脱“政学合一”，确立“学术自律”，强调与“阶级性”和政治意识形态脱钩的“科学性”。[①] 蔡尚思撰文要求区分“真假”孔子，[②] 目的就是要用一个符合历史事实的“真实”的孔子或“本来面目”的孔子来取代“非学术”的、被“政治”利用的孔子。从 80 年代以来，强调“为学术而学术”，一直具有警惕和抵制“非学术”因素进入学术的意图。也就是说，90 年代在“纯粹”的学问研究之中，仍有继续“纯化”学术的动机。只是，在 90 年代，“学术”的内部纪律和内部规范问题被突出出来。因此，处在 90 年代中国学术中心之一的儒学研究，既受到了以学术为目的的“学术动机”和“学术规范”的驱动与支撑，同时又起着保护和稳定它们的作用。在这里之所以要特别强调这种学术“常识”，是因为这种“常识”在中国具有特别的境况。由此出发而进行的中国儒学研究及其“历史性”类型，也具有意味深长的情调。

20 世纪末中国儒学研究的“价值性”类型，与“历史性”类型具有“兴趣”不同的“相对性”。它关注的是儒学中的“价值”“善”和“应该”。因此，它与“历史性”类型的“相对性”，大体上可以用“事实与价值”“真与善”“是与应该”等“相对性”加以界定。儒学研究的“价值性”类型，首先是一种“价值”取向，是以寻找“价值”“善”和“应该”为出发点；其次，它把儒学看成是一种潜在的“价值”资源，并以重新发现其中的价值为直接动机和意图。这里也许容易引起混淆。在儒学历史中发现“价值”，这里的“价值”仍然可以是“历史事实”，即在历史中它曾经“是”一种“价值”。也就是说，

---

① 有人把 20 世纪 80 年代到 90 年代的学术转变，看成是从“思想家”到“学问家”的转变。但问题是 80 年代有真正意义上的“思想家”吗？

② 参阅蔡尚思：《关于真假孔子——孔学研究的几个主要问题（上）》，载《人民日报》（海外版）1987 年 9 月 22 日。

历史中的“价值”，仍然可以是“历史”，并通过历史叙事来显现。如果“只此”而已，这仍然可以说是“历史性”的研究类型，但是，“价值性”的类型根本上不是这样的意义。它不仅从历史中发现“价值”，而且更相信它“应该”是“价值”，并应该“继续”成为“价值”。因此，它在儒学历史中发现的不只是古人的“应该”，而且更是我们“现代”的“应该”。此外，“价值性”的类型，还希望把那些“本非”价值的“历史事实”，根据我们当下或未来的需要直接转化为“价值”。我们可以稍微具体看看这方面的情况。20 世纪 90 年代我们在儒学中发现的或者试图要转化出来的“价值”，举其大端，在社会理想方面，有以“和”和“合”为中心的“天人合一”“和谐”“中和”“和而不同”“和合”“和平”“正义”“公平”“万邦协和”等“价值”；在政治方面，有“自由”“民主”“人权”“平等”“公正”“政治儒学”“德治”等“价值”；在经济方面，有“儒商”“管理”“义利统一论”等“价值”；在伦理道德方面，有“仁爱”“礼”“诚信”“境界”“厚德载物”“孝敬”等“价值”。不管这些“价值”是儒学传统本来“固有”的，还是被“转化”出来的，它们都属于现代或未来时代的“应该”，是我们需要追求实现和落实的“规范”和“理想”。按照“价值性”类型的研究，儒学不仅有助于解决“中国性”的问题，而且也有助于解决“世界性”的问题；儒学的“价值”不仅对现代具有效力，而且对未来也有普遍性。根据这种“价值”承诺和预期，儒学既获得了一个世纪以来的最高声誉，同时也承担了一个世纪以来从未承担过的重任。虽然大多数儒学“价值性”类型研究，在学术上严肃认真，但也确有“夸张”的地方，有的甚至失去了“研究”的性质，而是简单地宣布“儒学价值”。其“价值”调子越高，“学术”价值就越低。但都可归为“价值性”的类型。由于这种“价值性”类型为儒学所赋予的“价值”，带有无所不包的“整体性”，远远超出了“局部”的范围，因此有理由把这种“价值性”类型称为“儒学救世论”（或“儒家救赎论”），这种意义上的儒学，也可以称作“信念儒学”（或“价值儒学”）。

从“五四”批评传统和批评儒学，到“文革”对儒学进行政治控告和批斗，再到20世纪80年代“思想解禁”过程中“批评传统文化”和“告别孔子”，尽管程度不同，方式亦异，但儒学就像具有“原罪”一样，一直受到“价值”上的否定和蔑视，它不仅没有“价值”，而且是“负面性”的代表；不仅是中国当前“问题”和“困境”的根源，而且是中国未来进步的巨大障碍。这样，我们对90年代带有“儒学救赎论”情调的“价值性”类型研究的兴起也许会感到惊讶，但想一想，这仍然不难理解。已经提到的“弘扬传统文化”的声音，客观上为作为中国文化主体的儒学复兴提供了适宜的环境。从学术自身的演变来说，90年代的儒学“价值性”类型，比起“历史性”类型来，与80年代更具有分水岭的意义，它主要是“相对”于80年代中国学术思想文化的“基调”而发生的转变。80年代以“思想解放”“开放”“多元化”“文化热”“中西文化异同优劣比较”等为表征的学术思想文化氛围，总体上可以说是“类似”于“五四”的一种“新启蒙主义”。由于“启蒙”的资源和背景仍然主要是来源于“西方”，[①]是以“西方价值”为中心和“普遍性”的“启蒙”，因此，“新启蒙”同样也像“五四”那样具有“西化”的特征，并相应地又是“反传统”的，“传统”再次成为“中国困境”的“替罪羊”，“传统”与“现代”重新被对立起来。“新启蒙”的“激烈反传统”和“文化整体主义”，又使自己带上了“激进性”的格调。20世纪80年代末中国知识分子的巨大“挫折感”，客观上成了促使他们思考和反省80年代学术思想文化的“酵母”。在“弘扬传统文化”的客观大背景下，主观上又希望寻找新的“认同”和

① 只要看看当时引起轰动的三部丛书——“走向未来丛书”（四川人民出版社）、“二十世纪文库”（华夏出版社）、“文化：中国与世界”（生活·读书·新知三联书店），便可清楚。顺便指出，我从来不反对一定意义上的“西化”，但我现在更愿意使用“现代化”，特别是“全盘”意义上的“现代化”。

"替代物"以克服"焦虑"和"不安"的中国知识分子，选择传统、选择儒学是最自然不过的。其结果就产生了不同于20世纪80年代"西化""新启蒙主义""现代化""普遍主义""新激进主义"等倾向的"本土性"("中国化")、"特殊主义"、"新传统主义"、"新保守主义"、"民族主义"等"立场"和"态度"。哲学基础也从法国和德国的理性主义、绝对主义（特别是像黑格尔）转向英国的经验主义，特别是像柏克（E. Burke）、哈耶克（Friedrich A. Von Hayek）等人的保守主义。

这样来概括从20世纪80年代到90年代的转变，当然是就主要趋势和特征而言，并非说90年代没有"启蒙""普遍主义"和"现代"的呼声。事实上，问题绝不是如此"单纯"。在"价值性"类型自身中，就包含着把儒学"价值观念"和"信仰"加以"普遍化"的意图，这从有关"儒学"与"普世伦理"关系的研究，从把儒学的"和谐观""大同观"同"全球化""和平主义"联系在一起的强烈愿望中就可以看出。况且，儒学"价值"被起用也正是出于它适合于"现代化"的目标。随着"儒学价值"的整体性复兴，它受到了来自两个不同方向的质疑，一个来自意识形态的"正统主义"；另一个就是来自启蒙"自由主义"。说起来，儒学复兴本身就具有"相对的"意识形态背景。但本身就是意识形态一部分的"正统主义"，或以注重社会现实实践为由，或把儒学归结为封建主义的产物，试图封杀儒学。① 这一方面表明意识形态本身存在着破绽，另一方面也说明复兴儒学价值与意识形态之间也存在着某种紧张。启蒙自由主义不相信儒学"价值性"类型对"现代化"所做出的那种"承诺"，它仍倾向于把西方"现代化"作为中国现代化的直接资源，并试图抵制儒学新保守主义。② 这都说明20世纪末儒学研究的"价值性"类型，既是对80年代学术思想文化

① 参阅崔龙水、马振铎主编:《马克思主义与儒学》，当代中国出版社1996年版。

② 参阅李世涛主编:《知识分子立场——自由主义之争与中国思想界的分化》，时代文艺出版社2000年版。

做向所做出的反应，同时又处在90年代的复杂性状态中。

以上我们对20世纪末中国儒学研究的两种大致类型进行了讨论。两种类型的划分无疑是“相对的”，有的研究者同时就具有这两种类型，在同一项研究中，有的也同时具有这两种类型的性质。但可以肯定的是，在“历史”的“兴趣”之下研究儒学和在“价值”的“兴趣”之下研究儒学，儒学向我们展现的往往是两种不同性质的东西，前者主要是“历史叙事”，后者主要是“价值诉求”。它们是20世纪90年代中国儒学观的两种主要类型。

二 “范式”及其“方法”

下面，我们来考察20世纪末中国儒学研究两种类型所主要运用的“范式”及其方法论特性。[①] 经过上面谈到的20世纪80年代的“政学分化”和“学术自律化”，中国学术的大多数专业研究逐渐同作为意识形态性的“单一”范式和方法形成“界限”。这一变化非常明显。如到了80年代末，政治意识形态的一套“垄断性”范式和方法，在中国思想史、哲学史等领域的研究中已失去了“约束力”，很少被人提到和使用，所谓“指导性”已经变得越来越具有“纪念性”。当然，这不是说这些范式和方法同时也完全失去了“学术”上的意义，作为历史上的一种“观念形态”，它本身仍然具有自身的理论特性。我们还能看到实际上把它与意识形态区分开加以运用和保持其“分位”的愿望。90年代初，张岱年先生主编的《中国唯物论史》就是从学术上相信“唯物主义”作为一种观念形态能够正当地运用到中国哲学体系中，这不是“被动”地把中国哲学当作“唯物主义”的“注脚”和论证“手段”。

① 也许有人不认为人文社会科学有所谓“范式”。实际上，不只是自然科学有“范式”，人文社会科学也有，只是，我们要注意这两个不同领域的“范式”所具有的不同特点。

朱伯崑先生相信从“教条主义”解放出来的“唯物史观”，仍然可以是研究中国哲学史的有效方法，不能因为它曾经被“误用”而干脆抛弃它。[①]但至少是因为它曾被“过度”使用及其所带来的“单调性”，人们已经有“饱尝之感”，一旦学术开放，人们更愿意尝试不同的“范式”和“方法”，从而形成范式和方法上的多样性。

原则上，我不认为范式和方法这两个观念有实质上的不同（范式的意义广，方法原本也是范式）。我特地区分儒学研究中的范式和方法，是想用“范式”去概括比较“直接”和“具体”运用到儒学“对象”中的那些观念，用“方法”去统摄儒学研究中所贯穿的比较“间接”和“一般”的思想方式。我必须强调，这种划分是非常相对的。

我无法具体说出20世纪90年代儒学研究中人们究竟用了多少范式，我们也不必这样做。我们可以关注那些具有整体性影响的“范式”，因为正是这些“范式”，使中国90年代的儒学研究和儒学观显示出了“时代性”的特征。就其具有“整体”效应的范式而言，可以列举出“传统与现代和后现代”，“韦伯论式”“经济伦理”“管理”，“自由”“民主”“平等”和“人权”，“普世主义”、“全球主义”（或“全球化”）、“和平主义”、“生态主义”，“人文精神和价值”、“终极关怀”、“超越”（“内在超越与外在超越”）、“宗教”（或“宗教精神”），等等。在此，不能详细地讨论这些“范式”是如何被运用的。根据它们的特性，我把它们划为几类简要地做一说明。

“传统与现代和后现代”可以说是带有“原则性”的范式。在“后现代主义”传入中国之前，与“传统”相对的一直是“现代”或“现代化”。随着“后现代主义”在中国登场，“传统”就具有了新的对应物——“后现代”。这样，“传统”同时就被置于与“现代”和“后现

---

① 参阅朱伯崑：《在中国哲学与易学学术研讨会上的发言提要》，《中国传统哲学新论——朱伯崑教授七十五寿辰纪念文集》，九州图书出版社1999年版。

代”相对的双重关系中。包括“传统”本身，中国学者对“现代”和“后现代”的理解不可能一样（在西方恐怕同样）。由于在中国“现代”仍然是主要的“价值目标”，[①] 因此在很大程度上作为反省和克服“现代问题”的西方“后现代”，在中国更多地被看成是与“现代性”相连续的“后续价值”或对“现代性”的“补充”，而不是“对立”于“现代”的价值。在 20 世纪 90 年代的中国，“传统与现代”整体上不再被看成是对立和不相容的两极。新产生的“传统与后现代”关系，主要也不是对立性的。由此可以想象，作为中国传统文化主体的“儒学”同“现代”和“后现代”会是一种什么样的关系。对 90 年代中国儒学的研究者来说，儒学传统不仅不是现代和后现代的“对立物”，而且恰恰是现代和后现代的“重要资源”。一个现象非常明显，在儒学研究中，“现代”是许多论著题目中的“关键词”；“传统与现代化”甚至直接成为刊物的名称，如中华书局主办的影响广泛的《传统文化与现代化》就是如此。在“儒学”与“现代和后现代”联系在一起的时候，它不单是运用“现代”这一范式的问题，也不单是通过挖掘儒学价值与现代和后现代的“适应性”来把儒学价值合理化与正当化的问题，实际上它同时也论证了“儒学”与“现代和后现代”在一般意义上的“相容性”。也许非常有趣，根据艾恺的研究，作为现代新儒家重要人物的梁漱溟，对儒学的维护同时就表现为“反现代化”。[②] 不能说梁一定是“反现代化”的，但至少可以肯定他是通过把“儒学”的“未来性”同西方的“现代性”区分开来强调和维护儒学的价值。还有一种看法认为，即使儒学中没有某种现代的价值，也不意味着儒学就反对

---

① 即使反省“现代性”问题的汪晖，仍然不否定“现代性”。参阅汪晖：《汪晖自选集》，广西师范大学出版社 1997 年版。

② 参阅艾恺：《世界范围内的反现代化思潮——论文化守成主义》，贵州人民出版社 1991 年版。

或不接受这种价值。[1]这样，问题就具有了复杂性的一面，即把儒学看成是不同于现代化的价值或认为儒学不存在某种现代价值，并不总是意味着“贬抑”儒学。但20世纪90年代的总体倾向是把儒学看成是现代和后现代的重要资源而不是对立物。

“韦伯论式”“经济伦理”“儒商”“管理”总体上可以归为与“经济”和“商业”目标联系在一起的范式。我说的“韦伯论式”，是指韦伯的两个主要论题，一是把“新教伦理”看成是西方资本主义兴起的“因素”；一是把“儒家”看成是中国没有自发兴起资本主义的“因素”。韦伯的具体问题虽然是试图从“新教伦理”和“儒教”分别为西方自发兴起资本主义和中国没有自发兴起资本主义提供解释，但韦伯的问题意识具有“一般性”的意义，即肯定“精神价值和伦理观”与资本主义和经济之间的“关联性”。20世纪90年代中国不少儒学研究者既接受了“韦伯论式”的“一般性”意义，也不反对韦伯从新教伦理角度对西方资本主义兴起所做出的解释，但他们拒绝接受韦伯有关儒家与资本主义关系的论断。他们把儒家伦理与东亚后进资本主义的兴起联系起来，相信儒家在其中发挥了“积极作用”。“经济伦理”和“儒商”意识，根本着眼点是希望把看似与道德无关的“经济”和看似与经济无关的“道德”联系起来，把历史上往往具有紧张性的“儒”和“商”联系起来，使道德特别是儒家道德与规范成为经济和商业行为的约束力之一，以解决和克服令人痛心的经济和商业活动中的“无道德”与“无信用”现象。[2]也有一些人仍用“义利统一”的范式来思考这一问题。我翻译涩泽荣一的《论语与算盘》就有这样的动机，这也是这部书在中国受到格外重视的主要原因。“管理”主要是指经济管

---

① 参阅陈来：《儒家伦理与人权价值》，《国际儒学研究》第六辑，中国社会科学出版社1999年版。

② 参阅刘小枫等主编：《经济伦理与近现代中国社会》，香港中文大学出版社1998年版。

理，人们把儒家与管理结合起来，是想通过这一范式从儒家那里开发适合现代经济管理的资源。[①]

在把“自由”“民主”“平等”和“人权”（“民权”）运用到儒学之中的时候，引起的争议最多也最久。[②]在20世纪90年代以前，中国大陆的一个主要倾向是反对把“自由”“民主”“平等”和“人权”等“现代”政治观念同儒家联系在一起。但在90年代，这种倾向有所弱化，有意识地运用“自由”“民主”“平等”和“人权”等政治观念观察儒学的兴趣浓厚了。而且在这种运用中，人们关心的不只是儒学与自由、民主、平等和人权等范式的“契合处”，而且也注意儒学与这些范式之间的差异和龃龉。[③]特别是，在把自由主义范式运用到儒家的时候，它不只是一种“观察儒学”的角度，还有试图“转化儒家”的意图。如有人提出“儒家自由主义”，实际上就超出了仅仅运用范式的范围，它申明了“自由主义”的不同形态，也申明了可以从儒家转化出一种自由主义的形态。尽管仍有人坚持儒家与“现代政治智慧”的冲突，但运用现代政治智慧观察儒家的视角和方式仍然具有诱惑力。据我所知，与哈佛-燕京学社合作，生活·读书·新知三联书店正在编辑“儒家与自由主义”的专辑。

20世纪90年代中国儒学的复兴，在一定程度上具有挑战普遍主义的意味（更准确地说是回应西方）。一些学者希望通过对本民族传统文化和价值的自觉与认同，重新确定“自己”的身份，为“自己”定位。因此，在对传统文化和儒学的认同中，自然会申述其“独特性”

---

① 黎红雷所著的“意义”更广的《儒家管理哲学》（广东高等教育出版社1993年版）具有代表性。

② 在严复那里，这一工作就有意识地开始了。

③ 参阅邓小军的《儒家思想与民主思想的逻辑结合》（四川人民出版社1995年版）、肖滨的《儒家与两种自由观念》（载《社会科学》1997年第3期）、陈寒鸣的《儒学与现代民主》（载《天津社会科学》1998年第1期）等。

和“优异性”，以使自己拥有“对话”的独特资源和平等资格。但对传统文化和价值的诉求，不同程度上具有拒斥西方普遍主义“叙式”、批评“全球化”的倾向，这相应地也促使了民族主义、本土主义（甚至是华夏中心主义式的傲慢）和文化相对主义意识。但与此似乎具有“对立性”的另一倾向恰恰是主动地从正面去回应“全球化”和“普遍主义”（或“普世主义”）范式。“冷战”终结后所形成的全球新趋势“和平主义”和克服环境和生态危机而倡导的“生态主义”等，作为范式也具有感召力。人们纷纷把它们投射到儒学的研究和观察中。结果，儒学展现给我们的则是“普世主义”（或“普世伦理”）、“和平主义”“生态主义”等形象。如一再被人们强调的“天人合一”“和谐”“大同”等，往往就是在这些范式的“照明”之下发出光芒的。大陆学者对亨廷顿的“文明冲突论”普遍持批评立场，一方面是基于相信不同“文明”整体上可以“对话”“理解”和“融合”，另一方面则是立足于从“普世主义”的立场来观察儒学，相信儒学具有人类的普世价值，不可能是引起冲突的根源。普遍主义和特殊主义在儒学中同被运用，反映了人们在儒学中寻找不同“自我”形象的立场。

如果说20世纪70年代末和80年代初的“人道主义”和“人文主义”具有相对于“政治独断”（“泛政治”）而具有申述“人性”解放、申述“个人”自由和价值的动机，那么90年代的“人文精神和价值”“人文主义”意识，则更多地带有抵制以“工具主义”“功利主义”“俗世主义”等为特征的“经济独断”（“泛市场”和“泛经济”），以求为非市场、非功利的人文精神、价值和理想争取存在的空间。“终极关怀”“超越”和“宗教”等观念，大致上都属于这一方面的意识。但这些意识同时也成为观察儒学的“范式”。用“人文主义”去看待或理解儒学，基本上不存在争议，但用“终极关怀”“超越”和“宗教”等范式去理解儒学，问题就复杂些。关键在于作为“终极关怀”“超越”和“宗教”等观念的西方文化背景——基督教，同中国儒学存在着很大的差别。但是，人们找到了一种解决办法，即在用“终极关怀”“超越”和“宗教”理解儒学的时候，一方面为儒学赋予了这种范式的一般意义，同时又为儒学赋予了这种范式的特殊意义。如新儒家用“内在超越”（相对于“外在超越”）、“宗教精神”解释儒学的“超越”和“宗教”特性。[①]不管这种做法是否能被人们普遍接受，但可以肯定，运用这些范式去理解儒学是 20 世纪 90 年代儒学研究中的一个重要“立场”和“视角”。

比起范式的多样性来，20 世纪末中国儒学研究的方法论就显得不够丰富。虽然客观上为方法的多样性提供了空间，但实际上并不“多样”，特别是自觉地和有创见地尝试把一种“方法”运用到儒学研究中

① 由于儒学与宗教关系在中国所引起的讨论既持久而又激烈，在此顺便多说一下。在某种意义上，可以说儒学具有“宗教精神”或“宗教性”，但就迄今为止的儒学而言，很难完全把它纳入“宗教世界”中。要人们对“宗教”有完全一致的理解是困难的，但如果从世界上影响比较大、基本上又被公认为是“宗教”的一些“教派”中找到一些“共同点”来作为我们衡量“宗教”的标准，而不是只从“宗教”的定义出发去“认定”宗教，判定“儒教”是否为“宗教”的问题似乎能变得容易些。在此，我想强调的是，我们熟悉的世界上的几大宗教，不仅被“众多”的民众所信仰，而且至今仍“持续”地被信仰。儒教如何呢？只就中国而论，我们就无法说它像佛教、基督教、伊斯兰教和道教那样，也是民众信仰的一种“宗教”。在中国历史上，儒教与佛教和道教并称“三教”，但很难说儒教与佛教和道教一样，都是“宗教”。为什么 20 世纪以来不存在道教和佛教是否为“宗教”的问题，而偏偏存在儒教是否为宗教的问题，这本身就令人深思。历史上的“儒教”作为“教”，作为“独尊”，其根本意义在于它扮演了“政治意识形态”和“世俗伦理道德教化”的角色，而这主要又是“体制化”的结果。一旦失去体制的支撑，它就很容易被降为一般意义上的“学”，或降为“一家之言”。这正可以解释为什么随着传统社会政治在清末的崩溃，儒教或儒学也急剧“下降”的过程。康有为提倡定“儒教”为“国教”，仍是为了维护“教化的统一”，是面对西学而试图重建儒家政治意识形态和价值统一。只就儒学、儒教在中国作为“教”、作为意识形态而言，它与马克思主义在中国的境况有点类似（当然前者在中国具有悠久的历史基础）。我真希望“儒教”就是“宗教”，这样它自然就能够成为中国民众的信仰和精神支柱，但可惜它不是。说已往的“儒学”“儒教”不是“宗教”，并不意味着“儒教”永远不能“转化”为典型意义上的“宗教”。要使儒学、儒教真正成为被人们所普遍信仰的“宗教”，就必须进行一场持久的“儒学宗教化运动”或“新儒教运动”。

更难举其例。从这种意义上说，20 世纪 90 年代实际上缺乏像胡适、冯友兰和张岱年等这种“典范性”人物，他们既有方法论上的高度自觉，又有方法论的典型运用。张岱年先生的《中国哲学史方法论发凡》，是稀有的中国哲学方法论著作。

在 20 世纪 90 年代，以“历史实证性”和“客观性”为动机的研究方法，是由科学主义、实证主义、考证学、实事求是等东西混合到一起的所谓“科学方法”或“实证方法”。这种方法基本上仍是中国历史学各分支的“主导方法”。这种方法的基本特征是“引证”，即“言有据”“论有证”。“据”和“证”主要来自“文献”和“文本”，也有地下发掘出的“实物”。“引”不仅为了“明理”，更主要的是为了“明证”。“引证”的程度因人不同，但“引”以“求证”的目的则大体一样。它既是立论的方法，也是批评的方法（如批评一种观点根据不足）。这种方法，在儒学研究中，也是一种常用的方法，并产生了大量“描述”儒学的成果。

与上述“实证性”和“科学性”的方法有所不同甚至是具有“相对性”的方法是“哲学解释学”（或“哲学诠释学”）方法。[①] 这种方法拒绝“历史主义”所相信的“历史文本”中存有“本义”或“原义”，强调作为理解和解释得以可能的“理解结构”“先见”和“偏见”，强调作为“先见”具体表现的“传统”“权威”“历史”和“语言”在理解中的作用，强调理解过程中的“体认”“体验”“兴趣”“历史效应”和“视界融合”。坚持历史主义的人认为，哲学解释学方法丧失了解释的“客观性”，但伽达默尔并不认为是这样。倾向于解释学方法的儒学研究者，未必对这种方法有特别的认识，其理解也可能带有表面性，但他们的一个共同点是对科学主义和实证主义方法有所不满，强调“人文学科”与“自然科学”的差异，认为在自然科学中有效的方法，

① 这种方法的主要来源是伽达默尔的“解释学”。

不见得“完全”适应于“人文学科”，人文学科也应该有“适合”自己特点的方法。有人把这种方法比为中国传统的“宋学方法”或“六经注我”方法，并称之为“主观的工作”，以别于作为“客观工作”的“汉学”和“我注六经”的方法。[①]根据我们的有限了解，在儒学研究中，这种方法往往表现为注重“价值”、注重“体认”、注重“同情的了解”、注重“意义开放”。但一般来说，使用这种方法的儒学研究者，并不“完全”排斥“科学”和“实证”的方法，也不否定“客观性”，他们只是反对把这种方法作为“唯一”有效的方法。[②]

以北大冯友兰和张岱年先生为代表的“逻辑分析方法”或“分析方法”（亦称之为“辨名析理方法”），在中国哲学史研究中发生了较大的影响，可以称之为“北大分析方法派”。冯友兰和张岱年先生都充分地运用了这种方法并取得了惊人的成就，他们也传授了这种方法。现在位于中国哲学研究第一线的学者，有一些就是他们的弟子或再传弟子。这种方法注重对哲学概念、范畴、命题和体系进行层层分析，以求揭示中国哲学思想的“复杂性”内涵。在儒学研究中，这种方法自然也得到了运用。如朱伯昆先生的《易学哲学史》，是继冯、张之后运用这种方法比较成功的例子。但是，这种方法也受到了某些质疑，认为注重理论、抽象、逻辑和部分的分析方法，不适合以直觉、体验、经验为特性的中国哲学，认为它破坏了中国哲学的“整体”特性。正如其他方法都具有“相对性”一样，“分析方法”当然也不是万能的方法。恰当的选择是，在运用“分析方法”时，也注意其自身的限制并相应地使用其他方法来补充，而不是完全否定这种方法。

最后，我想提一下“知识社会学”方法以及相关的“唯物史观”方法。由舍勒（M. Scheler）和曼海姆（K. Mannheim）所代表的“知

---

① 参阅冯天瑜：《元典阐释的几种路向》，《中国哲学》第十七辑，岳麓书社1996年版。

② 参见汤一介先生的《再论重建中国解释学问题》（载《中国社会科学》2000年第1期）和王中江的《中国人文传统与解释意识》（载《天津社会科学》1994年第3期）。

识社会学”，从大的方面说，是强调知识、观念、世界观、信念等都与其所处的“社会”相关，都受社会存在的制约。由此出发来接触和研究历史中的“思想”和“观念”，所关心的就会是它们的“社会基础”，就会是努力寻求思想产生和出现的“社会条件”和“社会状况”。20 世纪 90 年代的中国儒学研究者，整体上对舍勒和曼海姆的“知识社会学”比较迟钝。作为经典的曼海姆的《意识形态与乌托邦》，在大陆才刚刚出版中文版（商务印书馆 2000 年版）。舍勒的《知识社会学》也出版不久。但是，不少儒学研究者显然对与“知识社会学”相联的马克思的“唯物史观方法”相当敏感。在中国运用“唯物史观”叙述“中国思想史”的代表性著作，应推侯外庐先生的《中国思想通史》等。以他为主的这种思想史学派，可以称之为“唯物史观方法派”。但这一派的“唯物史观”方法似乎淡化了。侯先生曾经所在的注重“社会史”的中国社会科学院历史研究所特别是所属的中国思想史研究室，在侯先生之后并没有产生充分运用“唯物史观方法”的力作。20 世纪 80 年代后期出版的主要由侯先生（主编之一）弟子完成的三卷本《宋明理学史》，虽然也有相当的影响，但并没有运用“唯物史观的方法”。由于“唯物史观”曾被“政治性”地滥用，它的声誉和活力遭到了毁坏，因此正如上面所提到的那样，人们难免产生与此种方法保持距离的心理，[①] 当然也谈不上有效运用这种方法的

---

① 这里顺便谈一下儒学与马克思主义的关系问题。从形式上看，20 世纪 90 年代儒学研究还不能宣称不受马克思主义的“指导”，但这种指导已经“外在化”。由此，在中国，儒学与马克思主义的关系就变得“复杂化”。有人概括为三种关系——“对立的”“并存的”和“融合的”（请参阅阮青：《九十年代关于马克思主义与儒学关系问题的研究》，载《孔子研究》1998 年第 3 期）。不管如何，儒学与马克思主义的关系，在中国具有特殊的情调。虽然在中国现代语境之下提出这个问题非常自然，但它并不是一个普遍性的问题，而是一个特殊性的问题。普遍性的问题是作为本土的儒学如何向所有的思想和文化开放，如何同其他许多文化和文明对话。作为特殊性而存在的儒学与马克思主义的关系问题，在中国是微妙的。

儒学研究。

中国20世纪90年代学术思想文化，整体上仍然是一个“过渡期”，儒学研究虽然得到了广泛的复兴，但也免不了“过渡期”的限制，因此，就像不能期望“儒学学理”有所“创新”一样，我们也不能期待儒学研究在方法论上出现“突破”。

余论：问题与预期

上面，我们对作为20世纪末中国儒学研究状况一般特性的“儒学观”进行了讨论。相对于20世纪90年代中国儒学研究的这一巨大“复合体”而言，这种讨论可能是远远不够的，所做的概括也可能不够周全，但我希望这一讨论对认识20世纪末中国的儒学研究有所帮助。

我们看到，不仅作为儒学发源地的中国与本身也具有儒学传统文化背景的韩国和日本等东亚国家，在儒学研究中已经形成了各自的研究传统，而且“非儒学文化圈”的欧美汉学界，在儒学研究中实际上也具有自己的研究传统。在20世纪末之际，世界汉学界就东亚学特别是儒学的研究展开对话和沟通，从更广的意义上说，实际上也是在展示各自的“研究传统”和“特性”。这不仅使我们彼此变得更加了解，而且也使我们彼此能够互受启发。就像是不时地检查我们的竞赛工具以求达到最好的成绩那样，不时地回顾和反思我们的“研究传统”，往往也会为我们的研究带来新的“契机”和“转机”。请允许我冒昧地说，日本的汉学以“精细”著称；美国的汉学界往往以“范式”的新颖性为特点；欧洲的汉学集中于若干领域（如语言和文学等方面）以求突破。韩国汉学界肯定也会有独特的“研究传统”。不管这里的“化约”如何，我相信我们都不愿固守在一种方式或模式中。日本汉学界在反思他们的“研究传统”方面似乎更引人注目。沟口雄三先生已经做了不少这方面的工作；[①] 日本爱知大学的“现代中国学部”，至少就他们所摆出的姿态看，他们挑战日本汉学已有研究传统的意欲咄咄逼人。[②] 有学者认为，20 世纪 90 年代以来，欧美和日本的汉学界，有逐渐形成中国思想研究“社会史化”和“文化史化”的共同趋势，[③] 从关注思想和观念本身转到关注思想和观念的“社会”“文化”条件、背景及其相互关联。对于曾广泛接受过“社会存在决定社会意识”这种“唯物史观”教育的中国研究者来说，这种注重社会史和文化史的方法（事实上就是知识社会学方法），恐怕大都有似曾相识之感。但也仅此而已，因为实在谈不上这种方法的最有效运用。曾经有过的“简单化”和“政治化”，不仅使方法本身受到扭曲，也使“对象”多受摆布。我希望真正意义上的知识社会学方法，能够在中国儒学研究中发挥威力。当然，我也希望积极地探讨其他新范式和新方法，以形成具有多样性和典型性的“研究形态”。

中国的儒学研究者，总体上可能更具“价值意识”和“理想意识”倾向，这或者来自他们对中国现实境况的忧虑；或者来源于他们对人类共同困境的不安；或者来源于中国传统的影响。中国人文领域的学术研究无疑都“专业化”了，研究者往往把取得“传之久远”的“学术”成就作为目标，他们称得上是各个领域的“专家”。但中国学者“程度不同”地保留了一点苏格拉底或孔子的“情调”，他们总不愿“学”与“用”完全分离，事实与价值截然分明。对他们来说，“教化”和“经世致用”是“学问”的自然延伸，外化为“道义担当”才算“治学”的“完成”。这肯定不完全合乎韦伯的“学术”理性化和

---

① 参阅沟口雄三：《中国思想史研究在日本——其改革与课题》，贺照田主编：《学术思想评论》第三辑，辽宁大学出版社 1999 年版。

② 参阅爱知大学现代中国学会编：《中国 21》，中国社会科学出版社 1998 年版。

③ 参阅陈来：《世纪末“中国哲学”研究的挑战》，载《中国哲学史》1999 年第 4 期。

理智化（“价值中立”）标准。学术已高度“专业化”和“职业化”并仍不可逆转，像萨义德（Edward. W. Said）那样试图使“学问”重新回到“业余”时代，使之完全成为一种生活情调和社会“良知”，远远超出了困难的意义。问题是在“学术”与“社会关怀”之间找到一个适当的“平衡点”。中国的儒学研究者还没有找到这种平衡点，人们的“社会关怀和价值意识”，按我的估计似乎有点“过剩”，而且用在不适宜用的地方。这往往使我们忽略一些“历史事实”，使我们只关注某一些“对象”，从而限制了我们的问题意识，限制了我们的广度和深度，造成了许多“弱点”和“盲点”。如20世纪90年代，中国出现了“曾国藩热”，这种“热”极具“大众性”特点。曾国藩的著作，特别是有关“家教”方面著作的一再被印行，布满在书店中。但儒学研究者却对实际上起到了普及儒学价值的这种突出现象视而不见。为了使儒学的“事实”和“价值”研究都更有成就，我希望在儒学研究中区分一些层次。如是否可以像科学和技术的分工那样，把儒学研究也分成“基础性研究”和“运用性研究”。特别是通过后者，使“儒学价值”在现实生活和民间大众生活中真正发挥作用并扎下根来，就像人们所强烈期待的那样。要不然，结果也许就像政治意识形态那样，人们越是呼吁儒学价值的“社会化”和“大众化”，它就越难“社会化”和“大众化”。不少儒学研究者已开始意识到这方面的问题，① 庞朴先生主持的“当代儒学研究中心”（属“国际儒学联合会”）还列出了计划。② 我们有理由期待，在进入新的世纪之后，中国的儒学研究会有大的“突破”。

（原载台湾《中国文哲研究通讯》2001年第11卷第3期）

① 参阅“儒学的研究、普及与大众化”笔谈，载《文史哲》1999年第5期；参见郭齐勇：《当代新儒家对儒学宗教性问题的反思》，北京大学哲学系编：《中国哲学的诠释与发展——张岱年先生九十寿庆纪念论文集》，北京大学出版社1999年版。

② 参阅《国际儒学联合会简报》，2000年第1—2期。

原版后记

20世纪90年代以来，中国学者对儒家传统和文化的研究产生了一些新的趋势，这些趋势之一是，人们越来越能以同情和某种认同的方式来面对儒家，伴随着澄清过去对儒家的一些误解，致力于揭示儒家的内在理路和具有持久生命力的东西，使它呈现出了一些新的面貌，这是令人欣喜的。

在这一过程中，我陆续对儒家部分人物的思想、对儒家的一些学说和观念进行了研究。这些研究成果大都以论文的形式刊载于不同的地方，留下了我重建儒家历史记忆的记录。承蒙陈鼓应先生的雅意，也承蒙中华书局的美意，我做出了一个结集。根据这些论文相对是集中在人物身上来讨论还是集中在某一问题的整体上来讨论，我将这本结集分为上下编，题为“儒家的精神之道和社会角色”。

最后，我要感谢王格和吕存凯两位贤契的校对。

王中江

2015年4月30日

王中江著作系列

第 1 卷　简帛时代与早期中国思想世界（上）
第 2 卷　简帛时代与早期中国思想世界（下）
第 3 卷　根源、制度和秩序：从老子到黄老学
第 4 卷　道家形而上学及其展开
第 5 卷　儒家精神之道和社会角色
第 6 卷　近代中国思维方式的演变
第 7 卷　进化主义在中国的兴起
第 8 卷　自然和人：近代中国两个观念的谱系
第 9 卷　世界巨变：严复的角色
第 10 卷　严复与福泽谕吉启蒙思想比较
第 11 卷　理性与浪漫——金岳霖的生活和哲学
第 12 卷　从古典到现代：观念和人物